T-Online 3

Taschenbuch

T-Online 3

Reiner Werle

DATA BECKER

Wichtiger Hinweis

Die in diesem Buch wiedergegebenen Verfahren und Programme werden ohne Rücksicht auf die Patentlage mitgeteilt. Sie sind für Amateur- und Lehrzwecke bestimmt.

Alle technischen Angaben und Programme in diesem Buch wurden von den Autoren mit größter Sorgfalt erarbeitet bzw. zusammengestellt und unter Einschaltung wirksamer Kontrollmaßnahmen reproduziert. Trotzdem sind Fehler nicht ganz auszuschließen. DATA BECKER sieht sich deshalb gezwungen, darauf hinzuweisen, dass weder eine Garantie noch die juristische Verantwortung oder irgendeine Haftung für Folgen, die auf fehlerhafte Angaben zurückgehen, übernommen werden kann. Für die Mitteilung eventueller Fehler sind die Autoren jederzeit dankbar.

Wir weisen darauf hin, dass die im Buch verwendeten Soft- und Hardwarebezeichnungen und Markennamen der jeweiligen Firmen im Allgemeinen warenzeichen-, marken- oder patentrechtlichem Schutz unterliegen.

Die wiedergegebenen Produktbezeichnungen sind für die jeweiligen Rechteinhaber markenrechtlich geschützt.

Copyright	© 2000 by	DATA BECKER GmbH & Co. KG Merowingerstr. 30 40223 Düsseldorf
	1. Auflage 2000	
Reihenkonzept	Peter Meisner	
Lektorat	Peter Meisner	
Satz und Layout	DTP-Studios Teuber, Herten DTP-Studios@BusinessNet.de	
Umschlaggestaltung	Inhouse-Agentur DATA BECKER	
Druck	Elsnerdruck, Berlin	
E-Mail	buch@databecker.de	

ISBN 3-8158-1637-8

Gezielt informieren und produktiv anwenden ...

Ohne dafür viel Geld investieren zu müssen – so lautet das Prinzip der Computertaschenbücher von DATA BECKER. Hier findet man alles zum produktiven Umgang mit Software: nämlich Know-how, hinter dem die langjährige Fachkompetenz eines der erfolgreichsten Computerbuchverlage steht. Und zwar leicht verständlich und engagiert geschrieben, fachkundig und dabei äußerst preiswert.

Die Computertaschenbücher sind also direkt auf die Bedürfnisse der PC-Anwender ausgelegt: handliche und mobile Bücher, die man in nahezu jeder Lebenslage lesen kann.

... ohne dabei tief in die eigene Tasche greifen zu müssen

Inhaltsverzeichnis

1. Visual QuickGuide: T-Online einfach installieren und einrichten

Seit August 2000 gibt es die neue T-Online-Software 3.0, mit der das Surfen im Internet noch komfortabler geworden ist. Sie können mit T-Online das Internet nutzen, Homebanking sicher betreiben, SMS-Botschaften verschicken und sogar weltweit Ihre E-Mails abholen oder versenden, wenn Sie in einem beliebigen Land einen Internetzugang haben.

1.1 Gehen Sie online

Um T-Online nutzen zu können, benötigen Sie zunächst natürlichen einen Personal Computer (PC), aber wenn Sie sich für dieses Thema interessieren, dürfte ein PC wahrscheinlich schon auf Ihrem Schreibtisch stehen. Folgende Grundausstattung sollte Ihr PC zumindest besitzen, um T-Online nutzen zu können:

- Einen Pentium 100-Prozessor oder ein vergleichbarer Prozessor einer anderen Firma.
- 16 (besser 32) MByte Speicherplatz bei Windows 95/98 (NT mindestens 32 MByte, 2000 mindestens 64 MByte).
- Mindestens 70 MByte freien Festplatten-Speicher (einschließlich der Browser-Installation).
- Windows 98 (oder Windows 95, 2000, NT) als Betriebssystem (Windows 3.x wird nicht mehr unterstützt).
- Ein CD-ROM-Laufwerk, da die T-Online-Software auf CD-ROM ausgeliefert wird.

Wünschenswert ist als Ausstattung des PCs:

- Eine Grafikkarte, die mehr als 256 Farben darstellen kann, da das T-Online-Angebot sonst kleinere Farbverzerrungen am Monitor liefert.
- Eine Soundkarte mit Kopfhörer/Lautsprechern, denn im Internet gibt es nicht nur manches zu sehen, sondern auch zu hören.

Hinweis: Aufrüsten möglich

Diese Anforderungen erfüllen mittlerweile selbst die Billigrechner aus dem Supermarkt, die für unter 2000 DM verkauft werden. Es muss also keine besonders teure Kiste sein, um online ins Internet zu gehen. Bei etwas älteren Rechnern ist häufig die Schwachstelle der Hauptspeicher. Dennoch müssen Sie nicht gleich einen neuen PC kaufen, denn der Hauptspeicher lässt sich für rund 100 DM auf 32 MByte aufrüsten und dann ist alles startklar. Und falls Ihnen die Soundkarte oder das CD-ROM-Laufwerk fehlt: Auch diese gibt es mittlerweile für rund 100 DM zum Nachrüsten.

Entspricht Ihr PC diesen Anforderungen, dann benötigen Sie nur wenige zusätzliche Geräte:

1.2 Diese Hardware brauchen Sie: Modem, ISDN oder TDSL

Folgende Zusätze benötigen Sie:

- Zunächst einen ganz normalen Telefonanschluss oder einen ISDN-Telefonanschluss.
- Und als Verbindung zwischen Ihrem PC und dem Telefonanschluss ein Modem oder eine ISDN-Karte.
- Bei einem ISDN-Anschluss ist alternativ auch die Nutzung von T-DSL möglich. Davon weiter unten mehr.

Beginnen wir mit dem Telefonanschluss. Haben Sie einen ISDN-Telefonanschluss, dann ist dieser auf jeden Fall für die Nutzung von T-Online geeignet. Bei einem normalen (analogen) Telefonanschluss müssen möglicherweise noch einige Veränderungen vorgenommen werden, um ihn für T-Online nutzen zu können. Sehen Sie sich dazu einmal an, wie dieser Anschluss bei Ihnen „aus der Wand" kommt:

Das Kabel kommt ohne eine Steckverbindung aus der Wand und führt zum Telefon.	Sie benötigen statt des bisherigen Anschlusses eine Dreifach-Steckdose, die Sie sich von der Telekom installieren lassen können.
Das Kabel ist mit einem Stecker eingesteckt und es gibt nur eine einzige Buchse.	Sie benötigen statt des bisherigen Anschlusses einen Dreifach-Steckanschluss. Im Elektrofachhandel gibt es dazu Adapter (Preis: ca. 20 DM).
Das Kabel ist mit einem Stecker eingesteckt und es gibt links und rechts davon noch eine zusätzliche Buchse.	Bei Ihnen ist alles startklar, um Ihren Telefonanschluss für T-Online zu nutzen.

Ein Dreifach-Adapter, falls Ihr Telefonanschluss nur über eine Buchse verfügt

In der Regel werden Sie bereits einen Dreifach-Steckanschluss besitzen; aber falls nicht, können Sie der Auflistung oben entnehmen, welche Schritte Sie dann unternehmen müssen.

Hinweis: Dreifach-Steckanschluss in Eigenmontage

Wenn Sie ein klein wenig handwerklich geschickt sind, gibt es auch noch folgende Möglichkeit, einen Dreifach-Steckanschluss günstig zu erhalten: Die Telekom gibt in ihren T-Punkt-Läden, die es in allen größeren Orten gibt, eine Dreifach-Steckdose zur Selbstmontage kostenlos ab. Sie benötigen nur einen kleinen Schraubenzieher, um die Montage vorzunehmen. Eine genaue Anleitung liegt der Dreifach-Steckdose bei.

Wenn Sie über einen Dreifach-Steckanschluss verfügen, dann wird Ihr Telefon in die mittlere der drei Buchsen eingesteckt. In eine der beiden anderen Buchsen kommt das Anschlusskabel des Modems (dazu gleich mehr) und die dritte Buchse ist noch frei, z. B. für einen Anrufbeantworter oder ein Fax-Gerät. Sollten Sie bereits jetzt alle drei Buchsen belegt haben, berät Sie die Telekom oder der Elektrofachhandel über Erweiterungsmöglichkeiten.

Hinweis: Ein Anschluss = Entweder T-Online oder Telefonieren!

Einen Punkt sollten Sie bereits jetzt beachten: Während Sie Ihren Telefonanschluss für T-Online nutzen, können Sie nicht telefonieren oder angerufen werden! (Davor und danach funktioniert das Telefonieren ganz normal.) Erwarten Sie einen dringenden Anruf, so sollten Sie in dieser Zeit T-Online nicht nutzen. Dies gilt natürlich nicht, wenn Sie über ISDN verfügen, denn damit sind Internetnutzung und Telefonieren parallel möglich.

Modem oder ISDN?

Bislang war die Rede von einem ganz normalen Telefonanschluss, über den Sie T-Online nutzen können. Die Telekom bietet aber auch die Möglichkeit, über ISDN T-Online zu nutzen. Dies hat einige Vorteile:

- Zunächst ist eine T-Online-Verbindung über ISDN etwas schneller als über einen normalen Telefonanschluss: Während ein schnelles Modem mit 56.600 bps arbeitet, bringt es ISDN auf 64.000 bps. Allerdings bietet T-Online bei ISDN mittlerweile auch die Möglichkeit der Kanalbündelung. Dann steigt die ISDN-Geschwindigkeit auf das Doppelte an (128.000 bps), allerdings auch bei doppelten Kosten.

- Ein ISDN-Anschluss umfasst automatisch drei Telefonnummern, von denen jeweils zwei gleichzeitig aktiv sein können. Konkret bedeutet dies, dass Sie gleichzeitig T-Online nutzen und telefonieren können: Ein dringender Anruf erreicht Sie auch dann, wenn Sie online sind!
- Dennoch ist die Tarifstruktur die gleiche wie bei einem normalen Telefon: Dies gilt sowohl für das Telefonieren wie auch für den Online-Zugang. Ihre Telefonate werden dadurch also nicht teurer.

Was ist bps?

Die Geschwindigkeit von Modems bzw. ISDN-Karten wird in Bits pro Sekunde (bps) gemessen. Ein Modem mit 56.600 bps kann also maximal 56.000 Bits pro Sekunde übertragen (das sind rund 3 Schreibmaschinenseiten Text). Allerdings wird diese Maximalgeschwindigkeit in der Praxis nicht vollständig erreicht.

Die Nachteile liegen trotzdem auf der Kostenseite (Stand September 2000):

- Die monatliche Grundgebühr bei ISDN beträgt 46 DM statt 24,60 DM für einen normalen Telefonanschluss. (Sollten Sie allerdings ohnehin daran denken, einen zweiten Telefonanschluss zu beantragen, dann fahren Sie mit ISDN billiger, denn Sie zahlen dann 46 DM statt 49,20 DM im Monat.)
- Wollen Sie an einem ISDN-Anschluss Ihre bisherigen Fernsprechgeräte (Telefon, Anrufbeantworter, Fax-Gerät) weiterbetreiben, dann benötigen Sie eine sog. TK-Anlage, die einmalig mit ca. 500 DM zu Buche schlägt.

Je nachdem, ob Sie mit einem normalen Telefonanschluss T-Online benutzen wollen oder mit einem ISDN-Anschluss, benötigen Sie entweder ein Modem oder eine ISDN-Karte für Ihren PC.

Welches Modem benötige ich?

Modems unterscheiden sich zum einen hinsichtlich Ihrer Datenübertragungsgeschwindigkeit, zum anderen gibt es externe und interne Modems. Welches Modem ist für Ihre Zwecke das geeignete?

Interne Modems gibt es bereits ab 80 DM, wobei intern bedeutet, dass ein solches Modem als Steckkarte in den Computer eingebaut wird. Dazu muss der PC geöffnet werden, um die Steckkarte einzubauen. Wenn Sie

- bereits beim Kauf eines PCs sich ein internes Modem einbauen lassen (bzw. das Modem bereits eingebaut ist)
- oder Erfahrung mit dem Einbauen von Steckkarten haben
- oder jemand im Freundes- und Bekanntenkreis Ihnen den Einbau vornimmt,

dann ist ein internes Modem emfehlenswert, denn gleichwertige externe Modems sind ca. 50 DM teurer als interne.

Externe Modems werden an die serielle Schnittstelle oder die USB-Schnittstelle Ihres PCs angeschlossen, ohne dass dazu der PC aufgeschraubt werden müsste. Auch wenn Sie über keine Erfahrung in diesem Bereich verfügen, lässt sich ein externes Modem problemlos anschließen. Achten Sie nur darauf, dass mit dem externen Modem auch eine Anleitung zum Anschließen und Installieren mitgeliefert wird.

USB-Schnittstelle

Neuere PCs verfügen über eine oder mehrere so genannte USB-Schnittstellen, an denen sich ein Modem anschließen und besonders einfach konfigurieren lässt. Ältere PCs besitzen auf jeden Fall eine serielle Schnittstelle, an die Sie ein Modem anschließen können.

Gleichgültig, ob Sie sich für den Kauf eines externen oder internen Modems entscheiden, steht als Nächstes die Frage der Datenübertragungsgeschwindigkeit an. Neuere Modems beherrschen alle die Maximalgeschwindigkeit von 56.000 bps (Bits pro Sekunde). Da auch T-Online diese Geschwindigkeit unterstützt, macht es Sinn, nur neuere Modems zu nutzen. Sie verschenken sonst Geschwindigkeit, die mit T-Online problemlos möglich ist.

Da im Internet häufig die Übertragungsgeschwindigkeit in KByte pro Sekunde gemessen wird, Modems aber die Angabe bps enthalten, hier noch eine kleine Umrechnungstabelle:

bps	KByte/Sekunde
14.400	1,8
28.800	3,6
33.600	4,2
56.600	7,0
64.000 (ISDN)	8,0

Beachten Sie, dass in der Praxis diese Maximalgeschwindigkeit nie ganz erreicht wird. Wenn Sie mit einem schnellen Modem 6 KByte/Sekunde erreichen, ist das ein ziemlich guter Wert.

Welche ISDN-Karten gibt es?

Es gibt aktive und passive ISDN-Karten. Wenn Sie einen Pentium-PC haben, dann ist eine passive ISDN-Karte in der Regel völlig ausreichend (diese gibt es für ca. 150 DM). Eine aktive ISDN-Karte (die ein paar Hunderter mehr kostet) ist nur dann sinnvoll, wenn Sie während Ihrer T-Online-Sitzung auf dem PC im Hintergrund noch rechenintensive Anwendungen zusätzlich laufen lassen wollen.

Achten Sie beim Kauf einer ISDN-Karte darauf, dass diese eine leicht installierbare Software für Windows 98 hat. Ein ausführliches deutsches Handbuch mit Schritt-für-Schritt-Anleitung zur Installation sollte auf jeden Fall dabei sein!

Auch bei ISDN-Karten gibt es mittlerweile neben internen, zu deren Einbau der PC geöffnet werden muss, auch externe Geräte, deren Anschluss besonders problemlos ist. Die Preise für externe Geräte sind zwar höher als für interne, aber wenn Sie sich nicht mit Konfigurationsproblemen herumschlagen wollen, kann der höhere Preis durchaus sein Geld wert sein.

Kanalbündelung – ja oder nein?

Neuere ISDN-Karten bieten die so genannte Kanalbündelung an. Damit hat es Folgendes auf sich: Bei ISDN können Sie auf zwei Kanälen gleichzeitig telefonieren bzw. online sein. Sie können deshalb auch während einer Online-Sitzung telefonisch erreicht werden. Bei Kanalbündelung werden beide Kanäle zusammengeschaltet. So erreichen Sie eine doppelt so hohe Online-Geschwindigkeit (128.000 bps), die allerdings auch die doppelten Gebühren kostet.

Auf den ersten Blick ist (neben dem höheren Preis) die Kanalbündelung mit einem Nachteil versehen: Wenn beide Kanäle zum Online-Surfen belegt sind, können Sie während dieser Zeit nicht mehr angerufen werden. Gute ISDN-Karten mit Kanalbündelung behelfen sich hier jedoch mit einem Trick: Kommt ein Anruf bei Ihnen an, schaltet die ISDN-Karte automatisch einen der Kanäle für den Anruf frei und Sie können den Anruf wie gewohnt entgegennehmen.

Modem und ISDN-Karte installieren

Nach dem Kauf eines Modems (einer ISDN-Karte) müssen Sie diese in Ihrem PC einbauen bzw. bei externen Geräten dieses anschließen. Gehen Sie hier genau nach der beiliegenden Gebrauchsanweisung vor. Beachten Sie hierbei insbesondere, dass das Modem (die ISDN-Karte) nicht nur eingebaut bzw. angeschlossen werden muss, sondern auch unter Windows angemeldet und konfiguriert werden muss. Auch dies sollte in der Gebrauchsanweisung zum Modem dargestellt sein.

Wenn Sie das Modem (die ISDN-Karte) selbst anschließen wollen (und nicht gerade mit dem Schraubenzieher in der Hand auf die Welt gekommen sind), werden Sie sich in der Regel für ein externes Gerät entscheiden. Hier ist das Anschließen besonders einfach:

1. Schalten Sie den Computer aus und ziehen Sie auch den Netzstecker ab.
2. Verbinden Sie das externe Modem (die externe ISDN-Karte) durch das mitgelieferte Kabel mit der Buchse COM1 (oder falls diese durch die Maus belegt ist mit COM2) auf der Rückseite Ihres Computers. Ein USB-Modem verbinden Sie mit einer der USB-Buchsen Ihres PCs.
3. Bei einigen Computern benötigen Sie einen Adapter, um das Kabel an die Buchse COM1 bzw. COM2 anzuschließen. Sehen Sie bereits vor dem Kauf eines Modems nach, ob die entsprechende COM-Buchse Ihres PCs 9- oder 25-polig ist, und lassen Sie sich im Bedarfsfall einen Adapter geben.
4. Verbinden Sie das externe Modem mit der linken oder rechten Buchse der Dreifachsteckdose Ihres Telefonanschlusses. (Es spielt keine Rolle, ob Sie die linke oder rechte Buchse nehmen.)
5. Schließen Sie das externe Modem über das Netzteil an das Stromnetz an.
6. Verbinden Sie den PC wieder mit dem Stromnetz und schalten Sie PC und Modem ein. Das Modem ist damit angeschlossen und kann unter Windows installiert werden.
7. Bei USB-Modems und neueren Modems für die serielle Schnittstelle startet in den meisten Fällen die Installationsroutine nach erfolgtem Anschluss automatisch mit dem Hochfahren des Rechners.

Kann ich auch TDSL nutzen?

Der schnellste Zugang, den T-Online derzeit bietet, ist ein so genannter ADSL-Zugang (ADSL = Asymmetric Digital Subscriber Line), der bei der Telekom unter dem Namen TDSL läuft. Während Sie mit ISDN auf 64.000 bps an Übertragungsgeschwindigkeit kommen, erreicht ADSL bis zu 768.000 bps, ist also rund 12-mal so schnell wie ISDN.

Allerdings ist TDSL noch nicht in allen Ortsnetzen verfügbar.

Bitte beachten Sie auch, dass nicht jede Telefonleitung für TDSL geeignet ist. Am besten erkundigen Sie sich in Ihrem örtlichen T-Punkt-Laden, ob für Ihren Telefonanschluss TDSL möglich und bereits verfügbar ist.

TDSL – da purzeln die Preise

TDSL können Sie nunmehr zusammen mit einem ISDN-Anschluss oder einem Modem nutzen. Die Preise für TDSL sind in letzter Zeit gewaltig gepurzelt. Derzeit (September 2000) gilt: Je nach T-Online-Tarif zahlen Sie für TDSL pro Monat zwischen 9,90 DM und 14,89 DM zusätzlich.

Die Software liefert T-Online auf CD-ROM

Alle Software, die Sie für den Einstieg in T-Online benötigen, stellt die Telekom auf einer CD-ROM zur Verfügung. Diese CD liegt immer wieder den verschiedenen Computerzeitschriften kostenlos bei und ist auch in den T-Punkt-Läden der Telekom in Ihrer Stadt umsonst erhältlich. Bei Ihnen ist kein T-Punkt-Laden in der Nähe? Dann rufen Sie einfach 0800 33 05500 an. Das kostet Sie keinen Pfennig und Sie können sich dort auch gleich telefonisch anmelden!

Hinweis: Installation auf Windows 95 anders

In diesem Buch wird anhand von Windows 98 die Installation von T-Online dargestellt. Die Installation unter Windows 95 unterscheidet sich jedoch nur geringfügig von der hier dargestellten.

Ein Hinweis ist jedoch noch wichtig: Mit Windows 98 können Sie den Doppelklick zum Starten eines Angebots oder Programms durch einen Einfachklick ersetzen. Falls Sie mit dieser Einstellung arbeiten, gilt: Wenn im Folgenden zu lesen ist, dass Sie mit der Maus zum Beispiel auf ein Symbol doppelklicken sollen, dann kann es sein, dass bei Ihnen nur ein einfacher Klick notwendig ist.

Mit dieser CD-ROM ist eigentlich alles startklar, um die T-Online-Software zu installieren. Sie können sich sogar während der Installation direkt online bei T-Online anmelden.

Anmeldung: Muss das sein?

Bei einigen Internetprovidern können Sie ohne eine Anmeldung online gehen. T-Online erwartet stets eine Anmeldung. Aber das hat auch Vorteile. Mit Ihren Benutzerdaten, die Sie nach der Anmeldung erhalten, können Sie T-Online dann nicht nur zu Hause nutzen, sondern von jedem Telefonanschluss in der BRD aus und darüber hinaus in über 150 Ländern.

Bei der Anmeldung werden Sie nach folgenden Daten gefragt:

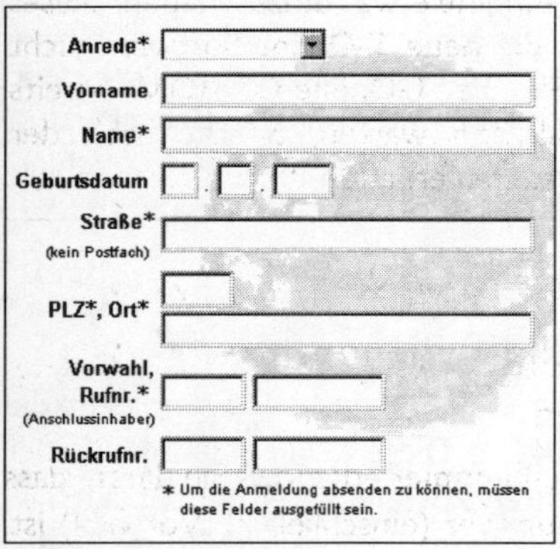
Anrede*
Vorname
Name*
Geburtsdatum
Straße* (kein Postfach)
PLZ*, Ort*
Vorwahl, Rufnr.* (Anschlussinhaber)
Rückrufnr.
* Um die Anmeldung absenden zu können, müssen diese Felder ausgefüllt sein.

Das Geburtsdatum und eine Rückrufnummer müssen Sie nicht angeben. Die restlichen Daten müssen sein. Wichtig ist, dass Sie bei *Rufnr.* Ihre korrekte Telefonnummer angeben, denn über die Telefonrechnung dieses Anschlusses werden später Ihre Online-Gebühren abgerechnet.

Weitere Möglichkeiten, sich anzumelden, sind:

- Telefonisch kostenfrei unter 0800 33 05500
- Per Fax kostenfrei unter 0800 33 05030 (Sie können dazu das Anmeldeformuar von der T-Online-CD ausdrucken)
- Per E-Mail unter anmeldung@t-online.de
- Online unter www.t-online.de im Bereich Service

Mit CD noch einfacher

Falls Sie bereits eine T-Online-CD haben, können Sie mit dieser bequem ein Fax-Bestellformular erstellen oder sich gleich online anmelden.

Nach Ihrer Anmeldung erhalten Sie wenige Tage später ein Einsteigerpaket mit T-Online-CD (macht nichts, wenn Sie schon eine haben) und Ihre Zugangskennung. Diese benötigen Sie für die Konfiguration der T-Online-Software.

Gastzugang zu T-Online

Bei den früheren Versionen von T-Online gab es die Möglichkeit, sich zunächst über einen Gastzugang bei T-Online etwas umzuschauen. Dieses erfreuliche Schnupperangebot bietet die neue T-Online-Software nicht mehr. Das bedeutet: Auch wenn Sie die T-Online-CD-ROM bereits besitzen, müssen Sie mit der Installation warten, bis Sie nach der Anmeldung Ihre persönlichen Zugangsdaten erhalten.

Folgende Daten erhalten Sie mit dem Einsteigerpaket:

- *Anschlusskennung:* Eine zwölfstellige Zahl, die Ihren T-Online-Anschluss eindeutig charakterisert.
- *T-Online-Nummer:* Die T-Online-Nummer erkennen Sie daran, dass Sie identisch mit Ihrer Telefonnummer (einschließlich Vorwahl) ist. Sie können aber auch eine davon abweichende T-Online-Nummer beantragen.
- *Persönliches Kennwort:* Dies ist eine achtstellige Zahl, die Sie ebenfalls mit der Zugangskennung erhalten. Sie können Ihr persönliches Kennwort aber später noch ändern.

Hinweis: Datensicherheit!

Nicht von ungefähr liefert die Telekom Ihre persönliche Zugangskennung per Einschreiben aus, denn diese Zugangskennung ist Ihr Schlüssel zu T-Online, der nicht in falsche Hände geraten sollte: Wer Ihre Zugangskennung kennt, kann damit auf Ihre Kosten an T-Online teilnehmen. Gehen Sie deshalb mit den Daten der Zugangskennung ähnlich sorgfältig um, wie Sie dies mit der Geheimnummer Ihrer Scheckkarte tun.

Installation ganz neu oder über die Version 2.x

Vielleicht nutzen Sie T-Online bereits mit der Version 2.x und stehen dann vor der Frage, ob diese beiden Versionen sich „beißen". Eindeutige Antwort: Nein, sie kommen nicht in Konflikt miteinander. Im Gegenteil: Wenn die Version 2.x bereits installiert ist, übernimmt die neue Version 3.0 beim Installieren die Daten von der Vorgängerversion und zugleich können Sie die Vorgängerversion weiterhin nutzen.

Macht es Sinn, die Version 2.x beizubehalten?

Zwei Versionen der T-Online-Software benötigen mehr Speicherplatz auf der Festplatte als nur eine. Wenn es auf Ihrer Festplatte sehr knapp zugeht, ist es sinnvoll, zunächst die Version 2.x zu deinstallieren. Ansonsten aber empfehle ich, zunächst die neue Version zusätzlich zu installieren.

Zum einen werden die Konfigurationsdaten dann von der Vorgängerversion in die neue Version übernommen – das spart Zeit und Tipparbeit. Zum anderen funktioniert die alte Version weiter, und falls ausnahmsweise die neue Version Probleme bereitet, können Sie so zum Beispiel immer noch mit der alten Version E-Mails abholen.

Läuft die neue Version problemlos, können Sie jederzeit noch die alte Version deinstallieren.

So deinstallieren Sie die alte Version 2.x

1. Wählen Sie *Start/Einstellungen/Systemsteuerung.*
2. Im Systemsteuerungsfenster doppelklicken Sie auf das Symbol *Software.*
3. Markieren Sie nun nacheinander die Einträge *T-Online 2.x, T-Online Onlinebanking* und *T-Online eMail* und klicken auf die Schaltfläche *Hinzufügen/Entfernen.*

Installation über 2.x

Ich zeige Ihnen im Folgenden die Neuinstallation von T-Online Schritt für Schritt. Wenn Sie die Version 2.x bereits installiert haben, können Sie dennoch diese Anleitung nutzen. Ihr Vorteil: In einigen Fällen müssen Sie nichts eingeben bzw. T-Online überspringt einzelne Schritte. Das geht schneller und Sie kommen rascher in den Genuss von T-Online 3.0. Die grundsätzliche Vorgehensweise jedoch ist die gleiche.

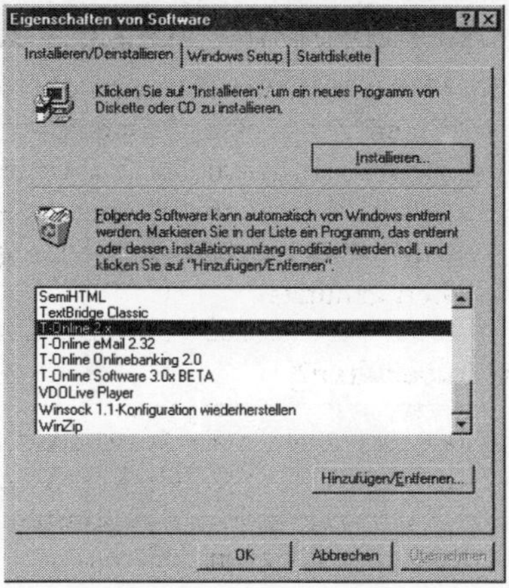

4 Damit haben Sie die alte Version von T-Online von Ihrem PC entfernt und Sie können alle Fenster schließen.

1.3 Diese Zugangsarten gibt es

T-Online können Sie mit einer ganzen Reihe von Zugangsarten nutzen. Es gibt verschiedene Tarifmodelle, die manchmal etwas verwirrend in ihrer Vielzahl sind, aber ich hoffe, Ihnen diesen Dschungel zu lichten. Und es taucht die Frage auf, ob Sie auch dann T-Online, das ja mit der Telekom „verbandelt" ist, nutzen können, wenn Sie einen anderen Telefonanbieter standardmäßig nutzen.

Gehen wir der Reihe nach vor: Ich nenne Ihnen zunächst die verschiedenen Tarifmodelle, wobei gilt, dass diese sowohl für die Nutzung mit Modem, ISDN und auch TDSL gelten. Welches der Tarifmodelle Sie nutzen, hängt vor allem davon ab, wie oft Sie im Internet unterwegs sind. Einige Tarife sind für Vielsurfer vor allem interessant, andere für Gelegenheitssurfer. Für alle Tarifmodelle (außer T-Online pur) gilt, dass die Telefongebühren für die Online-Verbindung in dem genannten Preis bereits enthalten sind!

Hinweis: Wechsel möglich

Auch wenn Sie sich vorerst eher als Gelegenheitssurfer einstufen: Das Internet ist ein faszinierendes Medium, und da kommen rasch Online-Zeiten zustande, die Sie sich vorher nicht hätten träumen lassen. Es ist dennoch kein Problem, wenn Sie zunächst mit einem Gelegenheitssurfer-Tarif einsteigen, denn jeweils zum Monatsende können Sie problemlos den Tarif wechseln.

Tarif (über 0191011)	Grundgebühr/ Monat	Onlinegebühr/ Minute	Freistunden/ Monat	Kanalbündelung/ Minute
T-Onlne eco	8.00 DM	2,9 Pfg.	-	2,9 Pfg.
T-Online flat	79.00 DM	0 Pfg.	alle	2,9 Pfg.
T-Online by call	0.00 DM	3,9 Pfg.	-	3,9 Pfg.
T-Online pur (über 019104981)	8.00 DM	3 Pfg. zuzgl. Telefongebühren Ihres Telefonanbietes	4	3 Pfg.

Stand September 2000

Sonntags frei mit XXL

Für Kunden mit ISDN-Anschluss bietet die Telekom den Tarif T-ISDN xxl an, der bei einem monatlichen Grundpreis von 59,90 DM an Sonn- und Feiertagen innerhalb der BRD kostenloses Telefonieren erlaubt. In Verbindung mit dem Tarif T-Online pro, der aber von T-Online eigentlich nicht mehr angeboten wird, soll damit auch kostenloses Surfen im Internet an Sonn- und Feiertagen möglich sein, wenn die Einwahl über die Telefonnummer 01930664982 erfolgt. In der Regel werden Sie jedoch mit einem der drei aktuellen Tarife günstiger fahren.

Welcher Tarif ist für Sie richtig?

- Als Gelegenheitssurfer sollten Sie den Tarif *T-Online by call* wählen. Der Minutenpreis ist zwar etwas höher, dafür fällt keine Grundgebühr an. Auch wenn Sie T-Online nur zusätzlich zu einem anderen Provider gelegentlich nutzen, ist dies ein sinnvoller Tarif. Bitte beachten Sie: Auch bei T-Online by call müssen Sie sich anmelden!
- Für den Durchschnittssurfer ist *T-Online eco* sinnvoll, denn durch die Grundgebühr von 8,– DM sinkt der Minutenpreis auf 2,9 Pfg./Minute.
- Vielsurfer sollten *T-Online flat* wählen. Sie zahlen zwar eine hohe Grundgebühr von 79,– DM, aber dafür surfen Sie so lange, wie Sie wollen. Also eine echte Flatrate: Fester Betrag und so viel Online-Spaß wie gewünscht.
- Ein Sonderfall ist *T-Online pur*. Sie erreichen diesen Tarif über eine eigene Telefonnummer (siehe oben) und bezahlen für den Internet-

zugang, während die Telefongebühren über einen anderen Telefonanbieter laufen. Das wird recht teuer und macht für den Normalnutzer keinen Sinn.

Kleiner Tarifwirrwarr

T-Online hat in den letzten Monaten das Tarifgefüge gründlich umgestellt. Es kann deshalb sein, dass Sie noch veraltete Tarifangebote in Zeitschriften etc. finden. So zum Beispiel die Tarife T-Online speed 50/100, die aber teurer sind als T-Online flat.

Wann lohnt sich die Flatrate?

Im nachfolgenden Diagramm können Sie direkt ersehen, wann sich die Flatrate von T-Online bzw. die anderen Tarife für Sie lohnen. Sie müssen nur abschätzen, wie viele Stunden pro Monat Sie online sind:

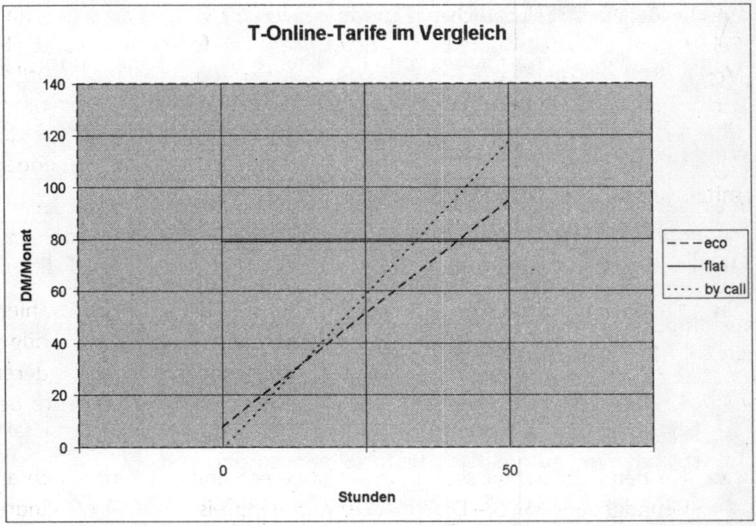

Hinweis: Flatrate mit kleinen Aussetzern

Falls Sie sich für T-Online flat entscheiden, noch ein kleiner Hinweis: Der Zugang zu T-Online wird bei der Flatrate alle 24 Stunden, oder falls Sie minutenlang keine Webseiten abrufen, unterbrochen. Sie können sich aber jederzeit sofort wieder einwählen; also kein Problem, denn es ist ja außer der Grundgebühr umsonst.

Wenn Sie nicht bei der Telekom Kunde sind

Die T-Online-Tarife gelten nur, wenn Sie sich über die Telekom bei T-Online einwählen (eine Ausnahme ist der ziemlich teure pur-Tarif). Wie aber sieht es aus, wenn Sie bei einer anderen Telefongesellschaft sind? Im Prinzip ganz einfach: Die T-Online-Einwahlnummer 0191011 gilt auch dann, Sie müssen aber zuvor durch eine Vorwahlnummer die Telekom auswählen. Diese Vorwahlnummer ist 01033. Damit sind Sie im Netz der Telekom und können die normale Einwahlnummer nutzen.

Manchmal auch ohne Vorwahl

Einige Telefonanbieter bieten an, dass Sie die 0191011 direkt zu den Telekom-Konditionen anwählen können. Erkundigen Sie sich bei Ihrer Telefongesellschaft, ob das der Fall ist, dann benötigen Sie keine Vorwahl.

1.4 Die einfache Installation

Wenn Sie die Zugangsdaten von T-Online erhalten haben und die T-Online-CD parat liegt, kann es mit der Installation losgehen.

Windows 98-CD parat halten

In einigen ganz wenigen Fällen ist Windows 98 auf Ihrem PC ohne das so genannte DFÜ-Netzwerk installiert worden. Sie werden dann von der T-Online-Software aufgefordert, die Windows-98-CD einzulegen. Falls es dabei Schwierigkeiten geben sollte, finden Sie ab Seite 65 eine ausführliche Anleitung, wie Sie vor der Installation der T-Online-Software das DFÜ-Netzwerk installieren können.

---

1. Legen Sie die T-Online-CD in das CD-Laufwerk ein. Im Normalfall startet damit automatisch das Installationsprogramm.
2. Sollte dies nicht der Fall sein, wählen Sie *Start/Ausführen*. Sie erhalten das nebenstehende Fenster, in dem Sie auf *Durchsuchen* klicken.

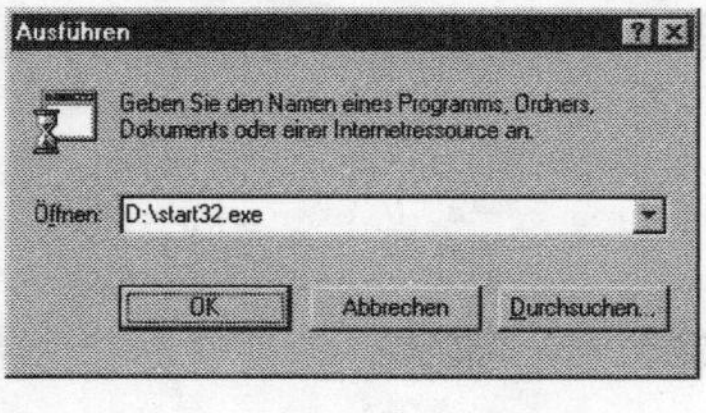

Wählen Sie dann den Laufwerkbuchstaben Ihres CD-Laufwerks aus (in den meisten Fällen D:), markieren die Datei *start32.exe* und klicken auf *Öffnen*, danach im Fenster Ausführen auf *OK*.

3 Kurze Zeit später finden Sie die Startseite der T-Online-Installation vor. Wollen Sie möglichst rasch die T-Online-Software installieren, klicken Sie nun auf *Aktuelle Zugangssoftware installieren*. Sie können dann die nächsten Teilkapitel überspringen und bei Seite 32 fortfahren.

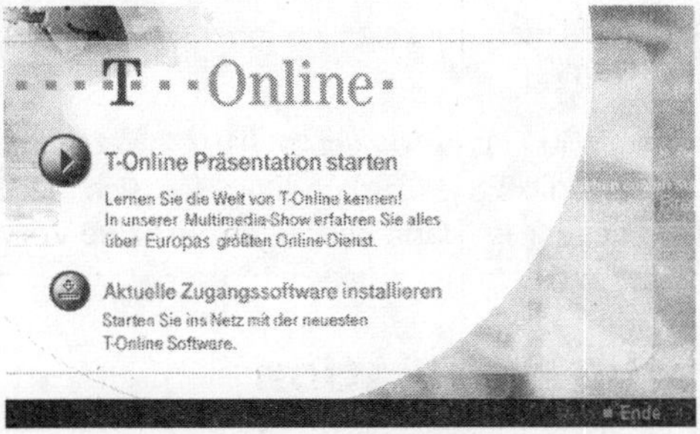

4 Wahrscheinlich wollen Sie sich aber zunächst über T-Online informieren oder sich besonders komfortabel anmelden. Klicken Sie dann auf *T-Online Präsentation starten*.

QuickTime für bunte Bilder

Was als Nächstes passiert, hängt davon ab, ob auf Ihrem PC bereits das Programm QuickTime installiert ist, das die Darstellung von Filmsequenzen ermöglicht.

1 Wenn Sie dieses Fenster sehen, ist QuickTime auf Ihrem PC noch nicht installiert. Erscheint dieses Fenster nicht, ist QuickTime bereits installiert und Sie können die nachfolgenden Schritte überspringen.

2 Meistens ist QuickTime noch nicht installiert. Sie haben dann zwei Möglichkeiten:

- Sie können die Präsentation von T-Online auch ohne QuickTime nutzen; es werden keine Filmsequenzen eingeblendet, aber alle Funktionen stehen Ihnen zur Verfügung. Wählen Sie dann *Ohne QuickTime fortfahren.*
- Sie Installieren zunächst QuickTime. Das ist empfehlenswert, denn dieses Programm leistet Ihnen auch beim Surfen im Internet gute Dienste. Auf jeden Fall zeige ich Ihnen nachfolgend, wie Sie QuickTime installieren:

3 Wählen Sie zunächst *QuickTime installieren.* Sie erhalten dann ein Fenster, in dem Sie auf *Ja* klicken.

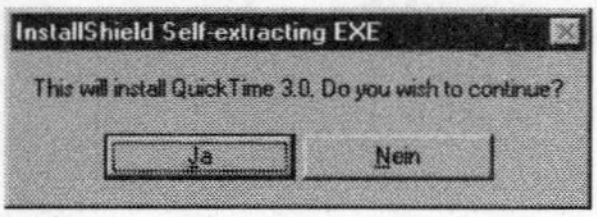

4 Damit startet die Installation von QuickTime, die Sie im nebenstehenden Fenster mitverfolgen können.

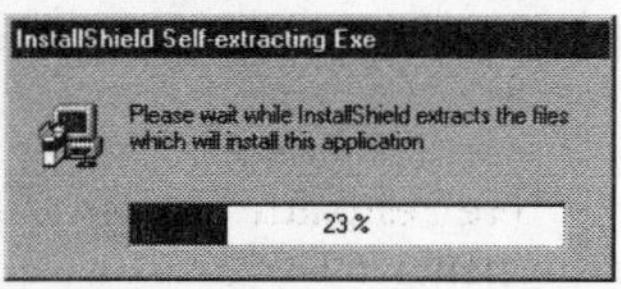

5 Als Nächstes erscheint bildschirmfüllend das erste Fenster der eigentlichen Installation von QuickTime. Klicken Sie hier einfach auf *Next.*

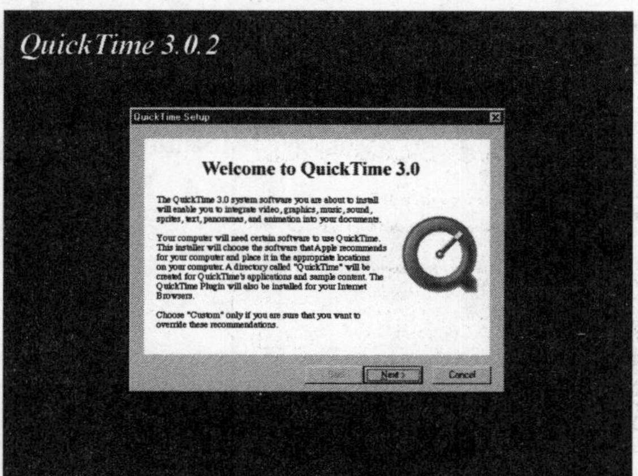

6 In den nächsten beiden Fenstern klicken Sie ebenfalls auf *Next* bzw. auf *Yes*.

7 Sie erhalten ein Fenster, in dem Sie verschiedene Einstellungen vornehmen können, aber die vorgegebene Einstellung funktioniert problemlos. Im Normalfall klicken Sie deshalb einfach auf *Next*.

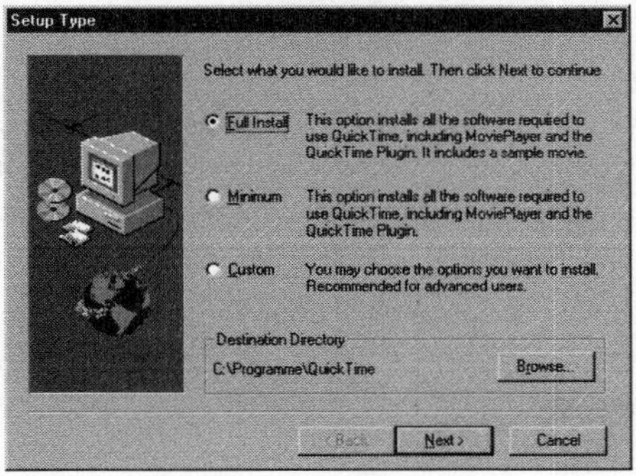

Das können Sie ändern

Statt der Standardeinstellungen können Sie zunächst auch eine Minimalinstallation oder unter *Custom* eine ganz spezifische Installation auswählen. Beides empfiehlt sich nicht. Außerdem können Sie mit der Schaltfläche *Browse* das Verzeichnis ändern, in das QuickTime installiert wird. Das macht nur dann Sinn, wenn Sie mehrere Festplatten haben und die Installation auf einer anderen Festplatte vornehmen wollen.

---

8 In einem weiteren Fenster wird Ihnen angeboten, QuickTime für bereits installierte Browser als so genanntes Plug-In verfügbar zu machen. Das ist sinnvoll, wenn Sie später im Internet surfen, weshalb ein Klick auf *Next* genügt.

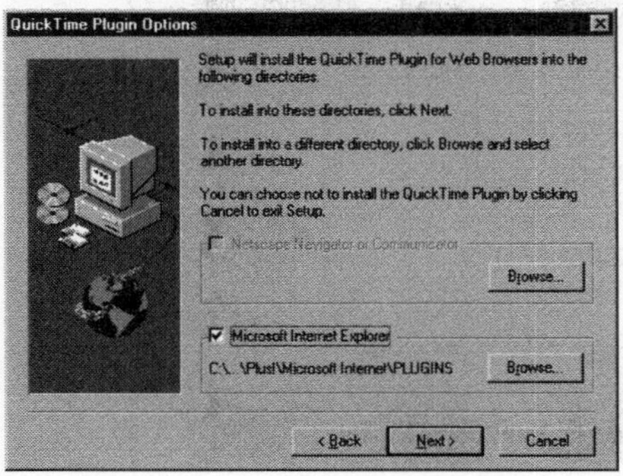

9 Nun will QuickTime noch wissen, in welchen Ordner des Menüs *Start* eine Verknüpfung angelegt werden soll. Auch hier ist die Voreinstellung sinnvoll, weshalb es mit *Next* weitergeht.

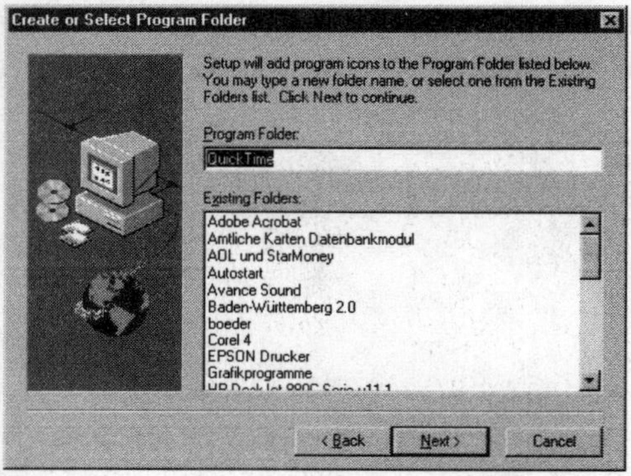

10 QuickTime hat nun alle Daten und nimmt die eigentliche Installation vor, die Sie im nebenstehenden Fenster verfolgen können.

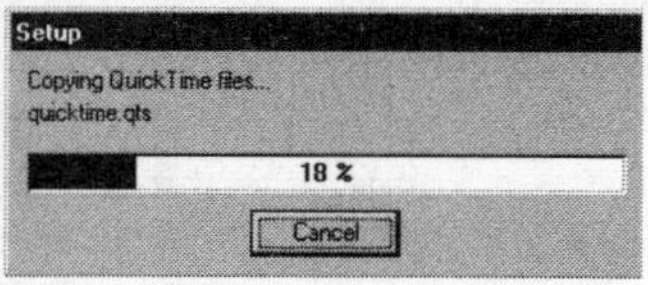

11 Zum Schluss werden Sie noch gefragt, ob Sie die Datei *Readme* lesen wollen und ob ein Beispielvideo abgespielt werden soll. Die Readme-Datei bringt Ihnen nicht viel – also Häkchen entfernen. Das Beispielvideo ist zwar extrem kurz, aber wenn Sie einfach einen Eindruck von QuickTime erhalten wollen, setzen Sie dort ein Häkchen.

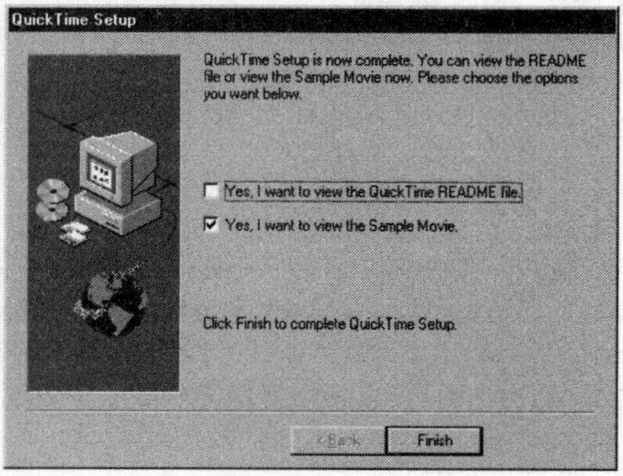

12 Mit der Schaltfläche *Finish* geht es weiter.

13 Haben Sie das Beispielvideo ausgewählt, erscheint zunächst noch ein Fenster, das Ihnen anbietet, eine Profiversion von QuickTime zu erwerben. Wahrscheinlich wollen Sie das nicht (die kostenlose Version, die T-Online mitliefert reicht völlig aus), deshalb klicken Sie auf *Later*.

14 Nun startet das kurze Video. Sie können es über die Schaltflächen am unteren Rand des Fensters vor- und zurückspulen und erneut starten. Schließen Sie zum Schluss dieses Fenster. (Und falls Sie sich die Readme-Datei haben anzeigen lassen, schließen Sie auch dieses Fenster.)

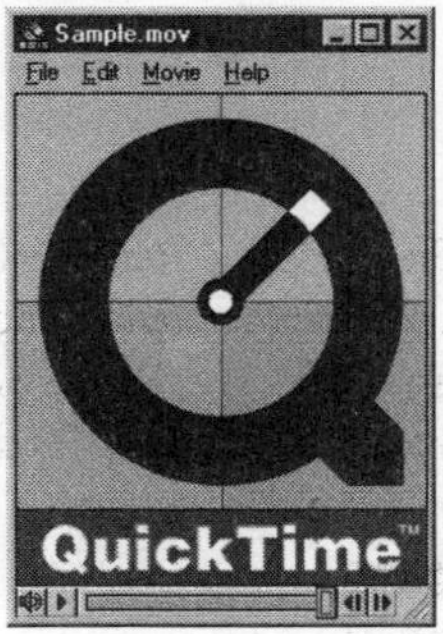

Damit ist QuickTime installiert. Als Nächstes startet die T-Online-Präsentation.

Hinweis: Mach mal Pause

Falls die T-Online-Präsentation nicht startet oder Sie sich zunächst einmal ein Päuschen können wollen, schließen Sie alle Fenster und starten dann gleich oder später die T-Online-Präsentation durch kurzes Herausfahren und Wiedereinfahren der CD.

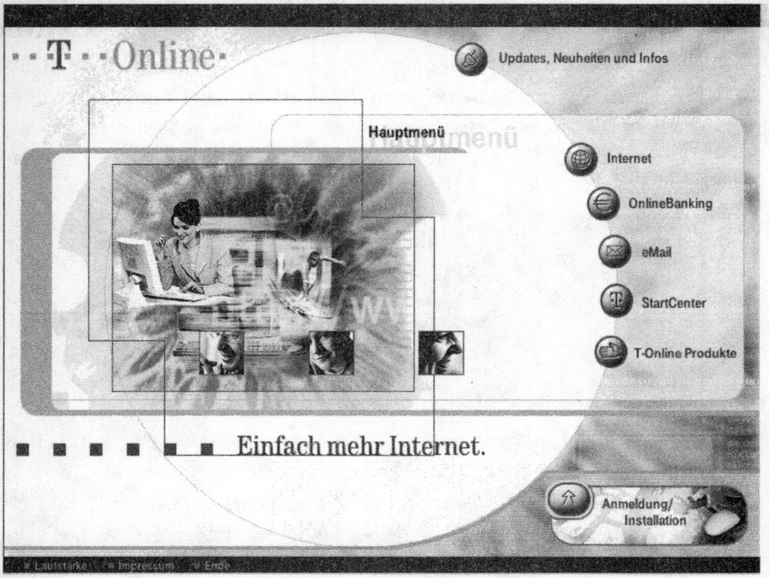

In der T-Online-Präsentation finden Sie im mittleren Bereich auf der rechten Seite fünf Schaltflächen, die zu Informationsangeboten zu den verschiedenen T-Online-Möglichkeiten führen. Sie können sich diese in Ruhe ansehen.

- Ist Ihnen die Lautstärke der Sounddateien zu leise oder zu laut, finden Sie links unten einen Eintrag, auf den Sie klicken können, um die Lautstärke zu ändern.
- Sie können die Präsentation jederzeit über den Eintrag *Ende* links unten beenden und später wieder starten.

Na ja, und irgendwann ist es dann so weit: Sie wollen sich bei T-Online von der CD aus anmelden oder die Software installieren. Und schon geht es los.

Die eigentliche Installation von T-Online

Gleichgültig, ob Sie sich zunächst die Präsentation angesehen haben, oder direkt zur Installation geschritten sind, geht es nun mit der Installation los.

1. Aus der Präsentation heraus starten Sie die Installation über *Anmeldung/Installation* und danach einen Klick auf *T-Online installieren.*

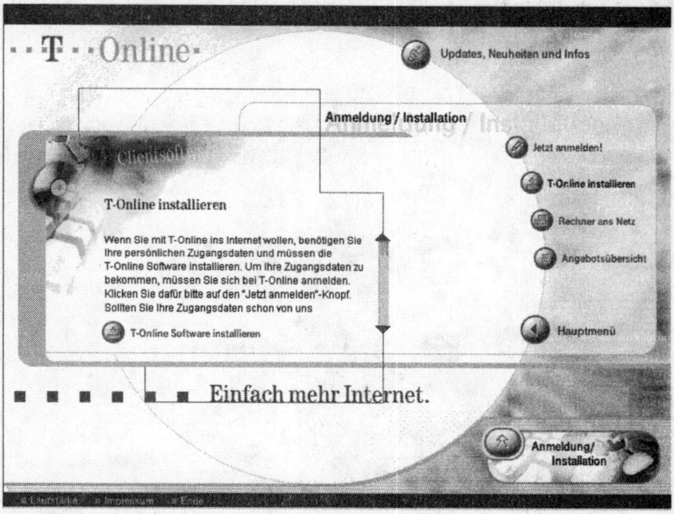

2 Die Installation startet, sobald Sie auf die Schaltfläche *T-Online-Software installieren* klicken.

3 Zunächst erscheint für einen Moment das Fenster *Setup*, das die Installation vorbereitet.

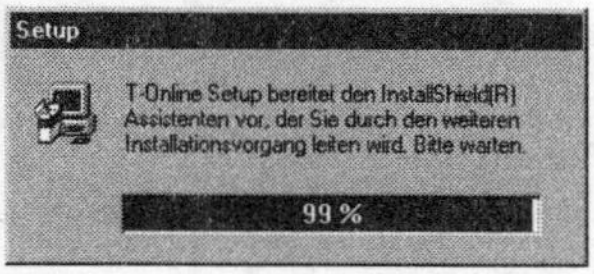

4 Damit erscheint das Startfenster für die eigentliche Installation. T-Online empfiehlt Ihnen, zunächst alle anderen Windows-Programme zu schließen, bevor Sie fortfahren. Falls Sie noch andere Programme gestartet haben, sollten Sie diese schließen, dann geht es mit *Weiter* weiter.

Hinweis: Virenscanner und Co.

Im Startfenster weist T-Online auch darauf hin, dass Sie vor der Installation Virenscanner und Systemüberwachungstools deaktieren sollten. Falls Sie solche Tools benutzen, finden Sie im Normalfall ein Symbol dafür in der Task-Leiste, das auch die Deaktivierung erlaubt (mit dem nächsten Neustart werden die Tools dann wieder aktiviert). Wenn Sie unsicher sind, probieren Sie einfach die Installation. Sie können sie, wenn etwas fehlschlägt, jederzeit wiederholen.

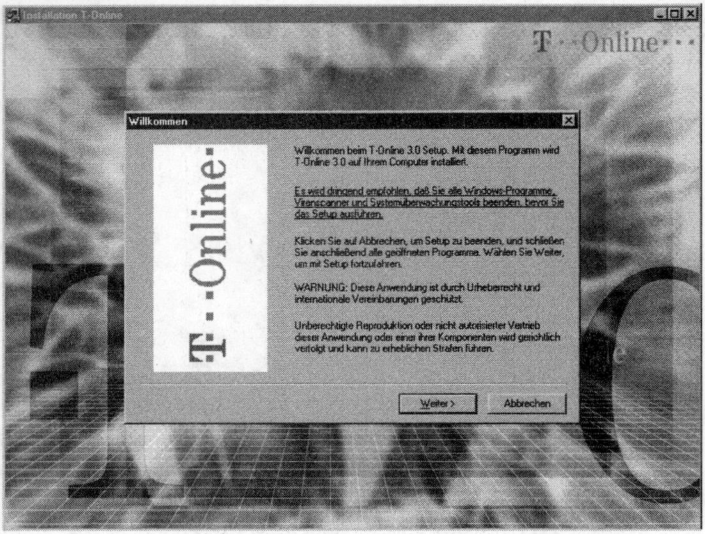

5 Im nächsten Fenster preist T-Online seine Neuerungen an. Die kennen Sie sicherlich schon aus der Einleitung dieses Buches. Also mal wieder mit *Weiter* weiter.

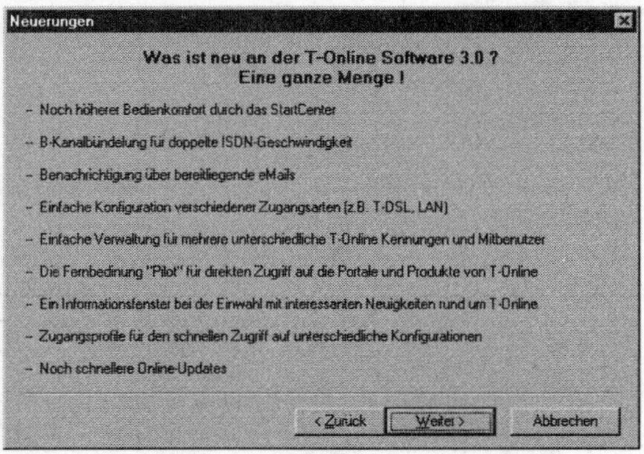

6 Noch ein Informationsfenster: Hier können Sie den Lizenzvertrag „T-Online" durchlesen. Muss aber nicht sein: Es sind keine Fallstricke drin. Mit *Ja* stimmen Sie dem Vertrag zu und es geht weiter.

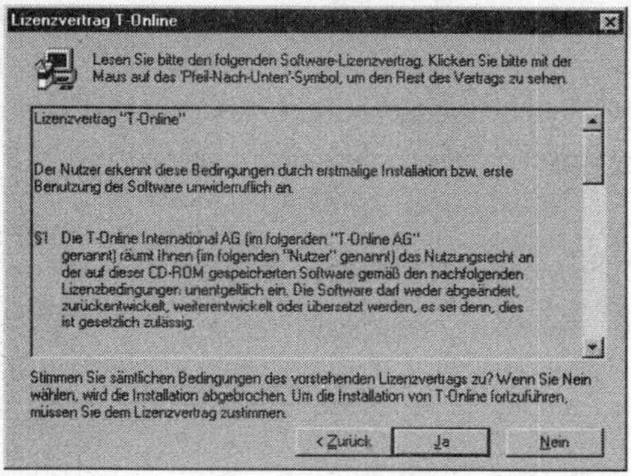

7 Nun gilt es, eine erste Entscheidung zu treffen. T-Online besteht aus drei Grundkomponenten: Der T-Online-Software, der Software für E-Mail und der Bankingsoftware. Bei der Erstinstallation muss die T-Online-Software ausgewählt sein, lassen Sie also das Häkchen stehen!

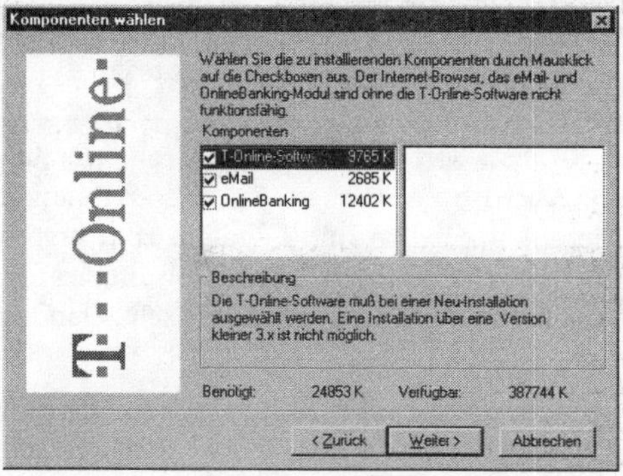

8 Die Homebanking- und die E-Mail-Software müssen Sie nicht installieren. Wenn Sie zum Beispiel sicher sind, dass Sie kein Homebanking betreiben wollen, dann können Sie das zugehörige Häkchen mit einem Klick entfernen. Sie haben noch genügend Platz auf der Festplatte? Dann lassen Sie einfach alle drei Häkchen stehen und installieren alles. Auf jeden Fall geht es mal wieder mit *Weiter* weiter.

Nachinstallation kein Problem

Falls Sie beispielsweise die Bankingsoftware jetzt nicht installieren, ist eine Nachinstallation kein Problem. Rufen Sie dann erneut die T-Online-Installation aus, und wählen in diesem Fenster nur die Bankingsoftware aus, dann wird diese nachinstalliert.

---

9 Jetzt geht es darum, welcher Browser für die T-Online-Software installiert werden soll. In den meisten Fällen ist hier ein Klick auf *Installation: Netscape Communicator Vers. 4.51* sinnvoll. Und mit *Weiter* geht es weiter ...

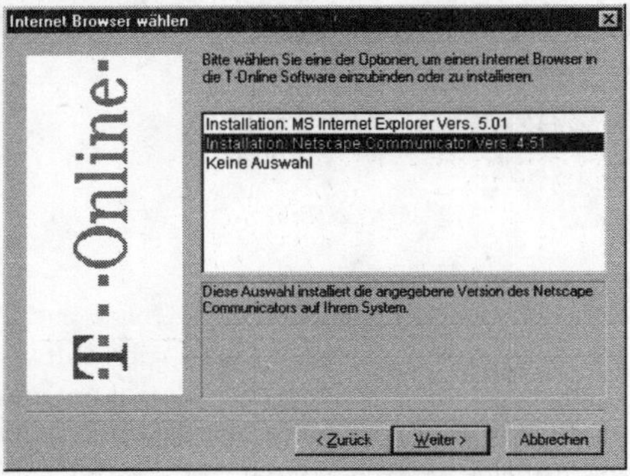

Wie soll ich mich entscheiden?

Wenn Ihr PC Windows 98 installiert hat, ist auch bereits der Internet Explorer (der Browser von Microsoft) installiert. Sie müssen ihn nicht von der T-Online-CD installieren! Wenn Sie mit T-Online zum ersten Mal online gehen, wird wahrscheinlich der Netscape Communicator (der Browser von Netscape) bei Ihnen noch nicht installiert sein. Dann sollten Sie diesen installieren.

Unterschiedlich gut versteht es die T-Online-Software, bereits installierte Browser zu erkennen. Wird ein bereits installierter Browser erkannt, erhalten Sie auch die Möglichkeit angeboten, diesen nicht zu installieren, sondern nur in T-Online einzubinden. Der entsprechende Eintrag lautet dann zum Beispiel: *Verknüpfung: Netscape ...* Das geht schneller und empfiehlt sich vor allem dann, falls Sie einen neueren Browser als den von T-Online angebotenen bereits installiert haben.

Sie können jederzeit später noch jeden Browser, der auf Ihrem PC installiert ist, von Hand für T-Online konfigurieren.

---

10 Nun können Sie noch entscheiden, ob T-Online Ihnen gratis einige Zusatzsoftware installieren soll. Wenn nicht die Festplatte schon übervoll ist, sollten Sie diese Software installieren. Lassen Sie deshalb alle vier Häkchen stehen. Und *Weiter*...

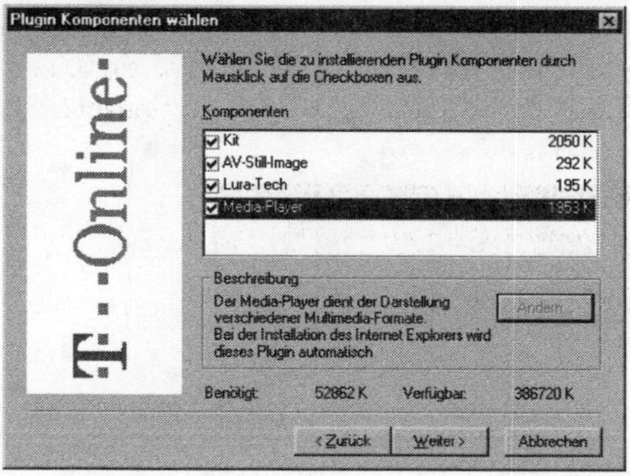

Aus neu mach alt: Das muss nicht sein

Falls Sie auf Ihrem PC bereits eine brandaktuelle Version des Media-Players von Microsoft installiert haben, sollten Sie das Häkchen bei *Media-Player* deaktivieren. Denn der Media-Player auf der T-Online-CD ist nicht der allerneueste.

Das umfangreichste Software-Paket, das Ihnen hier zur Installation angeboten wird, ist die Kit-Software, die dazu dient, im Classic-Bereich von T-Online Seiten mit Grafikdarstellungen anzuzeigen. Da der Classic-Bereich bei T-Online nur noch ein ziemliches Schattendasein spielt, benötigen Sie diese Software nur selten. Falls es auf der Festplatte knapp wird, ist dies der erste Streichkandidat.

---

11 T-Online schlägt Ihnen nun vor, die Software in das Verzeichnis *T-ONLINE* zu installieren. Das ist so in Ordnung, auch wenn Sie die Version 2.0 der Software noch installiert haben, denn die Version 2.0 steckt im Verzeichnis *t_online*, und das sind zwei paar Stiefel. Es gerät also nichts durcheinander. Also einfach auf *Weiter* klicken.

Hinweis: Doch ein anderes Verzeichnis?

Falls Sie die Software doch lieber in ein anderes Verzeichnis installieren wollen, wählen Sie *Durchsuchen* und dann ein anderes Verzeichnis aus. Wollen Sie Probleme bei der Installation und bei Updates vermeiden, sollte der Name des anderen Verzeichnisses jedoch nicht länger als acht Buchstaben sein und keine Umlaute und kein ß enthalten.

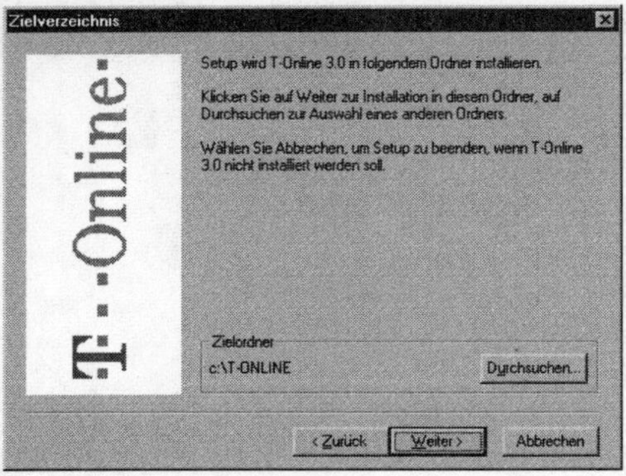

12 Nun geht es noch um den Namen der Programmgruppe, unter der Sie später die T-Online-Software im Startmenü von Windows finden werden. Warum sollte Sie nicht *T-Online 3.0* heißen, wie Ihnen vorgeschlagen wird? Aber wenn Sie wollen, können Sie auch einen anderen Namen eintippen. Und weiter geht's mit *Weiter*.

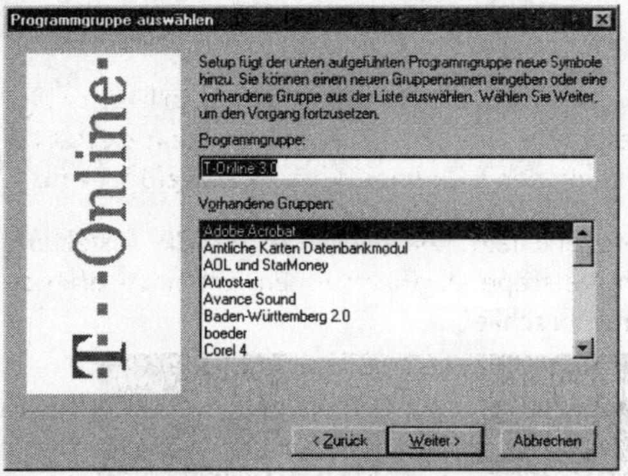

13 Jetzt ist der erste Teil gleich geschafft. Sie erhalten nochmals alle Angaben, die Sie gemacht haben, aufgelistet. Und Sie ahnen es schon: Es geht mit *Weiter* weiter.

Halt! Zurück!

Bei jedem der bislang dargestellten Fenster und so auch bei der Auflistung aller ausgewählten Komponenten können Sie jederzeit mit der Schaltfläche *Zurück* einen Schritt zurückgehen und Ihre Angaben nochmals ändern und korrigieren.

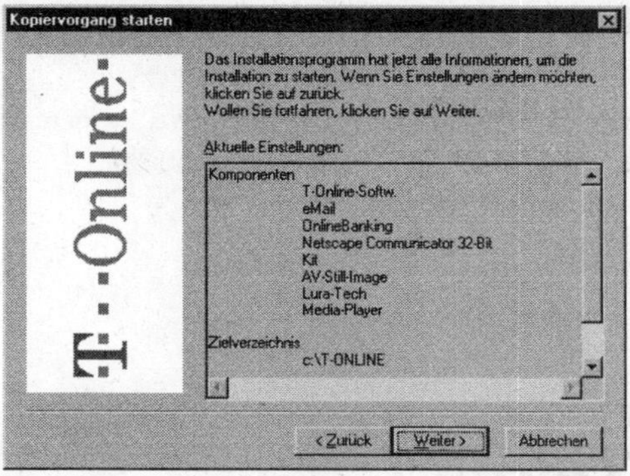

14 Damit beginnt die Installation der Software in das ausgewählte Verzeichnis. Während dieser Zeit ist das nebenstehende Fenster zu sehen.

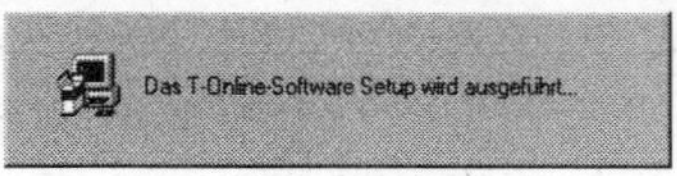

Nun ist Netscape an der Reihe

Falls Sie den Netscape Communicator ebenfalls zur Installation ausgewählt haben, wird auch dieser nun installiert. Diese Installation startet automatisch, wenn die Installation der T-Online-Software ausgeführt wird.

1 Bildschirmfüllend erscheint die Startseite für die Installation von Netscape. Auch Netscape empfiehlt Ihnen, alle noch offenen Windows-Programme zu schließen.

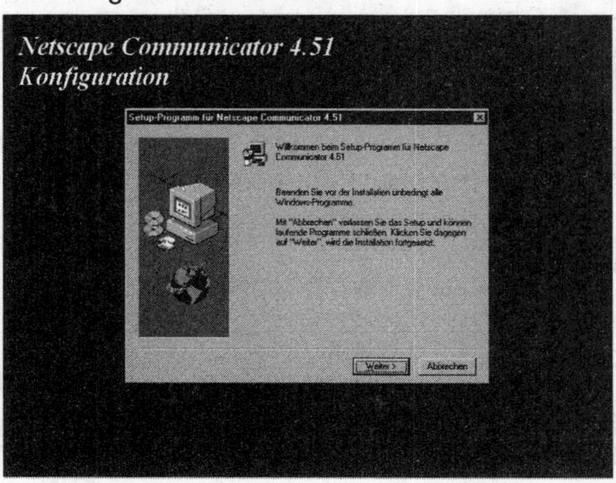

Aber das haben Sie bei der T-Online-Software-Installation ja bereits getan. Mit *Weiter* beginnt der Installationsprozess.

2 Auch hier gilt es, zunächst dem Lizenzvertrag zuzustimmen. Klicken Sie einfach auf *Ja*.

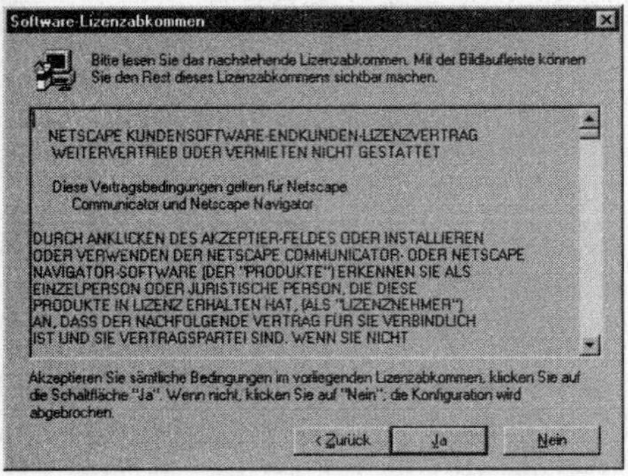

3 Sie können nun zwischen der Standard- und einer benutzerdefinierten Installation auswählen. Behalten Sie die Standard-Einstellung bei, wenn Sie unsicher sind, was für Sie richtig ist, denn die Standard-Installation installiert automatisch alle notwendigen Komponenten. Auch das angegebene Zielverzeichnis müssen Sie nicht ändern. Es geht mit *Weiter* weiter.

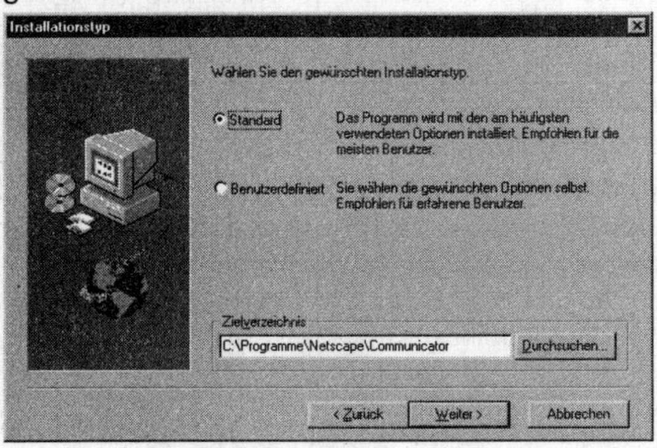

Anderes Zielverzeichnis?

Das Zielverzeichnis zu ändern macht nur dann Sinn, wenn Sie entweder die Installation auf einer anderen Festplatte als C: vornehmen wollen oder wenn Sie bereits eine andere Version von Netscape installiert haben und diese parallel zur Version 4.51 nutzen wollen.

---

4 Nun können Sie noch festlegen, ob Netscape Ihr Standardbrowser werden soll. Wenn Sie das Häkchen neben *Communicator als Standard-Internet-Browser festlegen* belassen, wird Netscape zum Standardbrowser. Und natürlich geht's mit *Weiter* weiter.

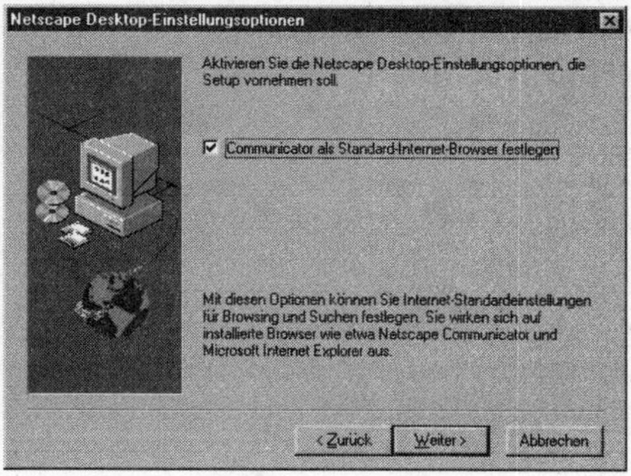

Wenn sich Browser streiten

Gleichgültig, ob Sie Netscape oder den Internet Explorer auf dem PC installieren, stets will jeder Browser als Standardbrowser festgelegt werden bzw. bietet Ihnen das an. Dabei spielt es eigentlich keine große Rolle, welcher Browser der Standardbrowser ist, da beide Browser auch dann problemlos funktionieren, wenn sie nicht Standardbrowser sind. Der einzige Unterschied ist folgender:

Wenn Sie beispielweise Webseiten auf Ihrer Festplatte abgespeichert haben und Sie im Windows Explorer auf eine solche Datei (mit der Endung *htm* bzw. *html*) doppelklicken, startet der Standardbrowser, um diese anzuzeigen. Sie können aber auch dann jederzeit Ihren Wunschbrowser von Hand starten und dort auf Festplatte gespeicherte Webseiten ansehen, wenn der Browser nicht der Standardbrowser ist.

5 Nun gilt es, auch hier den Programmordner festzulegen, in dem Sie später im Startmenü den Netscape-Browser finden. Belassen Sie ruhig die Voreinstellung, es sei denn, Sie haben bereits eine andere Version von Netscape installiert und wollen deshalb zwei verschiedene Programmgruppen haben. Richtig: *Weiter* nicht vergessen.

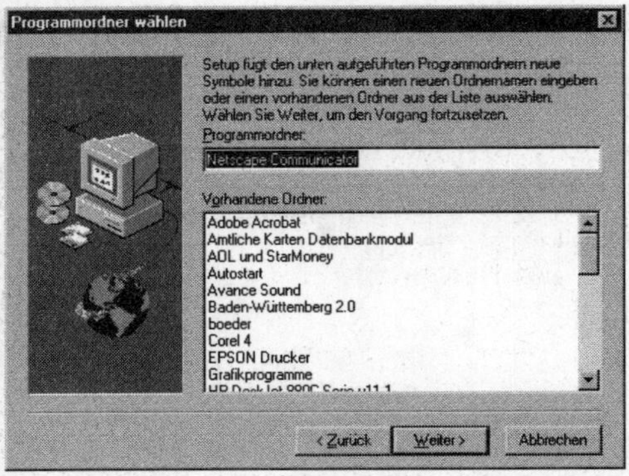

6 Jetzt sind alle Daten für die Installation beisammen. Sie erhalten sie nochmals angezeigt und können im Bedarfsfall mit *Zurück* noch Änderungen vornehmen. Alles klar? Dann geht es mit *Installieren* weiter.

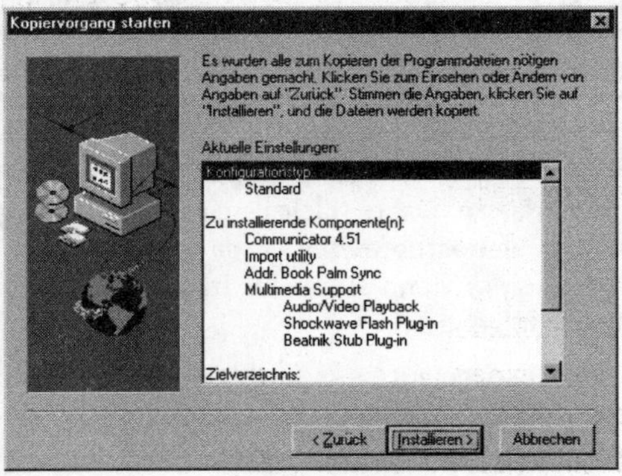

7 Nach einem kurz eingeblendeten Fenster *Bitte warten* können Sie nun den Installationsvorgang verfolgen.

8 Während der Installation werden verschiedene Informationen eingeblendet. Wenn Sie aber lieber einen Kaffee trinken: Es entgeht Ihnen nichts Bedeutsames.

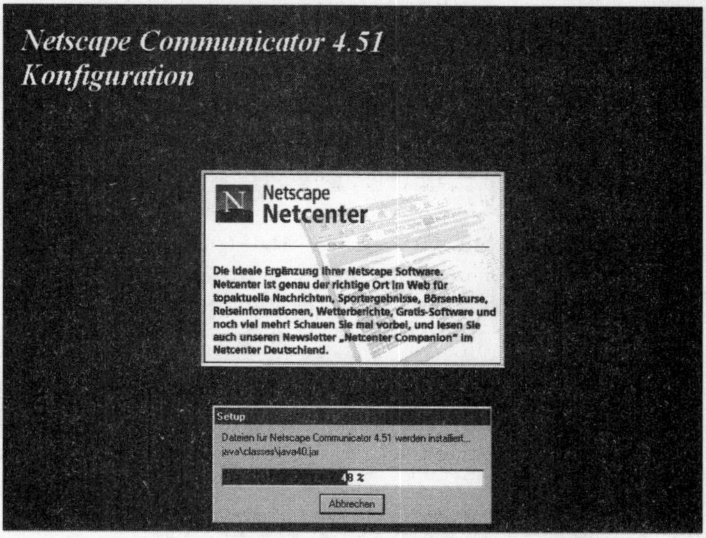

9 Nach Abschluss der Installation können Sie sich im nebenstehenden Fenster mit *Ja* noch die Datei *Readme* anzeigen lassen. Allzu spannend ist diese aber nicht. Besser geht's mit *Nein* weiter.

10 Die Installation ist beendet. Noch ein Klick auf *OK* und Netscape steht für Internettouren zur Verfügung.

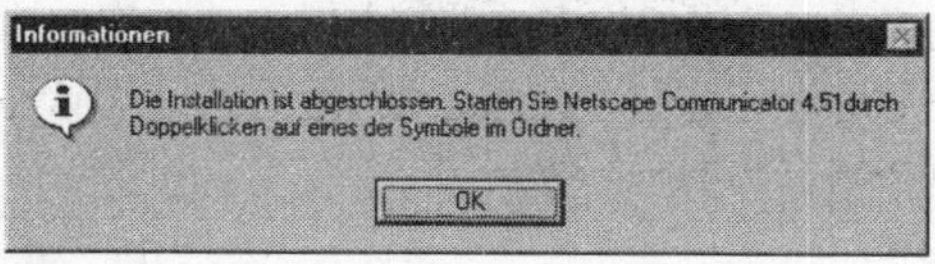

Ein bisschen Kraut und Rüben

Bei verschiedenen unserer Tests zeigte sich, dass die Netscape-Installation je nach Rechner und Betriebssystem einige Varianten aufweist. Deshalb nachfolgend eine Auflistung, was auch noch passieren kann und wie Sie damit umgehen:

1. Wenn bislang noch kein Browser auf Ihrem PC installiert und konfiguriert war, zeigt Netscape noch ein Fenster, in dem Sie nach Ihrer E-Mail-Adresse und einigen anderen Daten gefragt werden. Zerbrechen Sie sich hier nicht den Kopf, was hier einzutragen ist, sondern klicken auf *Weiter*. Ich zeige Ihnen später, wie Sie Netscape mit Ihren T-Online-Daten korrekt konfigurieren.

2. In einigen Fällen startet die Netscape-Installation zum Schluss automatisch den Netscape-Browser. Schließen Sie dann die Software. Falls zuvor Meldungen eingeblendet werden, dass eine Seite nicht gefunden wurde, klicken Sie so lange immer wieder auf *OK*, bis diese Meldung nicht mehr erscheint.

3. Falls Sie eine andere Version von Netscape bereits installiert hatten, wurde bei der Installation ein zusätzliches Profil für T-Online angelegt. Es kann dann sein, dass nach der Installation das nebenstehende Fenster angezeigt wird. Wählen Sie hier *Beenden*.

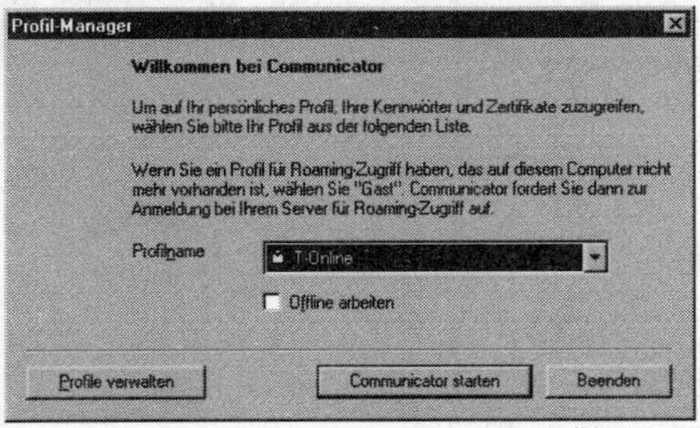

4. Während der Installation von T-Online und Netscape werden verschiedene Ordner-Fenster und weitere Fenster kurzfristig geöffnet, um dann im Hintergrund zu verschwinden. Wenn Sie bei den folgenden Schritten ein Fenster nicht auf Ihrem Bildschirm sehen, das ich Ihnen beschreibe, dann probieren Sie in der Task-Leiste die verschiedenen Schaltflächen aus, um das gewünschte Fenster zur Darstellung zu bringen. Die Installation scheint sich da manchmal etwas in der Darstellung zu verheddern.

Jetzt ist die Zusatzsoftware dran

Je nachdem, welche Zusatzsoftware Sie bei der Installation von T-Online ausgewählt haben (siehe Seite 36), wird diese Software nun ebenfalls installiert. Die Installation startet automatisch. Wenn Sie nicht alle Zusatzsoftware ausgewählt haben, werden einige der nachfolgend dargestellten Schritte übersprungen.

1 Zunächst ist das so genannte Kit-Plugin an der Reihe. Es meldet sich mit nebenstehendem Fenster.

2 Je nach ausgewählter Zusatzsoftware werden in rascher Folge noch ein oder zwei dieser Fenster eingeblendet. Warten Sie einfach etwas ab!

3 Nun ist der Media-Player an der Reihe. Auch er empfiehlt, alle anderen Windows-Programme zu schließen ... Mit *Ja* geht es los.

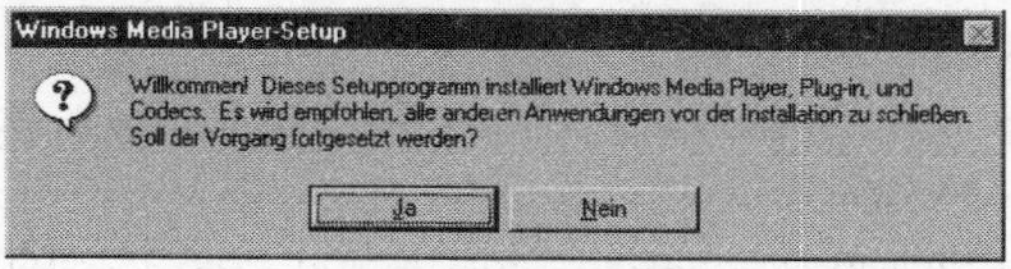

4 Und mal wieder ein Lizenzvertrag, schließlich müssen auch die Juristen mit irgendetwas ihr Geld verdienen. Klicken Sie einfach auf *Ja*.

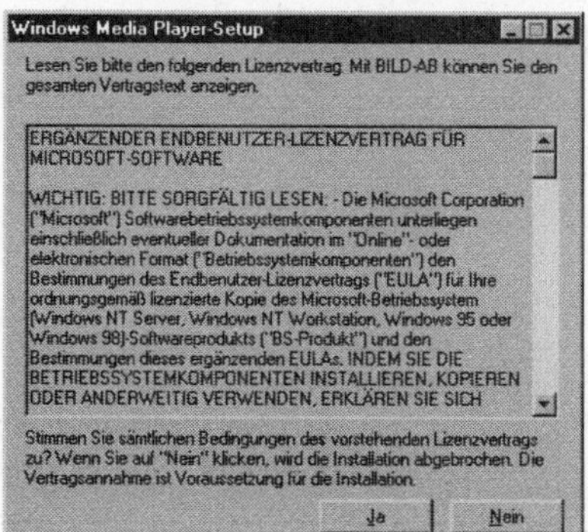

5 Es erscheint das Fenster *Windows Media Player-Setup*. Warten Sie ab, bis die dort angezeigte Installation abgeschlossen ist.

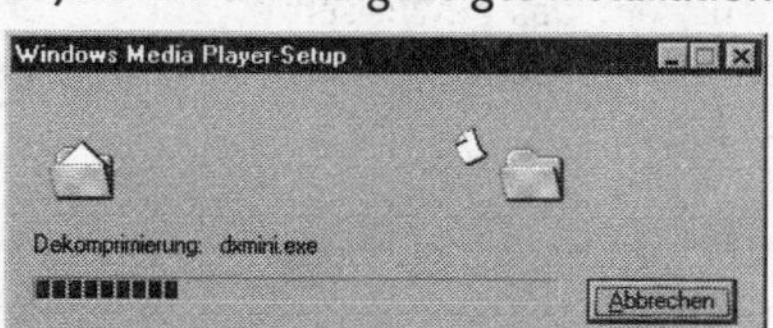

6 Es erscheint dann ein Fenster, in dem Sie die Übertragungsgeschwindigkeit Ihres Modems (Ihrer ISDN-Karte) angeben müssen. Für alle heute gängigen Modems und für ISDN ist die Einstellung *56Kpbs-*

Modem/ISDN korrekt. Nur wenn Sie ein langsameres Modem verwenden, müssen Sie eine niedrigere Modemgeschwindigkeit auswählen. Mit *OK* geht es dann weiter.

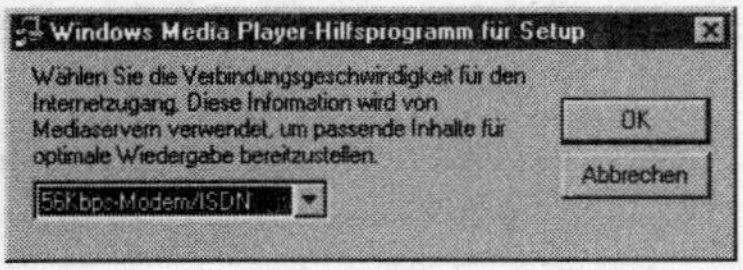

7 Für einige Zeit finden Sie nun das nebenstehende Fenster. Warten Sie, bis das nachfolgende Fenster erscheint.

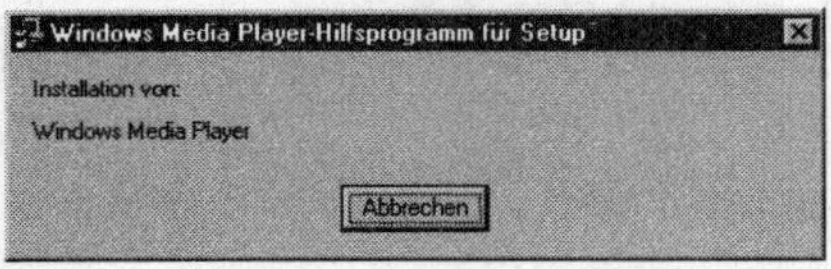

8 Das war's denn auch. Noch ein Klick auf *OK* und die Installation ist fertig.

Das kann jetzt noch passieren

Falls an dieser Stelle plötzlich Netscape startet, schließen Sie das Programm einfach. Näheres finden Sie auf Seite 44.

Außerdem kann es sein, dass Sie zum Neustart von Windows aufgefordert werden. Bestätigen Sie dies und warten, bis Windows neu gestartet ist.

Falls es nicht neu starten sollte, schalten Sie den PC aus und fahren ihn wieder hoch. Sie müssen dann die T-Onine-Software von Hand starten, um die nachfolgende Einrichtung angeboten zu bekommen. Wählen Sie dazu *Start/Programme/T-Online 3.0.*

Die installierte Software einrichten

Nun muss die installierte T-Online-Software herausfinden, mit welchem Modem (ISDN-Karte) Sie arbeiten, und Sie müssen der Software die Daten bekannt geben, die Sie mit dem Einschreiben von T-Online nach der Anmeldung erhalten haben. Legen Sie also Ihre T-Online-Zugangsdaten bereit.

1 Sie finden als Nächstes bildschirmfüllend den Einstellungsassistenten von T-Online vor. Hier müssen Sie zunächst die Zugangsart angeben. Wenn Sie mit Modem oder ISDN-Karte in Deutschland einen Zugang zu T-Online wollen, ist die Voreinstellung *Zugang über ein Modem bzw. ISDN von einem Standort innerhalb von Deutschland* bereits korrekt eingestellt.

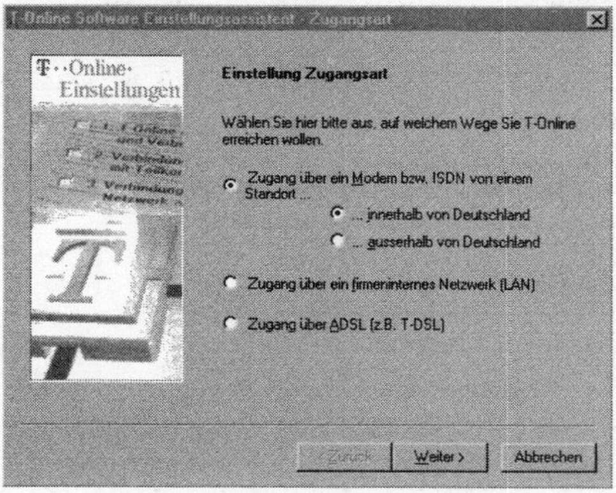

2 Verfügen Sie über einen ADSL-Anschluss an Ihren PC, wählen Sie *Zugang über ADSL.*

3 Falls Sie in Ihrer Firma über eine Local Area Network (LAN) Zugang zu T-Online haben, wählen Sie diese Option.

4 Auf jeden Fall geht es mit *Weiter* weiter.

5 Im nächsten Fenster sollte Ihr Modem (Ihre ISDN-Karte) aufgeführt sein. Im Normalfall können Sie deshalb einfach *Weiter* klicken.

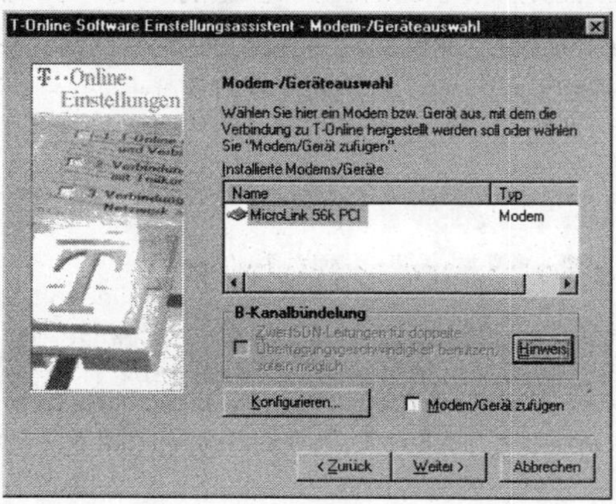

Auch das gibt es

Bei ISDN-Karten kann es sein, dass Sie mehrere „Modems“ angeboten bekommen. Dann ist jenes, das einen Text wie *Internet PPP over ISDN* enthält, das richtige, das Sie mit einem Klick markieren müssen.

Beherrscht Ihre ISDN-Karte Kanalbündelung, können Sie außerdem die Kanalbündelung als Option markieren, wenn Sie mit Kanalbündelung arbeiten wollen.

6 Im nächsten Fenster gibt es im Normalfall nur zwei Einstellungen, die Sie unterscheiden müssen:

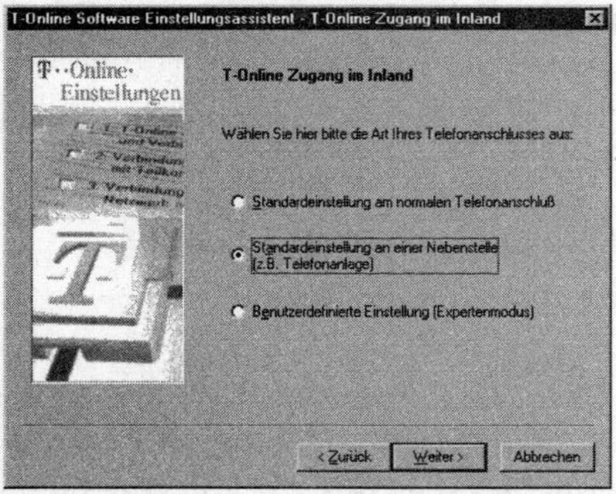

- Haben Sie eine ganz normale Telefonsteckdose oder eine ISDN-Karte, dann wählen Sie *Standardeinstellung am normalen Telefonanschluss.*
- Haben Sie eine Telefonanlage, die eine Amtsholziffer benötigt, dann wählen Sie *Standardeinstellung an einer Nebenstelle.*

7 Wählen Sie eine der beiden Optionen und klicken dann auf *Weiter.*

8 Im nächsten Fenster müssen Sie einige Einstellungen vornehmen, die davon abhängen, ob Sie die Option *Nebenstelle* gewählt haben oder nicht. Ich zeige es Ihnen am Beispiel einer Nebenstellenanlage. Haben Sie keine Nebenstellenanlage, bekommen Sie einige der Auswahlpunkte nicht angeboten und haben es damit etwas leichter.

Bin ich an einer Nebenstelle?

Zunächst ist die Antwort darauf ganz einfach: Wenn Sie telefonieren und beim Wählen eine Amtsholziffer vorwählen müssen (zumeist die 0), dann sind Sie an einer Nebenstelle. Etwas genauer muss ich die Sache noch erläutern, wenn es sich bei der Telefonanlage um eine TK-Anlage für einen ISDN-Anschluss handelt, an dem Sie auch Ihr bisheriges Analog-Telefon benutzen:

In diesem Fall müssen Sie beim Telefonieren mit einem Analog-Telefon eine Amtsholziffer eingeben, nicht aber, falls Sie ein ISDN-Telefon angeschlossen haben. Genauso verhält es sich auch mit dem Online-Anschluss: Falls Sie an der TK-Anlage einen PC mit Modem angeschlossen haben, muss eine Amtsholziffer gewählt werden. Haben Sie jedoch am PC eine ISDN-Karte installiert, muss keine Amtsholziffer gewählt werden.

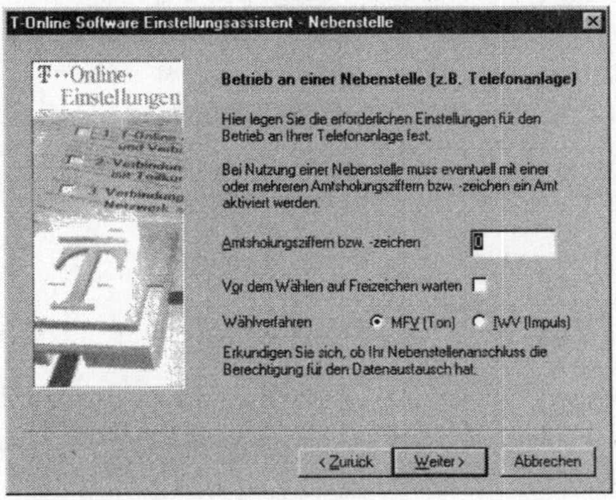

9 Geben Sie zunächst unter *Amtsholziffern* die Amtsholziffer Ihrer Telefonanlage ein. In der Regel ist das die „0".

10 Beim Eintrag *Vor dem Wählen auf Freizeichen warten* sollte keine Häkchen sitzen.

11 Nun müssen Sie noch angeben, ob Ihr Telefon mit Ton- oder Pulswahl arbeitet. Bei fast allen Telefonen in Deutschland ist mittlerweile Tonwahl die richtige Einstellung. Dann geht es mit *Weiter* weiter.

12 Nun kommt der spannende Moment, an dem sich erweist, ob Ihre Einstellungen richtig waren. Im Normalfall sollte es keine Probleme geben. Falls Sie mit einem externen Modem (einer externen ISDN-Karte) arbeiten, schalten Sie dieses nun ein.

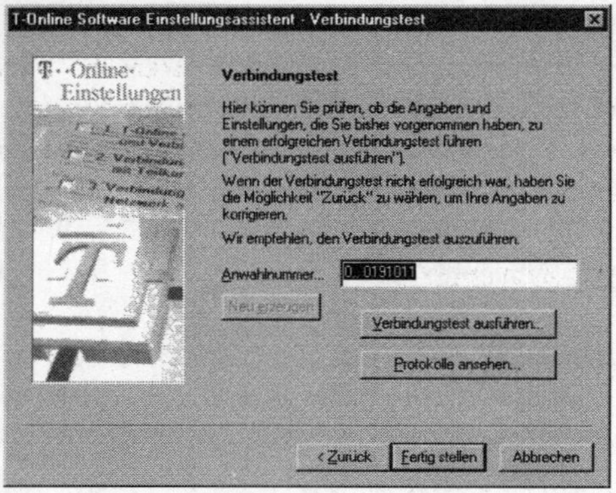

13 Klicken Sie danach auf *Verbindungstest ausführen.*

14 Ein neues Fenster wird eingeblendet, das einen Verbindungstest startet. Erschrecken Sie nicht, falls unter *Protokoll* angezeigt wird, dass ein erster Test fehlgeschlagen ist. Die T-Online-Software erprobt verschiedene Einstellungen, um Ihnen Arbeit zu ersparen.

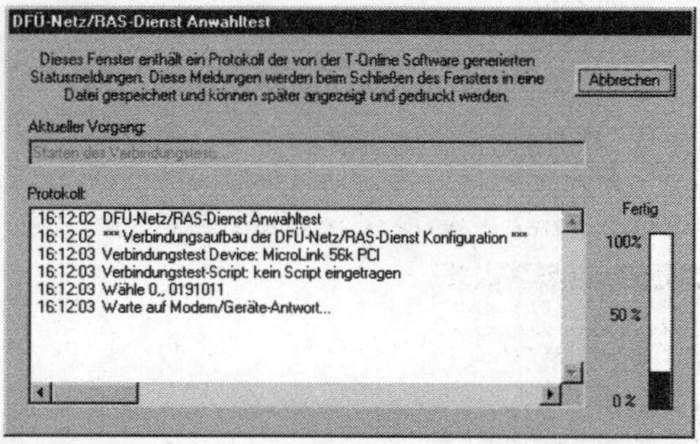

15 Fast immer läuft alles glatt und nach einiger Zeit finden Sie das nebenstehende Fenster vor, das Ihnen mitteilt, dass der Test erfolgreich war. Klicken Sie dann auf *OK.*

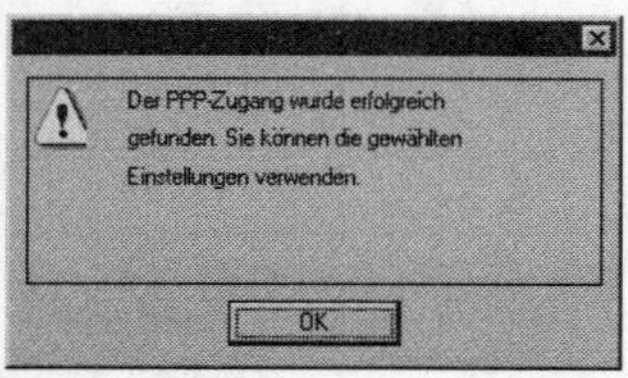

16 Sollte der Verbindungstest fehlschlagen, gehen Sie mit der *Zurück*-Schaltfläche zurück ins Konfigurationsmenü und erproben eine andere Einstellung.

17 Als Letztes finden Sie die Aufforderung, den Computer neu zu starten. Sie können zuvor wählen, ob nach dem Neustart die T-Online-Software automatisch gestartet werden soll. Im Normalfall sollte hier ein Häkchen sitzen, Sie können die T-Online-Software aber auch nach dem Neustart über *Start/Programme/T-Online 3.0* von Hand starten. Klicken Sie abschließend auf *Neustart*.

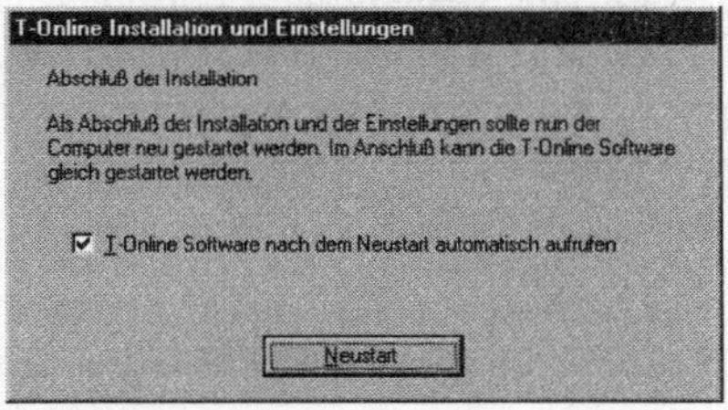

18 Beim Neustart dauert es etwas länger als sonst und Sie finden das nebenstehende Fenster vor, das sich automatisch schließt.

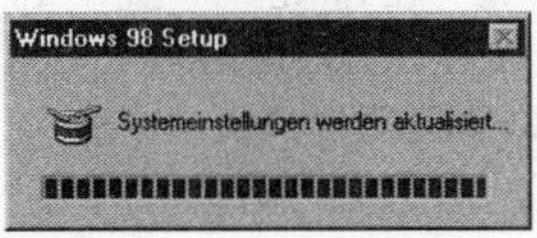

19 Danach wird die T-Online-Software automatisch gestartet und will von Ihnen in einem Fenster Ihre T-Online-Daten wissen (sind Sie unsicher, was bei diesen Daten was ist, sehen Sie auf Seite 21 nach):

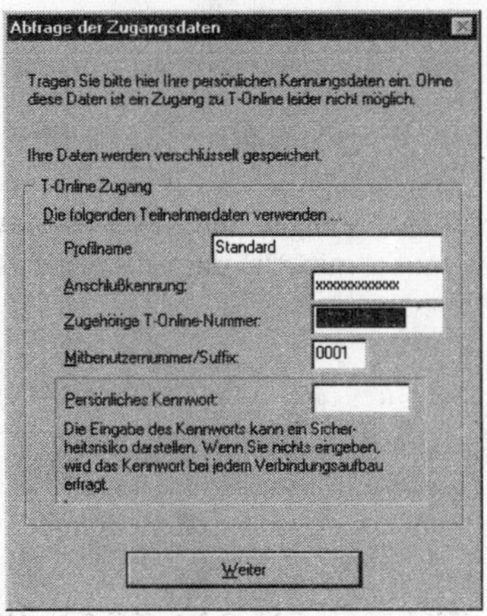

20 Das müssen Sie eingeben:

- Belassen Sie den Profilnamen als *Standard*. (Sie können später weitere Profile z. B. für Gäste einrichten. Näheres finden Sie ab Seite 303.)
- Geben Sie Ihre Anschlusskennung ein. Sie sehen bei der Eingabe aus Sicherheitsgründen für jeden Buchstaben nur ein x. Geben Sie deshalb die Anschlusskennung besonders sorgfältig ein. Falls Sie sich vertippt haben, ist der beste Weg, den kompletten Eintrag mit der [Rück]-Taste wegzulöschen und neu einzugeben.
- Geben Sie dann die T-Online-Nummer ein und als Mitbenutzernummer „0001".

Andere Mitbenutzernummer

Wenn Sie Ihren T-Online-Zugang neu angemeldet haben, ist die Mitbenutzernummer stets 0001. Sie können später (zum Beispiel für verschiedene Familienmitglieder) weitere Mitbenutzernummern einrichten. Diese sind jedoch nur für den Empfang und Versand von E-Mails von Interesse, weswegen Sie hier in der Regel nichts ändern müssen.

- Zum Schluss können Sie noch Ihr persönliches Kennwort (Passwort) eintippen:

Persönliches Kennwort: Ja oder nein?

Sie müssen an dieser Stelle Ihr persönliches Kennwort (Passwort) nicht eingeben, werden dann aber bei jeder Einwahl zu T-Online danach gefragt. Das ist etwas nervig, aber besonders sicher, denn was auf dem PC nicht gespeichert ist, kann auch von niemandem ausspioniert und missbraucht werden.

---

21 Das ist natürlich auch bei T-Online bekannt. Sobald Sie deshalb dennoch beginnen, Ihr persönliches Kennwort einzutippen, erscheint folgendes Fenster, das Sie auf das Sicherheitsproblem hinweist.

22 Falls Sie dennoch Ihr Kennwort eingeben, wird dieses in einem weiteren Fenster zur Bestätigung nochmals erfragt.

23 Mit oder ohne Kennworteingabe – zum Schluss müssen Sie im Fenster *Abfrage der Zugangsdaten* noch auf *Weiter* klicken.

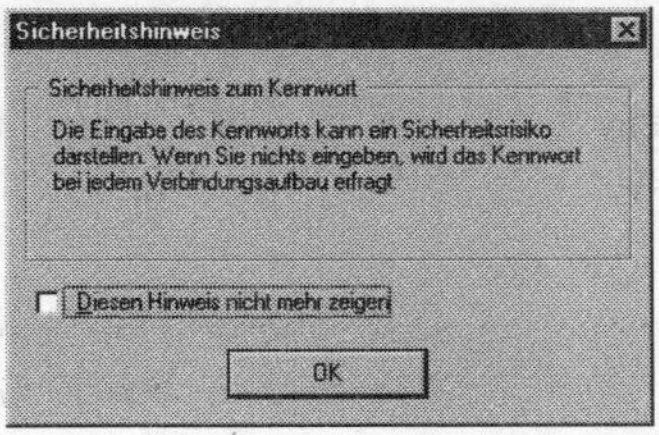

24 Damit sind Sie bei der Startseite der T-Online-Software angelangt. Die Installation und Konfiguration ist damit abgeschlossen.

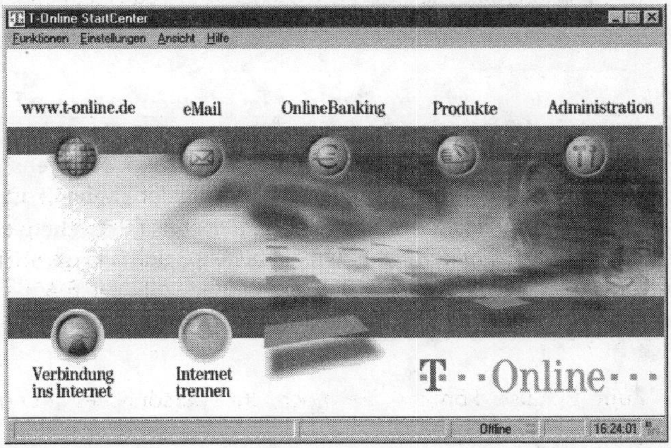

25 Sie können die fertig konfigurierte T-Online-Software nun schließen oder gleich erste Schritte ins Internet erproben. Wie das geht, finden Sie im Kapitel 2 beschrieben.

Das kann an dieser Stelle noch passieren

Zwei Dinge können am Ende der Installation noch auftreten:

1 Falls Ihre Grafikkarte auf eine Farbtiefe von nur 256 Farben eingestellt ist, erscheint das nebenstehende Fenster, das Sie darüber informiert, dass es bei dieser Grafikeinstellung zu Farbverzerrungen bei der Darstellung kommen kann. Sie haben nun zwei Möglichkeiten:

- Falls Ihre Grafikkarte tatsächlich nicht mehr als 256 Farben darstellen kann, demarkieren Sie das Häkchen neben *Diesen Hinweis bei jedem Start der T-Online-Software anzeigen*. Dann erscheint dieses Fenster in Zukunft nicht mehr und Sie müssen mit geringfügigen Farbverzerrungen leben (man merkt es im Normalfall kaum).

- Wenn Ihre Grafikkarte mehr als 256 Farben darstellen kann, sollten Sie die Farbtiefe erhöhen. Sie erreichen diese Einstellungen über *Start/Einstellungen/Systemsteuerung/Anzeige/Einstellungen*. Optimal ist eine Farbtiefe von 16 Millionen Farben (True Color).

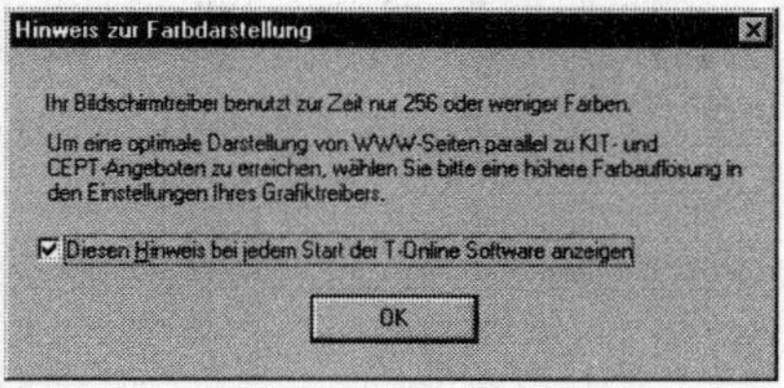

2 Häufig geht noch nach dem Start der T-Online-Software ein Fenster mit Tipps und Tricks auf. Sie können sich hier mit der Schaltfläche *Nächster Tipp* verschiedene Tipps anzeigen lassen. Meistens nervt das aber nur, vor allem wenn es bei jedem Start der T-Online-Software auftaucht. Demarkieren Sie dann das Kästchen neben *Tipps bei jedem Start von T-Online anzeigen* und klicken auf *Schließen*. Von nun an ist Ruhe.

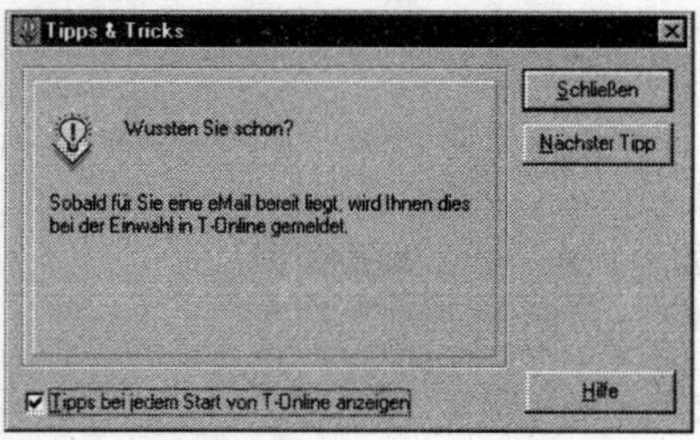

Wo sind sie geblieben?

Wollen Sie später die Tipps und Tricks doch nochmals ansehen, finden Sie diese in der T-Online-Software unter der Rubrik *Hilfe*. Wählen Sie dort *Tipps und Tricks*.

In den nächsten Teilkapiteln finden Sie Informationen, die für die Arbeit mit der T-Online-Software wichtig sind, aber nach der Erstinstallation zumeist nicht sofort berücksichtigt werden müssen. Am besten, Sie schauen den Rest dieses Kapitels einmal im Überblick durch, damit Sie wissen, wo Sie spezielle Informationen finden, wenn Sie sie benötigen. Ansonsten können Sie ins Kapitel 2wechseln, um ins Internet loszusurfen.

Updates – wichtig für Ihre Datensicherheit

Die T-Online-Software wird ständig verbessert und aktualisiert. Insbesondere werden – wo notwendig – neue Sicherheitsfunktionen eingebaut. Alle Aktualisierungen erhalten Sie online automatisch angeboten. Für Ihre Datensicherheit ist es wichtig, diese Updates stets durchzuführen, wenn Sie angeboten werden. Dass ein Update vorliegt, erkennen Sie beim Einloggen mit der T-Online-Software daran, dass das nachfolgende Fenster eingeblendet wird:

1 Im Normalfall sollten Sie in diesem Fenster auf *Jetzt gleich starten* klicken. Falls Sie nur mal schnell E-Mails abholen wollten und der Updatevorgang, der einige Minuten dauert, derzeit nicht erwünscht ist, können Sie wählen:

- Mit der Schaltfläche *Beim Beenden nachfragen* wird das Update ans Ende Ihrer T-Online-Sitzung verschoben. Beim Verlassen von T-Online werden Sie dann erneut aufgefordert, das Update durchzuführen.
- Mit der Schaltfläche *Manuell aus dem Menü starten* wird das Update nicht mehr automatisch angeboten. Sie müssen dann selbst daran denken, es möglichst rasch durchzuführen. Dazu wählen Sie im Startcenter von T-Online *Funktionen/automatischer Softwareupdate.*

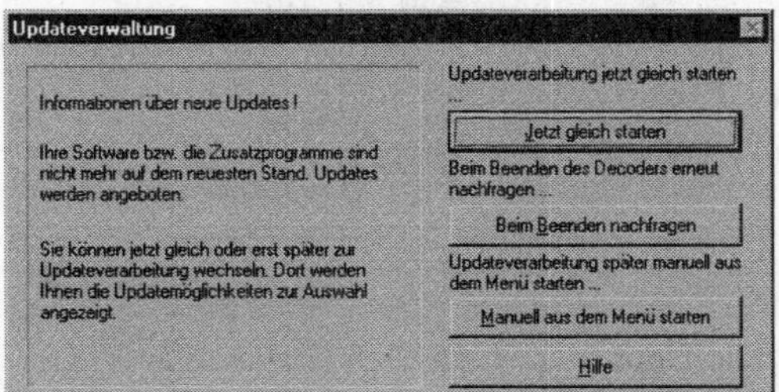

2 Mit dem Start des Updates erscheint das nebenstehende Fenster. Wählen Sie hier die Schaltfläche *Prüfen und Laden.* Wenn Sie noch nicht online sind, beginnt damit die Einwahl zu T-Online, wobei Sie gegebenenfalls Ihr Passwort eingeben müssen.

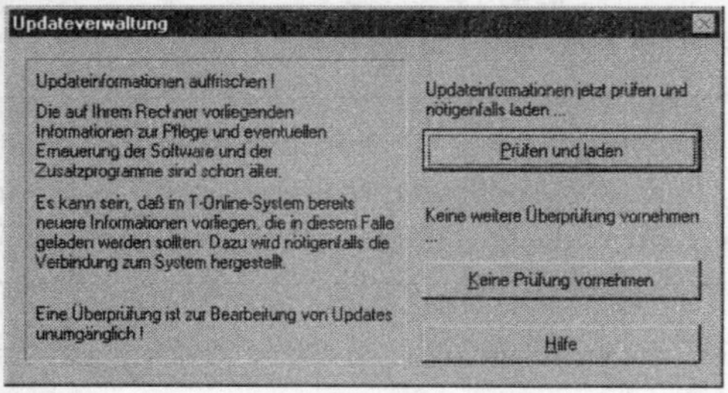

3 Es erscheint ein neues Fenster, das Sie über die vorhanden Updates informiert. Klicken Sie hier auf *Updateauswahl*.

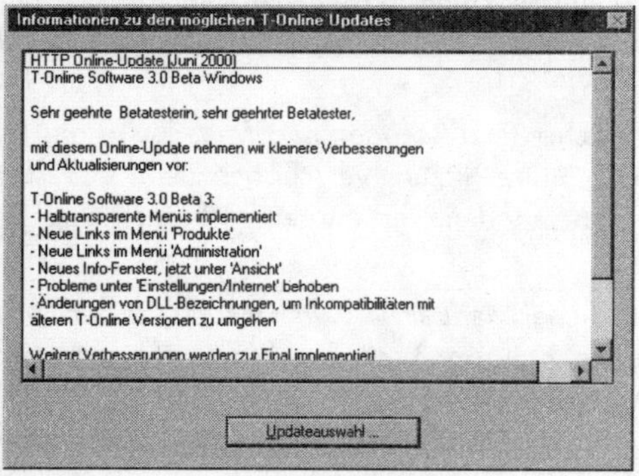

4 Im folgenden Fenster haben Sie im Prinzip die Möglichkeit, nur bestimmte Teile des Updates durchzuführen. Die Auswahl finden Sie im linken Fensterteil. Da aber das Update auch der Sicherheit dient, sollten Sie die Voreinstellung (alles wird geladen) belassen. Auf der rechten Seite finden Sie noch Informationen, wie lange das Update dauern wird.

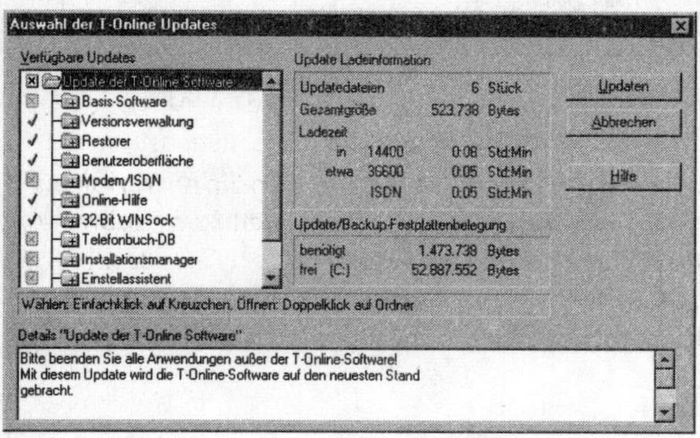

Hinweis: Alles außer T-Online schließen

Falls Sie noch weitere Anwendungen außer der T-Online-Software offen haben, sollten Sie diese nun schließen. Wollen Sie die anderen Anwendungen in Ruhe beenden und erst später das Update durchführen, können Sie das Update über die Schaltfläche *Abbrechen* vorerst beenden.

5 Klicken Sie auf die Schaltfläche *Updaten*. Damit beginnt das Update, dessen Fortschreiten Sie im nebenstehenden Fenster verfolgen können.

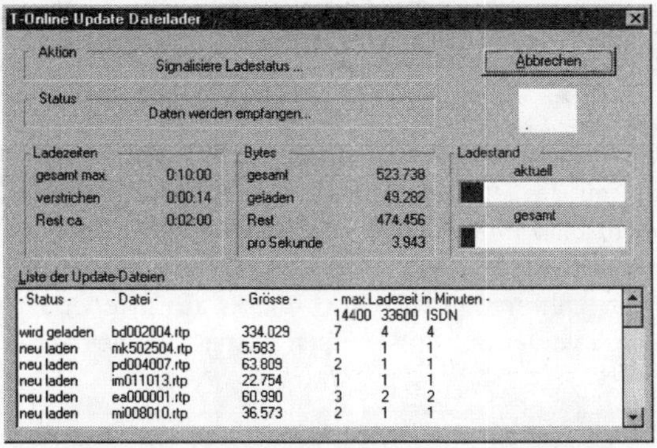

6 Ist das Herunterladen der Update-Daten abgeschlosen, erscheint ein Fenster, das Sie nochmals darauf hinweist, alle anderen Anwendungen zu schließen. Aber darauf hatten Sie ja bereits oben geachtet. Es kann also mit *Weiter* weitergehen.

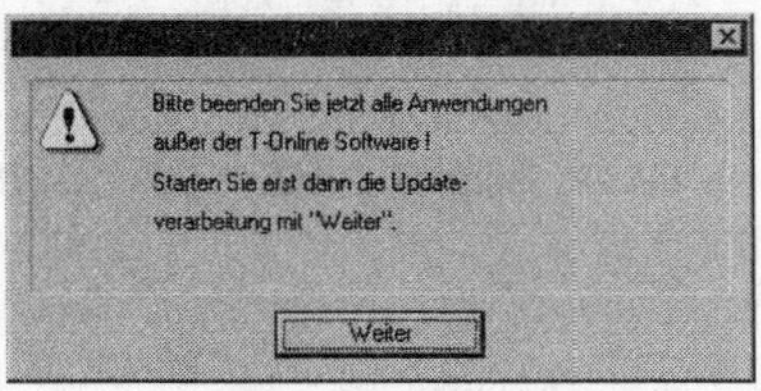

7 Nun wird ein Fenster eingeblendet, in dem Sie mitverfolgen können, wie die T-Online-Software auf den neuesten Stand gebracht wird. Ist der Vorgang abgeschlossen, erscheint der Text *Beenden Sie jetzt "Up2Date online" und starten die T-Online-Software erneut!*. Mit einem Klick auf die Schaltfläche *Beenden* ist das Update abgeschlossen.

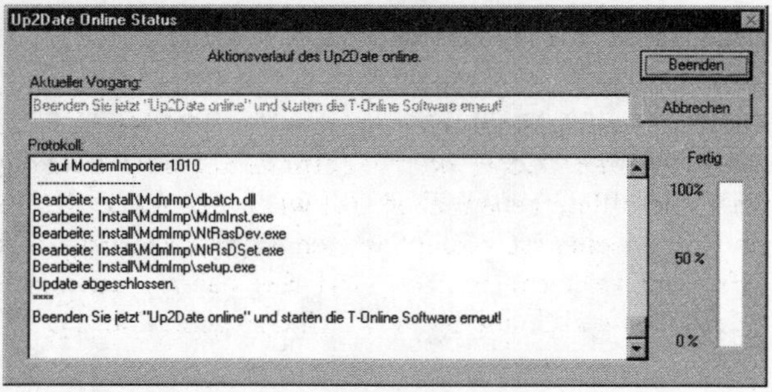

8 Nun können Sie die T-Online-Software erneut starten. Sie ist jetzt auf dem neuesten Stand.

Noch ein Update?

Wenn Sie längere Zeit die T-Online-Software nicht mehr genutzt haben oder die Software frisch von einer etwas älteren T-Online 3.x-CD installiert haben, kann es sein, dass Sie nach dem Update erneut ein Update angeboten bekommen. Führen Sie dann auch dieses aus. Die Updates bei T-Online bauen aufeinander auf und müssen deshalb nacheinander ausgeführt werden.

1.5 Direkt ins Internet: T-Online ohne T-Online-Software

Eigentlich sind Sie mit der bisherigen Installation komplett gerüstet für ausgiebige Surftouren im Internet. Aber es gibt noch eine elegantere Möglichkeit, mit T-Online ins Internet zu gelangen: Das so genannte DFÜ-Netzwerk. Der Vorteil hierbei ist, dass Sie zum Surfen nicht erst die T-Online-Software aufrufen müssen, die ja zudem Platz im Arbeitsspeicher benötigt und damit die Geschwindigkeit des Rechners verringern kann.

Bei früheren Versionen von T-Online war die Installation eines DFÜ-Netzwerk-Zugangs zu T-Online immer ziemlich aufwendig: Da musste allerhand eingestellt und konfiguriert werden. Bei der T-Online-Software 3.0 geht es einfacher, denn klammheimlich nutzt diese Software bereits das DFÜ-Netzwerk, löscht aber, nachdem Sie offline gegangen sind, den betreffenden Eintrag wieder vom PC. Wäre doch gelacht, wenn sich dies nicht überlisten ließe, denn alle korrekten Einstellungen sind in diesem temporären Eintrag bereits enthalten.

Ohne T-Online-Software zu T-Online

Der Trick ist eigentlich ganz einfach: Solange Sie online sind, gibt es im DFÜ-Ordner des Arbeitsplatzes eine temporäre DFÜ-Netzwerkverbindung unter dem Namen *TOSW-internal Settings*. Diese Verbindung wird gelöscht, wenn Sie offline gehen, aber nur, wenn der Name der Verbindung der gleiche geblieben ist. Ändern Sie den Namen, kann die T-Online-Software den Eintrag nicht löschen und Sie haben ruckzuck einen T-Online-Zugang ohne T-Online-Software. Und so gehen Sie vor:

Das DFÜ-Netzwerk sekundenschnell für T-Online konfigurieren

1 Starten Sie zunächst die T-Online-Software und drücken dann auf der Tastatur die Taste [F4].

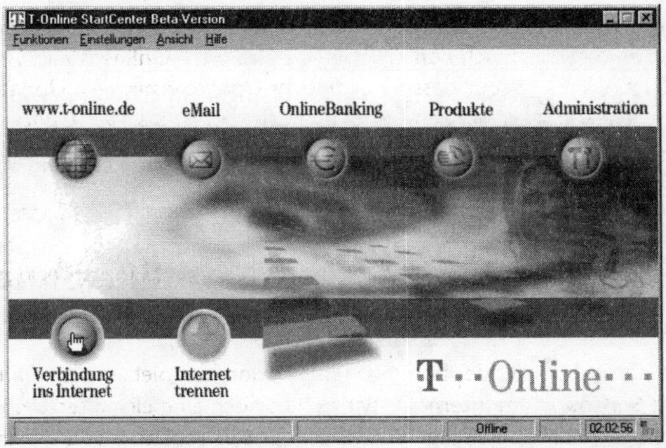

2 Die Einwahl zu T-Online beginnt. Warten Sie ab, bis die Einwahl erfolgt ist: Die Schaltfläche *Internet trennen* ist dann hervorgehoben.

3 Klicken Sie nun auf dem Desktop auf das Symbol *Arbeitsplatz*. (Sie können das Fenster der T-Online-Software auf dem Desktop verschieben, wenn das *Arbeitsplatz*-Symbol verdeckt sein sollte.)

4 Klicken Sie im Fenster *Arbeitsplatz* auf das Symbol *DFÜ-Netzwerk*.

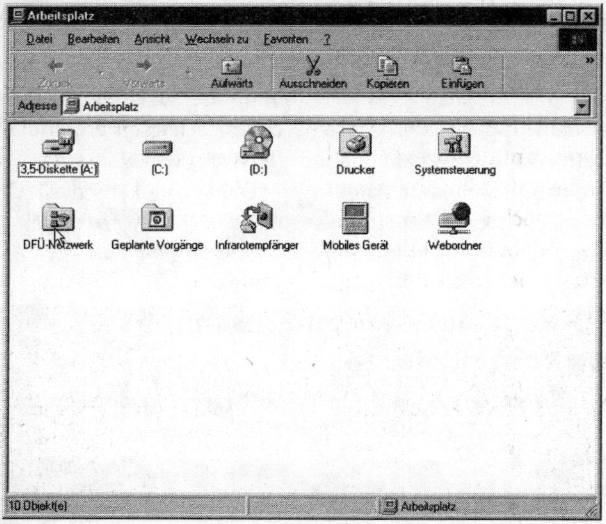

5 Ein neues Fenster geht auf. Hier finden Sie ein Symbol mit der Unterschrift *TOSW-internal Settings.* Markieren Sie mit einem Klick dieses Symbol, warten ein, zwei Sekunden und klicken dann auf die Unterschrift.

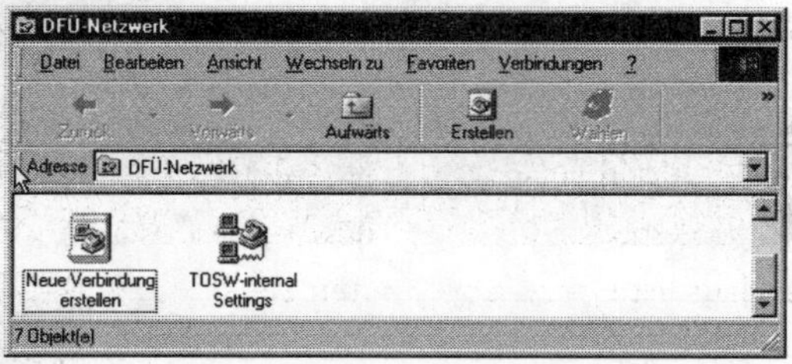

6 Sie können nun einen neuen Namen für das Symbol eintippen. Wie Sie das Symbol benennen, ist Ihnen überlassen. Der Name muss nur anders sein als der ursprüngliche.

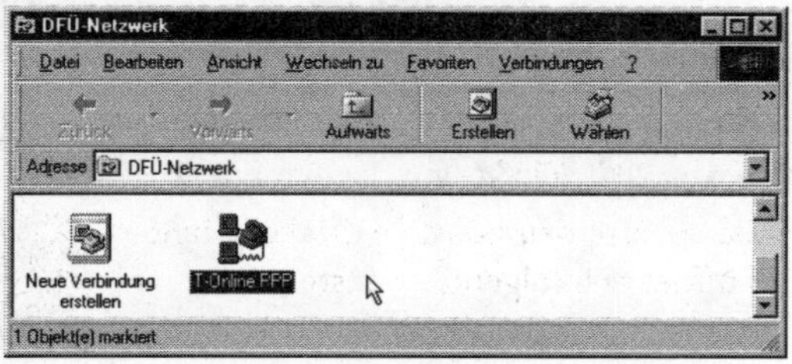

7 Klicken Sie nun auf das Fenster der T-Online-Software und holen diese damit in den Vordergrund. Beenden Sie die Verbindung zu T-Online und schließen die T-Online-Software.

8 Dank der Umbenennung ist im Fenster *DFÜ-Netzwerk* noch immer das Symbol mit dem von Ihnen vergebenen Namen zu sehen. Damit Sie in Zukunft komfortabel mit dieser Verbindung arbeiten können, fehlt nur noch ein Schritt: Klicken Sie mit der rechten (!) Maustaste auf das Symbol und halten die Maustaste gedrückt. Bei gedrückter Maustaste ziehen Sie das Symbol irgendwo auf den Desktop.

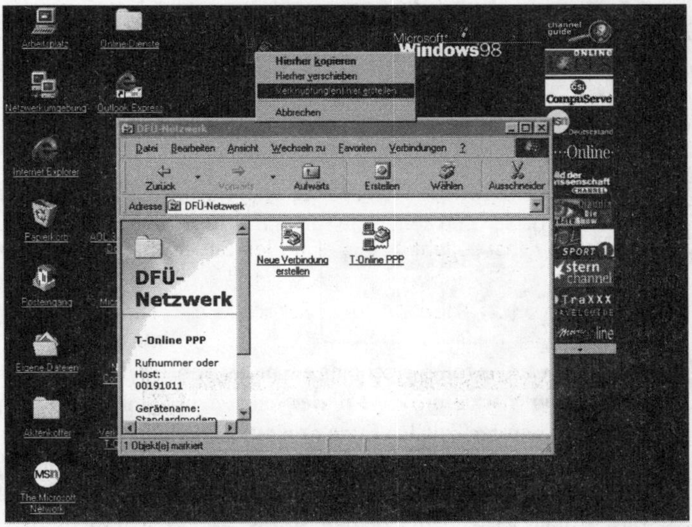

9 Wenn Sie die Maustaste loslassen, erhalten Sie ein Kontextmenü, in dem Sie auf *Verknüpfung(en) hier erstellen* klicken. Damit haben Sie eine eigene DFÜ-Netzwerkverbindung für T-Online erstellt und auf dem Desktop dafür ein Symbol hinterlegt.

Und wie komme ich damit online?

Ganz einfach: Sie müssen, um online zu gehen, nicht mehr die T-Online-Software starten, sondern gehen so vor:

1 Doppelklicken Sie auf das neu auf dem Desktop hinterlegte Symbol. Es öffnet sich folgendes Fenster:

2 Wenn Sie, wie bislang beschrieben, vorgegangen sind, finden Sie hier schon alle Einträge voreingestellt. Nur das Passwort fehlt noch, falls Sie in der T-Online-Software das Passwort nicht angeben haben. Geben Sie, wenn nicht vorhanden, das Passwort ein und klicken auf *Verbinden*.

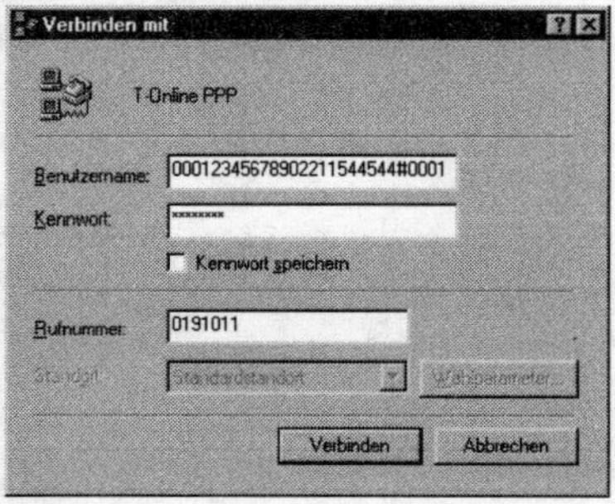

3 Das Modem bzw. die ISDN-Karte wählt sich nun zu T-Online ein. Während dieser Zeit sehen Sie folgendes Fenster:

4 Ist die Einwahl erfolgt, erscheint ein neues Fenster. In diesem Fenster können Sie markieren, dass dieses Fenster in Zunkunft nicht mehr angezeigt werden soll. Ich finde es eigentlich ganz sinnvoll, eine Meldung zu erhalten, dass die Verbindung geklappt hat, weshalb ich diese Fenster auch jedes Mal anzeigen lasse. Aber Sie können sich natürlich auch anders entscheiden. Auf jeden Fall sollten Sie das Fenster, wenn es auttaucht, mit der Schaltfläche *Schließen* beenden.

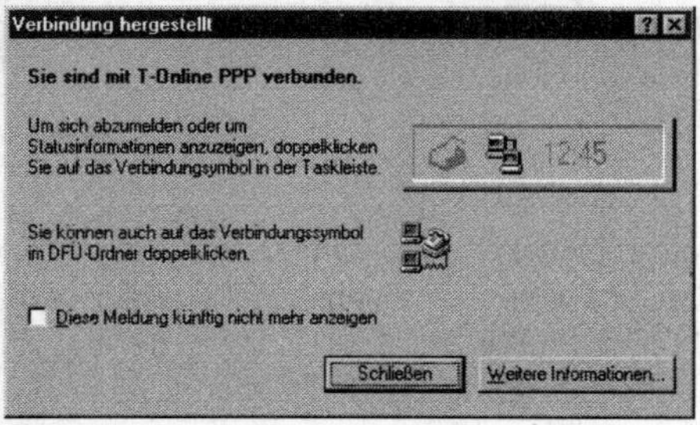

Damit sind Sie über das DFÜ-Netzwerk online. Sie können nun alle Internetprogramme, die Sie interessieren, aufrufen und nutzen. Der Netscape-Browser oder der Internet Explorer funktionieren genauso, wie zum Beispiel auch Outlook Express oder andere, in diesem Buch nicht beschriebene Internetsoftware. Starten Sie einfach die gewünschte Software. Sie sucht sich automatisch die gestartete DFÜ-Verbindung heraus und ist damit mit dem Internet verbunden.

5 Dass Sie noch online sind, erkennen Sie stets an dem DFÜ-Symbol (zwei verbundene Monitore) in der Task-Leiste. Wollen Sie die Online-Verbindung trennen, doppelklicken Sie auf dieses Symbol.

6 Sie erhalten ein Fenster, in dem Sie auf die Schaltfläche *Trennen* klicken. Damit ist die Verbindung ins Internet getrennt und es fallen keinerlei Onlinekosten mehr an.

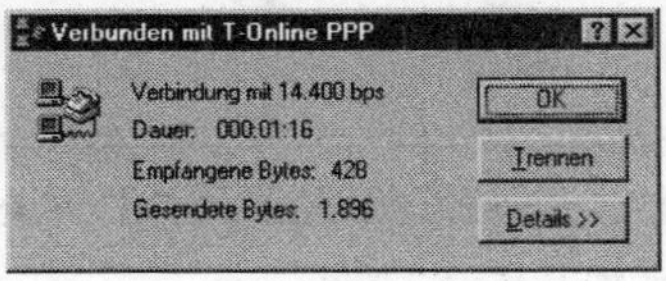

Hinweis: Verbindung trennen und weiterlesen

Wenn Sie die Verbindung ins Internet trennen, müssen Sie keineswegs den Browser ebenfalls schließen. Ich handbabe es so: Wenn ich beim Surfen auf eine Webseite stoße, die viel informativen Text enthält, warte ich, bis die Seite komplett geladen ist, dann trenne ich die Verbindung ins Internet. Nun kann ich ohne Kosten die Seite in aller Ruhe lesen. Wenn es mit dem Surfen weitergehen soll, starte ich erneut eine DFÜ-Verbindung. Am besten, Sie minimieren dazu den Browser mit der Minimieren-Schaltfläche rechts oben. Dann finden Sie auf dem Desktop wieder das Symbol für die DFÜ-Verbindung vor und können sich erneut einwählen lassen.

Einwahl kostenlos!

Früher kostete jede erneute Einwahl bei T-Online zunächst einmal 6 Pfennig Einwahlgebühr. Das ist heute nicht mehr so: Sie zahlen nur noch für die Online-Zeit pro Minute (außer bei der Flatrate, bei der Sie für einen Festbetrag beliebig lange surfen können). Es kostet Sie also nichts extra, wenn Sie zwischendrin die Verbindung ins Internet kappen und dann neu aufbauen. Es spart im Gegenteil einiges an Geld.

Wenn der Benutzername fehlt

Wenn Sie auf das neu auf dem Desktop hinterlegte Symbol klicken und im folgenden Fenster noch kein Benutzername eingetragen ist, können Sie diesen von Hand eintragen. Sie müssen dazu nur wissen, wie sich der Benutzername zusammensetzt:

Mit Ihren Zugangsdaten haben Sie folgende Informationen erhalten, die Sie zur Erstellung des Benutzernamens benötigen:

- Die Anschlusskennung, die mit 000 beginnt (z. B. 000123456789).
- Die T-Online-Nummer, die Ihrer Telefonnummer mit Vorwahl entspricht (z. B. 05464123456), es sei denn, Sie haben eine T-Online-Nummer beantragt, die Ihre Telefonnummer nicht enthält.
- Die Mitbenutzernummer. Für den Erstzugang ist diese stets 0001. Eine andere Benutzernummer benötigen Sie nur, wenn Sie weitere Mitbenutzer eingerichtet haben (siehe Seite 92) und für diese eine DFÜ-Verbindung anlegen wollen.

Der Benutzername setzt sich nun aus der Anschlusskennung, der T-Online-Nummer und der Mitbenutzernummer zusammen. Hat Ihre T-Online-Nummer weniger als zwölf Stellen, muss zusätzlich ein # eingefügt werden. So sieht dies anhand der obigen Beispiele dann aus:

000123456789054641234567#0001

Tippen Sie dies als Benutzername ein und das Passwort von T-Online ein, dann kann es losgehen. Beim nächsten Aufruf der DFÜ-Verbindung wird der Benutzername automatisch eingetragen, während Sie das Passwort jedes Mal eingeben müssen, wenn Sie nicht *Kennwort speichern* markiert haben.

Was soll der Zusatz?

Wenn die Benutzernummer bereits beim Erstellen des Symbols auf dem Desktop von der T-Online-Software eingetragen ist, werden Sie feststellen, dass dort nach der eigentlichen Benutzernummer noch ein Eintrag *#@t-online.de* steht. Stören Sie sich nicht daran: Es funktioniert mit und ohne diesen Eintrag.

Das DFÜ-Netzwerk von Hand einrichten

Im Normalfall reicht die oben beschriebene Variante zur Erstellung einer eigenen DFÜ-Verbindung zu T-Online völlig aus. Falls Sie damit online sind und alles funktioniert, können Sie getrost die nächsten Teilkapitel überspringen. Aber falls es Probleme gibt oder Sie eine spezielle Verbindung zu T-Online zusätzlich zur Normalverbindung erstellen wollen, schildere ich Ihnen im Folgenden, wie Sie auf einem PC das DFÜ-Netzwerk installieren, konfigurieren und für eine spezielle Verbindung einrichten.

Das DFÜ-Netzwerk installieren

Im Normalfall ist auf einem neu ausgelieferten Windows-PC das DFÜ-Netzwerk bereits installiert. Wenn Sie auf Ihrem PC bereits mit der T-Online-Software 3.0 online waren, ist dies ein sicheres Zeichen, dass das DFÜ-Netzwerk bereits installiert ist, denn ohne DFÜ-Netzwerk funktioniert die neue T-Online-Software nicht. Aber vielleicht wollen Sie auf dem PC eines Bekannten eine DFÜ-Verbindung zu T-Online aufbauen, ohne die T-Online-Software zu installieren. Dann kann es sein, dass dort das DFÜ-Netzwerk noch nicht installiert ist. So müssen Sie dann vorgehen:

Windows-CD parat halten!

Bevor es losgeht, sollten Sie noch die Windows 98-CD, die Sie mit Ihrem Computer ausgeliefert bekommen haben, griffbereit halten, damit es dann ohne Verzögerung weitergehen kann.

---

1 Wählen Sie auf dem Desktop *Start/Einstellungen/Systemsteuerung*.

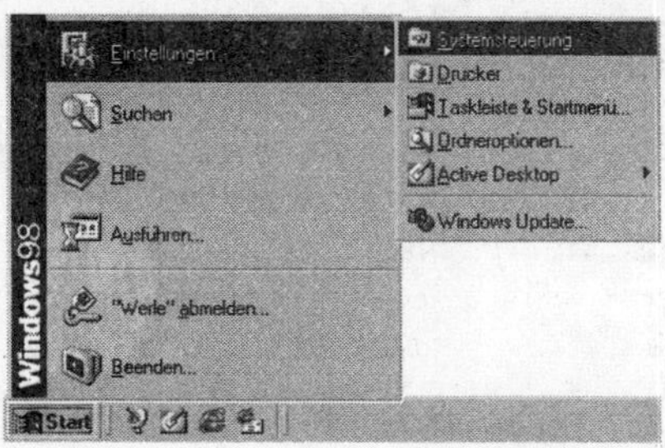

2 Es öffnet sich das Fenster *Systemsteuerung*, in dem Sie auf das Symbol *Software* klicken.

3 Damit erhalten Sie das Fenster *Eigenschaften von Software*. Klicken Sie auf die Registerkarte *Windows-Setup*.

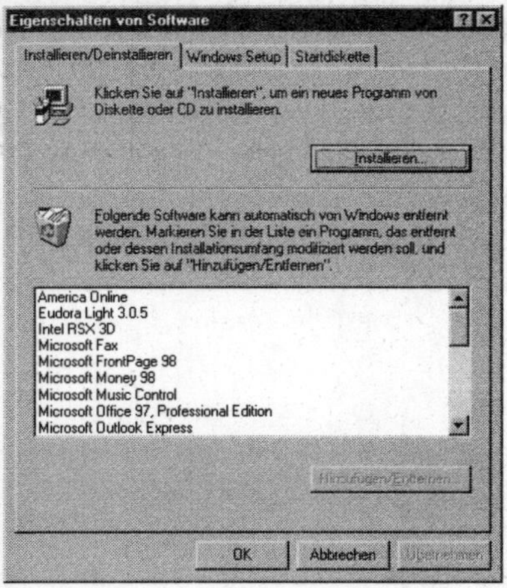

4 Für einige Sekunden wird eingeblendet *Installierte Komponenten werden gesucht*, dann werden die installierten Komponenten aufgelistet.

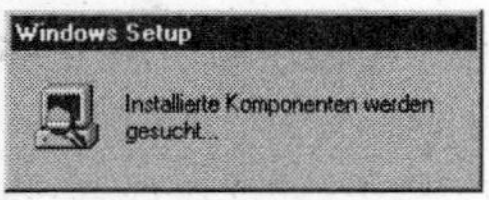

5 Scrollen Sie durch die installierten Komponenten, bis die Komponente *Verbindungen* sichtbar wird. Markieren Sie *Verbindungen* durch einen Mausklick auf diesen Eintrag. Klicken Sie dann auf die Schaltfläche *Details*.

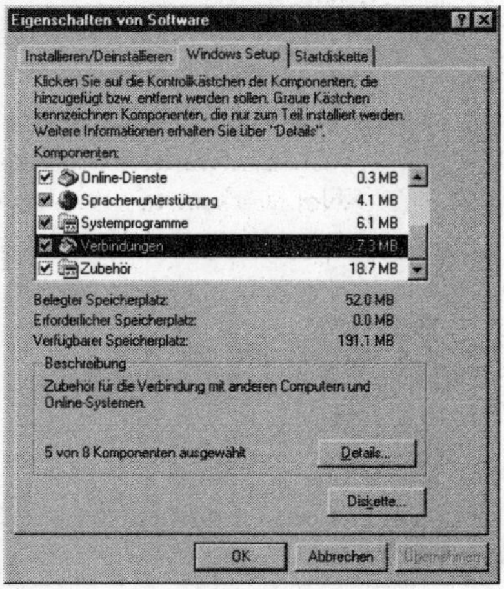

6 Sie finden nun das Fenster *Verbindungen* mit verschiedenen Einträgen. Als Erstes finden Sie den Eintrag *DFÜ-Netzwerk*. Im Kästchen links neben *DFÜ-Netzwerk* sollte ein Häkchen stehen. Ist dies nicht der Fall, klicken Sie in dieses Kästchen, um das Häkchen zu setzen.

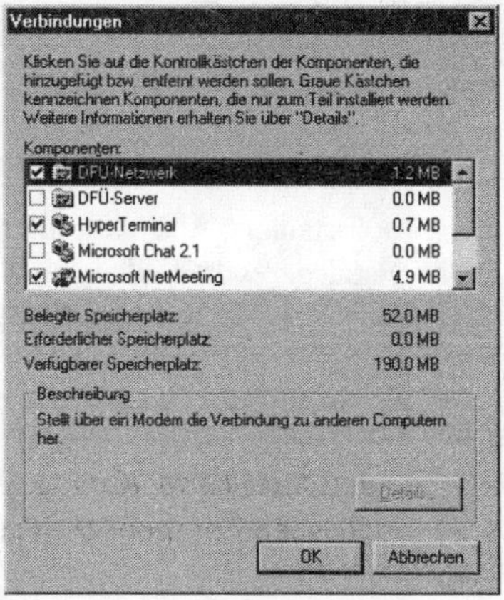

7 Schließen Sie nun dieses Fenster und auch das Fenster *Eigenschaften von Software* jeweils mit der Schaltfläche *OK*.

8 War das Häkchen neben dem Eintrag *DFÜ-Netzwerk* bereits gesetzt, ist damit alles in Ordnung. Gehen Sie dann zum nächsten Teilkapitel. Mussten Sie das Häkchen noch setzen, erhalten Sie folgende Meldung:

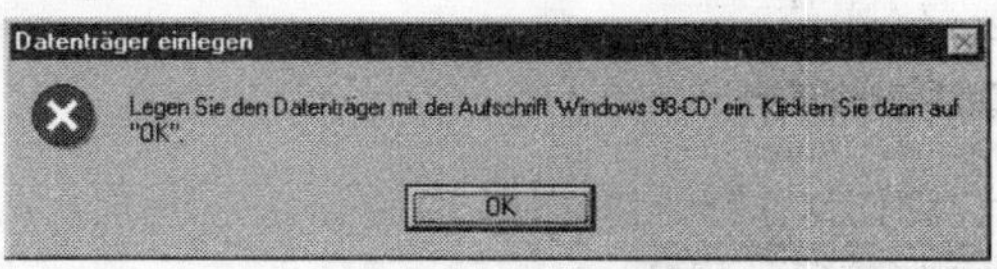

9 Legen Sie die Windows-98-CD in Ihr CD-Laufwerk ein und klicken dann auf *OK*. Damit wird das DFÜ-Netzwerk installiert und nach wenigen Augenblicken erhalten Sie eine Abfrage, ob Ihr Computer neu gestartet werden soll.

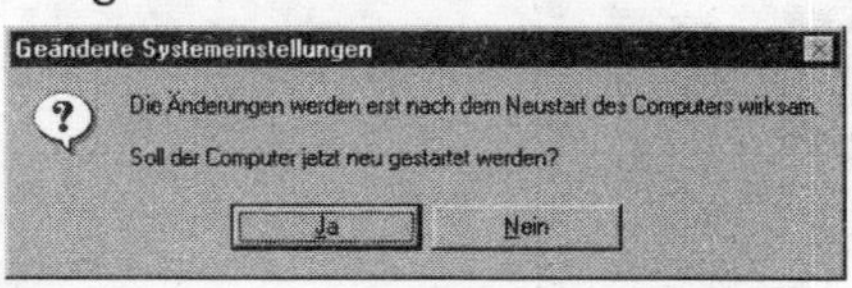

10 Hier klicken Sie auf *Ja*. Ihr Computer wird damit neu gestartet und das DFÜ-Netzwerk ist damit installiert.

Andere Programme beenden

Sollten Sie, wenn die Abfrage zum Neustart des Computers erfolgt, noch andere Programme gestartet haben, dann klicken Sie zunächst auf die Schaltfläche *Nein* und schließen dann alle anderen Programme. Danach fahren Sie Ihren Computer herunter und starten ihn neu.

Nach DFÜ nun TCP/IP

Auf Ihrem PC ist damit das DFÜ-Netzwerk installiert. Aber auf einem PC, auf dem das DFÜ-Netzwerk noch nicht installiert war, fehlt auch die Installation des für das Internet notwendigen TCP/IP-Settings. Auch dies können Sie rasch nachinstallieren:

1. Wahrscheinlich ist das Fenster der Systemsteuerung noch geöfffnet. Wenn nicht, dann starten Sie die Systemsteuerung über *Start/Einstellungen/Systemsteuerung* erneut. Klicken Sie in der Systemsteuerung auf das Symbol *Netzwerk*.

2. Es öffnet sich das Fenster *Netzwerk*. Hier sollte unter *Die folgenden Netzwerkkomponenten sind installiert* entweder ein Eintrag *TCP/IP* oder ein Eintrag *TCP/IP->DFÜ-Adapter* zu finden sein. Ist dies der Fall, können Sie zum nächsten Teilkapitel springen. Ansonsten klicken Sie auf die Schaltfläche *Hinzufügen*.

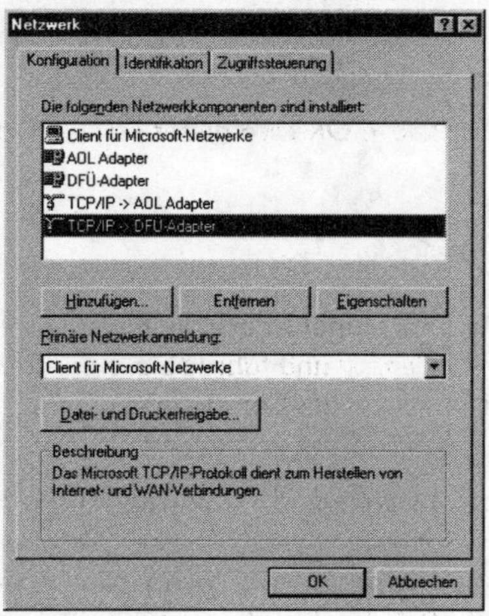

3 Sie erhalten das Fenster *Netzwerkkomponententyp wählen*. Markieren Sie hier den Eintrag *Protokoll* und klicken auf die Schaltfläche *Hinzufügen*.

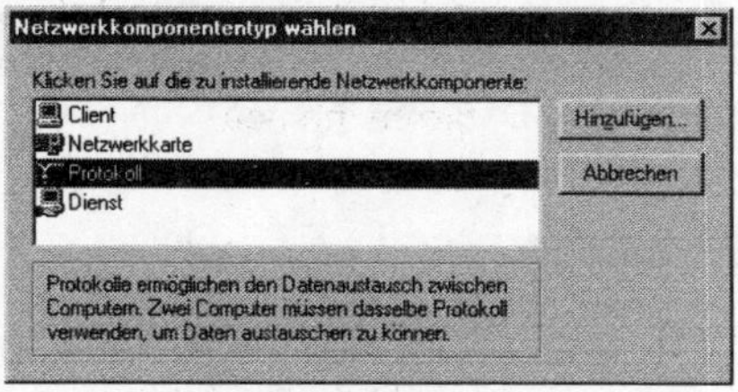

4 Damit öffnet sich das Fenster *Netzwerkprotokoll auswählen*. Markieren Sie hier auf der linken Seite unter *Hersteller* den Eintrag *Microsoft*, danach auf der rechten Seite unter *Netzwerkprotokolle* den Eintrag *TCP/IP*.

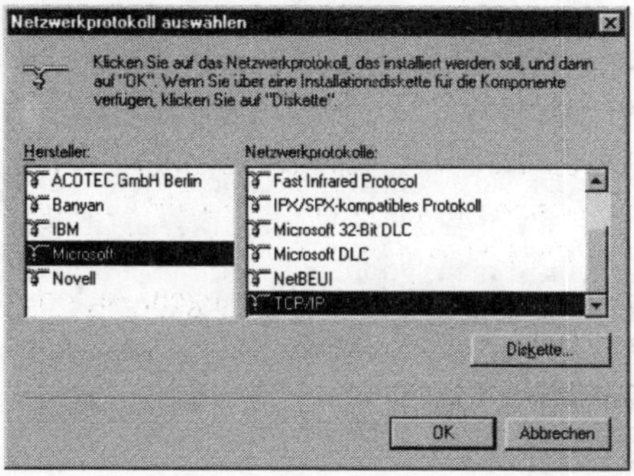

5 Mit einem Klick auf die Schaltfläche *OK* wird dieses Netzwerkprotokoll installiert.

Nochmals Neustart

Gegebenenfalls werden Sie nun erneut aufgefordert, die Windows 98-CD einzulegen. Folgen Sie dieser Aufforderung und führen Sie, wenn Sie dazu aufgefordert werden, auch einen Neustart des Computers aus.

---

6 Sie finden nun im Fenster *Netzwerk* den Eintrag *TCP/IP* oder *TCP/IP->DFÜ-Adapter* vor. Schließen Sie das Fenster *Netzwerk* mit *OK* und auch das Fenster *Systemsteuerung*, denn damit sind das DFÜ-Netzwerk und die TCP/IP-Anbindung korrekt installiert.

Das DFÜ-Netzwerk von Hand konfigurieren

Selbst auf einem PC, auf dem die T-Online-Software nicht installiert ist, können Sie nun eine DFÜ-Verbindung zu T-Online konfigurieren. Sie benötigen dazu nur zwei Angaben:

- Zum einen Ihre Zugangsdaten zu T-Online, die Sie nach der Anmeldung zugeschickt bekommen haben.
- Zum anderen die Telefonnummer, über die Sie T-Online erreichen können. Im Normalfall ist die die 0191011. Je nach Telefonanschluss, an dem der PC angeschlossen ist, können jedoch noch folgende zusätzlichen Informationen notwendig sein:

Amtsholziffer(n)	Telekom Call-by-Call	T-Online-Einwählnummer
X(X)	01033	0191011
zumeist 0	Wenn der Telefonanschluss nicht von der Telekom ist.	Für die Einwahl über ein Handy gelten andere Einwählnummern (siehe Seite 77).

Die Amtsholziffer(n) benötigen Sie, wenn der PC an einem Telefonanschluss angeschlossen ist, der nur über eine Amtsholziffer ins Telefonnetz kommt. Falls der Telefonanschluss nicht von der Telekom stammt, müssen Sie außerdem über die 01033 zuerst eine Verbindung zum Netz der Telekom herstellen. Wie Sie diese Angaben im Bedarfsfall ermitteln können, finden Sie auf Seite 307. Haben Sie alle Angaben beisammen, kann es mit der Konfigutation einer neuen DFÜ-Verbindung losgehen.

1. Klicken Sie zunächst auf dem Windows-Desktop auf das Symbol *Arbeitsplatz*. Damit öffnet sich das Fenster *Arbeitsplatz*.
2. Mit einem Klick auf das Symbol *DFÜ-Netzwerk* öffnet sich das Fenster *DFÜ-Netzwerk*.
3. Hier führt Sie ein Klick auf das Symbol *Neue Verbindung erstellen* weiter. Sie erhalten nun eine Abfolge von Fenstern, in denen Sie die Daten für den Zugang zu T-Online eingeben müssen.

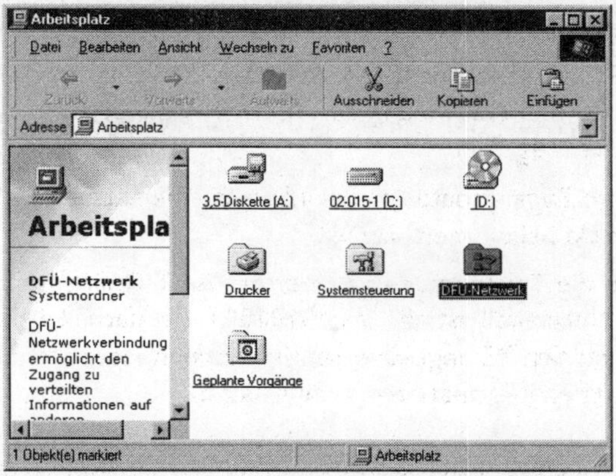

4 Im ersten Fenster werden Sie nach einem Namen für den angewählten Computer gefragt. Geben Sie hier einen Namen ein. Er ist frei wählbar; ich habe mich für *T-Online PPP* entschieden. Mit einem Klick auf die Schaltfläche *Weiter* gelangen Sie zum nächsten Fenster.

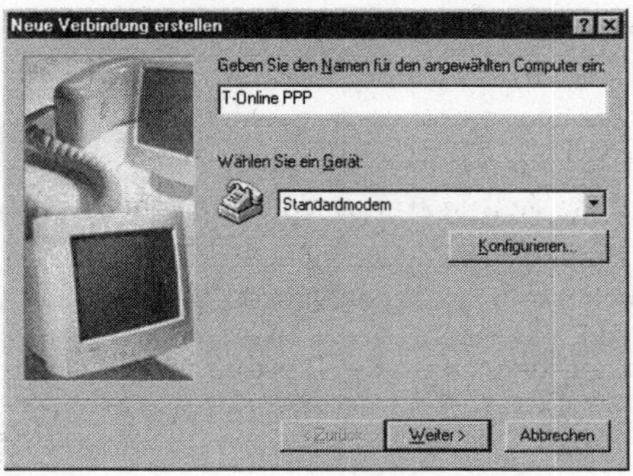

Wählen Sie ein Gerät?

Sie erhalten außerdem noch die Abfrage, ein Gerät (damit ist ein Modem oder eine ISDN-Karte gemeint) zu wählen. Sollten Sie mit T-Online und der T-Online-Software bereits erfolgreich surfen, dann müssen Sie hier nichts ändern. Ansonsten wählen Sie *Standardmodem* (oder wenn das nicht funktioniert, den Namen Ihres Modems) aus.

5 Im nächsten Fenster müssen Sie die *Rufnummer* von T-Online eingeben. Diese lautet 0191011, unabhängig davon, an welchem Ort in Deutschland Sie wohnen. Unter *Ortsvorwahl* müssen Sie nichts eingeben. Bei *Landesvorwahl* sollten Sie *Deutschland (49)* auswählen, aber zumeist ist dies bereits voreingstellt. Mit *Weiter* geht es zum nächsten Fenster.

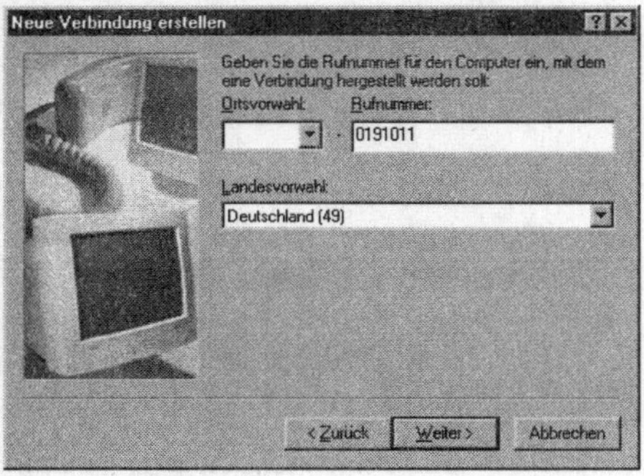

Weitere Einstellungen

Falls Sie nicht über die Telekom telefonieren, müssen Sie vor der 0191011 noch die Call-by-Call-Nummer der Telekom angeben. Diese lautet: 01033 (Sie müssen also eintragen 010330191011). Einige Telefonanbieter bieten an, dass Sie die 0191011 direkt zu den Telekom-Konditionen anwählen können. Erkundigen Sie sich bei Ihrer Telefongesellschaft, ob das der Fall ist, dann benötigen Sie keine Vorwahl. Falls Sie eine Amtsholziffer benötigen, müssen Sie diese vor der eigentlichen Rufnummer (und gegebenenfalls vor der Call-by-Call-Nummer) angeben.

Hinweis: Wenn die Amtsholung scheitert

Manche Telefonanlagen mit Amtsholziffer sind etwas langsam. Erst nach ein oder zwei Sekunden, nachdem die Amtsholziffer gewählt wurde, steht auch eine Amtsleitung hinaus in die weite Welt. Wenn Sie nach der Amtsholziffer ein oder zwei Kommas eingeben, wartet der PC ein oder zwei Sekunden, bis er die weitere Anwahl vornimmt. Häufig können Sie damit Anwahlprobleme lösen. So könnte also eine Einwahlnummer mit störrischer Amtsholung aussehen *0,,0191011*.

6 Sie erhalten nun nochmals dargestellt, unter welchem Namen die neue DFÜ-Verbindung in Zukunft ansprechbar ist. Mit der Schaltfläche *Zurück* können Sie nochmals zu vorangegangenen Fenstern zurückkehren, um zum Beispiel den Namen zu ändern. Aber im Normalfall ist dies nicht nötig. Klicken Sie deshalb auf *Fertig stellen*.

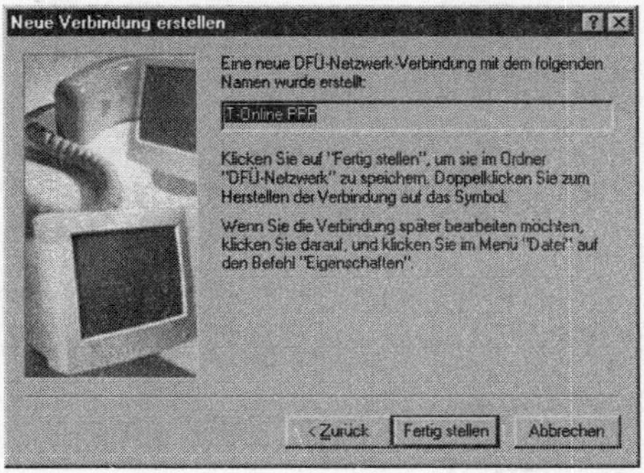

7 Sie sind nun wieder im Fenster *DFÜ-Netzwerk*, in dem Sie ein neues Symbol mit dem Namen Ihrer DFÜ-Verbindung zu T-Online vorfinden.

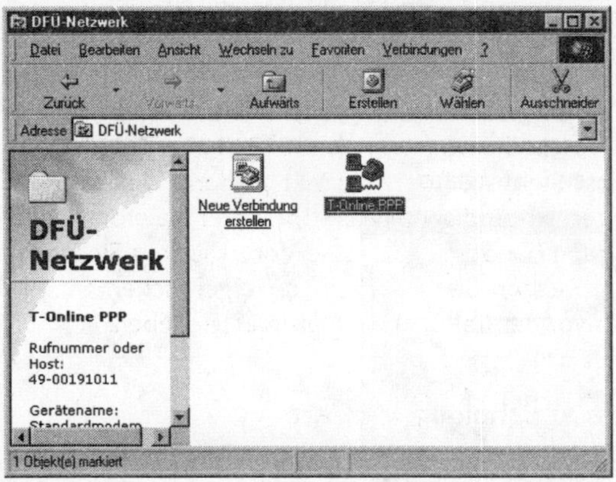

Sie haben damit eine neue DFÜ-Verbindung hergestellt, deren spezielle Eigenschaften nun noch an die Einwahleigenschaften von T-Online angepasst werden müssen.

8 Klicken Sie mit der rechten Maustaste auf das neue Symbol der DFÜ-Verbindung zu T-Online. Sie erhalten ein Pulldown-Menü, in dem Sie *Eigenschaften* auswählen.

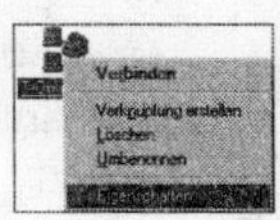

9 Sie erhalten ein Fenster mit dem Namen der von Ihnen erstellten DFÜ-Verbindung zu T-Online (z. B. *T-Online PPP*). Sehen Sie zunächst nach, ob unter der Rubrik *Ortsvorwahl und Wählparameter verwenden* ein Häkchen steht. Ist dies der Fall, klicken Sie in das betreffende Kästchen, um das Häkchen zu entfernen.

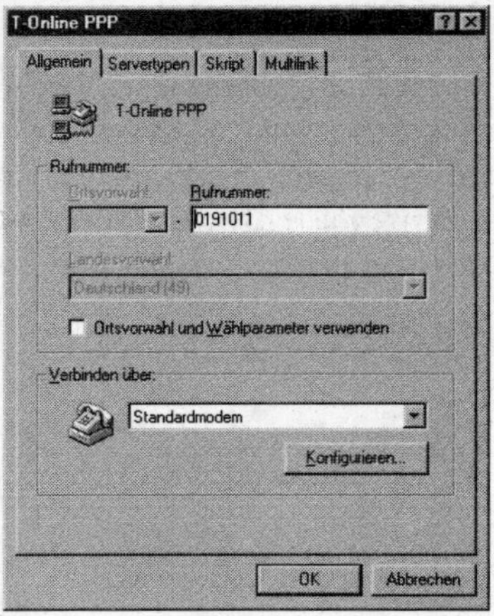

10 Nun klicken Sie auf die Registerkarte *Servertypen*. Voreingestellt ist hier zunächst unter *Typ des DFÜ-Servers* der Eintrag *PPP: Internet, Windows NT Server, Windows 98*. Sollte dies nicht der Fall sein, wählen Sie diesen Eintrag aus.

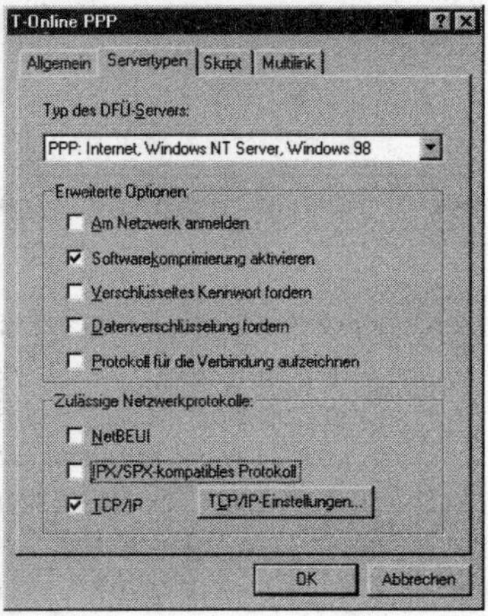

11 Unter *Erweiterte Optionen* sollte einzig *Softwarekomprimierung aktivieren* markiert sein. Korrigieren Sie gegebenenfalls diese Einstellungen.

12 Schließlich sollten Sie kontrollieren, dass unter der Rubrik *Zulässige Netzwerkprotokolle* einzig *TCP/IP* markiert ist. Ist dies korrekt eingestellt, klicken Sie auf die Schaltfläche *TCP/IP-Einstellungen.*

13 Damit gelangen Sie zum *Fenster TCP/IP-Einstellungen.* Hier sollten die beiden Einträge *Vom Server zugewiesene IP-Adresse* und *Vom Server zugewiesene Namensserveradressen* markiert sein und in dem Kästchen vor *IP-Header-Komprimierung* und *Standard-Gateway im Remote-Netzwerk verwenden* jeweils ein Häkchen stehen. Falls eine dieser Einstellungen nicht stimmt, korrigieren Sie diese. Dann klicken Sie auf *OK.*

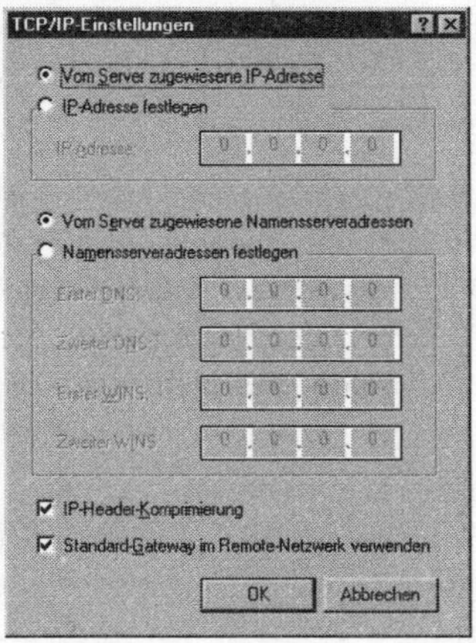

14 Schließen Sie nun auch das Fenster *T-Online PPP* mit der Schaltfläche *OK.*

Sie sind nun wieder im Fenster *DFÜ-Netzwerk* und einem ersten Test der neu erstellten DFÜ-Verbindung steht nichts mehr im Weg. Wie bereits oben beschrieben, können Sie eine Verbindung mit einem Doppelklick auf das neu erstellte Symbol starten. Wenn Sie komfortabel arbeiten wollen, ziehen Sie das neu erstellte Symbol noch mit gedrückter rechter Maustaste auf den Desktop und wählen dann *Verknüpfung(en) hier erstellen.* Sie haben dann auf dem Desktop ein Symbol, mit dem Sie stets die neue DFÜ-Verbindung mit einem Doppelklick aufrufen können.

Mehrere Verknüpfungen sind möglich

Auf die gerade beschriebene Weise können Sie jederzeit mehrere DFÜ-Verbindungen zu T-Online einrichten. Jede DFÜ-Verbindung kann zum Beispiel eine andere Einwahlnummer (mit Amtsholziffer, ohne Amtsholziffer etc.) enthalten. So können Sie sich für einen Laptop, den Sie an verschiedenen Orten ins Telefonnetz einstöpseln, unterschiedliche DFÜ-Verbindungen einrichten.

Mit Notebook/Handheld und Handy zu T-Online

Wenn Sie ein Notebook, einen Laptop, ein Handheld oder dergleichen besitzen und auch über ein neueres Handy verfügen, dann ist es auch möglich, das Handy an den Laptop anzuschließen und über das Handy zu T-Online und damit ins Internet zu gelangen. Die Sache hat allerdings gleich zwei Haken:

Dicke Preise und lahme Ente

Die Telekom bietet einen T-Online-Zugang nur in ihrem eigenen Telefonnetz an. Von allen anderen Netzen aus müssen Sie sich in das Netz der Telekom einwählen. Das hat insbesondere bei Handys einen doppelten Haken:

- Zum einen sind die Telefonkosten deutlich höher als bei einem direkten Zugang zum Netz der Telekom. Typischerweise gelten die üblichen Zeittakte der Mobilnetzbetreiber.
- Zum anderen ist die maximale Übertragungsrate bei Mobiltelefonen derzeit auf 9.600 bps beschränkt, während die Telekom bei direkter Einwahl 56.600 bps für Modems und 64.000 bps für ISDN bietet. Die Übertragung von Daten geht also deutlich langsamer vonstatten.

Dennoch kann es sinnvoll sein, über Handy und Laptop zum Beispiel schnell mal E-Mails abfragen zu können. Deshalb im Folgenden die notwendigen Daten für den Zugang über Fremdnetze zu T-Online.

Um mit Handy und Laptop zu T-Online Verbindung aufzunehmen, benötigen Sie zunächst:

- Einen Laptop/ein Notebook mit T-Online-Software (oder die Möglichkeit, eine DFÜ-Verbindung zu T-Online zu konfigurieren).
- Ein Handy, das auch für Datenübertragung ausgelegt ist.

- Zusätzlich ein Modem, das entweder in den Laptop eingebaut wird oder im Handy integriert ist. Einige Hersteller bieten auch so genannte Softmodems an: Eine Software, die auf dem Laptop ein Modem emuliert.
- Ein Verbindungskabel zwischen Handy und Laptop. (Teilweise liefern die Handyhersteller mit dem Kabel auch eine spezielle Software mit.)
- Verfügen sowohl Handy als auch Notebook über eine Infrarot-Schnittstelle, ist auch über diese (statt über das Kabel) eine Verbindung möglich.

Hinweis: Infrarot bei Windows 98

Microsoft hat Windows 98-Laptops mit Infrarotsensor eine neue Schnittstelle nach dem so genannten IrDA-Standard spendiert. Leider beherrschen einige Handys (insbesondere die populären Nokia-Handys der 61xx-Serie) diesen Standard nicht. In diesem Fall müssen Sie auf eine Kabelverbindung zurückgreifen.

Je nach Mobilnetz gilt es dann folgende Einstellungen vorzunehmen:

D1-Netz

Die Zugangsnummer ist 4122. Diese Nummer muss von Hand in die Konfiguration der T-Online-Software eingegeben werden.

D2-Netz

Aus dem D2-Netz erreichen Sie T-Online über die bundesweite Kurzwahl 22123. Diese Nummer muss von Hand in die Konfiguration der T-Online-Software eingegeben werden.

E-Plus-Netz und Viag Intercom

Aus dem E-Plus-Netz und bei Viag Intercom erreichen Sie T-Online über 0191011, also die normale Einwahlnummer, die auch für das Festnetz gilt.

Die jeweils angegebenen Nummern müssen von Hand in der *Rubrik Zugangsnummer (Nahbereich)* der T-Online-Software eingegeben werden. Die *Rubriken Zugangsnummer (Fernbereich)* und *Auslands-Zugangsnummer* bleiben leer.

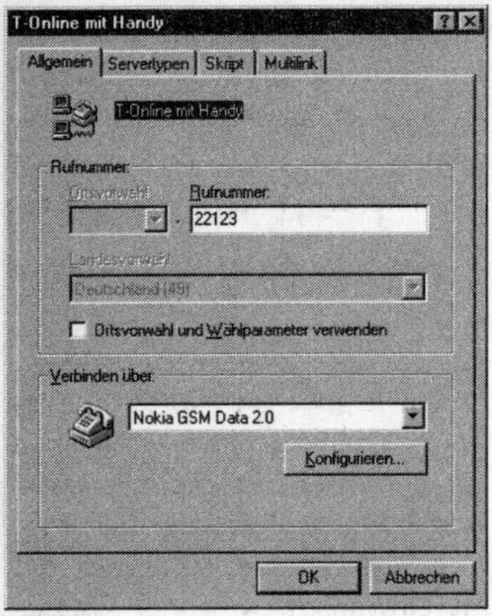

Im D2-Netz lautet die Rufnummer von T-Online 22123

1.6 T-Online classic und andere Probleme

Wenn Sie mit den bisherigen Beschreibungen Ihren Zugang zu T-Online konfiguriert haben, gibt es noch einige Besonderheiten und Sicherheitsmaßnahmen, die Sie sich vor dem hemmungslosen Surfen im Internet anschauen sollten.

Das Classic-Gateway

Früher war T-Online (damals noch unter dem Namen BTX und später dann DATEX-J) ein eigenständiger Online-Dienst, der mit dem Internet zunächst überhaupt nichts zu tun hatte. Der wichtigste Vorteil von DATEX-J war die sehr sichere Verbindung zu Bankrechnern, um Homebanking zu betreiben. Außerdem gab es ein breit gefächertes Angebot an Informationen und Shopping-Möglichkeiten bei DATEX-J. Dann bot T-Online auch die Möglichkeit an, zusätzlich ins Internet mit T-Online zu gelangen. Seither wurden die Zusatzdienste mehr und mehr ausgedünnt und sollen ab Ende 2001 ganz abgeschafft werden. Nur das Homebanking spielt natürlich weiterhin eine wichtige Rolle.

Hinzu kommt, dass über die sichere Verbindung zum klassischen T-Online-Angebot (T-Online classic genannt) auch wichtige Sicherheitseinstellungen wie das Ändern des Passwortes und das Einrichten von Mitbenutzern geschützt ablaufen.

Bei der Einbindung von T-Online classic in die neue Software 3.0 hatte T-Online einige Probleme. Einerseits sollten T-Online classic und natürlich auch das Homebanking weiterhin funktionieren, andererseits sollte die Sicherheit deutlich erhöht werden. Deshalb hat man bei T-Online einen neuen Weg beschritten: Die Einwahl zu T-Online classic läuft nun über das so genannte Classic-Gateway.

Classic-Gateway: So war es früher

Ursprünglich war das Classic-Gateway eine eigene Software, die es ermöglichte, aus dem Ausland oder von anderen Providern eine gesicherte Verbindung zu T-Online aufzubauen. Dabei fielen Kosten von 5 Pfennig pro Minute an. Mittlerweile ist die Classic-Gateway-Software Bestandteil der T-Online-Software 3.0, und wenn Sie sich über die Standardeinwahlnummer 0191011 damit einwählen, wird das Classic-Gateway automatisch genutzt und kostet Sie nichts.

Um das Classic-Gateway innerhalb der T-Online-Software noch sicherer zu machen, hat sich T-Online entschlossen, jede aufgebaute Verbindung über einen zufällig erzeugten Zahlencode abzusichern. Wundern Sie sich also nicht, wenn Sie im folgenden durch heftiges Bewegen der Maus (oder Klicken auf der Tastatur) zunächst eine Zufallszahlenfolge erzeugen müssen: Es dient der Sicherheit!

Wann wird das Classic-Gateway eingesetzt?

Alle Zugriffe auf das klassische Angebot von T-Online erfolgen nunmehr über das Classic-Gateway. Alle Datenübertragungen werden dabei durch eine Zufallszahlenfolge abgesichert. Dies betrifft insbesondere das Homebanking, aber auch die (mittlerweile sehr ausgedünnten) Angebote von T-Online classic.

Ich zeige Ihnen zunächst, wie es eigentlich funktionieren sollte, und benenne Ihnen dann die Lösung, falls es Probleme gibt. Der einfachste Test, ob alles funktioniert, läuft über den Aufruf von T-Online classic, aber auch beim Homebanking erhalten Sie – bevor es losgehen kann – die nachfolgende Prozedur.

1 Starten Sie die T-Online-Software und wählen dann *Produkte/T-Online Classic*. Wenn Sie das erste Mal T-Online classic bzw. das Homebanking aufrufen, passiert als Nächstes Folgendes:

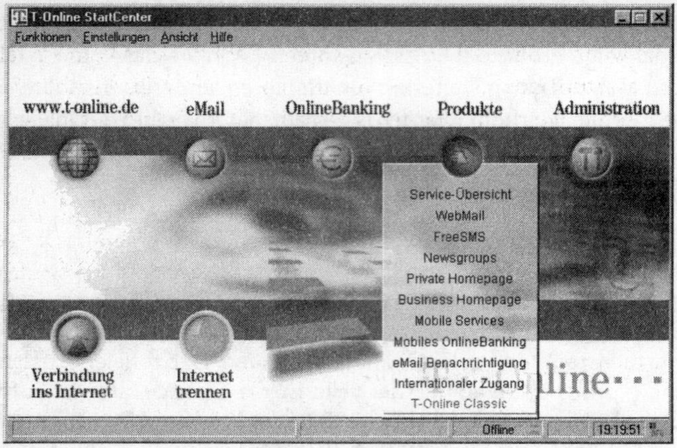

2 Es erscheint nun ein Fenster, das sich nicht schließen lässt. Bewegen Sie nun für einige Zeit die Maus hin und her (oder tippen auf der Tastatur irgendwas ein). Die Prozentanzeige im unteren Fensterteil wird dabei immer größer. Sobald Sie 100 % erreicht, schließt sich das Fenster automatisch.

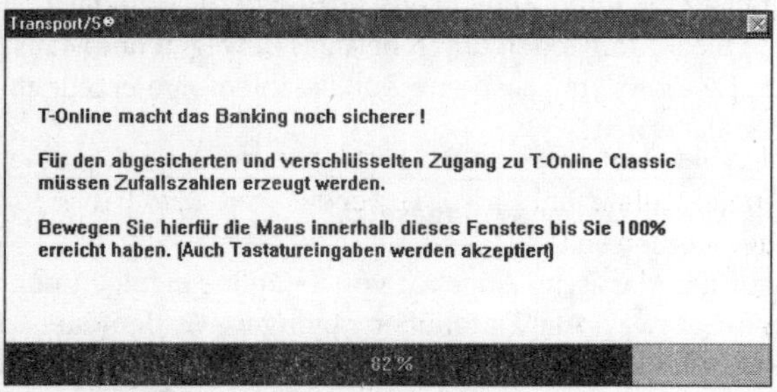

Registrierung: Aus Sicherheitsgründen notwendig

Auch wenn es während der Testphase der T-Online-Software hieß, dass eine Registrierung für T-Online classic in Zukunft nicht mehr notwendig sei, wurde die Registrierung beibehalten. Sie können sich unter folgender Adresse problemlos (und kostenlos) registieren lassen:

http://www.t-online.de/service/index/tpcsvxaa.htm

Übrigens: Weder die auf der Registrierungsseite angesprochene Extra-Software ist mittlerweile noch nötig, noch fallen Gebühren an, falls Sie sich ganz normal im Inland zu T-Online Classic einwählen.

Sie haben damit eine Zufallszahl erzeugt, die als Verschlüsselungsgrundlage für die weitere Datenübermittlung dient. (Übrigens: Es kommt, falls Sie auf der Tastatur tippen, dabei nicht darauf an, welche Buchstaben Sie tippen, sondern in welchem Rhythmus das geschieht.) Dies dient insbesondere beim Homebanking Ihrer Datensicherheit, wird aber auch für den Aufruf von T-Online classic genutzt.

3 Nun erscheint ein Fenster, in dem Sie wählen können, ob die gerade erzeugte Zufallszahl gespeichert wird und für zukünftige Aufrufe über T-Online classic zur Verfügung steht oder ob bei jedem Verbindungsaufbau eine neue Zufallszahl erzeugt werden soll.

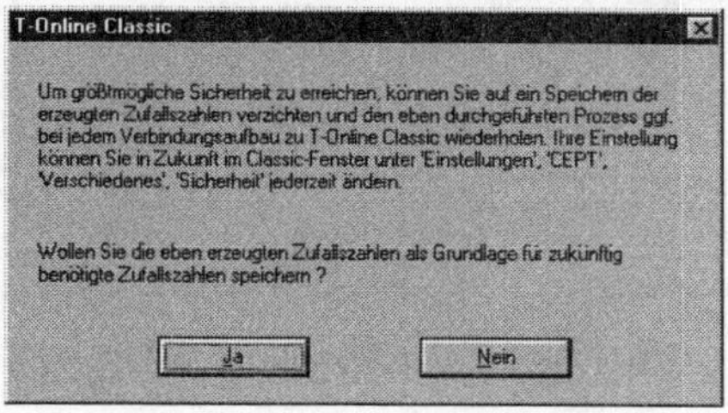

- Wählen Sie *Ja*, wenn die Zufallszahl gespeichert werden soll. Sie erhalten dann in Zukunft das Fenster mit dem Prozentbalken nicht mehr angezeigt.
- Wählen Sie *Nein*, wenn in Zukunft bei jedem Verbindungsaufbau eine neue Zufallszahl über das Fenster mit dem Prozentbalken erzeugt werden soll.

Ja oder Nein?

Es ist zweifelsohne bequemer, nur einmal eine Zufallszahl durch Wackeln mit der Maus zu erzeugen als das bei jedem Verbindungsaufbau zu tun, aber sicherer ist die Variante *Nein*, bei der jedes Mal eine neue Zufallszahl erzeugt wird. Sie können die Wahl zwischen *Ja* oder *Nein* allerdings nachträglich jederzeit noch ändern. Ich zeige Ihnen gleich, wie das geht.

---

4 Wenn das Classic-Gateway bei Ihnen problemlos funktioniert, wird nun eine Verbindung zu T-Online aufgebaut und Sie erhalten als Nächstes die Startseite von T-Online classic angezeigt. Falls stattdessen eine Fehlermeldung erscheint, finden Sie die Lösung dieses Problems im nächsten Teilkapitel beschrieben.

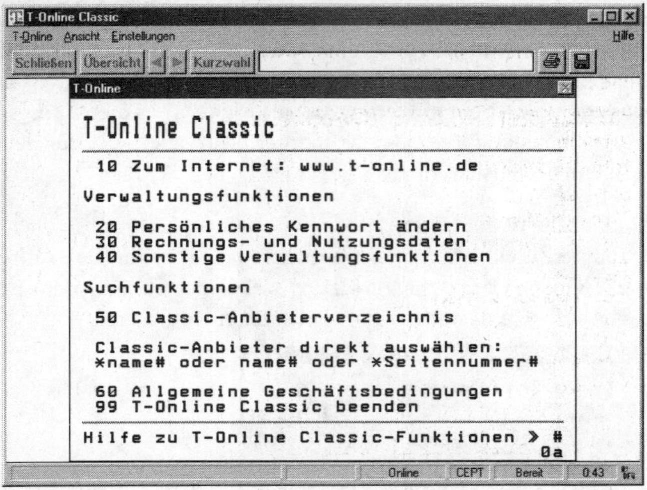

5 Falls Sie nachträglich die Einstellung für das Speichern der Zufallszahl ändern wollen, können Sie stets die Startseite von T-Online classic aufrufen.

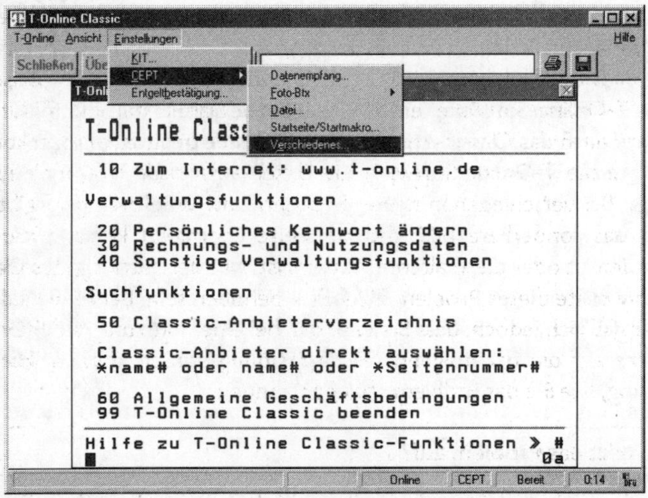

6 Wählen Sie dann *Einstellungen/CEPT/Verschiedenes.*

7 Sie erhalten das Fenster *Einstellungen CEPT,* in dem Sie in der Rubrik *Sicherheit* vor *Zufallszahl für Verschlüsselung speichern* ein Häkchen setzen, wenn die Zufallszahl gespeichert werden soll, bzw. das Häkchen mit einem Klick entfernen, wenn von nun an jedes Mal eine neue Zufallszahl erzeugt werden soll.

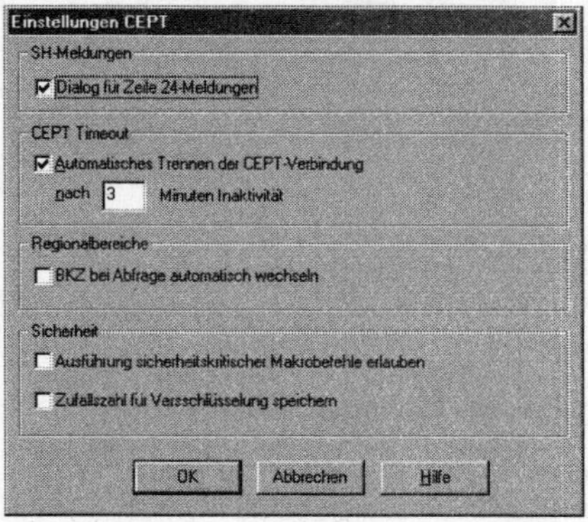

8 Schließen Sie dann das Fenster mit *OK*.

Winsock: Wenn der Zugang nicht klappt

Prinzipiell ist die T-Online-Software 3.0 so ausgelegt, dass mit ihrer Installation auch alle möglichen Nutzungen von T-Online und dem Internet problemlos funktionieren. Leider gab es jedoch in der Beta-Testphase der neuen T-Online-Software einige Probleme: Damit mit der T-Online-Software auch das Classic-Angebot von T-Online genutzt werden konnte, benötigte die T-Online-Software die Datei *winsock.dll* in einer neueren Version. Bei verschiedenen neuen Rechnern mit Windows 98 ergibt sich jedoch das sonderbare Bild, dass teilweise überhaupt keine *winsock.dll* vorhanden ist oder diese älteren Datums ist. Mit der Nutzung des Classic-Gateway sollte dieses Problem eigentlich behoben sein. Bei verschiedenen Tests ergab sich jedoch, dass Sie dennoch bei einer Nutzung der T-Online-Software auf die nachfolgende Fehlermeldung stoßen können. Hier die Anleitung, wie Sie das Problem beheben können.

Wann tritt das Problem auf?

Wenn Sie nach dem Start der T-Online-Software auf die Rubrik *Produkte/T-Online Classic* oder *Homebanking* klicken und im weiteren Fortgang die nachfolgende (oder eine ähnliche) Fehlermeldung erscheint, dann gibt es ein Problem mit der *Winsock.dll*-Datei:

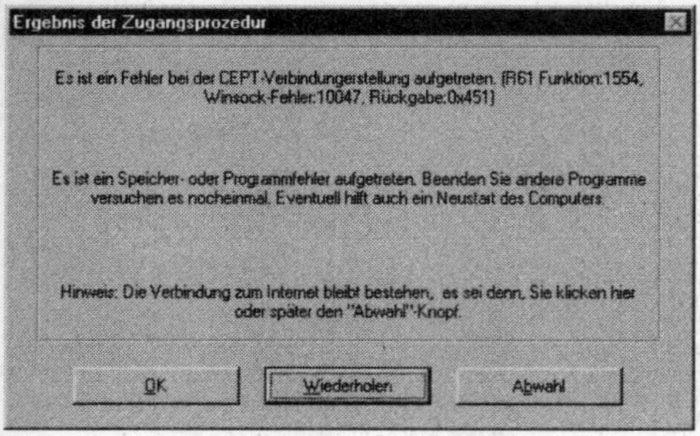

So lösen Sie das Problem

1 Schließen Sie die T-Online-Software und alle weiteren geöffneten Programme.

2 Legen Sie die Windows 98-CD in das CD-Laufwerk ein. In den meisten Fällen wird dann automatisch der Startbildschirm für die Windows-98-Installation gestartet. Schließen Sie diesen Startbildschirm mit der X-Schaltfläche rechts oben (falls der Startbildschirm bei Ihnen nicht erscheint, gehen Sie gleich zum nächsten Schritt weiter).

3 Wählen Sie nun *Start/Programme/MS-DOS-Eingabeaufforderung.* Sie erhalten folgendes DOS-Fenster:

4 Tippen Sie hier zunächst den Laufwerkbuchstaben Ihres CD-Laufwerks, in dem sich die Windows-98-CD befindet, ein, gefolgt von einem Doppelpunkt – in den meisten Fällen also *D:* – und drücken die [Enter]-Taste.

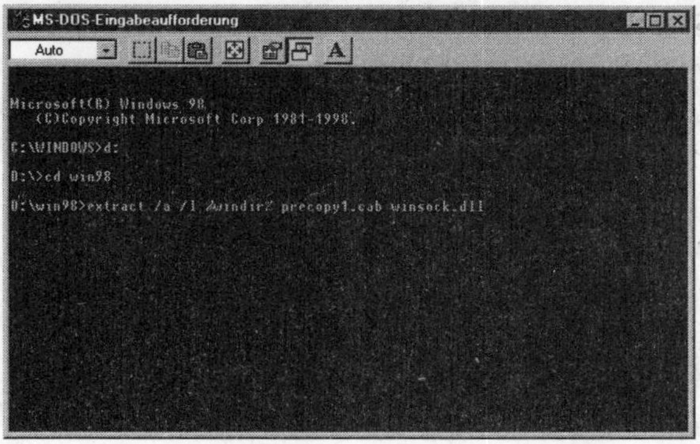

5 Als Nächstes tippen Sie *cd win98* ein und drücken erneut die [Enter]-Taste.

6 Tippen Sie hier Folgendes ein:

extract /a /l %windir% precopy1.cab winsock.dll

und drücken abschließend die [Enter]-Taste.

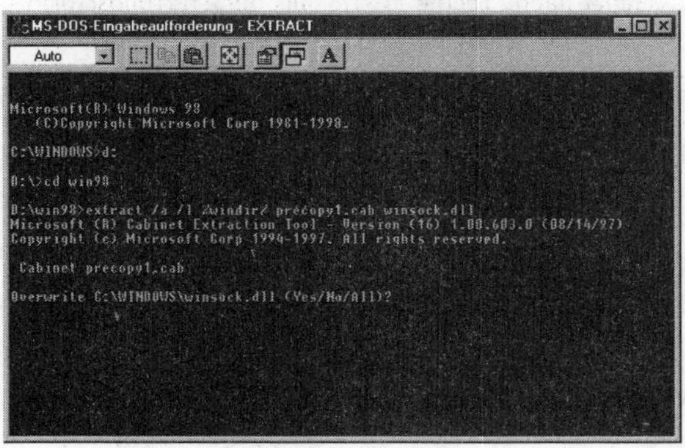

Nicht verwechseln

Bei dem Buchstaben nach dem zweiten Schrägstrich handelt es sich um ein kleines L, während bei *Precopy1.cab* eine Eins enthalten ist.

---

7 Damit wird die neueste Version der *winsock.dll* auf Ihren PC kopiert. Schließen Sie nun das DOS-Fenster mit der X-Schaltfläche rechts oben.

8 Nehmen Sie die Windows 98-CD aus dem CD-Laufwerk und starten die T-Online-Software neu. Nun müsste das Problem behoben sein.

Hinweis: Vertippt und andere Probleme

Falls Sie sich bei der Eingabe der oben beschriebenen Befehlszeile vertippen, können Sie mit der Back-Taste Buchstaben wieder löschen und neu eingeben. Wollen Sie auf Nummer sicher gehen, dann kopieren Sie vor diesem Vorgehen die bisherige Datei *winsock.dll* im Verzeichnis */Windows* auf Diskette. Sie können dann bei Problemen diese von dort wieder zurückkopieren und so den Ursprungszustand wieder herstellen.

Passwort ändern

Mit den Zugangsdaten für T-Online haben Sie auch Ihr persönliches T-Online-Kennwort (Passwort) erhalten. Dieses Kennwort können Sie jederzeit ändern. Sie sollten das sicherheitshalber nach dem Erstzugang tun, vor allem aber auch, wenn Sie Sorge haben, jemand könnte Ihr Passwort in Erfahrung gebracht haben. So gehen Sie dazu vor:

1. Starten Sie die T-Online-Software.

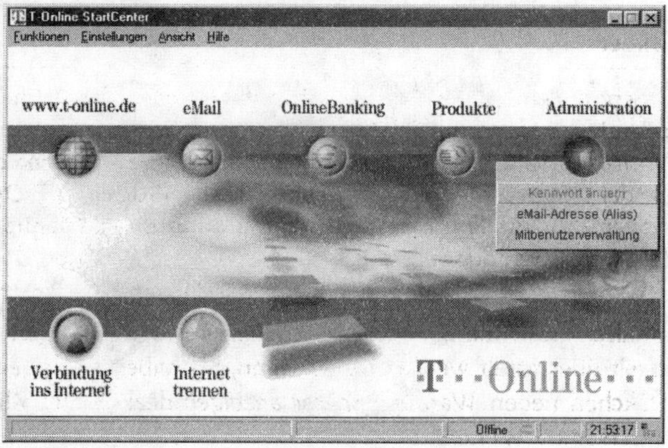

2. Wählen Sie dann *Administration/Kennwort ändern.* Sofern Sie nicht bereits online sind, werden Sie mit T-Online verbunden und der Browser startet.

3. Als Startseite im Browser erhalten Sie den *Zugang zur Kennwortverwaltung.* Hier werden Sie zunächst informiert, dass die Kennwortverwaltung ein geschützter Bereich ist und dass um eine sichere Verbindung herzustellen, beim ersten Aufruf dieser Funktion auf Ihrem Browser ein Zertifikat eingerichtet wird. Dies dient der Sicherheit Ihrer Daten, klicken Sie also unbesorgt auf *Weiter.*

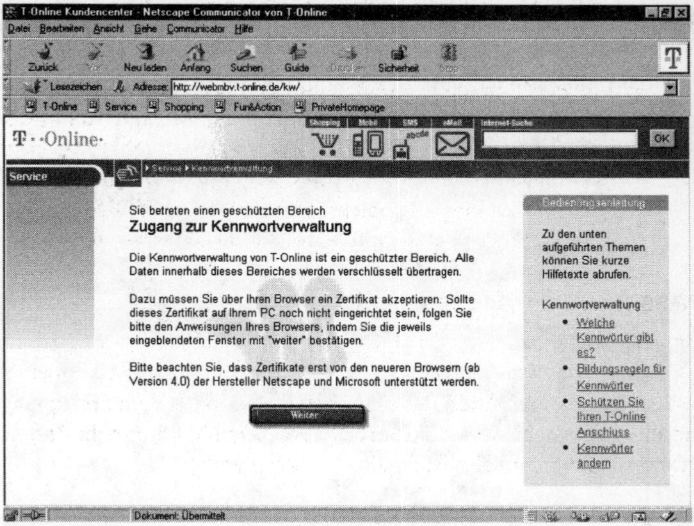

Ältere Browser

Das hier benötigte Zertifikat unterstützen Netscape und Internet Explorer erst ab der Version 4.0. Mit einem älteren Browser können Sie auf diese Weise Ihr persönliches Kennwort nicht ändern. Sie können dann jedoch aus dem Startcenter von T-Online heraus *Produkte/T-Online classic* aufrufen. In T-Online classic finden Sie dann einen Menüpunkt *Persönliches Kennwort ändern.*

4 Sie erhalten noch die *Sicherheitsmitteilung,* dass diese Daten verschlüsselt übermttelt werden (es sei denn, Sie haben früher einmal das Häkchen neben *Warnung später anzeigen* deaktiviert). Klicken Sie auch hier auf *Weiter.*

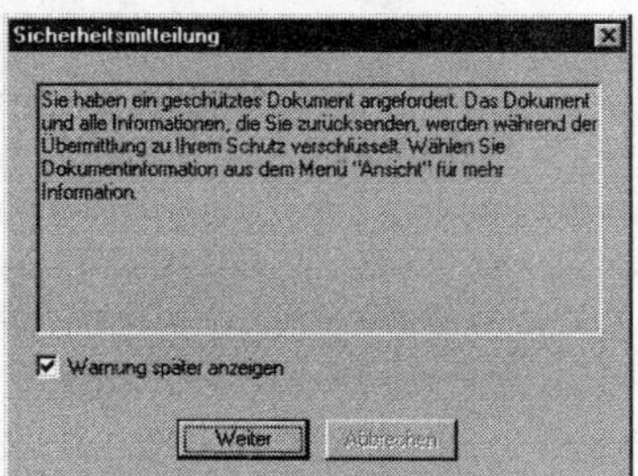

5 Auf der nächsten Seite finden Sie zunächst im Browser links unten ein Symbol für ein geschlossenes Sicherheitsschloss. Dies ist ebenfalls ein Hinweis, dass Ihre Daten verschlüsselt werden. Sie können also unbesorgt auf dieser Seite Ihr aktuelles persönliches Kennwort eintragen. Mit *Weiter* geht es danach weiter.

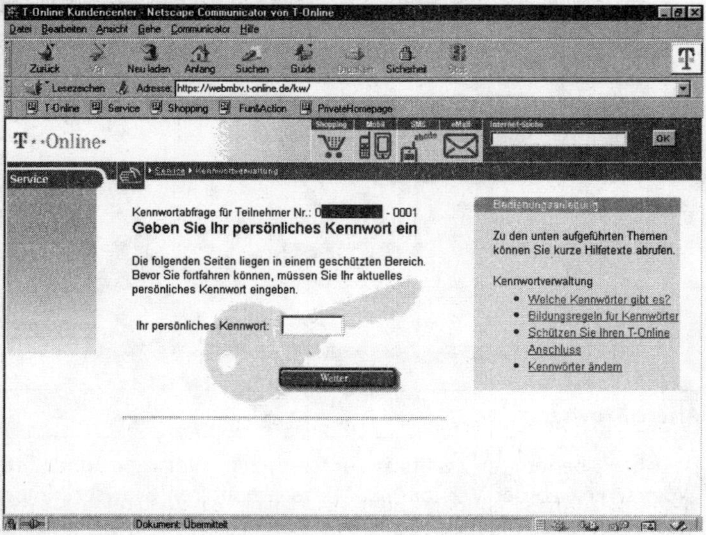

6 Nun sind Sie auf der Seite für die Kennwortänderung. Hier müssen Sie zunächst nochmals Ihr aktuelles persönliches Kennwort eintippen. Dann folgen zwei Felder, in denen Sie einmal und dann nochmals zur Bestätigung das neue Kennwort eintragen. Mit *Kennwort ändern* wird die Kennwortänderung aktiviert.

Hinweis: Gute Passwörter, die sich dennoch merken lassen

Gute Passwörter sollten nicht aus normalen Namen bestehen; andererseits merken sich Namen natürlich besonders gut. Am besten Sie arbeiten bei Passwörtern über eine „Eselsbrücke": Denken Sie sich einen Satz aus, den nur Sie kennen, und bilden das Passwort aus den Anfangsbuchstaben dieses Satzes: „Meine Großmutter ist 81 und ziemlich rüstig" ergibt als Passwort *MGi81uzr*. Das können Sie sich gut merken, aber niemand kann es erraten!

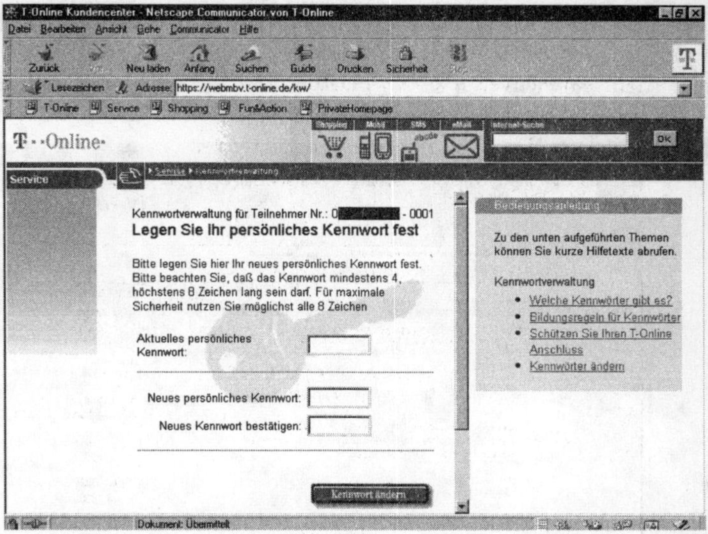

Was Sie bei neuen Passwörtern beachten sollten

Passwörter dienen Ihrer Sicherheit, denn niemand soll auf Ihre Kosten T-Online nutzen können (oder gar online eine Bestellung bei einem Versandhaus auf Ihren Namen tätigen). Deshalb gibt es zunächst von T-Online aus einige Einschränkungen für Passwörter.

- Passwörter müssen mindestens vier und maximal acht Zeichen lang sein.
- Passwörter dürfen keine allgemein bekannten Ziffernkombinationen darstellen. 4711 oder 12345678 sind unzulässig.
- Bei Buchstaben in Passwörtern wird zwischen Groß- und Kleinschreibung unterschieden!

Darüber hinaus sollten Sie zur Bildung von Passwörtern Folgendes beachten:

- Benutzen Sie als Passwort nicht den Namen des Ehegatten oder der Kinder. Solche Passwörter merken sich zwar besonders leicht, sind aber über ein Adressbuch auch ziemlich einfach zu knacken.
- Wollen Sie wirklich sichergehen, dass Ihr Passwort einen echten Zugangsschutz zu T-Online darstellt, verzichten Sie auf die Speicherung des Passwortes auf Ihrem PC und geben es bei jeder Einwahl von Hand ein.

7 Es kann einige Augenblicke dauern, bis Sie die nächste Seite sehen. Diese teilt Ihnen mit, dass Ihr Kennwort geändert wurde und das neue Kennwort ab sofort gültig ist. Sie können nun offline gehen (oder auch weitersurfen).

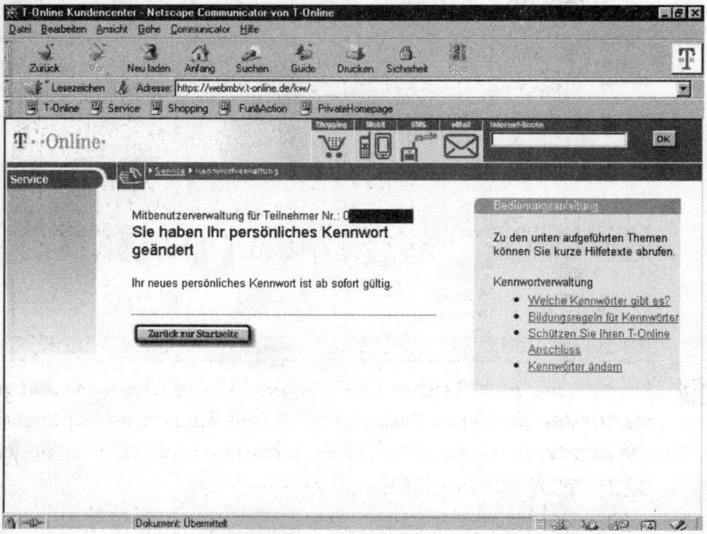

Wie oft geht das?

Sie können Ihr persönliches Kennwort beliebig oft ändern! Sollten Sie auch nur den leisesten Verdacht haben, jemand könne Ihr Kennwort in Erfahrung gebracht haben, sollten Sie von dieser Möglichkeit Gebrauch machen.

Ihr Kennwort ist nun bei T-Online geändert. Wenn Sie das Kennwort nicht auf dem PC gespeichert haben, sondern jedes Mal bei der Anwahl neu eingeben, geben Sie von jetzt an das neue Kennwort ein. Haben Sie das Kennwort auf dem PC gespeichert, müssen Sie noch die entsprechenden Einträge in der Software aktualisieren.

Passwort in der Software korrigieren

Falls Ihr Passwort in der T-Online-Software gespeichert ist, müssen Sie Folgendes ändern:

1 Starten Sie die T-Online-Software (sofern Sie nicht schon gestartet ist) und wählen dann *Einstellungen/Zugangsdaten*.

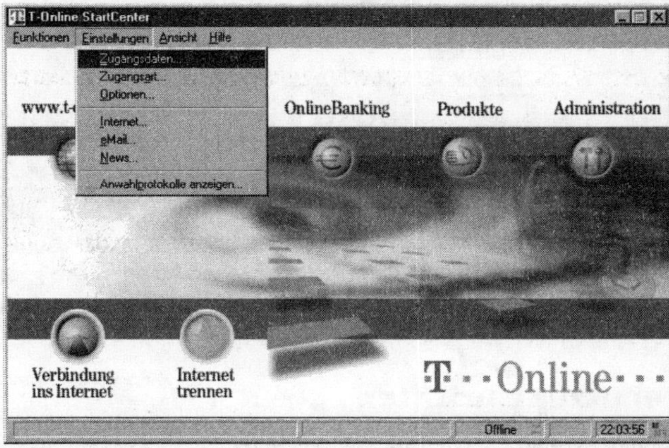

2 Löschen Sie die X-Zeichen im Feld *Persönliches Kennwort* und geben stattdessen Ihr neues Kennwort ein. Falls Sie sich vertippen sollten, ist der beste Weg, nochmals alles zu löschen und neu einzutippen.

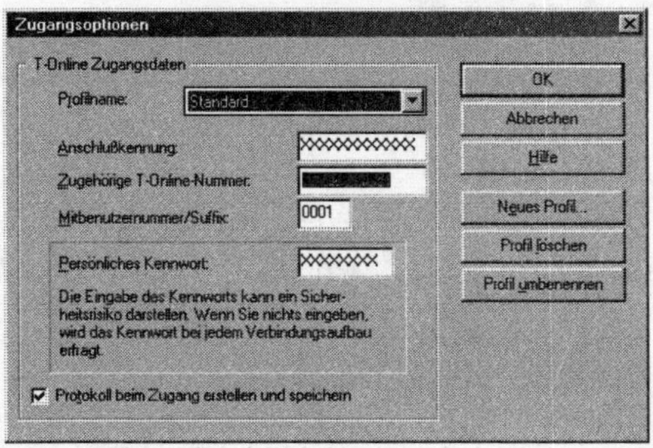

3 Schließen Sie das Fenster dann mit *OK*. Die T-Online-Software kennt nun Ihr neues Passwort.

Falls Sie das DFÜ-Netzwerk für den Zugang zu T-Online nutzen, müssen Sie Folgendes ändern:

4 Starten Sie eine DFÜ-Verbindung. Löschen Sie im Fenster *Verbinden mit* das bisherige Passwort und geben Ihr neues ein.

5. Gehen Sie danach – wenigstens für ein paar Augenblicke – online, denn nur wenn tatsächlich eine Verbindung zustande kam, wird das neue Passwort auch gespeichert.

Mitbenutzer einrichten

Bei T-Online können Sie nicht nur selbst online gehen, sondern auch weitere Mitbenutzer einrichten. Dies ist zum Beispiel für Familien interessant, wenn jedes Familienmitglied eine eigene E-Mail-Adresse haben soll, denn ohne Mitbenutzereinrichtung haben Sie bei T-Online nur eine einzige E-Mail-Adresse.

Hinweis: Mitbenutzer muss nicht sein ...

In früheren Zeiten, als T-Online noch vor allem als Zugang zum Classic-Angebot von T-Online diente, war die Einrichtung von Mitbenutzern insbesondere auch unter dem Gesichtspunkt interessant, dass Eltern für die Kinder einen Mitbenutzerzugang einrichten konnten, der auf kostenpflichtige T-Online classic-Seiten (das waren insbesondere auch Erotik-Angebote) keinen Zugriff hatte. Mittlerweile ist T-Online classic kaum noch von Interesse und der einzige Grund für die Einrichtung eines Mitbenutzers ist es, ein zweite, dritte usw. E-Mail-Adresse zu erhalten. Zugleich kostet jeder Mitbenutzer pro Tag 5 Pfg, was im Monat rund 1,50 DM ausmacht. Da ist es in den meisten Fällen interessanter, sich bei einem der zahlreichen Anbieter kostenloser E-Mail-Adressen die Zweit- oder Dritt-E-Mail-Adresse sich zu besorgen.

Mitbenutzer und Tarife

Früher war bei T-Online die Einrichtung von Mitbenutzern nur für die Tarife eco und pro möglich. Mittlerweile gibt T-Online die Auskunft, dass das Einrichten von Mitbenutzern in allen Tarifen möglich ist.

Wollen Sie dennoch einen Mitbenutzer einrichten, gehen Sie so vor:

1 Starten Sie die T-Online-Software und wählen *Administration/Mitbenutzerverwaltung*. Wenn Sie noch nicht online sind, werden Sie damit mit dem Internet verbunden. Danach startet der Browser.

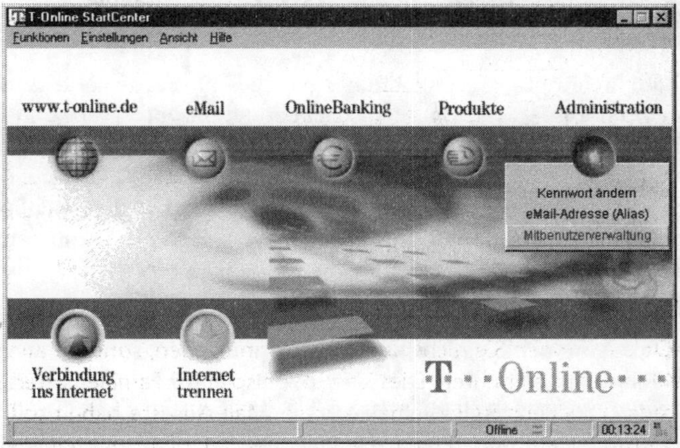

Hauptbenutzer notwendig

Die Mitbenutzerverwaltung ist nur dem Hauptbenutzer eines T-Online-Zugangs möglich. Das heißt, Sie müssen sich mit der Mitbenutzernummer 0001 bei T-Online einwählen. Falls Sie verschiedene Profile für Mitbenutzer angelegt haben, wählen Sie zunächst das Profil für den Mitbenutzer 0001 aus!

2 Im Browser finden Sie sofort die Startseite der Mitbenutzerverwaltung vor. Klicken Sie hier auf *Weiter*.

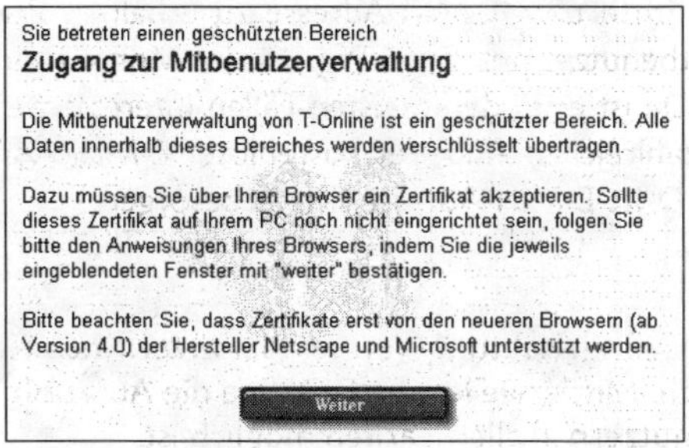

Ältere Browser

Auf dieser Seite werden Sie informiert, dass die Mitbenutzerverwaltung ein geschützter Bereich ist und dass um eine sichere Verbindung herzustellen, beim ersten Aufruf dieser Funktion auf Ihrem Browser ein Zertifikat eingerichtet wird. Dies dient der Sicherheit Ihrer Daten, klicken Sie also unbesorgt auf *Weiter*.

Das hier benötigte Zertifikat unterstützen Netscape und Internet Explorer erst ab der Version 4.0. Mit einem älteren Browser können Sie auf diese Weise keine Mitbenutzer einrichten. Sie können dann jedoch aus dem Startcenter von T-Online heraus *Produkte/T-Online classic* aufrufen. In T-Online classic finden Sie dann zunächst den Menüpunkt *Sonstige Verwaltungsfunktionen*. Wählen Sie diesen aus, dann erhalten Sie eine Seite dargestellt, auf der Sie die Mitbenutzerverwaltung aufrufen können.

---

3 Falls Sie nicht früher einmal das Häkchen neben *Warnung später anzeigen* entfernt haben, erhalten Sie das Fenster *Sicherheitsmitteilung*, in dem Sie auf *Weiter* klicken.

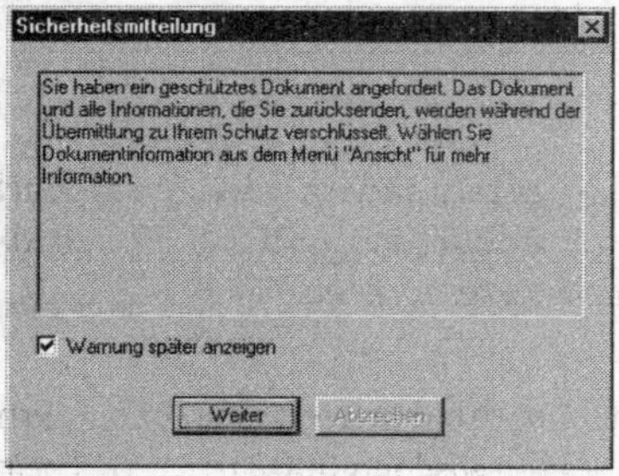

4 Nun müssen Sie Ihr persönliches Kennwort eintippen. Und mit *Weiter* geht es weiter.

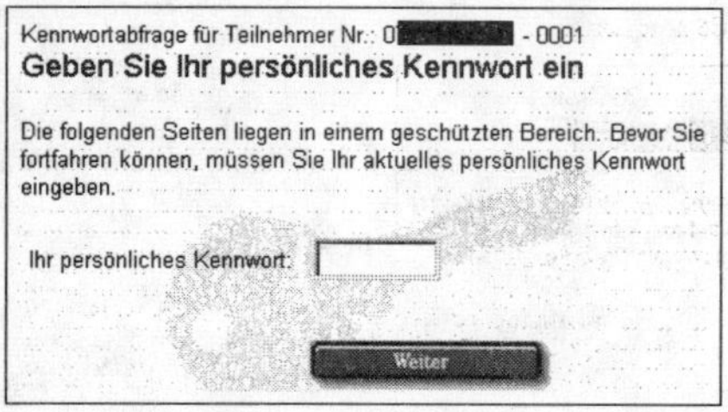

5 Um einen neuen Mitbenutzer einzurichten, klicken Sie auf die Schaltfläche *Neuer Mitbenutzer*.

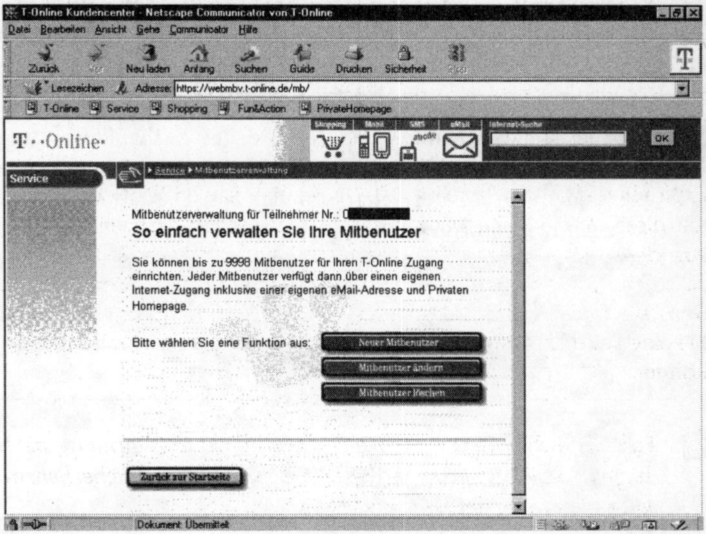

Ändern und löschen

Wollen Sie später Daten eines Mitbenutzers ändern oder diesen löschen, rufen Sie erneut die Mitbenutzerverwaltung auf und wählen auf dieser Seite *Mitbenutzer ändern* bzw. *Mitbenutzer löschen*.

---

6 Nun müssen Sie für den neuen Mitbenutzer eine Mitbenutzernummer vergeben. Dies kann eine Zahl zwischen 0002 und 9999 sein. Sie haben also 9998 Möglichkeiten. Notieren Sie sich die Zahl, damit Sie später im Bedarfsfall den Mitbenutzer ändern oder löschen können. Na ja, mit *Weiter* geht es weiter.

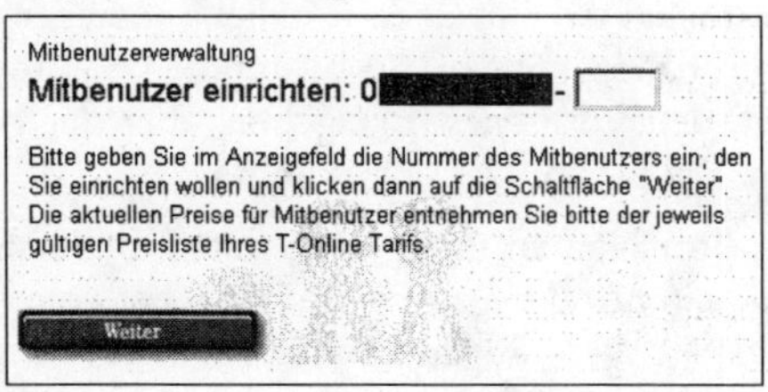

Welche Zahl?

Es ist völlig Ihnen überlassen, welche Zahl Sie als Mitbenutzernummer vergeben. Aber es lässt sich natürlich besser merken, wenn Sie für weitere Mitbenutzer die Zahlen 0002, 0003 etc vergeben.

7 Nun müssen Sie Namen und Adresse des Mitbenutzers angeben. Wählen Sie über die Dropdown-Schaltfläche bei *Anrede* eine Anrede aus und füllen das restliche Formular aus. Danach klicken Sie auf *Mitbenutzer einrichten.*

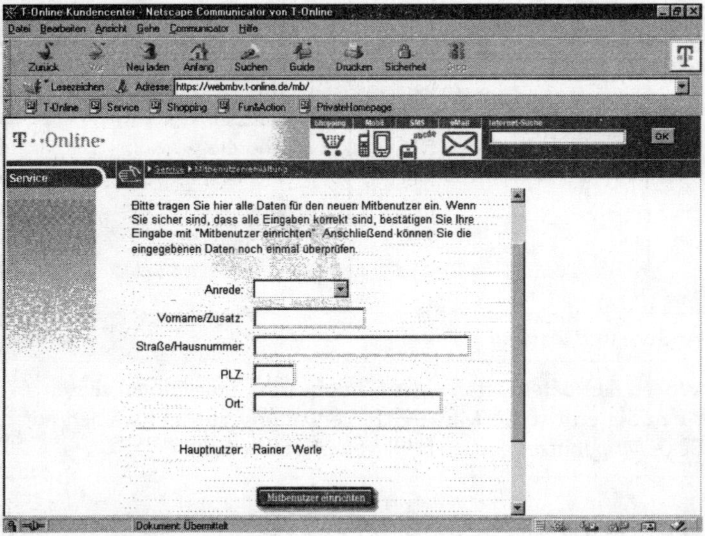

Etwas hinter dem Mond ...

Es scheint sich noch nicht bis zu T-Online herumgesprochen zu haben, dass heutzutage in vielen Familien die einzelnen Familienmitglieder auch unterschiedliche Nachnamen haben können. So bekommen Sie im Formular zwar die Möglichkeit, den Vornamen anzugeben, aber der Nachname wird automatisch vom Hauptbenutzer übernommen.

Übrigens: Die Angabe von (Vor)Namen und Adresse stammt noch aus der Zeit, als T-Online classic ein attraktives Angebot war, bei dem jeder Mitbenutzer dort online Bestellungen tätigen konnte. Da sollte dann die

Adresse für die Auslieferung von bestellten Waren schon stimmen. Haben Sie kein Interesse an T-Online classic, könnten Sie auch für einen Fantasienamen mit Fantasieadresse einen Mitbenutzer einrichten.

8 Im nächsten Fenster werden Ihnen die angegebenen Daten nochmals angezeigt. Nun vergeben Sie für den neuen Mitbenutzer ein eigenes persönliches Kennwort, das Sie zweimal eintippen müssen.

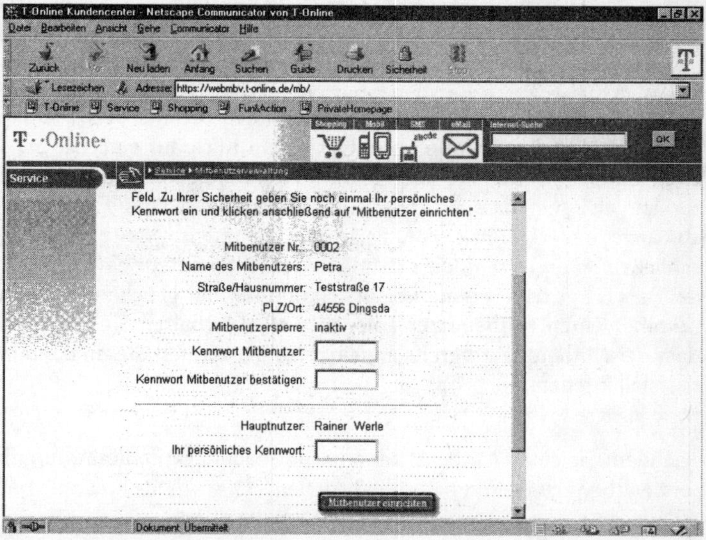

9 Danach geben Sie im dritten Feld das persönliche Kennwort des Hauptbenutzers ein und klicken auf *Mitbenutzer einrichten.*

Mitbenutzerkennwort

Die Regeln für die Bildung von Mitbenutzerkennwörtern sind die gleichen wie beim Passwort für den Hauptbenutzer. Sie finden Sie auf Seite 89 aufgelistet. Jeder Mitbenutzer kann später das Passwort jederzeit ändern, sodass seine E-Mails ebenfalls nicht unbefugt eingesehen werden können.

10 Nun erhalten Sie noch eine Bestätigung, dass ein neuer Mitbenutzer angelegt wurde. Von jetzt an können Sie den Mitbenutzerzugang nutzen.

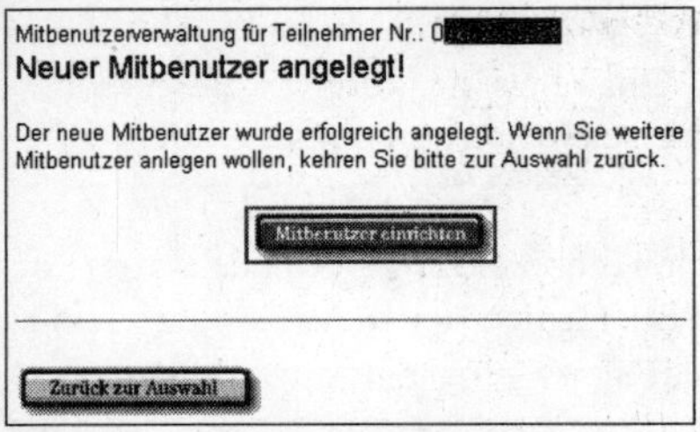

Lahme Ente

Bei unseren Tests erwies sich der Mitbenutzerrechner von T-Online als eine ausgesprochen lahme Ente: Nach dem Klick auf eine der Schaltflächen dauerte es teilweise über eine Minute, bis die nächste Seite erschien. Es kann also sein, dass Sie etwas Geduld benötigen. Und: Falls Sie, weil es so lange dauert, vor der Anzeige der Bestätigungsseite den Browser schließen, kann es sein, dass dennoch der Mitbenutzer eingerichtet wurde. Falls Sie es dann erneut versuchen und mit der gleichen Mitbenutzernummer einen Mitbenutzer anlegen wollen, erhalten Sie die Meldung, dass der Mitbenutzer bereits angelegt ist. Sie können diesen dann im Bedarfsfall löschen.

Nachdem Sie einen Mitbenutzer angelegt haben, kann dieser nun mit seiner Mitbenutzernummer online gehen. Dies geht sowohl mit der T-Online-Software als auch mit dem DFÜ-Netzwerk:

1. Um als Mitbenutzer mit der T-Online-Software online zu gehen, starten Sie die T-Online-Software.

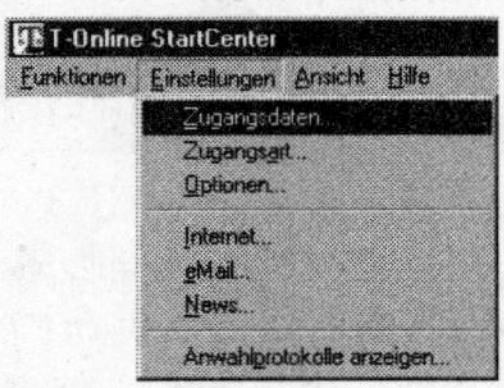

2. Bevor Sie online gehen, wählen Sie *Einstellungen/Zugangsdaten.*
3. Überschreiben Sie nun die bisherige Mitbenutzernummer mit Ihrer Mitbenutzernummer (z. B. 0002).
4. Falls Sie das Kennwort abspeichern wollen, geben Sie das Mitbenutzerkennwort ein, ansonsten werden Sie beim Onlinegehen danach gefragt.

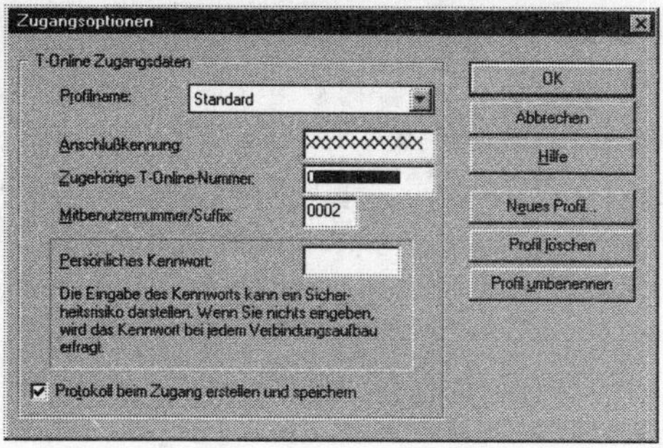

Mitbenutzerkennwort

Als Kennwort müssen Sie zunächst jenes Kennwort angeben, dass beim Anlegen des Mitbenutzers für Sie eingerichtet wurde. Sie können es später jederzeit ändern.

5 Schließen Sie das Fenster mit *OK*. Danach können Sie als Mitbenutzer ganz normal online gehen.

6 Komfortabler geht es, wenn Sie für den Mitbenutzer ein eigenes Profil anlegen. Wie das geht, finden Sie ab Seite 303.

7 Wollen Sie als Mitbenutzer mit dem DFÜ-Netzwerk online gehen, klicken Sie auf das Symbol für die DFÜ-Verbindung und ändern dann im Fenster *Verbinden mit*:

- Beim Benutzernamen ganz am Ende das Kennwort (z. B. #0002 statt #0001)
- Geben Sie als Kennwort das Mitbenutzerkennwort ein.

8 Sie können problemlos auch für jeden Mitbenutzer eine eigene DFÜ-Verbindung erstellen und diese für den Mitbenutzer konfigurieren.

Als Mitbenutzer haben Sie, wenn Sie mit Ihrer Mitbenutzernummer online gehen, folgende Möglichkeiten:

- Sie können jederzeit das Mitbenutzerpasswort ändern.
- Sie haben eine eigene E-Mail-Adresse. Ihre E-Mail-Adresse besteht aus dieser Teilnehmernummer und der Mitbenutzernummer, gefolgt vom Klammeraffen und *t-online.de*. Angenommen, Ihre Teilnehmernummer sei 09027556677 und die Mitbenutzernummer 0002, dann müssen Sie als E-Mail-Adresse *09027556677-0002@t-online.de* angeben.
- Sie können für diese E-Mail-Adresse eine E-Mail-Alias vergeben.
- Sie haben unter Ihrem E-Mail-Alias-Namen 10 MByte bei T-Online für Ihre eigene Homepage zur Verfügung.

2. T-Online – Surfen im WWW

Mit T-Online können Sie bequem im World Wide Web surfen. Das World Wide Web (WWW) ist der fortgeschrittenste und komfortabelste Teil des Internet. Über 1 Milliarde Webseiten gibt es mittlerweile, die Ihnen alle zur Verfügung stehen.

2.1 T-Online installiert bereits WWW-Browser

Um durch das World Wide Web zu surfen, benötigen Sie einen sog. Browser. Am weitesten verbreitet sind die Browser der Firma Netscape und der Internet Explorer von Microsoft, die Ihnen auch zahlreiche fortgeschrittene Möglichkeiten zur Nutzung des World Wide Web bieten. Im Normalfall haben Sie den Internet Explorer mit Windows 98 bereits vorinstalliert. Und den Netscape Communicator können Sie von der T-Online-CD leicht nachinstallieren, falls Sie ihn nicht bereits installiert haben. Rufen Sie dazu einfach nochmals die Installation der T-Online-Software auf und wählen dann nur den gewünschten Browser zur Installation aus.

Wenn der Browser nicht von T-Online ist

Wenn Sie den Browser Ihrer Wahl nicht von der T-Online-CD installiert haben, kann es sein, dass dieser noch nicht mit den richtigen Zugangsdaten von T-Online konfiguriert ist. Am einfachsten ist es deshalb, wenn Sie den Browser Ihrer Wahl von der T-Online-CD installieren. Aber ich zeige Ihnen nachfolgend am Ende der Teilkapitel zu Netscape und zum Internet Explorer auch, wie Sie diese Einstellungen von Hand vornehmen können.

2.2 T-Online mit Netscape nutzen

Im Normalfall ist der Netscape-Browser in der T-Online-Software bereits als Standardbrowser eingetragen, der beim Verbinden ins Internet gestartet wird. Sollte dies nicht der Fall sein oder wollen Sie Netscape zusammen mit dem DFÜ-Netzwerk nutzen, zeige ich Ihnen auch die anderen Möglichkeiten, Netscape zu starten:

So starten Sie Netscape

Ist Netscape der Standardbrowser der T-Online-Software, dann ist der Start von Netscape besonders einfach. Versuchen Sie es einfach zunächst so. Das Schlimmste, das passieren kann, ist, dass statt Netscape der Internet Explorer gestartet wird.

1. Starten Sie zunächst die T-Online-Software durch einen Doppelklick auf das Symbol auf dem Desktop.

2. Sie können die T-Online-Software auch starten, indem Sie *Start/ Programme/T-Online 3.0/T-Online 3.0* aufrufen.

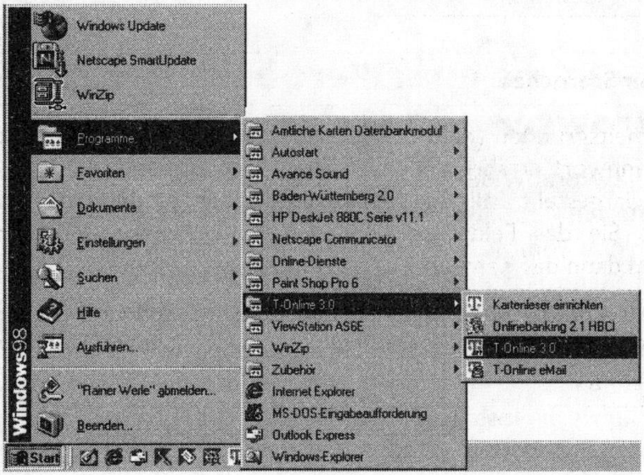

Und in der Task-Leiste finden Sie auch ein kleines Symbol der T-Online-Software, das mit einem Doppelklick die Software startet.

3 Ist die T-Online-Software gestartet, klicken Sie auf die Schaltfläche *Verbindung ins Internet.*

4 Wollen Sie direkt zu einem der besonders beliebten Angebote bei T-Online, können Sie alternativ auch über die Schaltfläche *www.t-online.de* fahren. Sie erhalten ein Auswahlmenü, in dem Sie auf den gewünschten Punkt klicken.

5 In beiden Fällen beginnt die T-Online-Software danach mit der Einwahl. Falls Sie Ihr persönliches Kennwort nicht in der Software gespeichert haben, erhalten Sie zunächst noch das Fenster *Kennwort-Abfrage.* Geben Sie hier Ihr Kennwort ein und wählen *Anwahl.*

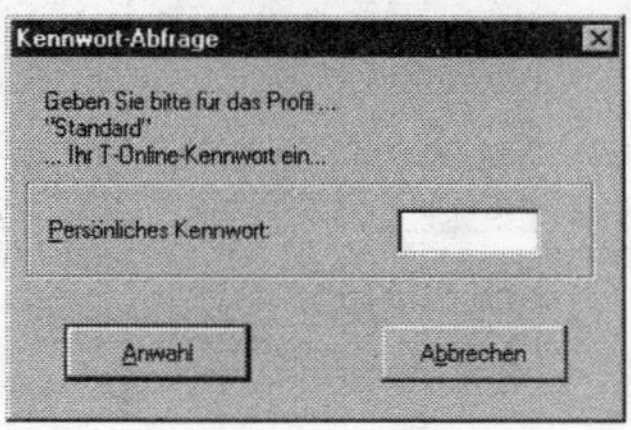

Ich sehe nur Sternchen

Aus Sicherheitsgründen (damit Ihnen niemand über die Schulter schaut und Ihr Kennwort erfährt), wird für jedes eingetippte Zeichen nur ein Sternchen dargestellt. Falls Sie sich vertippt haben, ist deshalb der beste Weg, dass Sie das Feld *Persönliches Kennwort* nochmals komplett löschen und dann das Kennwort neu eintippen.

Übrigens: In den weiteren Kapiteln dieses Buches weise ich nicht jedes Mal darauf hin, dass dieses Fenster auch noch erscheinen kann. Sie wissen ja jetzt, wie es geht.

---

6 Nun können Sie den Einwahlvorgang in einem kleinen Fenster mitverfolgen. Wenn sich dieses kleine Fenster wieder schließt, sind Sie online. Als Nächstes startet automatisch Netscape.

Netscape von Hand starten

Gleichgültig, ob Sie mit der T-Online-Software oder über das DFÜ-Netzwerk online gegangen sind, können Sie jederzeit Netscape von Hand starten. Wählen Sie dazu *Start/Programme/Netscape Communicator/Netscape Navigator* oder doppelklicken auf das Netscape-Symbol auf dem Desktop. Netscape erkennt automatisch, dass Sie online sind, und ruft die Startseite auf.

---

7 Schon sind Sie online und bekommen die Startseite von T-Online zu sehen.

8 Etwas ärgerlich bei der neuen T-Online-Software ist die Tatsache, dass der Browser nicht bildschirmfüllend gestartet wird. Aber ein kurzer Klick auf die mittlere der drei Schaltflächen rechts oben im Browserfenster behebt das sofort.

Andere Startseite

Falls Sie Netscape nicht von der T-Online-CD installiert haben, kann es sein, dass Sie eine andere Startseite sehen. Kein Problem: Sie können jederzeit zur Startseite von T-Online (http.//www.t-online.de) wechseln und auch diese für die Zukunft zur Startseite machen. Ich zeige Ihnen weiter unten, wie das geht.

9 Jetzt ist der Browser formatfüllend und es kann mit der Surftour losgehen.

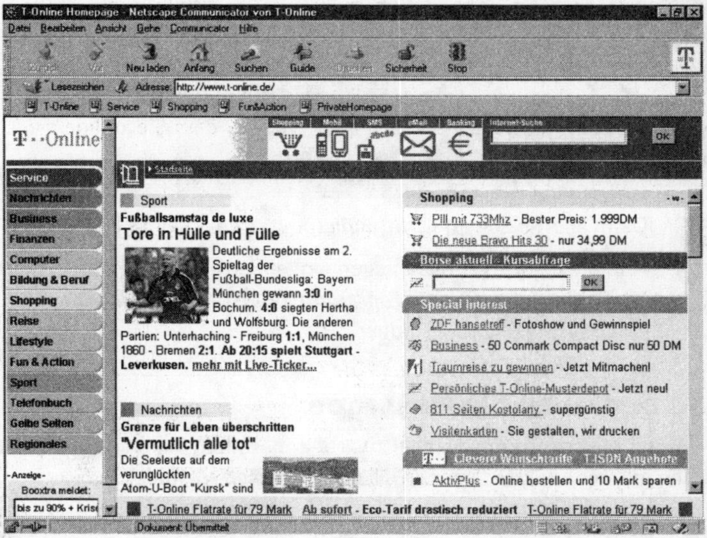

Netscape mit Profilen

Falls Sie Netscape bereits vor der Installation der T-Online-Software auf Ihrem PC installiert hatten und bereits einen anderen Provider nutzten, kann es sein, dass Sie beim Start von Netscape zunächst noch den Profilmanager vorfinden.

Profile bei Netscape

Bei Netscape ist es möglich, für verschiedene Provider, die Sie nutzen, jeweils ein Profil anzulegen, um Netscape optimal konfiguriert für jeden Provider zu nutzen. Solange Sie nur einen Provider nutzen (und nicht von

Hand weitere Profile angelegt haben) bemerken Sie vom Profilmanager nichts. Bei mehreren angelegten Profilen taucht er jedoch bei jedem Start von Netscape auf.

1 Finden Sie den Profilmanager vor, wählen Sie zunächst bei *Profilname* jenen Namen aus, den Sie bei der Installation der T-Online-Software angegeben haben.

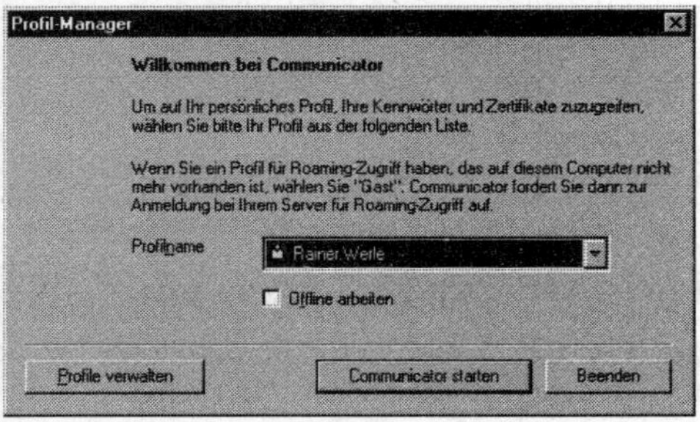

2 Dann klicken Sie auf *Communictor starten.*

3 Falls Sie eigene Profile anlegen wollen, erreichen Sie den Profilmanager stets über *Start/Programme/Netscape Communicator/Hilfsprogramme/Profil-Manager.*

So bedienen Sie Netscape

Um mit Netscape komfortabel zu arbeiten, sollten Sie einige der Schaltflächen in ihrer Funktion kennen. Hier die wirklich wichtigen:

Die wichtigsten Schaltflächen	
Zurück und Vor	Mit diesen beiden Schaltflächen können Sie zur vorherigen Webseite zurückblättern bzw. wieder vorblättern.
Stop	Dauert Ihnen das Laden einer Webseite zu lange, können Sie mit dieser Schaltfläche den Ladevorgang abbrechen.
Neu laden	Falls bei der Übertragung Fehler aufgetreten sind oder bei häufig aktualisierten Webseiten (z. B. Börsentickern) können Sie mit dieser Schaltfläche ein Neuladen der Webseite starten.
Anfang	Mit dieser Schaltfläche kehren Sie zur Startseite zurück.

Die wichtigsten Schaltflächen	
Adresse	Hier finden Sie die Adresse der gerade angezeigten Webseite und können auch eine neue Adresse eintippen.

Netscape und T-Online beenden

1. Netscape beenden Sie durch einen kurzen Klick auf die X-Schaltfläche ganz rechs oben im Browserfenster.

2. Sie finden dann auch das Startcenter von T-Online wieder im Vordergrund und können mit einem Klick auf die Schaltfläche *Internet trennen* offline gehen. Von nun an fallen keine Kosten mehr an.

Browser-Einstellungen für T-Online einrichten

Wenn Netscape bereits auf Ihrem PC installiert war, kann es sein, dass die Einstellungen für T-Online noch nicht stimmen. Netscape startet dann zwar, aber Sie bekommen keine Internetseiten zu sehen. Deshalb hier alle Konfigurationen der Reihe nach, damit Sie bei Problemen nachsehen können, was Netscape fehlt:

Hier zunächst eine Tabelle, die Ihnen alle Daten zeigt, die Sie im Folgenden benötigen:

Server/Proxy	Adresse	Port
POP3-Server (Eingehende E-Mails)	pop.t-online.de *alt:* pop.btx.dtag.de	110
SMTP-Server (Ausgehende E-Mails)	mailto.t-online.de *alt:* mailto.btx.dtag.de	25
NNTP-Server (Newsgruppen)	news.t-online.de *alt:* news.btx.dtag.de	119
FTP-Proxy	ftp-proxy.btx.dtag.de	80
GOPHER-Proxy	gopher-proxy.btx.dtag.de	80
HTTP-Proxy	www-proxy.btx.dtag.de	80
WAIS-Proxy	wais-proxy.btx.dtag.de	80
SOCKS		1080
Startseite T-Online	http://www.t-online.de	

Die alten Angaben (z. B. pop.btx.dtag.de) funktionieren nach wie vor.

1. Starten Sie Netscape (Sie müssen dazu nicht online sein).
2. Falls Sie nicht online sind oder die Konfiguration noch nicht stimmt, kann es sein, dass ein- oder mehrfach dieses Fenster auftaucht. Klicken Sie es jeweils mit *OK* weg.

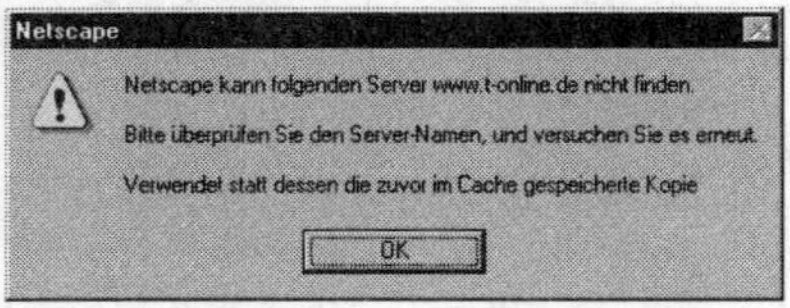

3. Wählen Sie in Netscape dann *Bearbeiten/Einstellungen*.

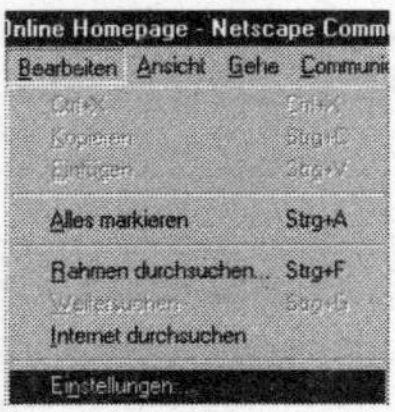

4. Sie erhalten das Fenster *Einstellungen*, in dem Sie zunächst kontrollieren, ob in der Rubrik *Anfangsseite* als Adresse *http://www.t-online.de* eingetragen ist. Falls dies nicht der Fall ist und Sie die Startseite von T-Online jeweils beim Surfen als Erstes sehen wollen, tragen Sie hier die Adresse von T-Online ein.

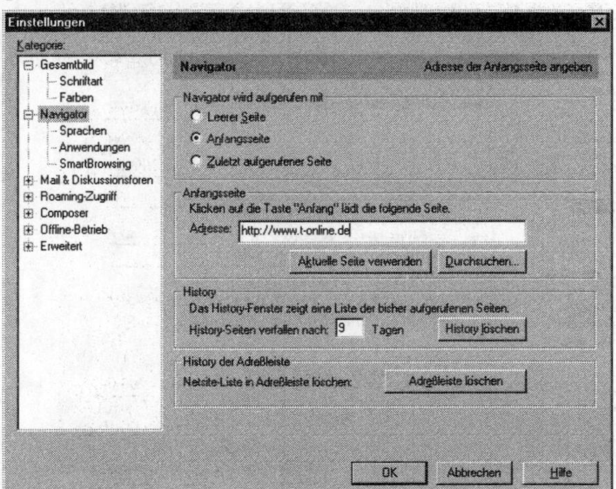

5 Klicken Sie nun auf das +-Zeichen neben *Mail & Diskussionsforen* und im aufklappenden Untermenü auf *Identität*.

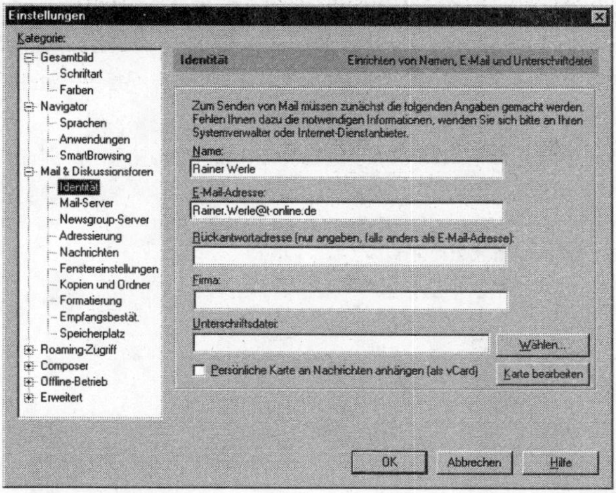

6 Kontrollieren Sie hier, ob Ihr Name und Ihre E-Mail-Adresse korrekt eingetragen sind.

7 Nun wählen Sie im Untermenü den Punkt *Mail-Server* aus. Hier sollte bei *Server für eingehende Mail* der Eintrag *pop.btx.dtag.de* oder *pop.t-online.de* stehen und neben *Server für ausgehende Mail (SMTP)* der Eintrag *mailto.btx.dtag.de* oder *mailto.t-online.de* eingetragen sein.

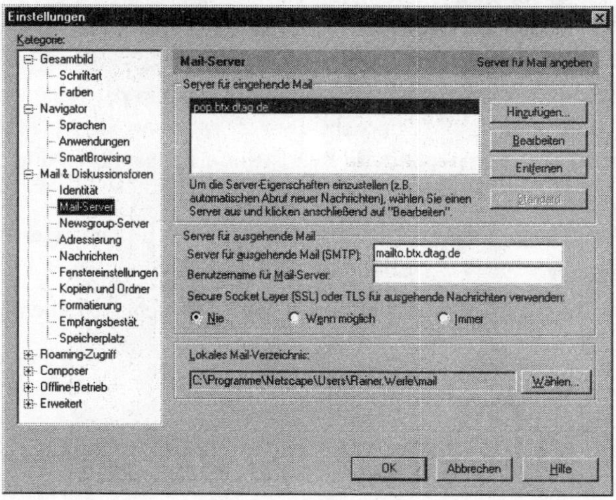

8 Falls der Eintrag für ausgehende Mail fehlt, tragen Sie ihn einfach ein.

9 Falls der Eintrag für eingehende Mail fehlt, klicken Sie auf *Hinzufügen.* Sie erhalten dann ein Fenster, in dem Sie zunächst *POP3* (statt IMAP) auswählen und dann den Servernamen (*pop.t-online.de*) und einen beliebigen Benutzernamen (=Ihren Namen oder Spitznamen) eintragen und das Fenster mit *OK* schließen.

10 Wählen Sie nun im Untermenü den Punkt *Newsgroup-Server* aus. Hier sollte *news.btx.dtag.de* oder *news.t-online.de* eingetragen sein. Falls nicht, wählen Sie *Hinzufügen.* In einem kleinen Fenster können Sie den Eintrag nachholen und auf *OK* klicken.

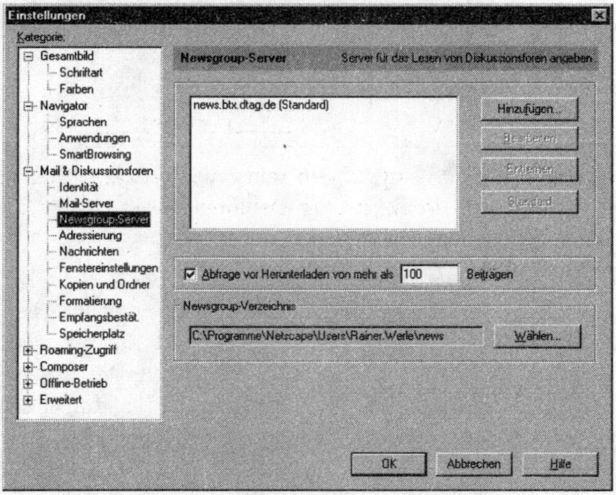

11 Mit einem Klick auf das +-Zeichen neben *Erweitert* rufen Sie ein weiteres Untermenü auf. (Übersichtlicher ist es, wenn Sie zunächst auf das Minus-Zeichen neben *Mail & Diskussionsforen* klicken und damit das bisherige Untermenü schließen.)

12 Wählen Sie im Untermenü den Punkt *Proxies* und markieren den Eintrag *Manuelle Proxy-Konfiguration.*

13 Klicken Sie dann auf die Schaltfläche *Anzeigen* rechts daneben.

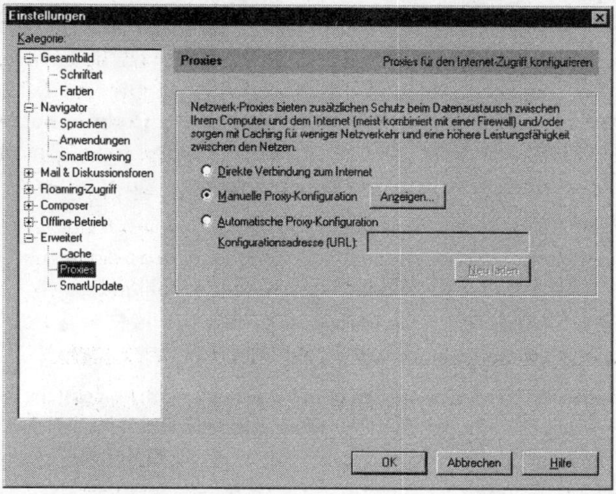

14 Hier sollte bei *HTTP* eingetragen sein *www-proxy.btx.dtag.de* und bei *FTP* stehen *ftp-proxy.btx.dtag*. Dahinter jeweils als Port-Angabe *80*. Wenn nicht, tragen Sie dies ein.

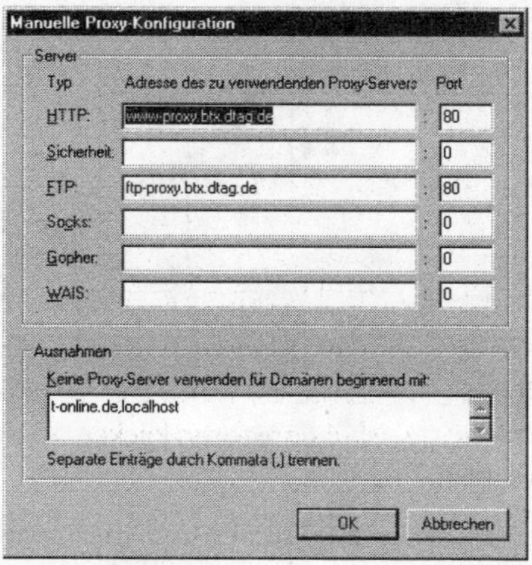

15 Außerdem sollte unter *Ausnahmen* stehen: *t-online.de,localhost*. Auch dies können Sie von Hand nachtragen. Schließen Sie dann das Fenster mit *OK*.

16 Sie können nun auch das Fenster *Einstellungen* mit *OK* schließen. Netscape ist damit für T-Online konfiguriert.

2.3 T-Online mit dem Internet Explorer nutzen

Natürlich können Sie T-Online auch mit dem Internet Explorer nutzen. Im Normalfall ist dieser jedoch nicht als Standardbrowser von T-Online eingestellt. Sie müssen den Internet Explorer deshalb zunächst von Hand starten. So geht's:

So starten Sie den Internet Explorer

1. Starten Sie zunächst die T-Online-Software durch einen Doppelklick auf das Symbol auf dem Desktop.

2. Sie können die T-Online-Software auch starten, indem Sie *Start/ Programme/T-Online 3.0/T-Online 3.0* aufrufen. Und in der Task-Leiste finden Sie auch ein kleines Symbol der T-Online-Software, das mit einem Doppelklick die Software startet.

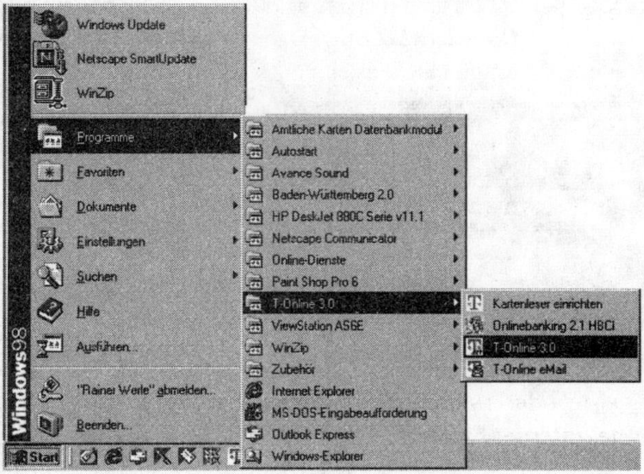

3. Ist die T-Online-Software gestartet, drücken Sie auf der Tastatur die Taste [F4]. Damit geht die T-Online-Software online, ohne dass automatisch Netscape gestartet wird.

4. Falls Sie Ihr persönliches Kennwort nicht in der Software gespeichert haben, erhalten Sie zunächst noch das Fenster *Kennwort-Abfrage*. Geben Sie hier Ihr Kennwort ein und wählen *Anwahl*.

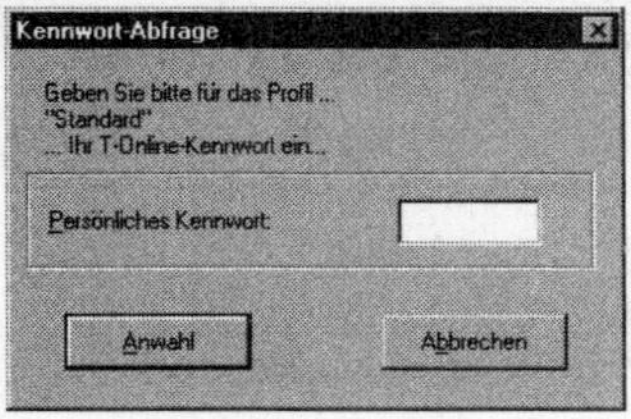

Ich sehe nur Sternchen

Aus Sicherheitsgründen (damit Ihnen niemand über die Schulter schaut und Ihr Kennwort erfährt), wird für jedes eingetippte Zeichen nur ein Sternchen dargestellt. Falls Sie sich vertippt haben, ist deshalb der beste Weg, dass Sie das Feld *Persönliches Kennwort* nochmals komplett löschen und dann das Kennwort neu eintippen.

Übrigens: In den weiteren Kapiteln dieses Buches weise ich nicht jedes Mal darauf hin, dass dieses Fenster auch noch erscheinen kann. Sie wissen ja jetzt, wie es geht.

5 Nun können Sie den Einwahlvorgang in einem kleinen Fenster mitverfolgen. Wenn sich dieses kleine Fenster wieder schließt, sind Sie online.

6 Nun müssen Sie den Internet Explorer starten. Doppelklicken Sie dazu auf das Internet Explorer-Symbol auf dem Desktop oder in der Task-Leiste oder rufen Sie den Internet Explorer über *Start/Programme/Internet Explorer* auf.

Wenn der Assistent sich meldet

Falls Sie das erste Mal den Internet Explorer aufrufen, kann es sein, dass Sie zunächst den Assistenten für den Internetzugang finden. Sehen Sie dann auf Seite 115 nach, wie Sie den Assistenten loswerden und den Internet Explorer konfigurieren.

So bedienen Sie den Internet Explorer

Um mit dem Internet Explorer komfortabel zu arbeiten, sollten Sie einige der Schaltflächen in ihrer Funktion kennen. Hier die wirklich wichtigen:

Die wichtigsten Schaltflächen	
Zurück und Vorwärts	Mit diesen beiden Schaltflächen können Sie zur vorherigen Webseite zurückblättern bzw. wieder vorblättern.
Abbrechen	Dauert Ihnen das Laden einer Webseite zu lange, können Sie mit dieser Schaltfläche den Ladevorgang abbrechen.
Aktualisieren	Falls bei der Übertragung Fehler aufgetreten sind oder bei häufig aktualisierten Webseiten (z. B. Börsentickern) können Sie mit dieser Schaltfläche ein Neuladen der Webseite starten.
Startseite	Mit dieser Schaltfläche kehren Sie zur Startseite zurück.
Adresse	Hier finden Sie die Adresse der gerade angezeigten Webseite und können auch eine neue Adresse eintippen.

Internet Explorer und T-Online beenden

1 Den Internet Explorer beenden Sie durch einen kurzen Klick auf die X-Schaltfläche ganz rechs oben im Browserfenster.

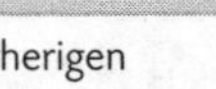

2 Sie finden dann auch das Startcenter von T-Online wieder vor und können mit einem Klick auf die Schaltfläche *Internet trennen* offline gehen. Von nun an fallen keine Kosten mehr an.

Browser-Einstellungen für T-Online einrichten

Da der Internet Explorer bei Windows 98 bereits auf dem PC installiert ist, kann es sein, dass die Einstellungen für T-Online noch nicht stimmen. Der Internet Explorer startet dann zwar, aber Sie bekommen keine Internetseiten zu sehen oder es erscheint zunächst der *Assistent für den Internetzugang*. Deshalb hier alle Konfigurationen der Reihe nach, damit Sie bei Problemen nachsehen können, was dem Internet Explorer fehlt:

Hier zunächst eine Tabelle, die Ihnen alle Daten zeigt, die Sie im Folgenden benötigen:

Server/Proxy	Adresse	Port
FTP-Proxy	ftp-proxy.btx.dtag.de	80
GOPHER-Proxy	gopher-proxy.btx.dtag.de	80
HTTP-Proxy	www-proxy.btx.dtag.de	80
WAIS-Proxy	wais-proxy.btx.dtag.de	80
SOCKS		1080
Startseite T-Online	http://www.t-online.de	

Wenn der Assistent erscheint

Falls beim Start des Internet Explorer zunächst der nachfolgende Assistent erscheint, sollten Sie zunächst die folgenden Schritte noch ausführen. Falls nicht, können Sie die nachfolgenden Schritte überspringen.

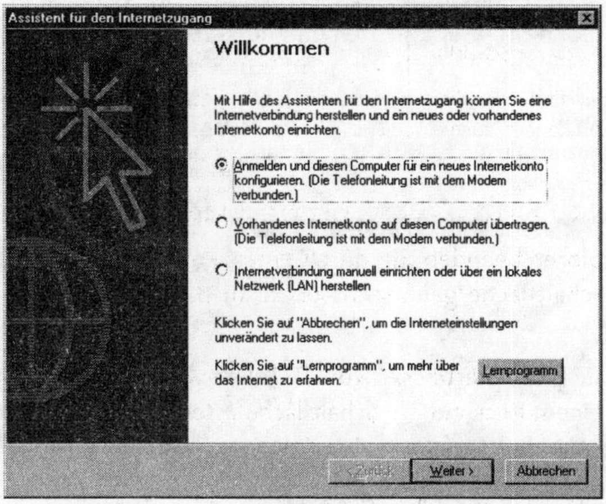

Microsoft will es Ihnen mit diesem Assistenten für den Internetzugang besonders einfach machen. Würden Sie einfach auf *Weiter* klicken, würde eine Verbindung zu einer 0180er-Nummer aufgebaut, um Ihnen einen Provider vorzuschlagen. Sie haben aber mit T-Online bereits einen Provider und auch nachträgliche Änderungen an der Konfiguration sind für Sie leichter, wenn Sie den Assistenten umgehen.

1. Klicken Sie deshalb hier auf *Abbrechen*.
2. Im nächsten Fenster sollten Sie zunächst ein Häkchen neben *Den Assistenten für den Internetzugang nicht mehr anzeigen* setzen und

dann auf *Ja* klicken. (Andernfalls startet der Assistent stets wieder neu und nervt mit seinen Fragen.)

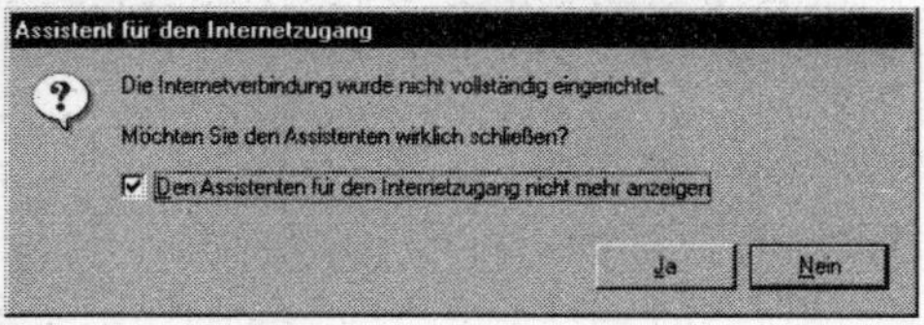

3 In vielen Fällen kommt nun der berühmte „Browserkrieg". Internet Explorer möchte in einem Meldungsfenster Standardbrowser werden. Klicken Sie auf *Ja,* wenn Sie in Zukunft vor allem mit dem Internet Explorer arbeiten wollen, ansonsten auf *Nein.*

Standardprogramm: Halb so dramatisch

Gleichgültig, ob Sie auf *Ja* oder *Nein* geklickt haben, Sie können in Zukunft nach wie vor jeden Browser aufrufen und nutzen.

---

4 In den meisten Fällen meldet sich nun der *Assistent für den Internetzugang* doch nochmals zu Wort. Klicken Sie auf *Abbrechen,* damit er Ruhe gibt.

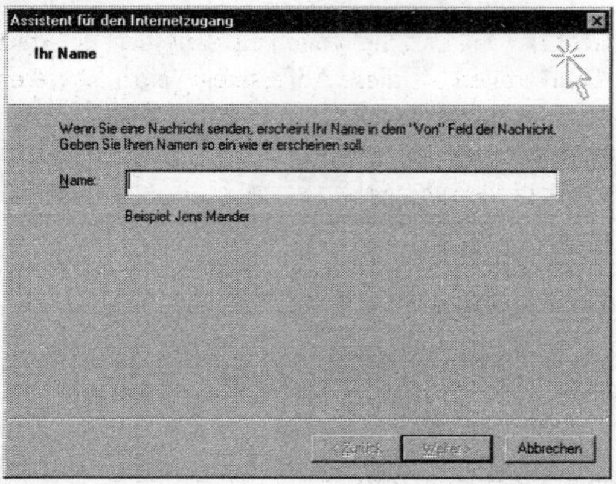

5 Klicken Sie dann hier auf *Ja,* damit der Assistent entgültig stillhält.

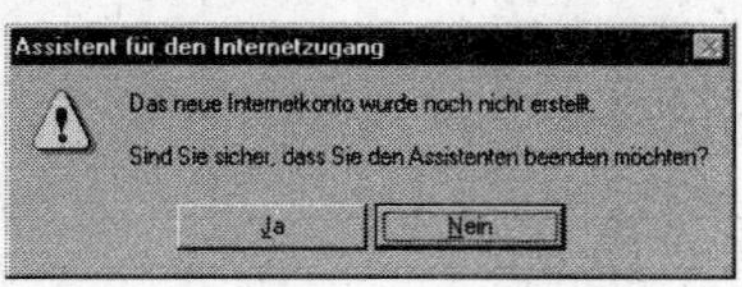

Internet Explorer konfigurieren

Für die nachfolgenden Schritte müssen Sie nur dann online sein, wenn Sie den Internet Explorer zusammen mit der T-Online Software nutzen wollen. Falls Sie über das DFÜ-Netzwerk online gehen, können Sie die Konfiguration auch offline durchführen.

1. Falls Sie mit der T-Online Software online gehen, starten Sie diese und drücken F4, um online zu gehen. Steht die Verbindung, starten Sie den Internet Explorer.
2. Wenn Sie mit dem DFÜ-Netzwerk online gehen, bleiben Sie offline und starten den Internet Explorer. Falls der Internet Explorer reklamiert, dass Sie offline sind, wählen Sie *Offlinebetrieb*, denn für die nachfolgenden Einstellungen müssen Sie beim DFÜ-Netzwerk nicht online sein.
3. Im Internet Explorer wählen Sie zunächst *Extras/Internetoptionen*.

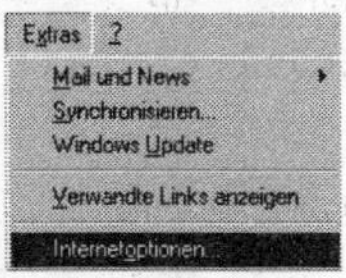

4. Sie erhalten das Fenster *Internetoptionen*, in dem Sie zunächst kontrollieren, ob unter *Startseite* als Adresse *http://www.t-online.de/* steht. Ist dies nicht der Fall und Sie wollen als Startseite die Startseite von T-Online, dann tragen Sie diese Adresse ein (einen anderen Eintrag können Sie einfach überschreiben).

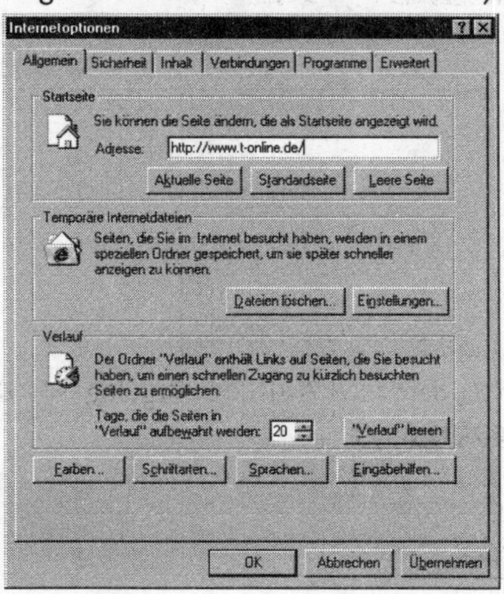

5 Wählen Sie das Register *Verbindungen.* Hier finden Sie die Verbindung zu T-Online eingetragen. Diese trägt beim Arbeiten mit dem DFÜ-Netzwerk jenen Namen ein, den Sie der DFÜ-Verbindung gegeben haben, bei der Arbeit mit der T-Online-Software lautet der Eintrag *TOSW-internal Settings.*

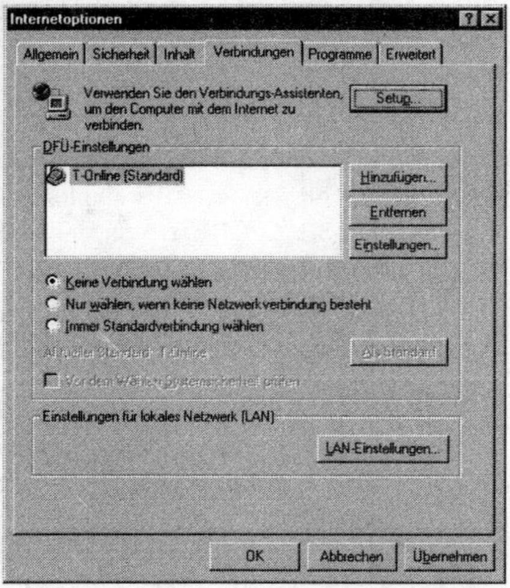

- Falls Sie mit der T-Online-Software arbeiten, stellen Sie sicher, dass der Eintrag *Keine Verbindung wählen* markiert ist.
- Falls Sie mit dem DFÜ-Netzwerk arbeiten, können Sie statt *Keine Verbindung wählen* auch *Nur wählen, wenn keine Verbindung besteht* auswählen. Beim Start des Internet Explorer wird dann automatisch die DFÜ-Verbindung zu T-Online aufgebaut.

6 Markieren Sie mit einem Mausklick die Verbindung zu T-Online (z. B. *TOSW-internal Settings*) und klicken dann auf die Schaltfläche *Einstellungen.*

Bei mehreren Einträgen

Falls Sie einen weiteren Provider benutzen, finden Sie auch für diesen hier Einträge vor. Sie können jeden Eintrag getrennt markieren und dann die Einstellungen bearbeiten.

---

7 Es geht ein neues Fenster auf, in dem Sie je ein Häkchen bei *Proxyserver verwenden* und bei *Proxyserver für lokale Adressen umgehen* setzen.

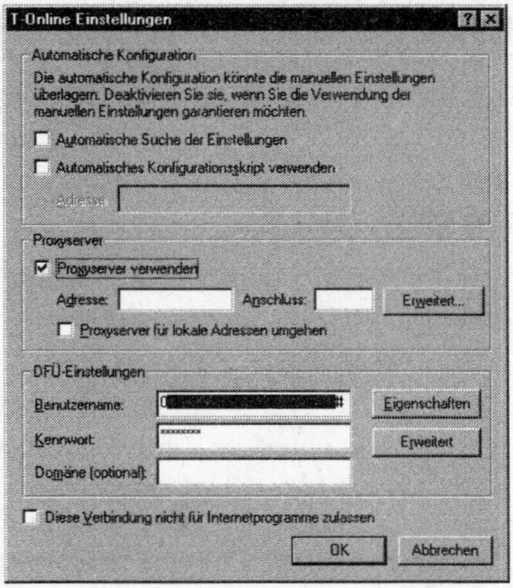

8 Klicken Sie dann auf die Schaltfläche *Erweitert*.

9 Hier sollte bei *HTTP* eingetragen sein *www-proxy.btx.dtag.de* und bei *FTP* stehen *ftp-proxy.btx.dtag*. Dahinter jeweils als Anschluss-Angabe *80*. Wenn nicht, tragen Sie dies ein.

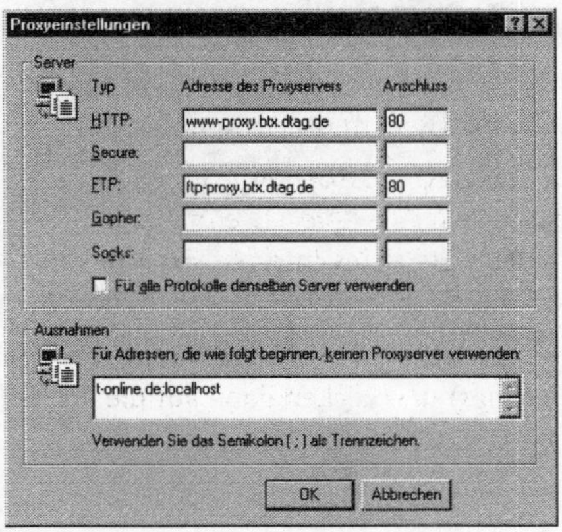

10 Außerdem sollte unter *Ausnahmen* stehen: *t-online.de;localhost*. Auch dies können Sie von Hand nachtragen. Schließen Sie dann das Fenster mit *OK*.

11 Nunmehr können Sie alle noch offenen Fenster mit *OK* schließen. Der Internet Explorer ist damit konfiguriert und startklar.

2.4 Weltweit surfen

Jetzt wird es aber Zeit, dass Sie mit dem Browser auf Erkundungstour in die weite Welt gehen.

Der Hyperlink, Ihr Surfinstrument

Der Hyperlink (kurz: Link) ist Ihr wichtigstes Surfinstrument im World Wide Web, aber was ist eigentlich ein Hyperlink?

Der Hyperlink

Beim World Wide Web handelt es sich um grafisch aufbereitete Seiten, die in Ihrem Browser dargestellt werden können. Auf jeder Seite finden sich anklickbare Bereiche, die Hyperlink genannt werden, die Sie automatisch zu anderen Seiten mit verwandten Themen führen. So können Sie sich die Online-Welt mit wenigen Mausklicks erschließen und durch das WWW surfen.

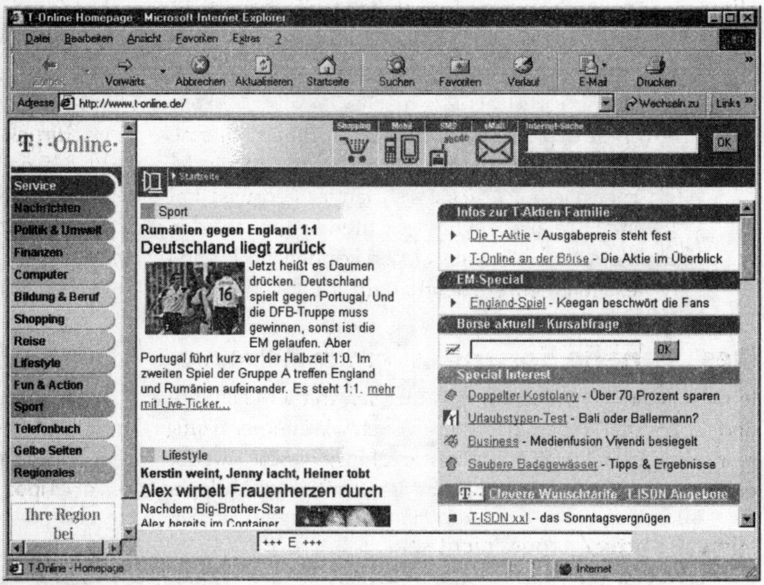

Die Startseite von T-Online

Schauen Sie sich die Startseite von T-Online doch einmal etwas genauer an: Da gibt es Texte und Bilder. Bei Texten ist in vielen (aber nicht in allen) Fällen ein Teil in der Farbe Blau bzw. Violett mit Unterstreichung dargestellt. Das ist ein Hinweis darauf, dass es sich um einen Hyperlink handelt. Aber es gibt noch eine bessere Methode, um Hyperlinks zu erkennen:

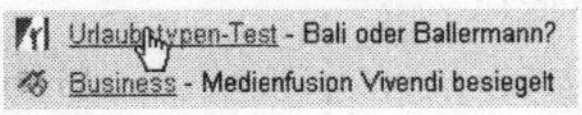

Immer wenn Sie mit der Maus über einen Hyperlink fahren, verändert sich die Form des Mauszeigers zu einer Zeigehand. Erproben Sie einmal, wo überall Sie auf der Startseite Hyperlinks finden. Sie werden sehen, dass Hyperlinks sowohl Texte als auch Bilder sein können. Und es gilt: Einfach auf einen Hyperlink klicken, und schon werden Sie mit der Webseite verbunden, die sich hinter dem Hyperlink verbirgt. Diese Seite hat wieder Hyperlinks. Neue Seite, neue Links, ... Jetzt wissen Sie, warum Internetsurfer manchmal am nächsten Morgen die Augen nur noch mit Streichhölzern aufhalten können ...

Hinweis: So ein Quatsch: Zurück, marsch, marsch!

Natürlich entsprechen nicht alle Seiten, die Sie so ansteuern, Ihren Erwartungen. Kein Problem: Mit der Schaltfläche *Zurück* kommen Sie stets einen Schritt zurück. Und wenn Sie beim Internet Explorer auf den kleinen Pfeil rechts neben der *Zurück*-Schaltfläche klicken bzw. bei Netscape die Maustaste auf der Schaltfläche *Zurück* etwas länger gedrückt halten, erhalten Sie eine Liste aller zuvor besuchten Seiten, aus der Sie sich eine mit einem Mausklick aussuchen können. So kommen Sie komfortabel auch mehrere Schritte zurück.

Der schnelle Sprung zu einer Adresse

Immer mehr Fernsehsendungen blenden mittlerweile ihre Webadresse ein und auch in Zeitungen und Zeitschriften wird immer häufiger auf die Adresse interessanter Angebote im Internet hingewiesen. Wie aber gelangen Sie zu einer solchen Adresse? Halt: Bevor Sie unnötig viel eintippen, noch ein Tipp:

Hinweis: http:// muss nicht sein

Die meisten Internetadressen beginnen mit *http://*. Weil das auch die Browser wissen, machen sie Ihnen das Leben einfacher: Wenn Sie das *http://* nicht mit eintippen, wird es vom Browser automatisch ergänzt!

1. Zunächst klicken Sie in der Adresszeile einmal mit der Maus auf die aktuelle Adresse. Sie wird damit blau hinterlegt dargestellt.

2. Dann tippen Sie eine neue Adresse ein. Drücken Sie abschließend [Enter], schon wird die neue Seite geladen.

3. Beim Internet Explorer können Sie, statt die [Enter]-Taste zu drücken, auch auf die Schaltfläche *Wechseln zu* klicken. Laut Microsoft ist dies eine neue Errungenschaft im Internet Explorer 5.0, aber mir leuchtet das nicht sehr ein: Wenn ich schon die Finger zum Eintippen an der Tastatur habe, dann geht [Enter] doch viel schneller.

Der Internet Explorer denkt mit

Wenn Sie bereits einige Adressen besucht haben, ist Ihnen sicherlich aufgefallen, dass der Internet Explorer beim Eintippen der Adressen eine Liste von Adressen einblendet:

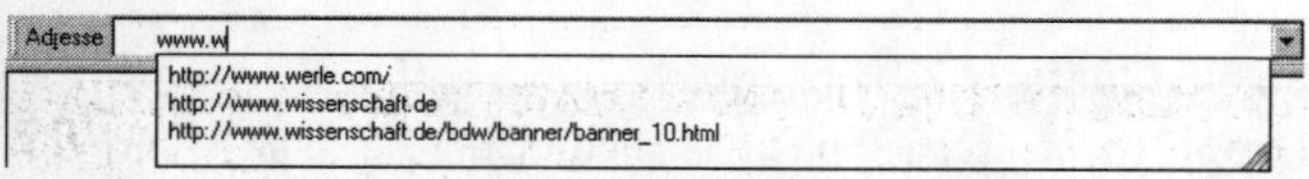

Der Internet Explorer merkt sich, wo Sie bereits waren, und schlägt Ihnen diese Adressen vor, wenn sie mit den gleichen Buchstaben beginnen wie die Adresse, die Sie gerade eintippen. Ist die gewünschte Adresse nicht aufgelistet, ignorieren Sie einfach diese Vorschläge. Aber wenn Sie zu einer Seite nochmals wollen, ist das eine nützliche Hilfe:

Klicken Sie dann einfach, statt weiterzutippen, auf die gewünschte Adresse, und schon werden Sie dorthin verbunden.

So vermeiden Sie Fehler

Wenn Sie Webadressen in den Browser direkt eingeben, sollten Sie auf folgende Punkte achten:

Unterscheiden Sie genau zwischen Groß- und Kleinschreibung, denn dies spielt bei der Adressen-Ansteuerung eine Rolle. Eine falsch eingegebene Adresse kann nicht gefunden werden. Häufig werden bei Webadressen die Buchstaben bzw. Ziffern 0 (Null) und O (der Buchstabe O) sowie 1 (Eins) und l (der Buchstabe l) verwechselt. Auch wenn in einer Zeitschrift eine dort angegebene Webadresse länger als eine Zeile ist, müssen Sie diese fortlaufend (d. h. ohne Leerzeichen oder [Enter]) eingeben.

Verwalten Sie Ihre Lieblingsadressen

Wenn Sie schon kräftig gesurft sind und auch allerlei Adressen direkt aufgerufen haben, gibt es sicherlich einige Webseiten, zu denen Sie immer mal wieder zurückkehren wollen. Natürlich können Sie sich dazu wie in Zeiten des Dampfradios eine Adresssammlung mit Bleistift und Papier anlegen, aber in Zeiten des Internet geht das viel einfacher. Die Browser haben nämlich einen eingebauten „Notizzettel" für interessante Webseiten. Beim Internet Explorer nennt sich das Favoriten, bei Netscape Bookmarks bzw. Lesezeichen, aber gemeint ist in beiden Fällen das Gleiche.

Geht mit beiden Browsern

Lesezeichen bzw. Favoriten gibt es beim Internet Explorer und bei Netscape. Da der Internet Explorer einige weitergehende Einstellungen hat, zeige ich Ihnen das am Beispiel des Internet Explorer. Aber mit Netscape können Sie über die Schaltfläche *Lesezeichen/Lesezeichen hinzufügen* bzw. *Lesezeichen/Lesezeichen bearbeiten* genauso mit Bookmarks arbeiten.

Ich zeige Ihnen das Vorgehen anhand von GIGA, mittlerweile zumindest für Jugendliche eine der Kultseiten im Internet. Selbstverständlich funktioniert das auch für jede beliebige andere Webseite, aber falls Sie es auch mit GIGA versuchen wollen, hier die Adresse http://www.giga.de.

Da sind Sie also auf eine Seite gestoßen, die wirklich hübsch ist. Wollen Sie sie in Zukunft ganz einfach wieder ansteuern, geht das so:

1 Wählen Sie *Favoriten/Zu Favoriten hinzufügen.*

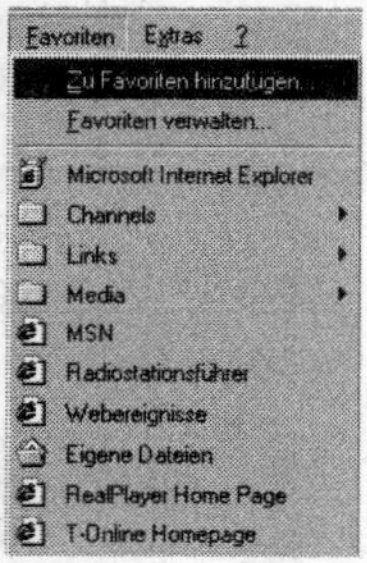

2 Sie erhalten das Fenster *Zu Favoriten hinzufügen.* In manchen Fällen steht hier unter *Name* etwas Nichtssagendes (und teilweise sogar überhaupt nichts). Ist das der Fall, geben Sie einen Namen ein, der die Webseite gut charakterisiert. Danach klicken Sie auf *OK.*

3 Das war auch schon alles! Wann immer Sie in Zukunft auf den Eintrag *Favoriten* klicken, erhalten Sie im Pulldown-Menü auch den Namen der gerade gewählten Webseite angezeigt. Klicken Sie einmal darauf und die Seite wird erneut geladen.

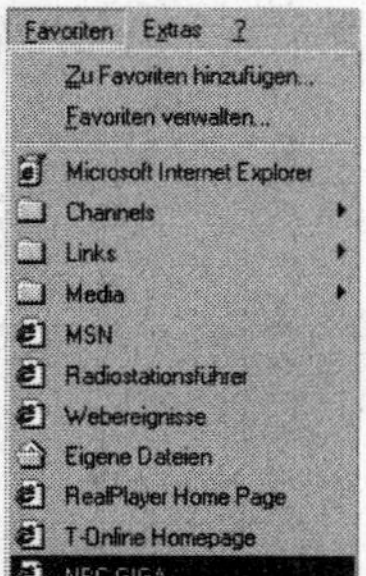

Vorgefertigte Favoriten

Mit der Installation des Internet Explorer werden bereits automatisch einige Favoriten angelegt, von denen Microsoft meint, sie seien für Sie wichtig. Falls Ihnen die Reihenfolge z. B. nicht gefällt, zeige ich Ihnen gleich, wie Sie die Favoriten editieren können.

Favoriten auf einen Blick

Wollen Sie mehrere Favoriten nacheinander besuchen, ist es schon etwas nervig, wenn Sie immer auf den Eintrag *Favoriten* klicken und dann im Pulldown-Menü den Favoriten auswählen müssen. Aber rasche Abhilfe naht, denn es gibt ja auch noch die Schaltfläche *Favoriten*:

1. Mit einem Klick auf die Schaltfläche *Favoriten* starten Sie die Anzeige der komfortablen Favoritenverwaltung.

2. Das Browserfenster wird damit zweigeteilt: Links sehen Sie eine Auflistung aller Favoriten. Mit einem Klick auf einen der Favoriten wird dieser im rechten Fensterteil geladen und angezeigt.

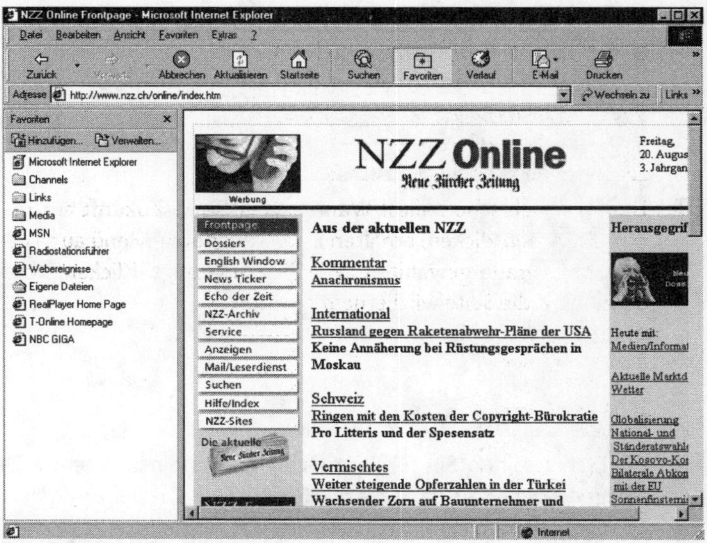

3. Einige der Favoriten sind in Ordnern verborgen. Klicken Sie auf eines der Ordnersymbole, um den Ordner zu öffnen, dann stehen auch diese Favoriten mit einem Klick zum Laden bereit.

4 Sie können jederzeit durch einen erneuten Klick auf die Schaltfläche *Favoriten* die Favoritenansicht wieder beenden.

Favoriten verwalten

Weil die Favoriten eine sehr nützliche Sache sind, wird bald die Zahl der Favoriten ansteigen und unübersichtlich werden. Deshalb sollten Sie von Zeit zu Zeit die Favoriten etwas ordnen und verwalten: Einige Favoriten gehören in den Papierkorb, andere können Sie in einem Themenordner zusammenfassen ...

1 Wenn die Favoritenansicht gerade nicht aktiv ist, dann starten Sie die Favoritenverwaltung über *Favoriten/Favoriten verwalten.*

Sind auf der linken Seite die Favoriten eingeblendet, finden Sie dort auch die Schaltfläche *Verwalten.*

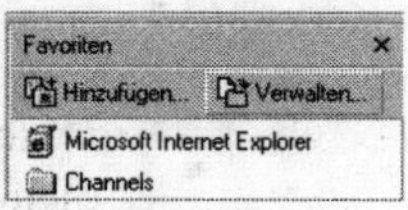

In beiden Fällen erhalten Sie das Fenster *Favoriten verwalten.*

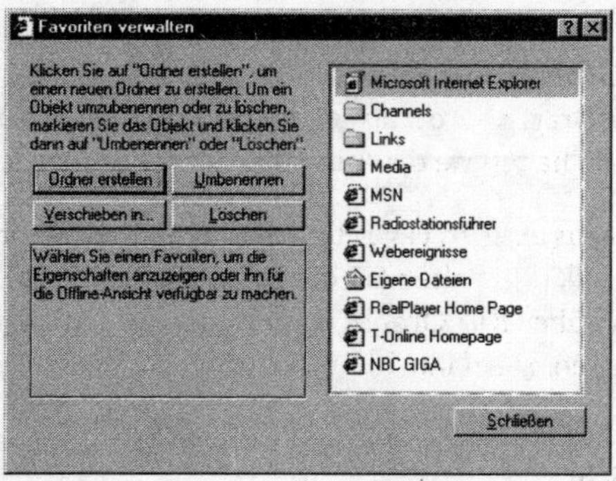

2 Als Erstes sollten Sie für Ihre Lieblingslinks einen eigenen Ordner anlegen. Klicken Sie dazu auf die Schaltfläche *Ordner erstellen.*

3 Schon finden Sie einen neuen Ordner vor, der vorerst noch den Namen *Neuer Ordner* hat. Tippen Sie einfach einen Namen Ihrer Wahl ein und drücken Sie die Enter-Taste. Schon hat der Ordner den gewünschten Namen.

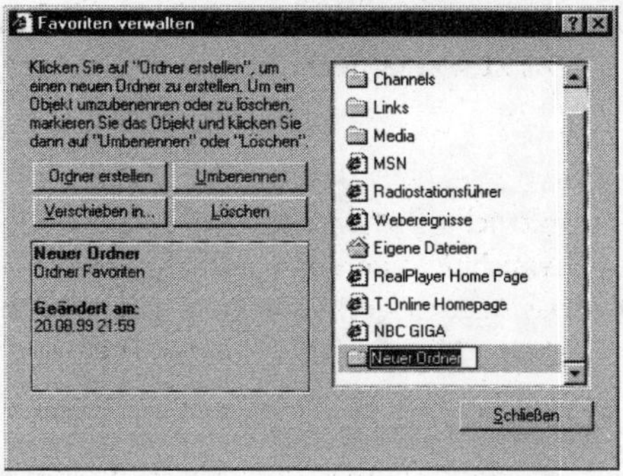

4 Natürlich können Sie auch später noch jeden Ordner und jeden Link mit einem anderen Namen versehen. Markieren Sie den Ordner oder Link mit einem Mausklick und klicken Sie auf die Schaltfläche *Umbenennen*. Schon können Sie einen neuen Namen eingeben.

Favoriten und Ordner löschen

Wollen Sie einen Favoriten oder Ordner löschen, markieren Sie diesen und klicken auf die Schaltfläche *Löschen*. Bevor Sie einen Ordner löschen, sollten Sie sich allerdings vergewissern, dass Sie die darin enthaltenen Favoriten auch wirklich nicht mehr benötigen!

Als Nächstes sollen Ihre Lieblingslinks in diesen Ordner verfrachtet werden. Das geht sowohl per Drag & Drop als auch konventionell. Ich zeige Ihnen beide Verfahren, dann haben Sie die Auswahl:

1 Klicken Sie mit der Maus auf den Favoriten, der in den neuen Ordner verschoben werden soll, und halten Sie die Maustaste gedrückt. Ziehen Sie die Maus nun über den Ordner, in dem der Favorit abgelegt werden soll, und lassen Sie dann die Maustaste los. Schon ist er dorthin verschoben.

Auch Unterordner möglich

Sie können nicht nur beliebig viele Ordner, sondern auch in jedem Ordner Unterordner anlegen. Markieren Sie dazu einen Eintrag in dem betreffenden Ordner und wählen Sie dann *Ordner erstellen*, schon haben Sie einen Unterordner, dem Sie nur noch einen geeigneten Namen verpassen müssen.

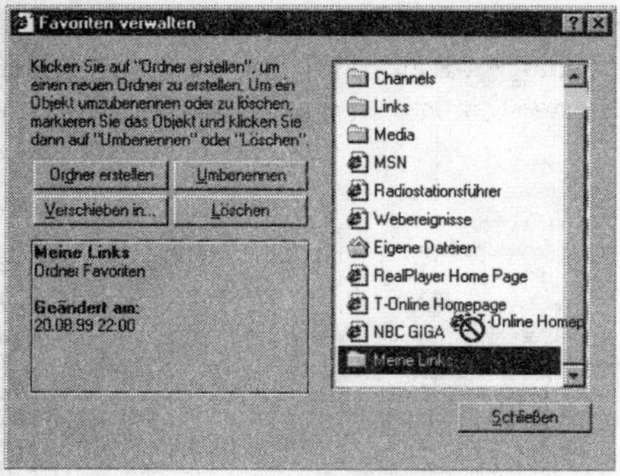

2 Mit diesem Drag & Drop-Verfahren können Sie auch bequem die Reihenfolge von Favoriten in jedem Ordner verändern. Ziehen Sie den angeklickten Favoriten bei gedrückter Maustaste einfach an die neue Position. Ein horizontaler Balken zeigt Ihnen die Einfügeposition. Lassen Sie an der gewünschten Stelle die Maustaste los: Schon stimmt die Ordnung, wie Sie sie sich vorgestellt haben.

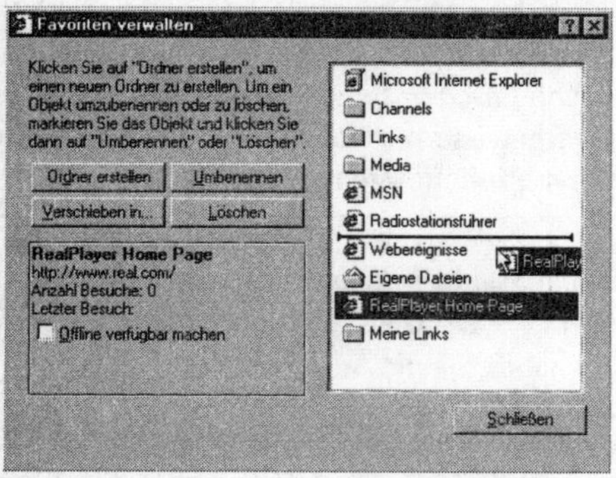

3 Auch so können Sie Favoriten in einen Ordner verschieben: Markieren Sie den Favoriten mit einem Mausklick. Dann wählen Sie die Schaltfäche *Verschieben in.*

4 Das Fenster *Ordner suchen* geht auf. Markieren Sie hier per Mausklick den Ordner, in den der Favorit verschoben werden soll. Mit einem Klick auf die Schaltfläche *OK* findet die Verschiebung statt.

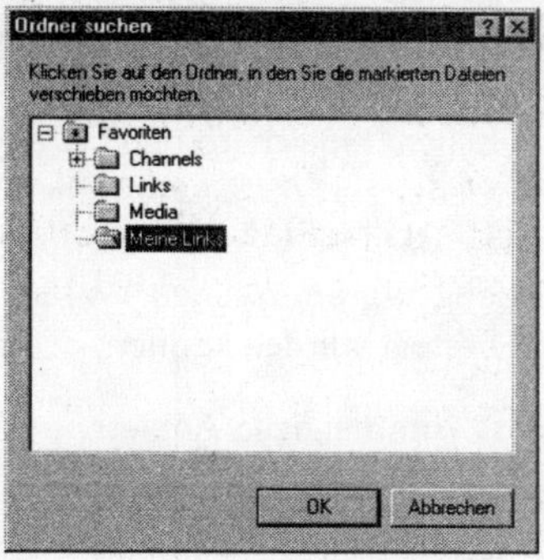

Cookies, JavaScript, Plug-Ins und Konsorten

Während Sie im World Wide Web surfen, werden Sie immer wieder auf einige Anfragen stoßen, die hier dargestellt werden sollen.

Zunächst kann es Ihnen bei verschiedenen Seiten passieren, dass der Browser ein Fenster einblendet, dass es sich dabei um ein unsicheres Dokument handle, bei dem die übertragenen Daten auch von Dritten eingesehen werden könnten. Tatsächlich ist in dieser Hinsicht das WWW bislang weitgehend noch ein offenes Feld, denn niemand kann Ihnen bei den allermeisten Webseiten garantieren, dass nicht ein böswilliger Server-Betreiber Ihre Daten missbraucht.

Andererseits übermitteln Sie selbst dann, wenn Sie in ein Formularfeld Ihren Namen und Ihre Adresse eingeben, nicht mehr als das, was jedem Telefonbuch auch zu entnehmen ist. Scheuen Sie sich deshalb nicht, auch nach einer solchen Meldung die entsprechenden Seiten aufzusuchen, aber behalten Sie stets im Hinterkopf, dass es Daten gibt, die Sie vielleicht nicht eingeben und übermitteln wollen. Ob Sie Ihr Geburtsdatum einem Versandhaus mitteilen wollen, ist Geschmackssache, aber Kreditkartennummern und andere sicherheitsrelevanten Daten gehören beim heutigen (Un)Sicherheitsstand des WWW nicht zu jenen Daten, die Sie bedenkenlos eingeben und abschicken sollten.

Was ist ein Cookie?

Bei verschiedenen Webseiten kann es Ihnen passieren, dass der Browser ein Fenster einblendet, dass der Server, von dem Sie die Seite laden wollen, ein sog. Cookie setzen will. Sie haben in diesem Fenster die Möglichkeit, diesem Ansinnen zuzustimmen oder es abzulehnen.

Cookies sind eine genauso nützliche wie in manchen Fällen auch problematische Sache, denn Cookies ermöglichen es einem WWW-Anbieter, auf Ihrem PC in einer speziellen Datei Daten zwischenzuspeichern, die bei einem nächsten Aufruf des WWW-Anbieters wieder zur Verfügung stehen. Gedacht war diese Möglichkeit zunächst dazu, dass Sie beim Stöbern im Angebot eines Online-Kaufhauses verschiedene Waren in einen Warenkorb legen können, die zum Schluss allesamt bestellt werden können.

Allerdings ermöglichen es Cookies auch, dass kommerzielle Anbieter auf Ihrem PC als Cookie abspeichern, wie oft Sie auf den Webseiten des betreffenden Anbieters waren und welche Angebote Sie dort betrachtet haben.

Hinweis: Keine Angst vor Cookies?

Sie sollten die Probleme mit Cookies allerdings auch nicht überschätzen. Zwar kann mit Cookies ein Anbieter erfahren, wie oft Sie sein Angebot besuchten, welche Seiten Sie sich dort ansahen und mit welchem Browser Sie arbeiten. Aber mit Cookies ist es nicht möglich, Ihre Festplatte auszuspionieren oder gar Dateien auf der Festplatte zu löschen.

Wollen Sie sich nicht in dieser Weise aushorchen lassen, dann haben Sie mehrere Möglichkeiten, um mit Cookies umzugehen.

So geht's bei Netscape

In der Standard-Konfiguration von Netscape werden Sie durch ein Fenster darüber informiert, dass der Anbieter ein Cookie auf Ihrem PC abspeichern will. Statt auf *OK* können Sie jedoch auch auf *Abbrechen* klicken, dann wird das Cookie nicht auf Ihrem PC abgespeichert. Allerdings kann es sein, dass dann ein auf die Cookie-Übermittlung hin aufgebautes Webangebot (z. B. ein Warenkorb) nicht mehr richtig funktioniert.

In der Netscape-Version, die mit T-Online ausgeliefert wird, waren bei unseren Test Cookies als Voreinstellung deaktiviert. Sie haben also möglicherweise noch kein Cookie-Meldungsfenster zu Gesicht bekommen.

Wie auch immer: Wie Netscape mit Cookies umgeht, können Sie in der Konfiguration von Netscape bestimmen.

1. Klicken Sie dazu in Netscape auf *Bearbeiten/Einstellungen/Erweitert.* Sie erhalten dann folgende Anzeige:

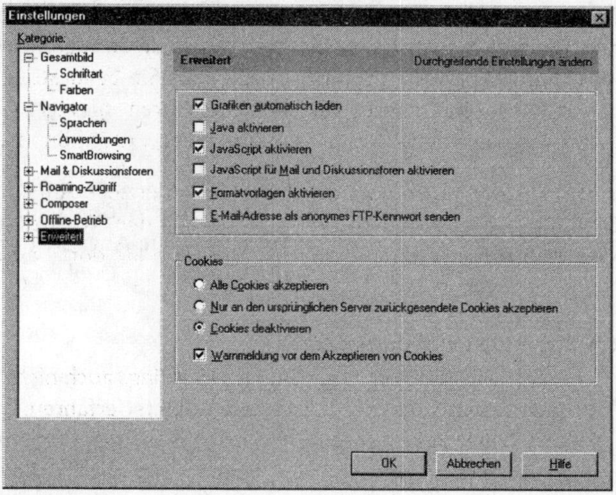

2. Hier haben Sie zunächst unter *Warnmeldung vor dem Akzeptieren von Cookies* die Möglicheit einzustellen, ob Cookies immer (ohne Rückmeldung) akzeptiert werden sollen oder (wie voreingestellt) ein Warnfenster eingeblendet werden soll, in dem Sie Cookies akzeptieren oder ablehnen können.

3. Wollen Sie generell keine Cookies akzeptieren, dann markieren Sie *Cookies deaktivieren.*

4. Sollen Cookies (mit oder ohne Warnmeldung) aktiviert werden, haben Sie die Auswahl, ob das Cookie nur akzeptiert wird, wenn es an den Server zurückgesandt wird, der es eingerichtet hat. Das ist auf jeden Fall sicherer als die Option *Alle Cookies akzeptieren.*

Wie sollten Sie sich nun entscheiden? Als Hilfestellung zunächst folgender Hinweis: Sie können stets durch erneutes Aufrufen dieses Einstellungsfensters die bislang gewählte Einstellung abändern!

- Mit Cookies *Immer ablehnen* sind Sie auf der sicheren Seite, berauben sich aber der Möglichkeit, ein nützliches Warenkorbangebot eines Online-Kaufhauses zu nutzen.

- Mit Cookies *Immer akzeptieren* haben Sie keinerlei Kontrolle darüber, welcher Anbieter wie viele und welche Cookies auf Ihrem PC abspeichern lässt. Einige Cookies sind so ausgelegt, dass mehrere Monate lang auf Ihrem PC wirksam werden. Das muss nun sicherlich nicht sein.
- Mit *Warnmeldung vor dem Akzeptieren von Cookies* haben Sie eine Kontrolle darüber, welcher Anbieter auf Ihrem PC Cookies abspeichern will. Sie können zustimmen, wenn Sie in einem Online-Kaufhaus Waren auswählen und diese in den Warenkorb legen wollen, ansonsten aber ablehnen. Auf den ersten Blick scheint diese Voreinstellung die sinnvollste Einstellung zu sein. Aber sie hat auch einen Nachteil: Es gibt Anbieter, die nicht nur ein Cookie, sondern gleich ein Dutzend oder mehr dieser „Kekse" auf Ihrem Rechner platzieren wollen. Dann sind Sie, bevor sich die Webseite aufbaut, über ein Dutzend Mal damit beschäftigt, die angekündigten Cookies abzulehnen (oder zu akzeptieren).

Selbstverständlich können Sie sich auf den Standpunkt stellen, dass Webseiten, auf denen es vor Cookies nur so wimmelt, so nervtötend sind, dass Sie sie in Zukunft nicht mehr aufsuchen werden. Ich selbst handhabe es so:

Ich habe Cookies deaktivert und gehe bei einem seriösen Anbieter davon aus, dass er auf der Startseite darauf hinweist, dass für sein Angebot (zum Beispiel einen Warenkorb) Cookies benötigt werden. Dann kann ich Cookies immer noch aktivieren.

So geht's im Internet Explorer

1 Um die Cookie-Einstellung zu ändern, wählen Sie zunächst *Extras/Internetoptionen.*

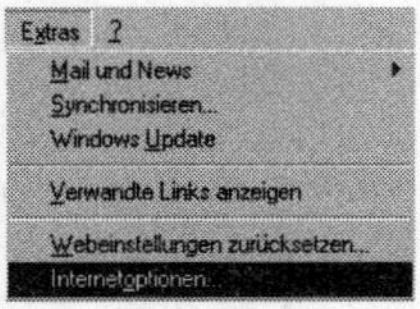

2 Sie erhalten das Fenster *Internetoptionen,* in dem Sie das Register *Sicherheit* auswählen.

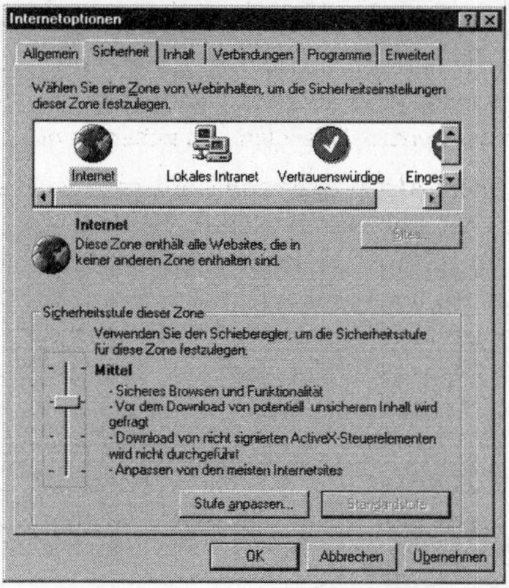

3 Achten Sie in diesem Register zunächst darauf, dass im oberen Teil der Eintrag *Internet* ausgewählt ist.

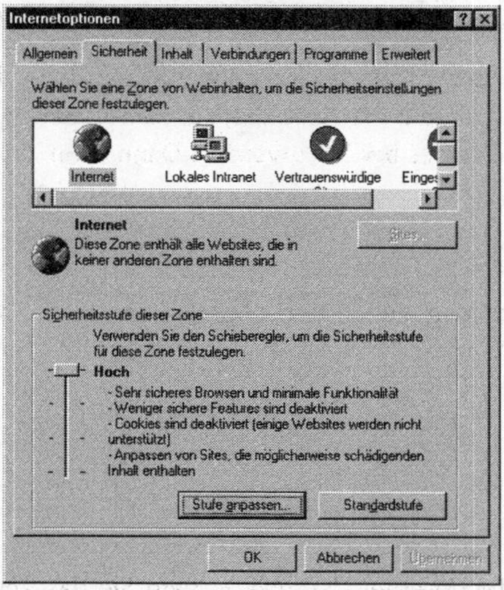

4 Wollen Sie ganz allgemein Cookies aus- bzw. einschalten, dann schieben Sie zum Ausschalten im unteren Fensterteil auf der linken Seite den Schieberegler ganz nach oben in die Einstellung *Hoch*. Zum Einschalten der Cookies schieben Sie den Schieberegler auf die Position *Mittel*. Damit sind Cookies entweder ganz aus- oder ganz eingeschaltet.

5 Wollen Sie eine genauere Kontrolle über die Cookies, klicken Sie zunächst auf die Schaltfläche *Stufe anpassen.*

6 Das Fenster *Sicherheitseinstellungen* erscheint. Scrollen Sie durch dieses Fenster, bis Sie auf den Eintrag *Cookies* stoßen. Hier finden Sie zwei Untereinträge:

- *Cookies annehmen, die gespeichert sind:* Diese Cookies werden in einer Datei auf der Festplatte gespeichert und stehen auch dann noch zur Verfügung, wenn Sie später den Browser erneut starten. Wer Sie wirklich ausspionieren will, benutzt solche Cookies.
- *Cookies pro Sitzung annehmen (nicht gespeichert):* Diese Cookies werden nur im Arbeitsspeicher des Browsers abgespeichert und verschwinden komplett mit dem Beenden der Browser-Software. Ein Ausspionieren ist hier nur sehr beschränkt möglich.

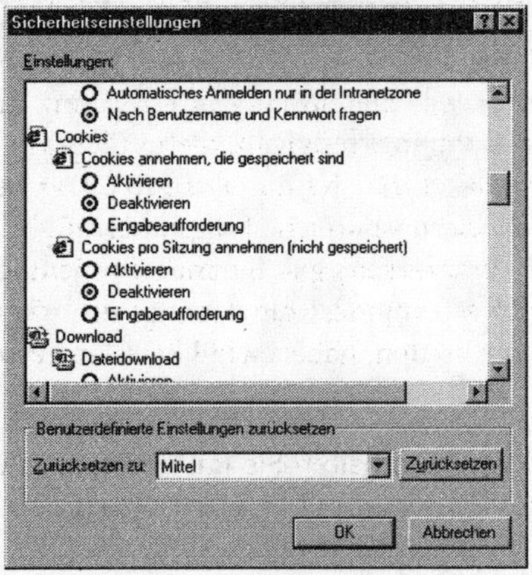

In beiden Untereinträgen finden Sie jeweils drei Einstellmöglichkeiten:

Aktivieren	Wählen Sie *Aktivieren,* wenn die betreffenden Cookies gespeichert werden sollen.
Deaktivieren	Wählen Sie *Deaktivieren,* wenn die betreffenden Cookies automatisch ignoriert werden sollen.
Eingabeaufforderung	Mit dieser Einstellung erscheint bei jedem Cookie ein Meldungsfenster, in dem Sie entscheiden können, ob Sie das Cookie akzeptieren oder ablehnen wollen.

7 Wählen Sie für beide Untereinträge die gewünschte Einstellung aus. Danach schließen Sie das Fenster *Sicherheitseinstellungen* und das Fenster *Internetoptionen* mit *OK*. Sie erhalten dabei noch die Abfrage, ob die Sicherheitseinstellungen wirklich geändert werden sollen. Klicken Sie hier auf *Ja*.

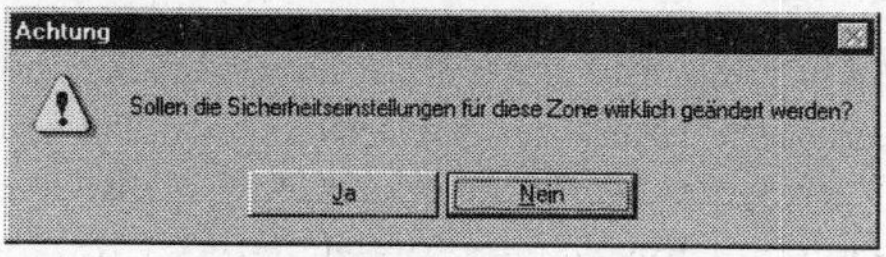

Plug-Ins

Verschiedene Webseiten erwarten von Ihnen, dass Sie sog. Plug-Ins installiert haben, um alle Angebote dieser Seiten sinnvoll nutzen zu können. Es gibt gängige Plug-Ins wie Shockwave, die Sie tatsächlich installieren sollten, um in den Genuss verschiedener Spiele oder animierter Darstellungen zu kommen.

In der Regel finden Sie auf Seiten, die ein Plug-In erfordern, auch einen Hyperlink auf eine Seite, die es Ihnen ermöglicht, dieses Plug-In – sofern es noch nicht auf Ihrem PC installiert ist – herunterzuladen. Machen Sie von dieser Möglichkeit Gebrauch, denn zahlreiche Plug-Ins ermöglichen Ihnen interessante Webangebote. Andererseits gilt: Sie müssen nicht jedes Plug-In herunterladen. Anbieter, die zumindest die wichtigsten Informationen nur mit Plug-In zur Verfügung stellen, haben wohl kein Interesse an zahlreichen Besuchern.

Mit dem Download eines Plug-Ins erhalten Sie im Normalfall auch Informationen darüber, wie dieses Plug-In installiert werden sollte.

JavaScript

Auf manchen Webseiten finden Sie einen Hinweis, dass zur Nutzung dieser Seite JavaScript notwendig ist. Eigentlich keine Problem, denn alle neueren Browser beherrschen JavaScript. Und die Sicherheit? Ist eigentlich nur ein geringes Problem, aber machen wir's der Reihe nach:

JavaScript ist eine Programmiersprache, die Webseiten interaktiv macht. Das JavaScript-Programm wird mit der Webseite mitgeschickt und sorgt zum Beispiel dafür, dass eine Grafik beim Überfahren mit der Maus ihre Farbe oder ihr Aussehen ändert. Da JavaScript keine Möglichkeit bietet, auf die Festplatte zuzugreifen, gibt es keine Sicherheitsbedenken, JavaScript für Webseiten zuzulassen.

Dennoch kann es einen Grund geben, JavaScript auszuschalten. Ist es Ihnen auch schon passiert, dass beim Anklicken eines Hyperlinks nicht nur die gewünschte Seite angezeigt wird, sondern auch noch ein kleineres Fenster aufgeht, das Sie mit Werbung ärgert? Oder hatten Sie bereits den Fall, dass Sie beim Anklicken der *Zurück*-Schaltfläche nicht zurück zum vorherigen Angebot kamen, sondern eine Werbeseite eingeblendet wurde? Das kann nun wirklich sehr stören und solche Effekte sind nur mit eingeschaltetem JavaScript möglich.

Ich zeige Ihnen deshalb, wie Sie während des Surfens JavaScript ein- und ausschalten können. Wollen Sie eine Seite besuchen, die Sie mit solchen JavaScript-Effekten ärgert, schalten Sie einfach zuvor JavaScript aus.

Netscape: JavaScript ein- und ausschalten

1. Klicken Sie dazu in Netscape auf *Bearbeiten/Einstellungen/Erweitert.* Sie erhalten dann folgende Anzeige:

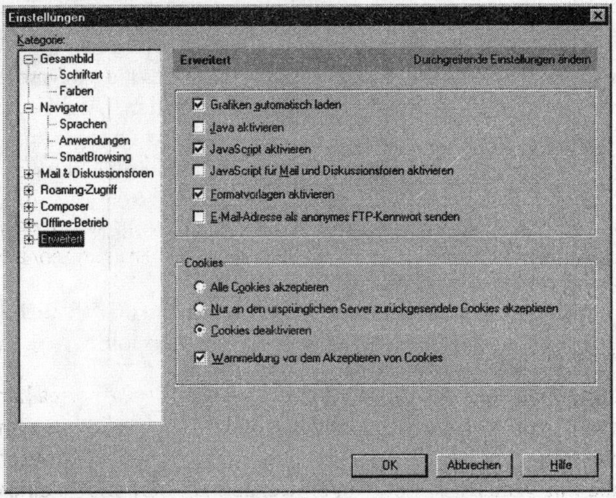

2. Um JavaScript zu aktivieren, setzen Sie neben *JavaScript aktivieren* ein Häkchen, zum Deaktivieren entfernen Sie das Häkchen mit einem Klick.

3. Empfehlenswert ist es, unter *JavaScript für Mail und Diskussionsforen aktiveren* kein Häkchen zu setzen, denn hier können einige Sicherheitsrisiken existieren.

4. Schließen Sie das Fenster mit *OK.*

Internet Explorer: JavaScript ein- und ausschalten

1. Die JavaScript-Einstellung erreichen Sie zunächst über *Extras/Internetoptionen*. Wählen Sie hier das Register *Sicherheit* und dann die Schaltfläche *Stufe anpassen*.

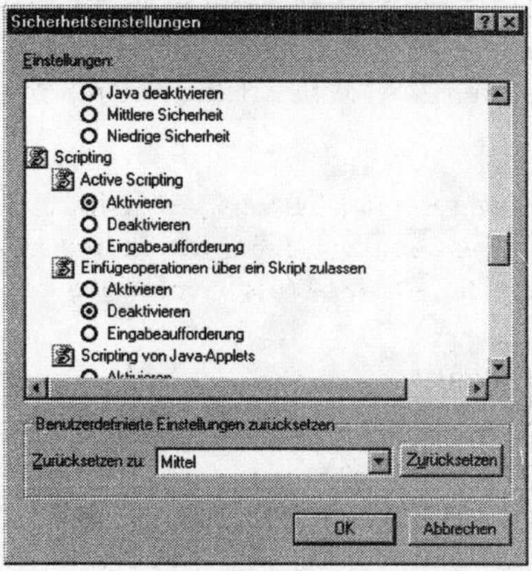

2. Sie sind dann im Fenster *Sicherheitseinstellungen*, in dem Sie zu dem Eintrag *Scripting/Active Scripting* durchscrollen.

3. Klicken Sie hier auf *Deaktivieren*, um JavaScript abzuschalten, bzw. auf *Aktivieren*, um es wieder einzuschalten.

4. Schließen Sie die Einstellfenster jeweils mit *OK*. Auch hier erhalten Sie noch die Abfrage, ob Sie die Sicherheitseinstellungen ändern wollen, und klicken dort auf *Ja*.

Java-Applets und ActivX

JavaScript und Java-Applets: Das wird gerne verwechselt. Aber es handelt sich um zwei grundverschiedene Dinge. Während JavaScript ziemlich harmlos, aber manchmal störend ist, sind Java-Applets Computerprogramme, die mit Webseiten übertragen werden können und in einem eigenen Bereich einer Webseite ausgeführt werden. Dabei handelt es sich häufig um nette Spielchen oder um gelungene Grafikanimationen, leider aber auch teilweise um Programme, die ein Sicherheitsrisiko darstellen können. Sie sollten die Ausführung von Java-Applets deshalb nur einschalten, wenn Sie zu einer vertrauenswürdigen Seite surfen. Anbieter, die Sie nicht kennen oder für nicht vertrauenswürdig halten, sollten Sie nur ansteuern, wenn Sie zuvor Java-Applets ausgeschaltet haben.

Netscape: Java-Applets deaktivieren

1. Klicken Sie dazu in Netscape auf *Bearbeiten/Einstellungen/Erweitert.* Sie erhalten dann folgende Anzeige:

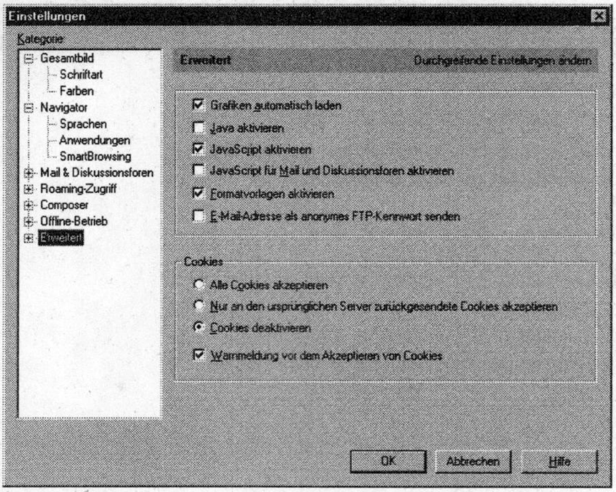

2. Um Java zu aktivieren, setzen Sie neben *Java aktivieren* ein Häkchen, zum Deaktivieren entfernen Sie das Häkchen mit einem Klick.
3. Schließen Sie das Fenster mit *OK.*

Internet Explorer: Java und ActivX deaktivieren

1. Um Java-Applets ein- bzw. auszuschalten, rufen Sie zunächst wieder über *Extras/Internetoptionen* und das Register *Sicherheit* mit der Schaltfläche *Stufe anpassen* das Fenster *Sicherheitseinstellungen* auf.

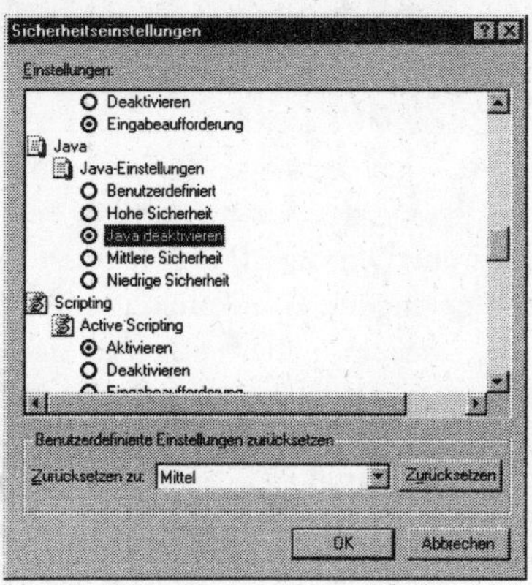

2 Scrollen Sie hier zum Eintrag *Java/Java-Einstellungen* durch. Um Java-Applets auszuschalten, wählen Sie hier *Java deaktivieren*. Wollen Sie Java einschalten, sollten Sie stets den Eintrag *Hohe Sicherheit* wählen.

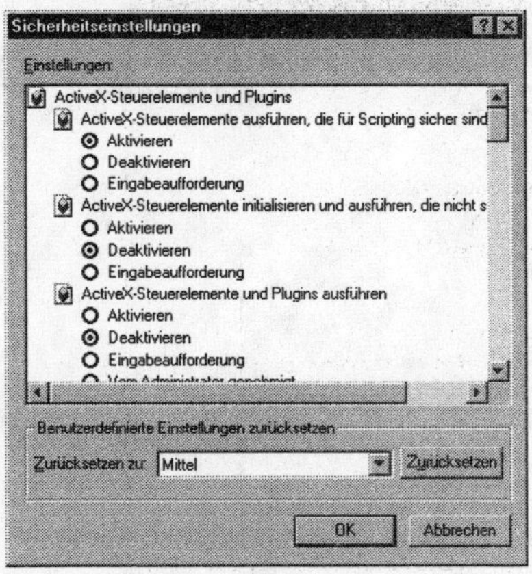

3 Bevor Sie dieses Fenster wieder verlassen, sollten Sie zu Ihrer Sicherheit noch einen weiteren Eintrag überprüfen: Scrollen Sie ganz an den Anfang zum Eintrag *ActiveX-Steuerelemente und Plugins*. Deaktivieren Sie hier alle Untereinträge, denn ActiveX ist zwar gut gemeint, aber ein erhebliches Sicherheitsrisiko.

4 Schließen Sie danach die Einstellfenster jeweils mit *OK*. Auch hier erhalten Sie noch die Abfrage, ob Sie die Sicherheitseinstellungen ändern wollen, und klicken dort auf *Ja*.

3. Das T-Online-Portal: Eine Reise durch das World Wide Web

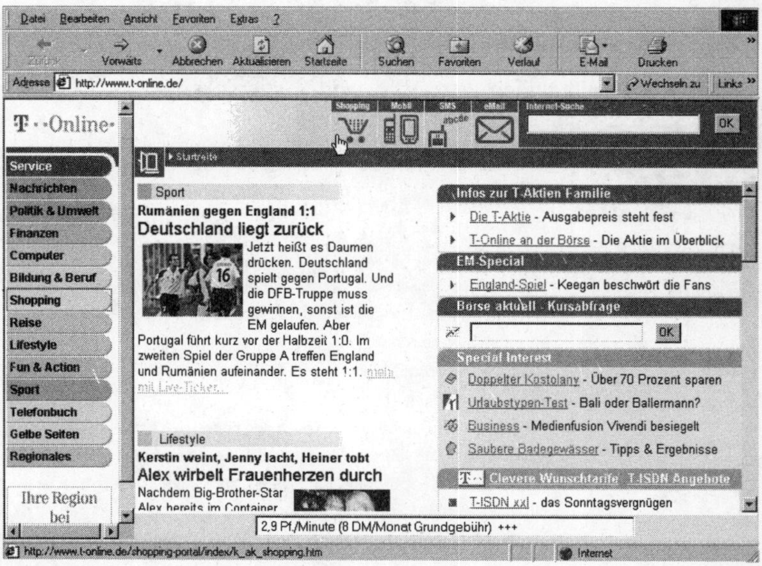

Die Startseite von T-Online (auch T-Online-Portal genannt) ist häufig ein guter Ausgangspunkt für Surftouren. Ich zeige Ihnen deshalb zunächst, wie dieses Portal aufgebaut ist. Da Sie aber nicht alle gewünschten Informationen über die Startseite sofort erreichen können, gibt es danach die wichtigen Informationen zum Recherchieren im World Wide Web, damit Sie alles finden können, was Sie interessiert.

3.1 Die Homepage von T-Online: Wissen, Unterhaltung & Spaß

Wenn Sie sich die Homepage von T-Online ansehen und mit der nachfolgenden Abbildung vergleichen, werden Sie rasch feststellen, dass einiges gleich bleibend aussieht, anderes aber bei Ihnen ganz anders aussieht als hier im Buch.

So ist die Homepage aufgebaut

Gleich bleibend finden Sie im Kopfteil der Homepage stets folgende Darstellung mit Hyperlinks:

Auf der linken Seite finden Sie stets folgende Hyperlinks:

Service informiert Sie über Neuerungen bei T-Online und bietet Ihnen Hilfe an, wenn mit T-Online einmal etwas nicht klappt.

Es folgen nach Themen geordnete Hyperlinks zu:

- aktuellen Nachrichten
- Informationen aus Politik und Umwelt
- Finanzen einschließlich Aktieninformationen
- Computerinfos, die Ihnen helfen, Ihren PC auf dem neuesten Stand zu halten
- Informationen zu Bildung und Beruf
- Shopping-Angebote
- Reiseinformationen
- Lifestylethemen: Hier finden Sie auch den neuesten Klatsch und Tratsch
- Mit Fun und Action gelangen Sie zu unterhaltenden Angeboten wie Spielen
- Und natürlich die Sportinformationen, die auch ausgefallenere Sportarten berücksichtigen

Ganz kann T-Online nicht verheimlichen, dass es mit der Telekom verbandelt ist. Bei **Telefonbuch** und **Gelbe Seiten** finden Sie Telefonnummern von Privatpersonen und Firmen. Ist aber auch ganz nützlich!

Der Bereich Regionales ist noch im Aufbau begriffen. Zu einigen Regionen finden Sie bereits nützliche Informationen, andere Regionen sind noch eher dürftig vertreten.

Auf der rechten Seite der Homepage finden Sie im linken Bereich stets die aktuellsten Meldungen aufgelistet. Je nach Tageszeit kann die Aktualität jedoch auch ein bischen weniger aktuell sein.

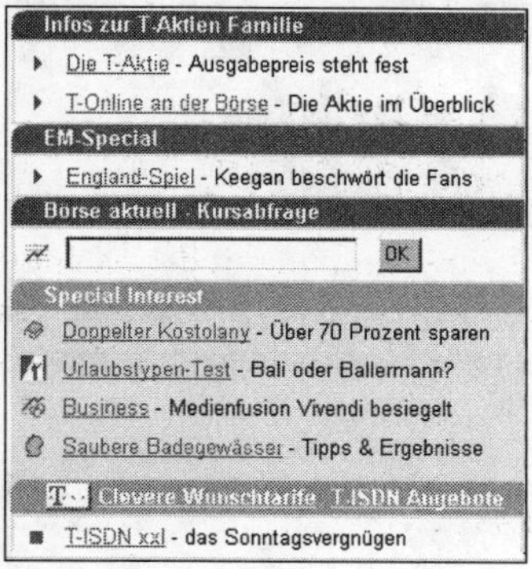

Auf der rechten Seite finden Sie Hyperlinks zu weiteren aktuellen Themen, die natürlich je nach Nachrichtenlage ständig wechseln.

So finden Sie, was Sie suchen

Wo es um aktuelle Informationen geht, finden Sie über die Rubriken der linken Seite immer interessante Angebote. Aber vielleicht wollen Sie mehr an Informationen, als Ihnen die Rubriken bieten. Auch dafür bietet die Startseite von T-Online einen ersten Einstieg:

1. Klicken Sie dazu in das Textfeld unter *Internet-Suche* mit der Maus.

2. Dann tippen Sie einen Begriff ein, nach dem Sie suchen wollen.
3. Schließlich klicken Sie mit der Maus auf die Schaltfläche *OK* neben dem Textfeld.

Damit haben Sie eine Suche nach Internetseiten gestartet, die diesen Begriff enthalten. Es dauert einige Augenblicke, bis Sie das Ergebnis der Suche im Browserfenster vorfinden:

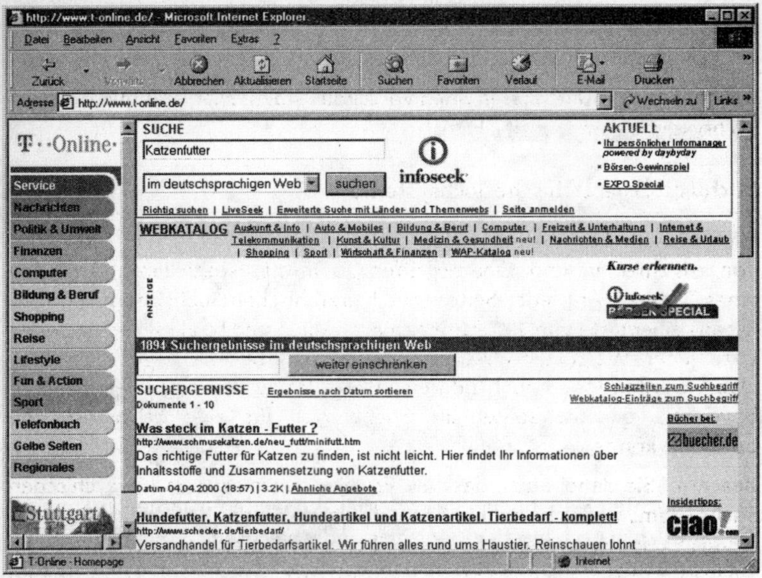

3.2 Suchen im World Wide Web

Wenn Sie anhand des kurzen Suchbeispiels Geschmack daran gefunden haben, im World Wide Web selbst zu recherchieren, dann zeige ich Ihnen nun, dass die Suchfunktion auf der Startseite von T-Online nur ein kleiner Vorgeschmack war. Es gibt noch sehr viel mehr und ausgefeiltere Suchmöglichkeiten im WWW. Wichtig ist dazu nur eines:

Der Erfolg von Recherchen im WWW hängt insbesondere auch davon ab, dass Sie sich vorab genau überlegen, was Sie eigentlich suchen. „Irgendwas zu Hunden und Katzen wird es im World Wide Web doch geben“, ist zwar eine mehr als zutreffende Überlegung, denn es gibt zu Hunden und Katzen so viel im WWW, dass Sie sich stundenlang Webseiten ansehen können, auf denen „irgendwas“ zu Hunden und Katzen zu finden ist.

Besser ist es jedoch, Sie überlegen sich vorab, was genau Sie zu Hunden oder Katzen wissen wollen und welche Stichwörter dafür in Frage kommen. Wenn Sie sich für Katzenfutter in Dosen interessieren, können Sie dann gezielt nach Seiten suchen, auf denen die Stichwörter „Katzenfutter“ und „Dose“ vorkommen.

Hierarchische Suchsysteme (DINO, YAHOO)

Aber vielleicht fällt es Ihnen bei einem Interessensgebiet zunächst schwer, auf Anhieb die brauchbaren Stichwörter zu finden. Hier sind hierarchische Suchsysteme eine wichtige Hilfe.

Stichwort: Hierarchische Suchsysteme

Hierarchische Suchsysteme sind nach Themen gegliedert und führen Sie von allgemeinen und Oberbegriffen zu immer spezielleren Aspekten eines Themas. Auf jeder Seite eines hierarchischen Suchsystems können Sie aus einer Liste von Unterthemen auswählen und so allmählich zu einer Liste jener Webseiten gelangen, die Ihrer Interessenslage entspricht. Dabei werden Ihnen auch zahlreiche Begriffe zu den einzelnen Themen begegnen, die Sie später als Stichwörter für eine Stichwortsuche benutzen können.

Beachten Sie dabei auch, dass die Ersteller eines solchen hierarchischen Suchsystems vielleicht andere Vorstellungen von der Kategorisierung der Wirklichkeit haben als Sie: So gibt es beispielsweise hierarchische Suchsysteme, in denen Sie den Unterpunkt Pharmazie nicht finden werden, wohl aber unter der Rubrik Medizin zahlreiche Links zu pharmazeutischen Themen.

Yahoo, der Klassiker

Haben Sie im Fernsehen auch schon die spektakulären Bilder des Hubble-Teleskops von fernen Galaxien gesehen? Schon imposant, was sich da in den Tiefen des Weltalls ereignet. Und wenn Sie sich nun in Ruhe alle diese Bilder im Internet ansehen wollen? Dann nutzen Sie Yahoo – es findet diese im Handumdrehen:

1. Gehen Sie online und starten Sie den Browser. Geben Sie dann als Adresse *http://www.yahoo.com* ein. Nach dem Laden der Seite sind Sie auf der Startseite des hierarchischen Suchsystems Yahoo.

2. Sie finden ein Verzeichnis der Hauptkategorien auf Englisch. Sie können eine Kategorie anklicken, Sie können aber auch im Eingabefeld neben der Schaltfäche *Search* einen Begriff eingeben, nach dem im Verzeichnis von Yahoo gesucht wird.

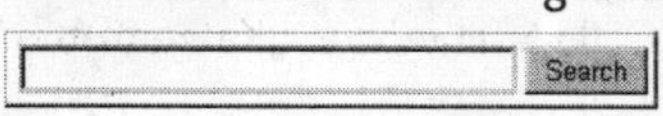

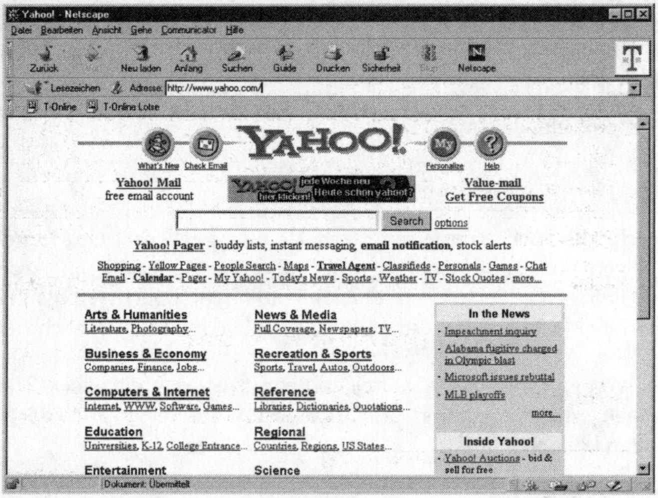

3 In unserem Fall ist die Sache einfach: Die Bilder des Hubble-Teleskops aus dem Weltraum gehört in die Hauptkategorie Wissenschaft (engl. Science) und dort in die Unterkategorie Astronomie (engl. Astronomy). Klicken Sie also zunächst auf die Hauptkategorie *Science*.

4 Gleich darauf erhalten Sie eine ordentlich lange Liste mit Wissenschaftsgebieten. Uns interessiert hier *Astronomy*. Mit einem Klick auf diesen Eintrag werden Sie weiterverbunden.

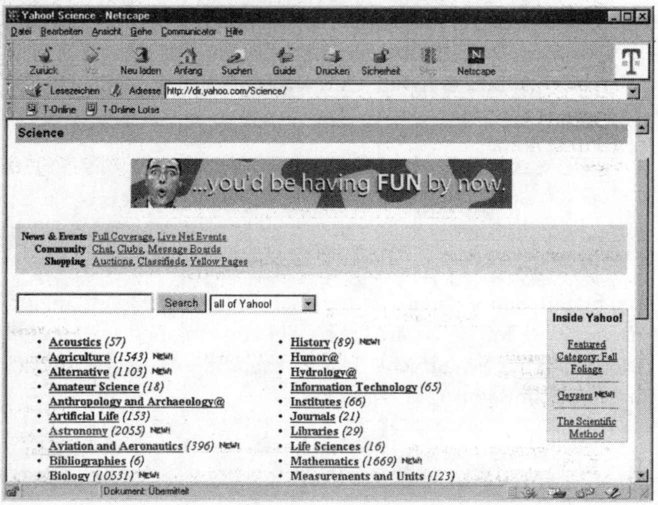

5 Schon interessant, wie viele Teilgebiete der Astronomie es gibt, aber da wir uns für Bilder des Hubble-Teleskops interessieren, sollten Sie auf *Pictures* (=Bilder) klicken.

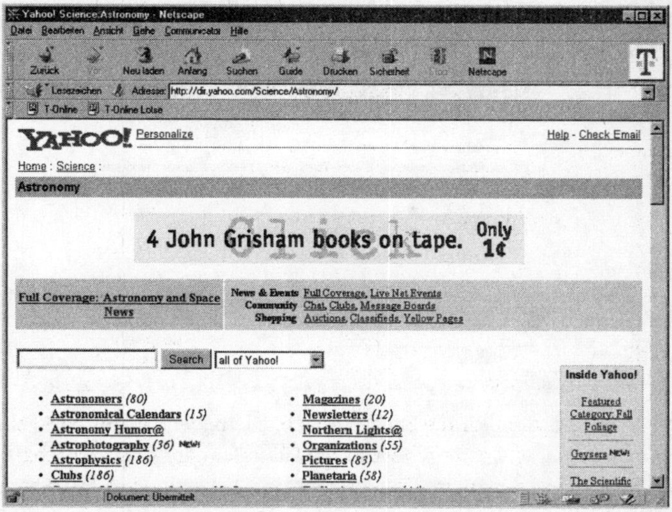

6 Und da ist das gesuchte Teleskop auch schon: Unter *Hubble Space Telescope* gelangen Sie mit einem Klick zu verschiedenen Webseiten, die Bilder des Teleskops anbieten.

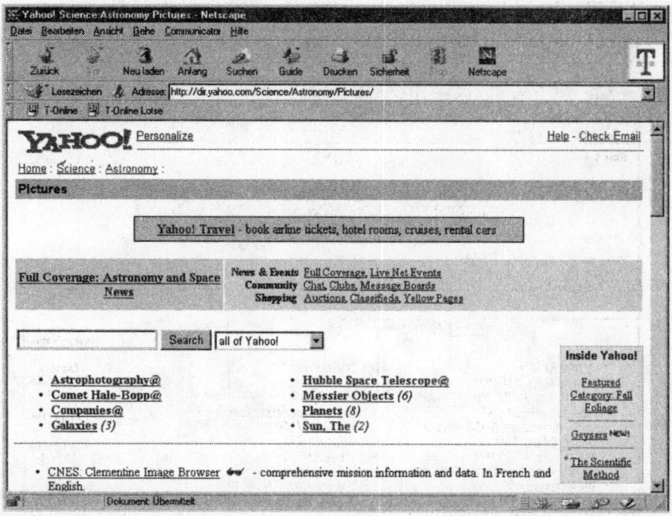

7 Sie finden nun gleich mehrere Hyperlinks, die allesamt zu Bildersammlungen des Hubble-Teleskops führen. Bereits der erste Hyperlink führt zu wirklich interessanen Bildern, die nur einen Mausklick entfernt sind.

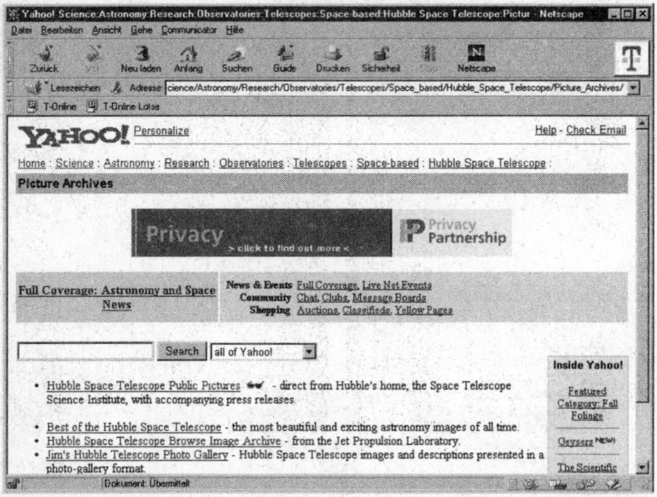

8 Sie erhalten zunächst zehn Bilder zur Auswahl, die Sie sich mit einem Klick auf das Bild in voller Größe darstellen lassen können. Und Sie erhalten eine lange Liste von Hyperlinks, die Sie zu zahlreichen weiteren Bildern führen.

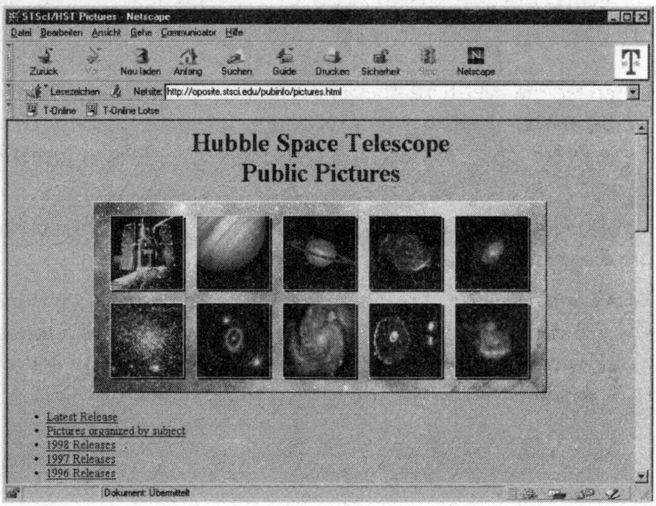

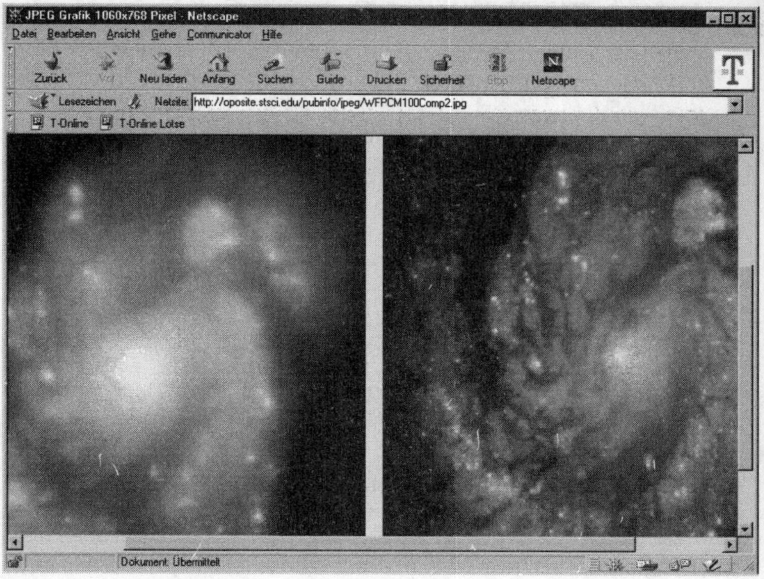

Das Hubble-Teleskop liefert auch im WWW Bilder aus den Tiefen des Weltraums

DINO – ein mächtiger Dinosaurier

Sie hätten das Ganze doch lieber auf Deutsch? Kein Problem, denn für deutsche Seiten gibt es DINO, der sich genauso einfach und mit deutschen Begriffen verwenden lässt.

1. Rufen Sie die Webseite http://www.dino-online.de auf. Damit sind Sie bei der Eingangstür von DINO, der neben einem hierarchischen Suchsystem auch noch eine Suchmaschine, Regionalinformationen und ein Branchenbuch bietet.
2. Scrollen Sie etwas durch die Seite durch, um sich einen Überblick über die verschiedenen Kategorien zu verschaffen.
3. Wie wär's nach dem Ausflug in die Weiten des Universums mit etwas Handfesterem, zum Beispiel einem Kochrezept? Den Eintrag *Rezepte* finden Sie unter der Kategorie *Essen und Trinken.* Mit einem Klick erhalten Sie eine Auswahl von Rezeptsammlungen.

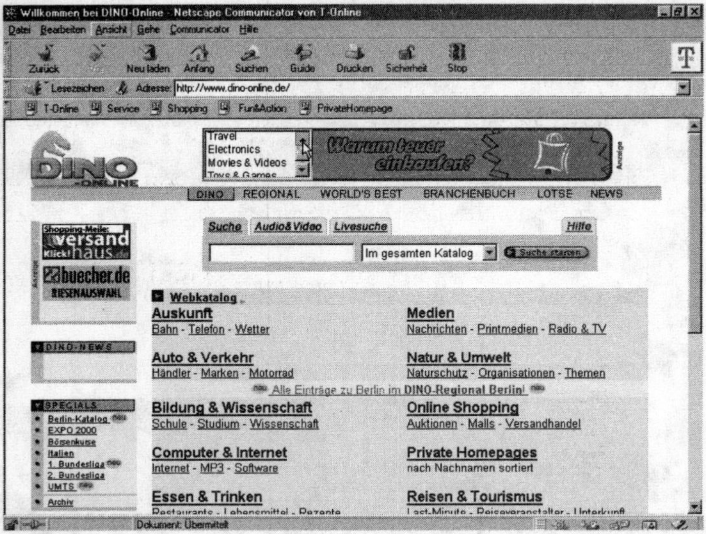

4 Ich habe mich für *Sammlungen und Kochbücher* entschieden. Aber auch die Back-Rezepte und Cocktail-Rezepte haben es in sich.

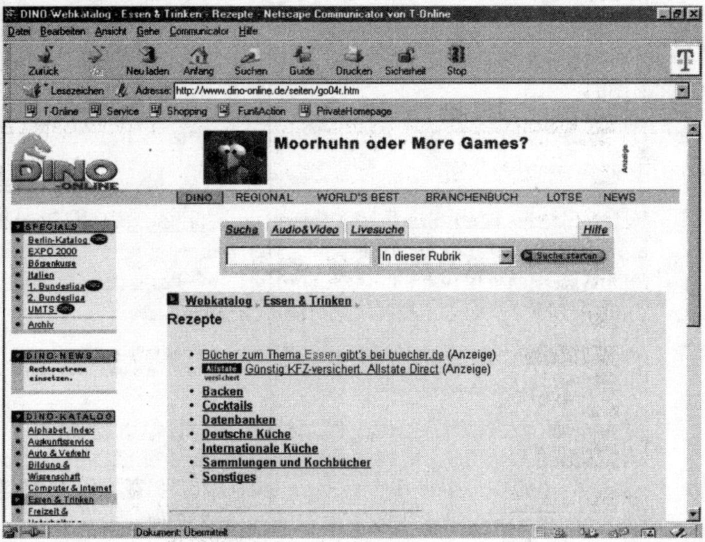

5 Nun ist die Qual der Wahl wirklich groß. Scrollen Sie einmal durch die Liste durch, um einen Überblick zu erhalten. Ich habe schließlich den *Kochfux* ausgewählt.

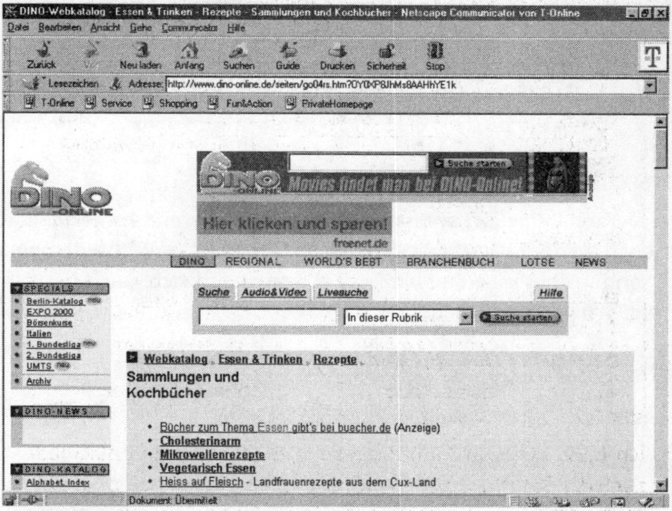

6 Wollen Sie doch lieber norddeutsche oder französische Küche, kommen Sie mit der Zurück-Taste des Browser stets wieder zur Auswahl zurück.

Hilfe! Gibt's nicht mehr

Das Internet ist ein schnelllebiges Medium. Deshalb kann es durchaus sein, dass mit dem Erscheinen dieses Buches bereits einige Einträge nicht mehr existieren, dafür andere hinzugekommen sind. Insgesamt gilt jedoch: Wollen Sie alle Kochrezepte, die es bei DINO gibt, ausprobieren, dann haben Sie ordentlich viel Arbeit vor sich.

Hierarchische Suchsysteme auf einen Blick

Zwei hierarchische Suchsysteme habe ich Ihnen bereits vorgestellt, aber es gibt noch weitere. Da solche Suchsysteme nicht alle Webseiten verzeichnen, sondern nur eine Auswahl, ist es immer nützlich, auch bei der Konkurrenz mal vorbeizuschauen:

Das internationale Suchsystem	
Yahoo	http://www.yahoo.com
Deutsche Suchsysteme	
Dino	http://www.dino-online.de
Yahoo Deutschland	http://www.yahoo.de
Web.de	http://web.de
Sharelook	http://www.sharelook.de
Webindex	http://www.webindex.de
Bellnet	http://www.bellnet.com/suchen.html

Stichwort-Recherche (AltaVista, Hotbot...)

Während hierarchische Suchsysteme von Redakteuren betreut werden, sind Suchmaschinen wie AltaVista anders organisiert: Mächtige Computer surfen automatisch durch das WWW und gehen jede gefundene Seite durch. Alle darin vorkommenden Wörter werden in eine große Datenbank eingespeist.

Das hat den großen Vorteil, dass sehr viel mehr Seiten bei Suchmaschinen verzeichnet sind als bei hierarchischen Suchsystemen, aber auch den Nachteil, dass alles ganz formal vor sich geht. Ein Stichwort wie Schnecke kann deshalb Seiten von Schneckenexperten, von Kochrezepten oder auch eines Fußball-Fanclubs, der dem nächsten Gegner droht, ihn „zur Schnecke zu machen", zur Anzeige bringen.

Mit AltaVista suchen

AltaVista ist eine der schnellsten und umfassendsten Suchmaschinen. Aber ehrlich gesagt, hat jeder Surfer so seine Lieblingssuchmaschine. Schauen Sie also ruhig auch mal bei den anderen Suchmaschinen vorbei, die weiter unten alle aufgelistet sind.

1 Um AltaVista aufzurufen, geben Sie http://www.altavista.com ein.

Neue Adresse für AltaVista

Vor einiger Zeit hat AltaVista die Webadresse geändert. Wenn Sie in Büchern oder Zeitschriften noch die Adressen http://www.altavista.digital.com oder http://www.altavista.telia.com finden, sollten Sie sie nicht mehr benutzen, da jetzt AltaVista unter http://www.altavista.com zu Hause ist.

---

2 Lassen Sie sich von den vielen Hyperlinks und Werbeangeboten nicht irritieren: AltaVista ist kinderleicht zu bedienen. Sie tippen in das Eingabefeld neben der Schaltfläche *Search* einen oder mehrere Suchbegriffe ein und klicken auf *Search*.

3 Ich habe *Rehrücken* eingegeben, weil ich noch immer auf der Suche nach Kochrezepten bin.

4 Sie erhalten eine Auflistung aller Seiten, auf denen das Wort *Rehrücken* vorkommt. Tatsächlich sind auch einige Kochrezepte dabei.

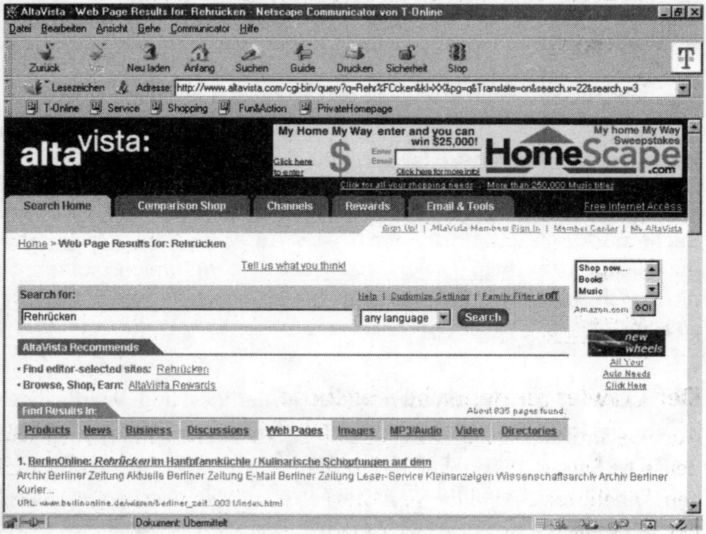

Alles nichts oder?

AltaVista bietet Ihnen verschiedene Eingabemöglichkeiten:

Rehrücken	Alle Seiten werden aufgelistet, auf denen das Wort *Rehrücken* mit großem R vorkommt.
rehrücken	Alle Seiten werden aufgelistet, auf denen das Wort *rehrücken* mit großem oder kleinem r vorkommt.
rehrücken rezept	Alle Seiten werden aufgelistet, auf denen das Wort *rehrücken* oder das Wort *rezept* vorkommen.
+rehrücken +rezept	Alle Seiten werden aufgelistet, auf denen das Wort *rehrücken* und das Wort *rezept* vorkommen.
+rehrücken +rezept -biolek	Alle Seiten werden aufgelistet, auf denen das Wort *rehrücken* und das Wort *rezept*, nicht aber das Wort *biolek* vorkommt.
"marinierter rehrücken"	Alle Seiten werden aufgelistet, auf denen die Wortfolge *marinierter rehrücken* vorkommt.

5 Voreingestellt ist bei AltaVista *any language* (alle Sprachen). Mit einem Klick auf die Pulldown-Schaltfläche daneben erhalten Sie eine Auswahl von verschiedenen Sprachen. Damit können Sie gezielt nach Seiten in einer dieser Sprachen suchen lassen.

Der Crawler für deutsche Angebote

Auch bei internationalen Suchmaschinen wie AltaVista finden Sie natürlich deutsche Seiten, aber wenn Sie gezielt auf der Suche nach deutschsprachigen Angeboten sind, dann sind oft deutsche Suchmaschinen besser geeignet. Ich stelle Ihnen hier zunächst den Crawler vor.

1 Über die Adresse http://www.crawler.de gelangen Sie zum Crawler und seinen Suchmöglichkeiten.

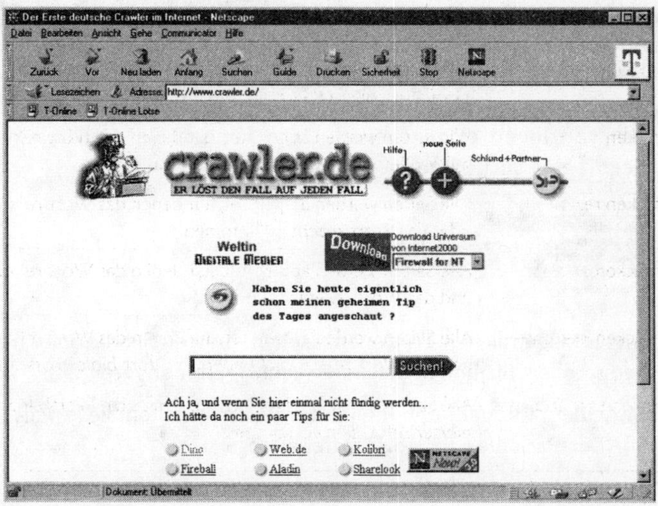

2 Geben Sie auch hier ein oder mehrere Stichwörter ein. Mit der Schaltfläche *Suchen!* starten Sie die Suche.

3 Kurz darauf wird das Suchergebnis dargestellt. Sie sehen zunächst noch einmal das gesuchte Stichwort und dahinter eine Zahl. Dies ist die Zahl der gefunden Seiten.

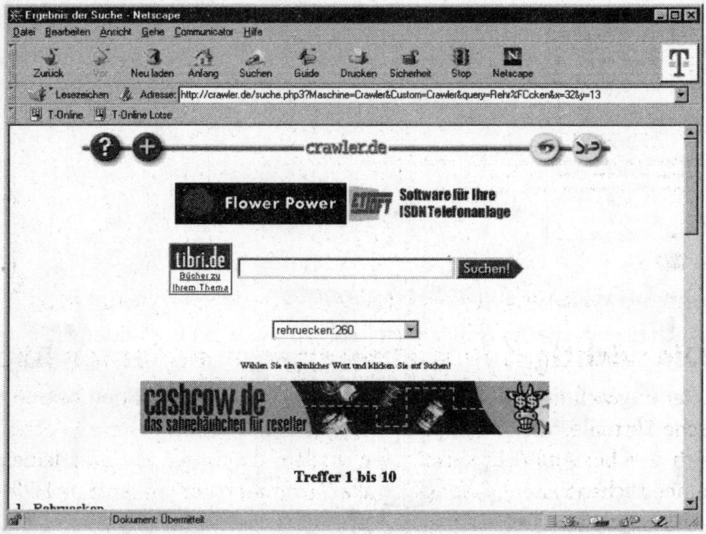

4 Klicken Sie auf die Pulldown-Schaltfläche neben der Zahlenangabe. Sie finden nun eine Liste mit ähnlichen Wörtern und wie viele Seiten dazu existieren. Häufig finden Sie hier einen treffenderen Begriff als den von Ihnen eingegebenen. Dann können Sie auch mit diesem Begriff eine Suche starten.

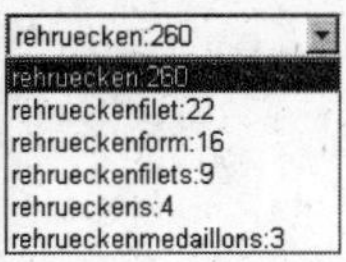

5 Um die eigentlichen Treffer anzusehen, müssen Sie die Seite nach oben scrollen. Sie finden die ersten zehn Treffer angezeigt.

6 Mit einem Klick auf den Pfeil unter *weiter* erhalten Sie jeweils im 10er-Pack die nächsten Treffer angezeigt.

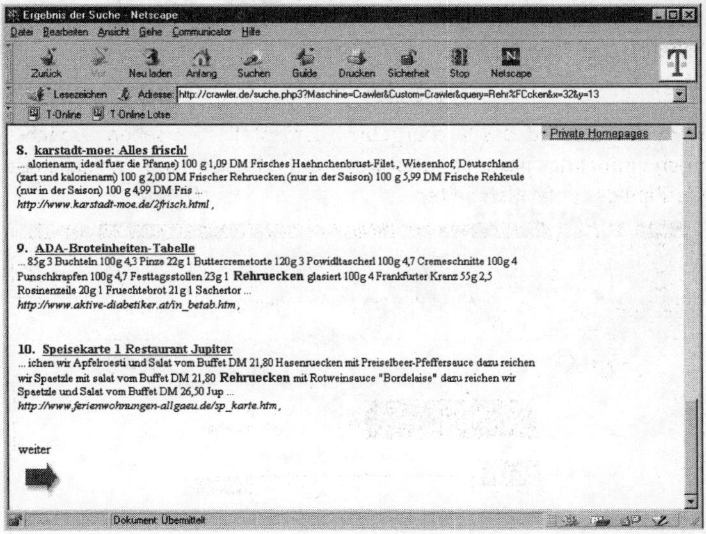

Die wichtigsten Suchmaschinen auf einen Blick

Hier die wichtigsten Suchmaschinen, unterteilt in internationale und deutsche Systeme. Wenn Sie bei diesen Suchmaschinen mehrere Wörter ähnlich wie bei AltaVista verknüpfen wollen, dann gibt es dafür leider kein einheitliches System. Aber (fast) alle Suchmaschinen bieten eine Hilfeseite, auf der erklärt wird, wie Sie mehrere Wörter verknüpfen können.

Internationale Suchmaschinen	
AltaVista	http://www.altavista.com
AltaVista in Deutsch	http://www.altavista.de
Euroseek	http://www.euroseek.net/
Excite	http://www.excite.com
Fast Search	http://www.alltheweb.com/
Goto	http://www.goto.com/
Hotbot	http://www.hotbot.com
Infoseek	http://infoseek.go.com
Inktomi	http://www.inktomi.com

Internationale Suchmaschinen	
Lycos	http://lycos.cs.cmu.edu/
Lycos (deutsch)	http://www.de.lycos.de
WebCrawler	http://www.webcrawler.com

Deutsche Suchmaschinen	
Aladin	http://www.aladin.de
Deutscher Crawler	http://www.crawler.de
Eule	http://www.eule.de
Fireball	http://www.fireball.de/
Hotlist	http://www.hotlist.de
Kolibri	http://www.kolibri.de

Intelligente Suchmaschinen

Suchmaschinen wie AltaVista listen Ihnen alle Seiten auf, auf denen ein oder mehrere Stichwörter vorkommen. Häufig sind dabei jedoch zahlreiche Seiten von schlechter Qualität oder gar Seiten, die mit dem von Ihnen gesuchten Thema nichts zu tun haben. Mittlerweile gibt es jedoch auch eine neue Generation von Suchmaschinen, die nicht immer (aber immer öfter) die besonders wichtigen Seiten an erster Stelle auflisten.

So arbeiten intelligente Suchmaschinen

Intelligente Suchmaschinen durchsuchen nicht nur Webseiten und nehmen die Wörter auf der Seite in ihren Index auf, Sie untersuchen auch bei jeder Seite, von wie vielen anderen Seiten Hyperlinks auf diese Seite führen. Die dahinter steckende Überlegung ist einfach: Eine Seite, auf die viele Hyperlinks führen, ist vermutlich wichtiger und von besserer Qualität als eine Seite, auf die kaum Links gesetzt werden. Das stimmt zwar nicht immer, ist aber häufig ein vernünftiges Kriterium. Aufgelistet werden dann zunächst jene Seiten, auf die viele Hyperlinks führen.

Probieren Sie einmal als Alternative zu den „normalen" Suchmaschinen die beiden folgenden intelligenten Suchmaschinen aus:

Intelligente Suchmaschinen	
Google	http://www.google.com/
Ragingsearch (von AltaVista)	http://www.ragingsearch.com/

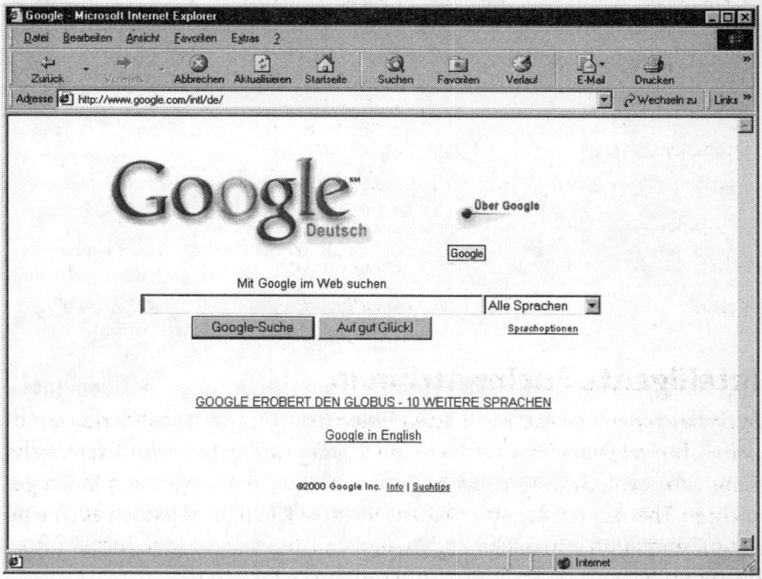

Die Startseite von Google

Auf der Startseite von Google finden Sie nicht nur ein Texteingabefeld für Ihre Suchbegriffe, sondern auch die Möglichkeit, eine Sprache auszuwählen. Eine Suche starten Sie mit der Schaltfläche *Google-Suche.* Sie erhalten dann eine Liste der gefundenen Internetseiten. Die Schaltfläche *Auf gut Glück!* führt Sie sofort zu einer Seite, die dem Suchbegriff entspricht. Das ist zwar gut gemeint, aber im Normalfall nicht das, was Sie bei einer professionellen Suche benötigen.

Hinweis: Auch intelligente Suchmaschinen können nicht hexen

Auch intelligente Suchmaschinen sind mit allgemeinen Suchbegriffen wie „Auto", „Geld" oder „Haus" hoffnungslos überfordert. Sie können ja nicht ahnen, was Sie genau zu diesem Stichwort wissen wollen. Wählen Sie auch bei diesen Suchmaschinen möglichst spezielle Stichwörter.

3.3 Software fast umsonst: Wie funktioniert der Download?

Natürlich gibt es im Fachhandel die tollsten Computerprogramme, allerdings zumeist auch zu gesalzenen Preisen. Auch hier bietet das Internet eine Alternative, denn vielfach gibt es Software fast umsonst, wobei zwischen zwei verschiedenen Angeboten zu unterscheiden ist:

Freeware und Shareware	
Freeware (auch Public Domain Software genannt)	Diese Software ist kostenlos. Es entstehen Ihnen nur die Kosten für den Download. Sie können die Software dann beliebig lange nutzen und auch an Dritte weitergeben.
Shareware	Auch diese Software ist zunächst kostenlos. Sie können Sie in Ruhe ausprobieren. Allerdings wird nach einer gewissen Zeit (meist 30 Tage) eine geringe Registrierungsgebühr fällig, wenn Sie die Software weiter nutzen wollen.

Technisch gesehen wird beim Herunterladen von Software aus dem Internet auf ein eigenes Internetprotokoll namens FTP umgeschaltet. FTP steht dabei für File Transfer Protocol (Dateiübertragungsprotokoll) und dient dazu, beliebige Dateien von einem Rechner auf den anderen zu übertragen. Und das kann eben auch die Software zu einem Datenbankprogramm oder jede andere Software sein.

FTP hat eigene Server

Kennen Sie die Webadresse von Microsoft? Wie kaum anders zu erwarten, lautet sie http://www.microsoft.com, wobei das www für World Wide Web steht. Aber Microsoft betreibt noch einen weiteren Server: ftp://ftp.microsoft.com. Dies ist ein Server, der extra für das Downloaden von Dateien eingerichtet ist. Solche FTP-Server können Sie immer an dem einleitenden *ftp* in der Internetadresse erkennen.

Für FTP gibt es eigene Programme, aber für das Laden von Software benötigen Sie diese nicht: Der Browser, mit dem Sie surfen, beherrscht nämlich auch das File Transfer Protocol und ich vermute, dass viele Surfer, die sich schon Software aus dem Internet geladen haben, gar nicht wissen, dass dabei klammheimlich im Hintergrund ein Protokollwechsel stattgefunden hat. Macht auch nichts – funktionieren tut es trotzdem. Letztlich müssen Sie nur auf den betreffenden Hyperlink für den Download klicken; den Rest erledigt der Browser automatisch.

WinZip – Ein Muss für Download-Experten

Softwaredateien, die Sie aus dem Internet herunterladen, werden – je nach Hersteller – in zwei verschiedenen Dateiformaten angeboten: Softwaredateien besitzen entweder die Endung *exe* oder die Endung *zip*, wobei für Sie der einzige Unterschied ist, dass so genannte gezipte Dateien (also mit der Endung *zip*) ein Programm zum Entpacken benötigen. Aber auch dieses Programm können Sie kostenlos aus dem Internet besorgen. Das bekannteste (und vermutlich auch beste) Programm zum Entpacken heißt WinZip.

WinZip bei Tucows herunterladen

Software aus dem Internet gibt es mittlerweile wie Sand am Meer. Nicht immer sind es erstklassige Programme. Da ist es nützlich, dass es Softwaresammlungen gibt, die nicht jedes Programm aufnehmen, sondern nur die „Sahnestückchen". Eine solche Sammlung ist Tucows.

Selbstverständlich finden Sie bei Tucows auch WinZip:

1 Starten Sie bei http://www.tucows.de. (Weitere Tucows-Adressen finden Sie am Ende des Kapitels.)

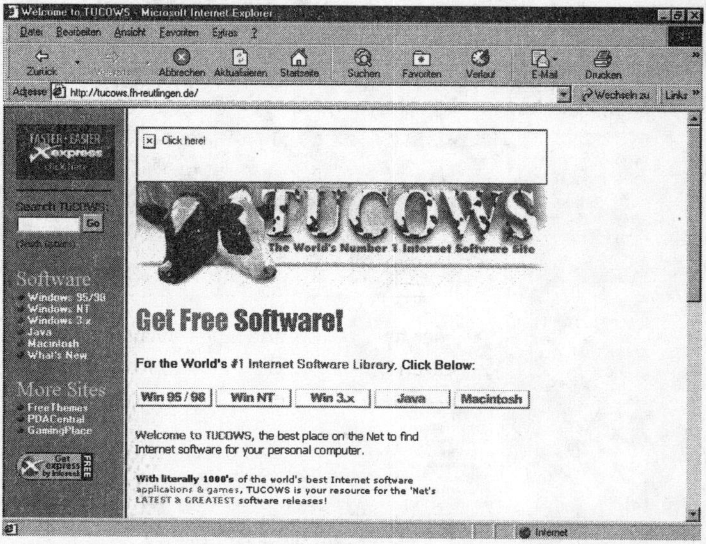

2 Wählen Sie auf der Startseite von Tucows zunächst *Win 95/98*.

3 Sie finden hier eine Gliederung nach verschiedenen Bereichen an Internetsoftware. WinZip finden Sie unter *General Tools* in der Rubrik *Compression Utilities.*

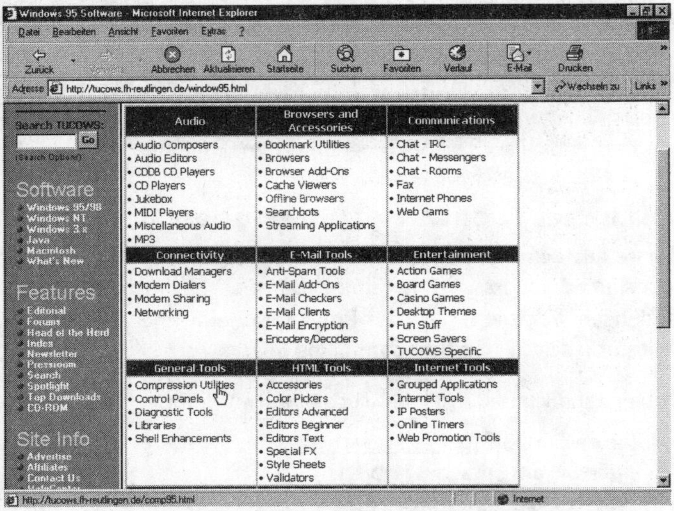

4 Sie erhalten eine Seite mit zahlreichen Komprimierungsprogrammen. Scrollen Sie ziemlich nach unten zum Eintrag *WinZip* und klicken Sie dann auf diesen Hyperlink.

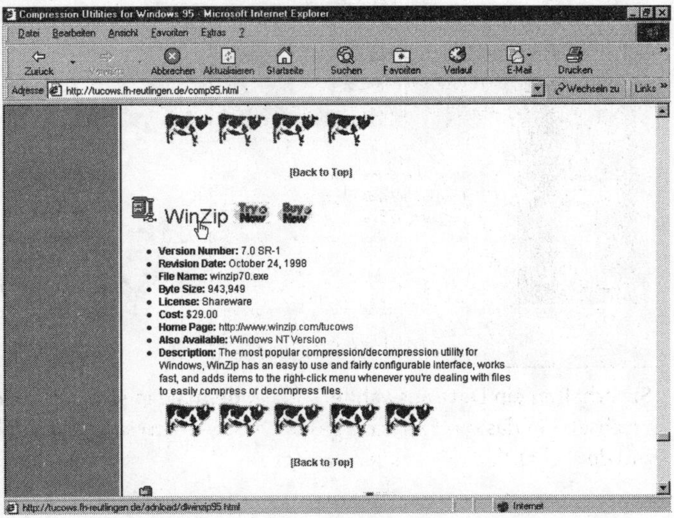

5 Sie erhalten eine neue Seite und wenige Augenblicke später geht zusätzlich ein Downloadfenster auf.

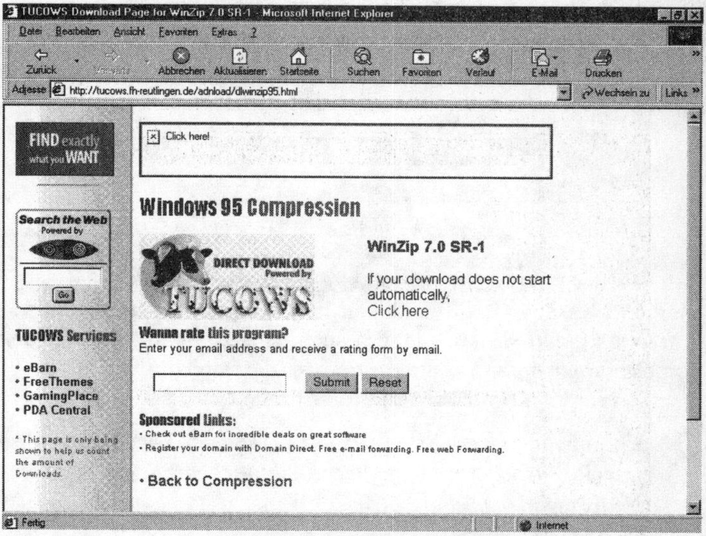

(Sollte das Downloadfenster einmal nicht automatisch aufgehen, klicken Sie auf den Hyperlink *Click here.*)

6 Im Fenster *Dateidownload* kontrollieren Sie, ob der Eintrag *Das Programm speichern* markiert ist. Dann geht es mit *OK* weiter.

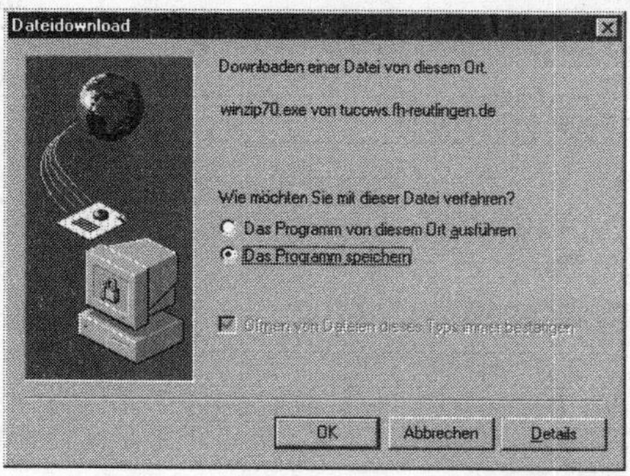

7 Sie erhalten ein Dateiauswahlfenster, in dem Sie in jenes Verzeichnis wechseln, in das die Software gespeichert werden soll. Dann geht es mit der Schaltfläche *Speichern* weiter.

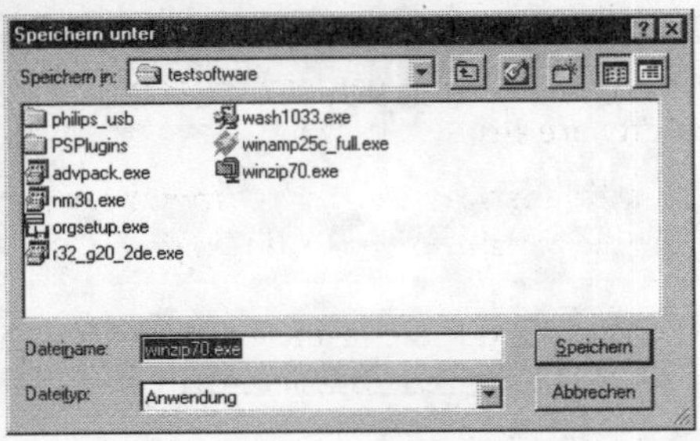

Unter welchem Namen

Merken Sie sich an dieser Stelle nicht nur, in welches Verzeichnis Sie die Software kopiert haben, sondern auch den Dateinamen, unter dem Sie gespeichert wird, dann können Sie später die Datei direkt aufrufen.

---

8 Schon beginnt der Download. Warten Sie ab, bis der Download abgeschlossen ist. Die Schaltfläche *Abbrechen* ändert dann ihre Beschriftung in *Schließen*.

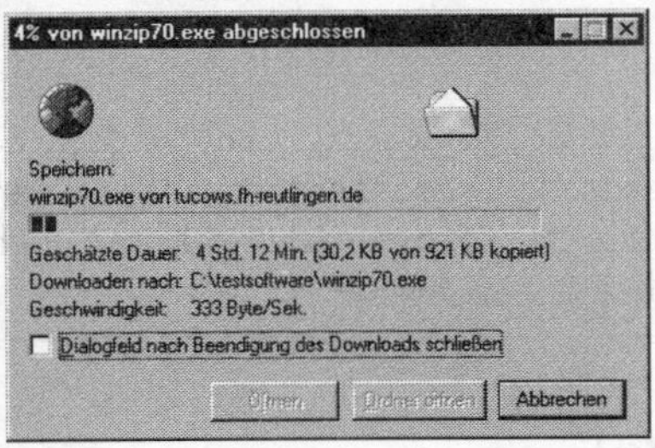

9 Ist der Download beendet, klicken Sie auf die Schaltfläche *Schließen*. Das Programm ist damit auf Ihren PC übertragen und Sie können es starten. Bevor Sie das Programm starten, sollten Sie offline gehen.

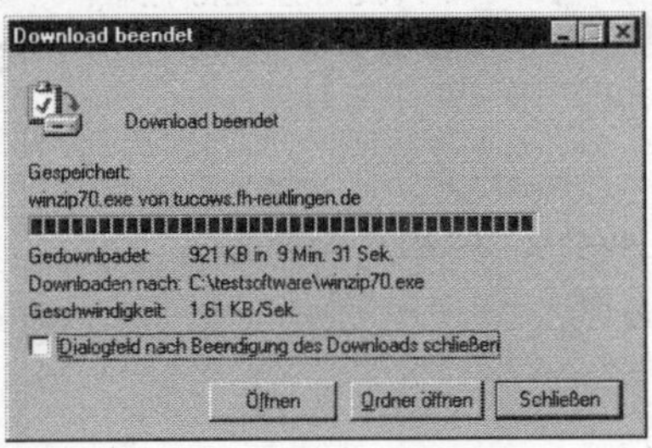

10 Wählen Sie nun über *Start/Ausführen/Durchsuchen* das Verzeichnis, in dem Sie die Datei von WinZip gespeichert haben, und dort den Dateinamen der Software aus.

11 Schließen Sie die beiden offenen Fenster mit *Öffnen* bzw. mit *OK*. Damit wird automatisch die Installation von WinZip gestartet.

Nach der Installation von WinZip können Sie fast alle Programme, die Sie aus dem Internet herunterladen, problemlos installieren:

- Haben Sie eine Datei mit der Endung *exe* heruntergeladen, wählen Sie über *Start/Ausführen/Durchsuchen* das Verzeichnis, in dem Sie die Datei gespeichert haben, und dort den Dateinamen der Software aus. Schließen Sie die beiden offenen Fenster mit *Öffnen* bzw. mit *OK*. Damit wird automatisch die Installation der EXE-Datei gestartet.
- Haben Sie eine Datei mit der Endung *zip* heruntergeladen, starten Sie WinZip und rufen diese Datei in WinZip zum Öffnen auf. Sie können Sie dann entpacken. In vielen Fällen ist die entpackte Datei ihrerseits eine EXE-Datei, die Sie wie gerade beschrieben installieren können.

Was sollen denn die Kühe?

Da sich der Name der Softwaresammlung „Tucows" genauso anhört wie das englische „Two Cows" (= zwei Kühe), ist es nicht verwunderlich, wenn Ihnen gleich immer wieder zwei Kuhköpfe entgegenlachen werden. Auch die Bewertung der einzelnen Programme vollzieht sich in „Kuheinheiten": Fünf Kühe = sehr gut, Vier Kühe = gut usw.

Hier finden Sie Software

Mit Tucows haben Sie bereits eine tolle Quelle für Free- und Shareware kennen gelernt. Damit der Download auch flutscht, bietet Tucows seine Programme auf verschiedenen Servern an. Probieren Sie ruhig verschiedene Server aus, um einen raschen Download zu erhalten. Hier die verschiedenen Tucows-Server in Deutschland:

- http://tucows.pop.de/
- http://cranach.rz.tu-ilmenau.de/tucows/
- http://tucows.uni-erlangen.de/
- http://www.tucows.de/
- http://tucows.netsurf.de/

Wollen Sie auch Tucows-Server in anderen Ländern erproben, dann schauen Sie mal beim „Mutterhaus" von Tucows vorbei: http://www.tucows.com. Hier finden Sie Hyperlinks zu Tucows-Servern rund um den Erdball.

Während Tucows vor allem Programme zum Thema Internet anbietet, gibt es auch andere Free- und Sharewareanbieter, die oft Tausende von Programmen zu allen Themen anbieten.

Und hier finden Sie die besten Share- und Freewareprogramme:

URL	Inhalt
http://www.shareware.com/	Über 190.000 Shareware-Programme, die Sie über eine Suchfunktion aussuchen können.
http://www.winfiles.com/	32-Bit-Windows-Shareware in verschiedene Kategorien einsortiert.
http://www.jumbo.com/	Über 250.000 Shareware- und andere Programme mit guter Suchfunktion.
http://www.filez.com/	Laut eigener Aussage 75 Millionen Dateien im Angebot (ich hab's nicht nachgezählt, aber es sind tatsächlich sehr viele).
http://www1.tu-chemnitz.de/cgi-bin/vsl-front/QuickForm	Free- und Shareware von den wichtigsten FTP-Servern zusammengetragen.
http://www.download.com	Softwaresammlung aus verschiedenen Bereichen mit guter Suchfunktion.
http://www.32bit.com/	Freeware, Shareware und Demos zum Downloaden.
http://www.leo.org/archiv/msdos	Auch ältere Windows- und selbst DOS-Programme sind hier zu finden.
http://www.leo.org/mirror/	Eine gute Sammlung von Mirrors (Kopien) der wichtigsten FTP-Server zum Thema Software.

4. E-Mails weltweit versenden mit T-Online

E-Mail ist ein Teilbereich des Internet, mit dem Sie weltweit elektronische Post fast zum Nulltarif versenden können. Einzige Voraussetzung dafür ist, dass der Empfänger eine E-Mail-Adresse besitzt und diese Ihnen bekannt ist. Im Normalfall werden Sie vor allem Texte verschicken, aber auch der Versand von Bildern, Sounddateien oder Computerprogrammen ist möglich: Alles, was in elektronischer Form vorliegt, kann auch als Anlage (engl. Attachment) zu einer E-Mail mitversandt werden.

Als Teilnehmer von T-Online sind Sie automatisch Mitglied der weltweiten E-Mail-Gemeinschaft. Sie können an alle Personen weltweit E-Mails versenden und empfangen. Das System beschränkt sich also keineswegs auf T-Online!

Wie teuer ist das?

Die einzigen Kosten, die für Sie entstehen, sind die Onlinegebühren. Konkret bedeutet dies zum Beispiel: Sie haben den Tarif T-Online eco, bei dem die Minute online 2,9 Pfennig kostet. Wenn Sie ein Dutzend E-Mails schreiben – jedes etwa ein bis zwei Schreibmaschinenseiten lang – können Sie diese auf einen Rutsch losschicken. Das benötigt noch nicht einmal eine Minute und kostet Sie gerade 2,9 Pfennig. Und das unabhängig davon, ob Ihre E-Mails von Dortmund nach Herne unterwegs sind oder nach New York, Hongkong oder sonst wo auf dem Globus.

Und schneller als mit der alten „Schneckenpost" ist es auch noch: In der Regel sind E-Mails in wenigen Minuten im Postfach des Empfängers gelandet – auch hier wieder weltweit!

4.1 So funktionert E-Mail

Jeder Teilnehmer am weltweiten E-Mail-System erhält eine (oder auch mehrere) E-Mail-Adresse(n), die weltweit einmalig und eindeutig ist. Jede solche E-Mail-Adresse enthält irgendwo in der Mitte den so genannten Klammeraffen @. Auf der linken Seite vom Klammeraffen steht der Name der Person oder Firma (auch Fantasienamen oder Ziffernkombinationen sind möglich). Auf der rechten Seite steht der Name des Providers, bei dem die betreffende Person einen Internetzugang hat, und die so genannte Top-Level-Domain (in Deutschand ist dies .de). Bei Teilnehmern von T-Online lautet der rechte Teil stets @t-online.de.

So lautet Ihre E-Mail-Adresse

Mit der Anmeldung zu T-Online besitzen auch Sie eine weltweit eindeutige E-Mail-Adresse, die sich folgendermaßen zusammensetzt:

So lautet Ihre E-Mail-Adresse

Bei der Installation der T-Online-Software haben Sie auch Ihre Teilnehmernummer (auch T-Online-Nummer genannt) angegeben. Ihre E-Mail-Adresse besteht aus dieser Teilnehmernummer und der Mitbenutzernummer, die im Normalfall 0001 lautet, gefolgt vom Klammeraffen und t-online.de. Angenommen Ihre Teilnehmernummer sei 09027556677 und die Mitbenutzernummer 0001, dann müssen Sie als E-Mail-Adresse 09027556677-0001@t-online.de angeben.

Sie finden, dass sich das ziemlich schlecht merken lässt? Das weiß man natürlich auch bei T-Online und bietet Ihnen deshalb eine Möglichkeit, eine besser merkbare E-Mail-Adressse zu erhalten. Dabei handelt es sich um eine so genannte E-Mail-Alias-Adresse.

Alias: Namen prägen sich besser als Zeichen ein

Konkret bedeutet dies, dass Ihre E-Mail-Adresse mit der Ziffernkombination links vom Klammeraffen weiterhin gültig ist, Sie sich aber als Alias einen weiteren, besser merkbaren E-Mail-Adressnamen aussuchen können. Beide E-Mail-Adressen sind nach der Anmeldung des Alias-Namens voll gültig, aber sinnvollerweise benutzen Sie von da an nur noch den Alias-Namen, weil der sich besser merken lässt. Am besten, Sie besorgen sich gleich eine E-Mail-Alias: Das geht online und kostet Sie nichts.

1. Starten Sie die T-Online-Software. Klicken Sie nun mit der Maus die Schaltfläche *Administration*.

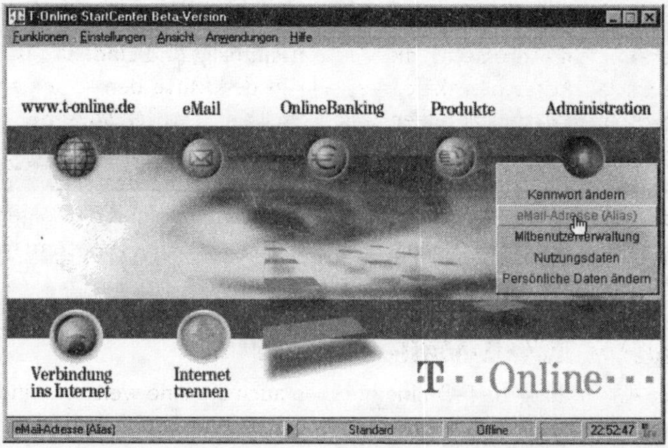

2. Es öffnet sich das Kombinationsfeld und Sie finden auch den Eintrag *eMail-Adresse (Alias)* vor. Markien Sie diesen Eintrag mit der Maus. Damit beginnt die T-Online-Software automatisch mit der Anwahl zu T-Online.

3. Falls Sie Ihr T-Online Kennwort (Passwort) nicht auf dem Rechner abgespeichert haben, müssen Sie dieses nun eingeben.

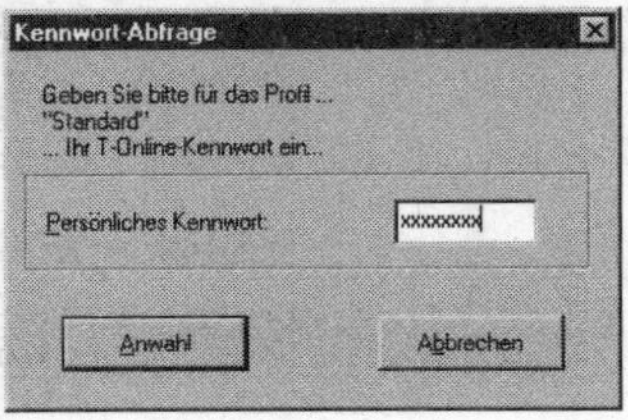

4 Zunächst sehen Sie das Anwahlfenster, dann startet automatisch Ihr Browser, der bereits jene Seite bei T-Online anzeigt, die Ihr Startpunkt für das Anlegen einer E-Mail-Alias ist.

5 Sie finden eine kurze Erklärung zum Thema E-Mail-Alias, vor allem aber den Hyperlink *eMail-Alias-Adresse einrichten*, auf den Sie klicken.

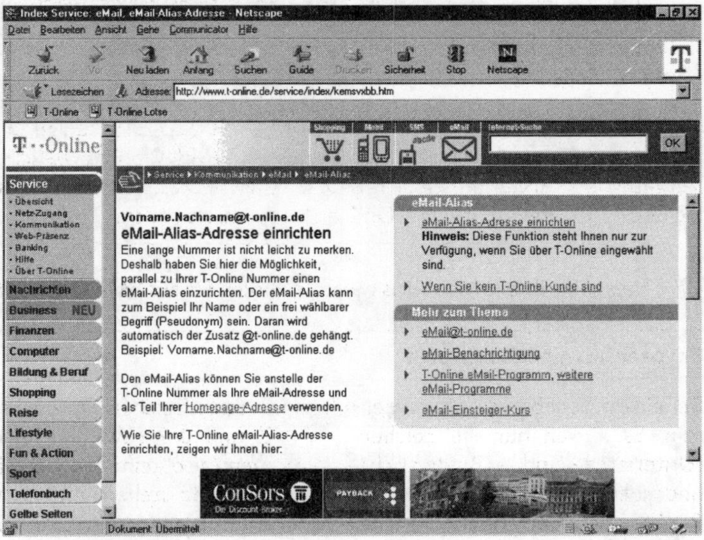

6 In diesem Fenster können Sie nun Ihre E-Mail-Alias festlegen. T-Online schlägt Ihnen zwei Alias-Varianten für Ihren Namen vor, die Sie markieren können. Sie können aber auch *selbst gewählter e-Mail-Alias* anklicken und dann im Eingabefeld darunter einen beliebigen Namen oder Spitznamen angeben.

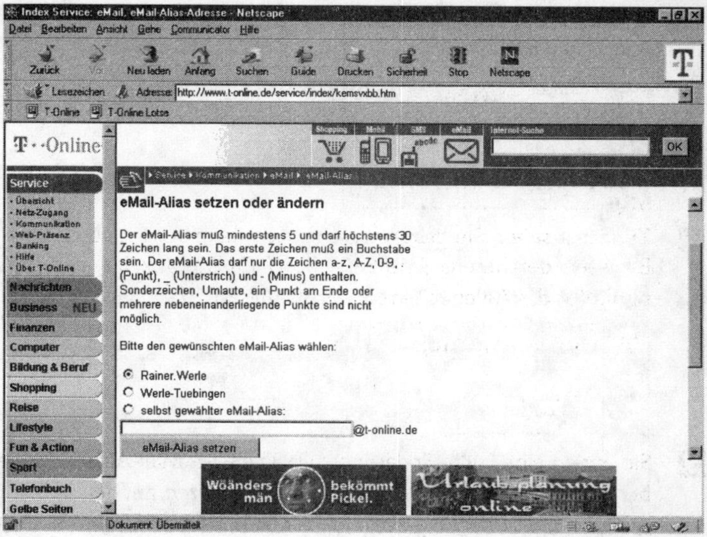

Nur über T-Online!

Die meisten Webseiten von T-Online können Sie auch dann aufrufen und betrachten, wenn Sie über einen anderen Provider online gehen. Die Vergabe oder Änderung einer E-Mail-Alias ist jedoch nur möglich, wenn Sie über T-Online mit Ihren T-Online-Daten online gehen.

7 Haben Sie Ihre E-Mail-Alias gewählt, klicken Sie auf *eMail-Alias setzen.*

Ein paar Regeln müssen sein

Bei einem beliebigen Spitznamen muss das erste Zeichen ein Buchstabe sein. Es dürfen nur die Zeichen a-z, A-Z und 0-9 sowie . (Punkt) _ (Unterstrich) und – (Bindestrich) vorkommen (also keine Umlaute ä,ö,ü und auch kein ß). Der Punkt darf nicht am Ende stehen und mehrere Punkte nebeneinander sind unzulässig. Insgesamt muss die Alias mindestens fünf Zeichen und darf höchstens 30 Zeichen lang sein.

8 Sie erhalten nun noch ein Fenster, das Sie darauf hinweist, dass im Prinzip Unbefugte die übermittelten Daten abhören könnten. Bei einer E-Mail-Alias, die Sie ja an Freunde, Geschäftspartner etc. ohnehin weitergeben, ist dies kein Problem. Also klicken Sie auf *Weiter.*

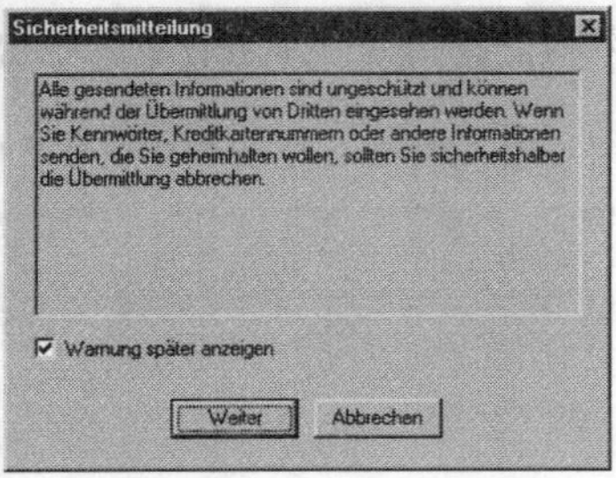

9 Es erscheint eine neue Darstellung, die Ihnen noch einmal die neue E-Mail-Alias bestätigt. Von jetzt an können Sie diese nutzen.

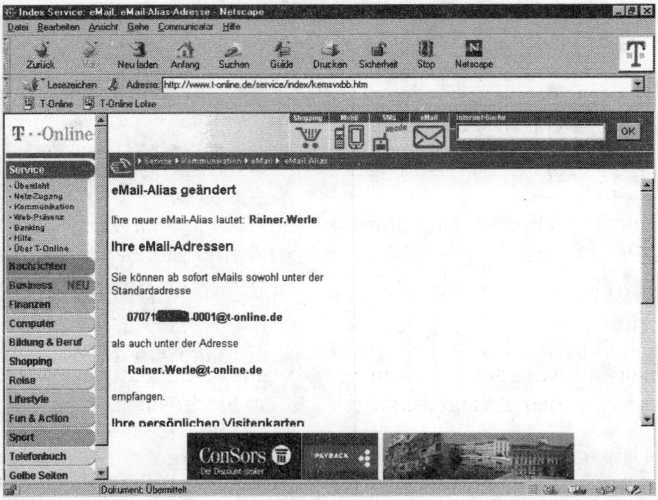

10 Falls Sie einmal die Alias ändern wollen, rufen Sie erneut wie beschrieben die Seite für E-Mail-Alias auf. Sie können dann eine Änderung vornehmen.

Nicht alles geht

Da E-Mail-Adressen weltweit eindeutig sein müssen, kann es sein, dass Sie bei der Registrierung Ihres Wunsch-Alias-Namens die Meldung bekommen, dass dieser bereits vergeben ist. Sie haben keinen Rechtsanspruch auf eine bestimmte Alias. Deshalb sollten Sie sich einfach sich eine andere Alias ausdenken und diese registrieren lassen. Ist die Registierung erfolgreich, können Sie von nun an den Alias-Namen gleichwertig zur bisherigen E-Mail-Adresse benutzen.

4.2 Erster Testlauf – Eine E-Mail an Sie selbst

Der einfachste Weg, E-Mail auszutesten, besteht darin, eine E-Mail an sich selbst zu schreiben. Das ist zwar vom Inhalt der E-Mail her nicht sehr spannend, weil Sie schon wissen, was drinsteht, aber Sie können dann sofort erkennen, ob alles funktioniert.

Diese Angaben benötigen Sie

Beim ersten Aufruf der E-Mail-Software müssen Sie möglicherweise noch einige Angaben machen. Ich zeige Ihnen gleich, wie das geht. Starten Sie zunächst einmal:

1 Starten Sie die T-Online-Software und klicken dann auf die Schaltfläche *eMail*.

So geht es auch

Sie können auch die E-Mail-Software von T-Online direkt starten. Über Start/Programme/T-Online 3.0/T-Online eMail wird zunächst die eigentliche E-Mail-Software gestartet. Sie können bereits eingegangene oder geschriebene E-Mails dann nochmals offline nachlesen. Wenn Sie später E-Mails abholen oder verschicken wollen, wird auch bei diesem Weg die T-Online-Software gestartet, um Sie mit dem Internet zu verbinden. Das weitere Vorgehen ist dann das gleiche wie nun beschrieben.

2 Als Erstes erscheint ein Fenster, in dem Ihre Teilnehmerdaten angezeigt werden. Beim ersten Start kann es sein, dass noch nicht alle Felder ausgefüllt sind. Füllen Sie jene aus, die leer oder falsch ausgefüllt sind:

- Im ersten Feld muss Ihre T-Online-Nummer stehen (das ist jene, die im Normalfall identisch mit Ihrer Telefonnummer ist).
- Im zweiten Feld steht Ihre Mitbenutzernummer. Wenn Sie keine weiteren Mitbenutzernummern vergeben haben, ist die die 0001.
- Im dritten Feld geben Sie Ihren Namen (oder Spitznamen) an. Was Sie genau im dritten Feld angeben, ist Ihnen überlassen. Sie müssen nur wissen, dass später jeder E-Mail-Empfänger als Absender zunächst den Namen aus dem dritten Feld angezeigt bekommt.

3 Mit *OK* schließen Sie das Fenster.

Änderung jederzeit möglich

Sie können bei jedem Aufruf der E-Mail-Software die Einträge in den drei Feldern verändern, wenn Sie wollen. Falls Ihnen Ihr Spitzname nicht mehr gefällt oder jemand mit anderer Mitbenutzernummer die Software nutzen will, ist das also kein Problem.

4 Sie befinden sich nun im Hauptfenster der E-Mail-Software. T-Online hat Ihnen hier bereits eine Willkommens-E-Mail hinterlegt. Mit einem Klick auf die Schaltfläche *Lesen* (oder einem Doppelklick auf den E-Mail-Eintrag) erhalten Sie deren Inhalt dargestellt:

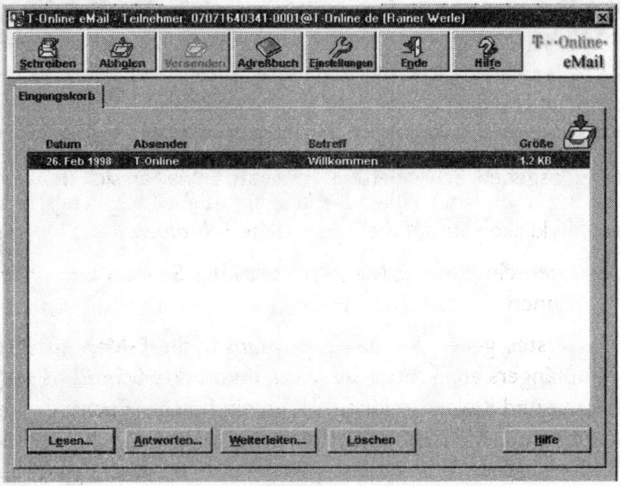

5 Na ja, so bedeutsam ist nun auch wieder nicht, was T-Online da zu vermelden hat. Klicken Sie auf die Schaltfläche *Schließen*, um zur Ausgangsdarstellung zurückzukehren.

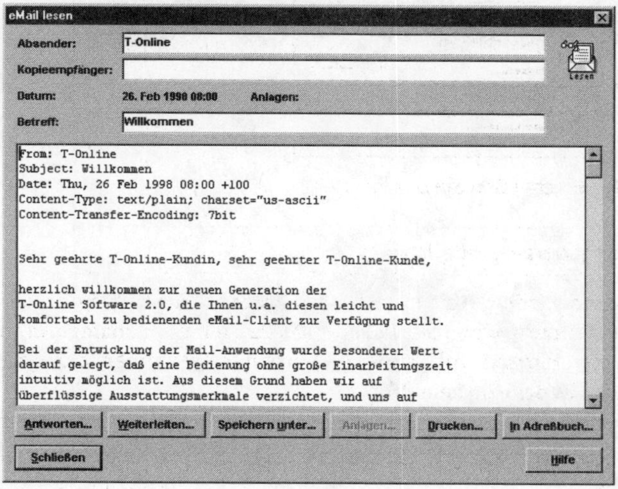

Noch nicht online

Übrigens: Sie sind damit noch nicht online! Die E-Mail von T-Online wurde nicht heimlich auf Ihren PC übertragen, sondern bei der Installation der Software schon ins E-Mail-Verzeichnis kopiert. Es fallen also noch keine Kosten an und Sie können sich in Ruhe umsehen.

Jetzt kann es losgehen: Schreiben Sie Ihre erste E-Mail an sich selbst.

1 Zunächst klicken Sie auf die Schaltfläche *Schreiben*.

2 Sie erhalten ein leeres E-Mail-Formular, das Sie nun ausfüllen können.

- Als Erstes geben Sie unter *Empfänger* die E-Mail-Adresse des Empfängers an. Achten Sie hier auf korrekte Schreibweise (auch Groß- und Kleinschreibung), denn ein falscher Buchstabe genügt und Ihre E-Mail kommt nicht (oder beim falschen Empfänger) an! Für einen ersten Test geben Sie hier Ihre eigene E-Mail-Adresse an.

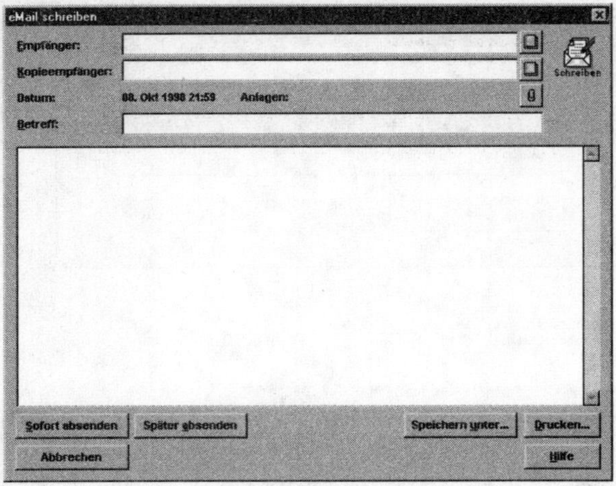

Zahlen oder Alias?

Falls Sie bereits eine E-Mail-Alias vergeben haben, können Sie bei einer E-Mail an sich selbst natürlich sowohl die ursprüngliche E-Mail-Adresse (mit den Zahlen links vom Klammeraffen) wie auch die Alias-Adresse angeben. Beides funktioniert gleichwertig, aber der Aliasname tippt sich deutlich einfacher. Übrigens: Den Klammeraffen tippen Sie ein, indem Sie die Taste AltGr gedrückt halten und dann „q“ eintippen.

- Bei *Kopieempfänger* müssen Sie nichts eingeben. Sie können dort im Bedarfsfall eine oder mehrere E-Mail-Adressen eingeben, an die dann eine Kopie Ihrer E-Mail geschickt wird. Wenn Sie mehrere E-Mail-Adressen hier eingeben, müssen diese durch Komma und ein Leerzeichen voneinander getrennt sein.
- Unter *Betreff* geben Sie einen kurzen Titel für Ihre E-Mail ein. Bedenken Sie, dass das Erste, was der Empfänger von Ihrer E-Mail zu sehen bekommt, der Betreff ist. Es sollte also etwas sein, was Appetit auf das Lesen der E-Mail macht und konkret benennt, worum es geht.

3 Schließlich geben Sie im Hauptfeld des E-Mail-Formulars den gewünschten Text der E-Mail ein. Wie lange Ihr Text wird, ist Ihnen überlassen. Es kann also auch ein sehr ausführlicher Brief sein. Sie können sich dann auf der rechten Seite des Hauptfeldes mit dem Scroll-Balken nachträglich durch den Text bewegen und natürlich auch noch Änderungen vornehmen.

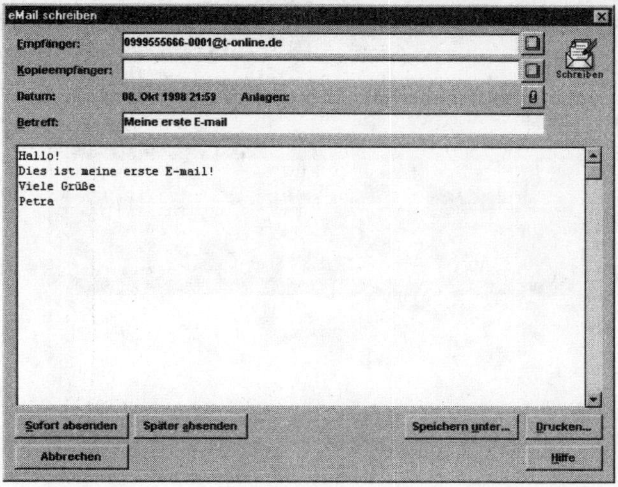

Ihr Text ist fertig? Dann war das schon alles, um die erste E-Mail versenden zu können.

Ab geht die Post

1 Ihre E-Mail ist damit fertig gestellt. Sie haben nun die Wahl zwischen *Sofort absenden* und *Später absenden*. Mit *Sofort absenden* wird gleich eine Verbindung zu T-Online aufgebaut und Ihre E-Mail abgeschickt. Vor allem wenn Sie mehrere E-Mails versenden wollen, ist *Später absenden* der bessere Weg, denn dann werden erst einmal alle E-Mails gesammelt und dann auf einen Rutsch abgesandt. Das ist billiger als der getrennte Versand jeder E-Mail. Klicken Sie deshalb auf *Später absenden*.

2 Sie erhalten die Abfrage, ob Sie eine weitere E-Mail schreiben wollen. Wollen Sie gleich einen zweiten Test durchführen, können Sie auf *Ja* klicken. Aber im Normalfall genügt eine Test-E-Mail. Klicken Sie also auf *Nein*.

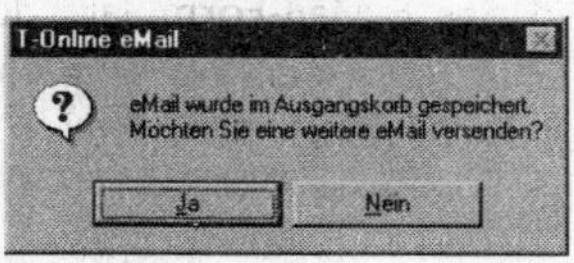

3 Damit kehren Sie zum Ausgangsfenster zurück, das nun eine weitere Registerkarte namens *Ausgangskorb* enthält. Mit einem Klick auf diese Registerkarte erhalten Sie alle zum Versand anstehenden E-Mails angezeigt.

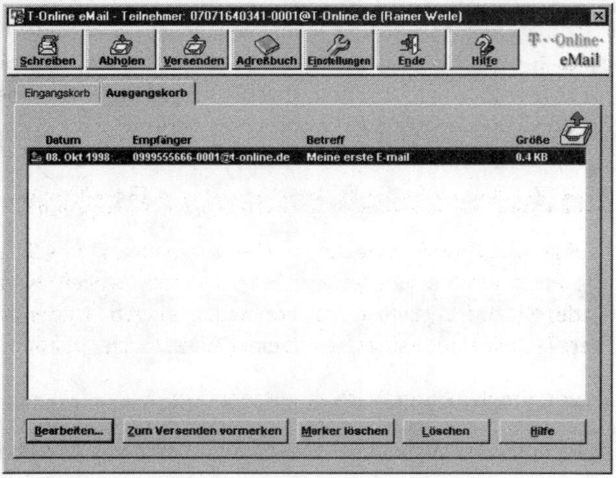

E-Mails markieren

Wenn Sie mehrere E-Mails aufgelistet erhalten, können Sie mit einem Klick in die betreffende Zeile jede E-Mail markieren. Sie können dann mit der Schaltfläche *Bearbeiten* diese E-Mails nochmals zur Bearbeitung aufrufen. Mit der Schalftläche *Marker löschen* wird diese E-Mail beim nächsten Versand noch nicht mit abgeschickt. Mit der Schaltfläche *Zum Versenden vormerken* wird die E-Mail wieder zum Versand vorgemerkt.

4 Jetzt kann der Versand starten. Klicken Sie dazu auf die Schaltfläche *Versenden*. Die T-Online-Software wählt sich nun bei T-Online ein und wenige Augenblicke später ist Ihre E-Mail abgeschickt.

5 Danach erhalten Sie noch die Abfrage, ob Sie mit der T-Online-Software offline gehen wollen. Klicken Sie hier auf *Ja*, dann fallen keine weiteren Onlinekosten mehr an. (Wenn Sie auf *Nein* klicken, können Sie nun zum Beispiel Ihren Browser starten und im Internet surfen.)

6 Schließlich wird noch ein Meldungsfenster eingeblendet, das Ihnen mitteilt, wie viele E-Mails versandt wurden.

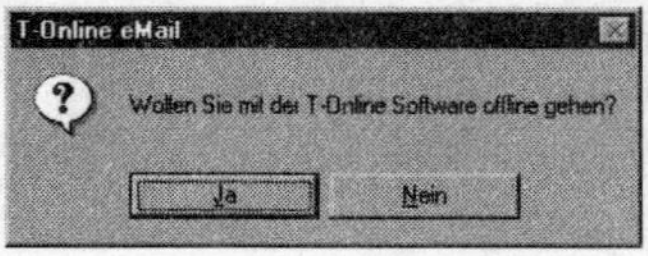

Ihre E-Mail ist damit abgeschickt. Es kann einige Augenblicke (bei hoher Auslastung des E-Mail-Rechners auch wenige Minuten) dauern, bis die E-Mail an Sie selbst auch angekommen ist. Ich nutze die Zeit, um Ihnen einige weitere Möglichkeiten der E-Mail-Software vorzustellen.

4.3 Ein Adressbuch ist stets nützlich

Wenn Sie häufiger mit E-Mails arbeiten, wird es vorkommen, dass Sie an eine bestimmte Person immer wieder eine E-Mail senden wollen. Natürlich können Sie jedes Mal die E-Mail-Adresse von neuem eingeben, aber es geht auch einfacher: T-Online untersützt Sie mit einer Adressbuch-Funktion.

So gehen Sie vor, um das Adressbuch zu nutzen:

1 Rufen Sie unter T-Online das E-Mail-System wie bereits beschrieben auf.

2 Klicken Sie nun auf die Schaltfläche *Adressbuch*.

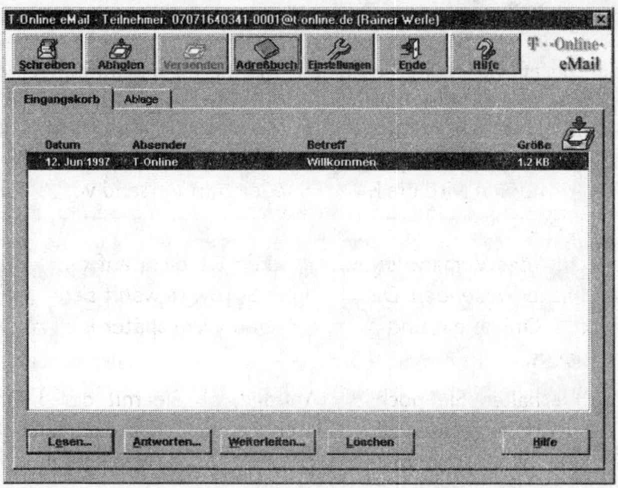

3 Sie erhalten nun das Adressbuch-Fenster. Mit der Schaltfläche *Neu* erhalten Sie ein Eingabefenster:

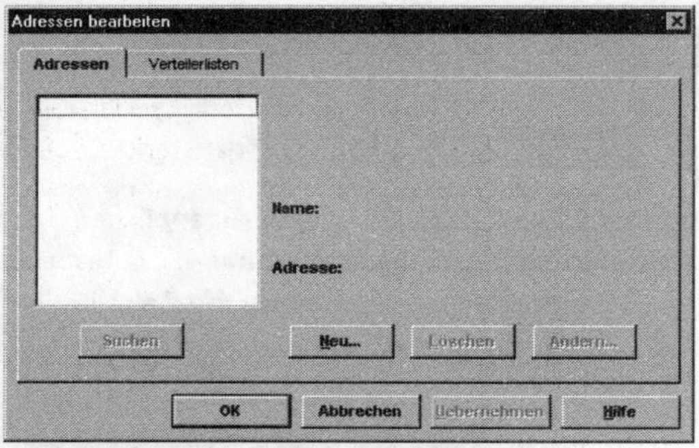

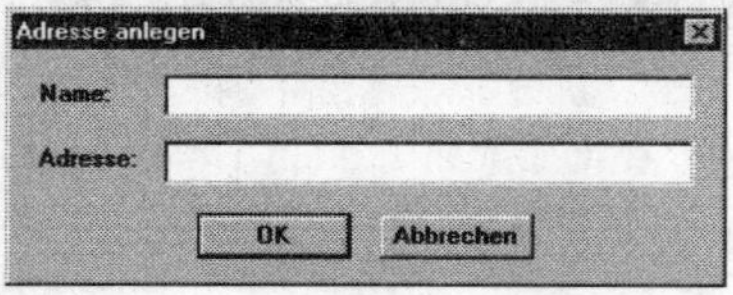

4 Geben Sie hier den Namen und die E-Mail-Adresse einer Person ein, der Sie häufiger E-Mails schreiben wollen, und klicken Sie dann auf *OK*.

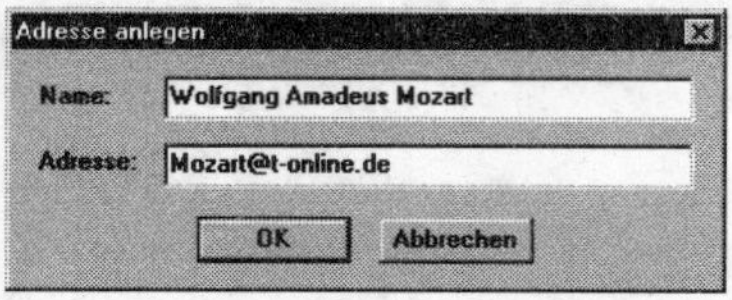

5 Damit ist diese E-Mail-Adresse in das Adressbuch aufgenommen. Wollen Sie weitere Adressen aufnehmen, klicken Sie erneut auf *Neu*.

Sortierung nach Namen

Die E-Mail-Adressen, die Sie im Adressbuch eingeben, werden alphabetisch nach den ersten Buchstaben des eingegebenen Namens sortiert. Wollen Sie eine Sortierung nach den Nachnamen der betreffenden Personen, dann geben Sie unter *Name*, z. B. nicht „Rainer Werle", sondern „Werle; Rainer" ein. Achtung: Der Trenner ist ein Strichpunkt, kein Komma, denn bei einem Komma erhalten Sie von der E-Mail-Software eine Fehlermeldung! Die Namen, die Sie eingeben, erscheinen übrigens nicht in der E-Mail selbst. Dort werden nur die mit dem Namen verknüpften E-Mail-Adressen eingefügt. Sie können deshalb problemlos auch einen Spitznamen eingeben oder einen frei erfundenen Begriff.

---

6 Klicken Sie nun auf die Schaltfläche *OK*, um das Adressbuch zu verlassen.

Adressbuch aufrufen

Sie können jederzeit das Adressbuch wieder aufrufen. Wollen Sie einen Eintrag löschen, dann markieren Sie diesen auf der Registerkarte *Adressen* und klicken Sie auf *Löschen.* Wollen Sie einen Eintrag verändern, weil sich z. B. die E-Mail-Adresse geändert hat, dann klicken Sie auf *Ändern.*

7 Sie sind damit wieder im Ausgangsmenü für E-Mails. Um nun das Adressbuch beim Schreiben einer E-Mail zu benutzen, klicken Sie auf *Schreiben.*

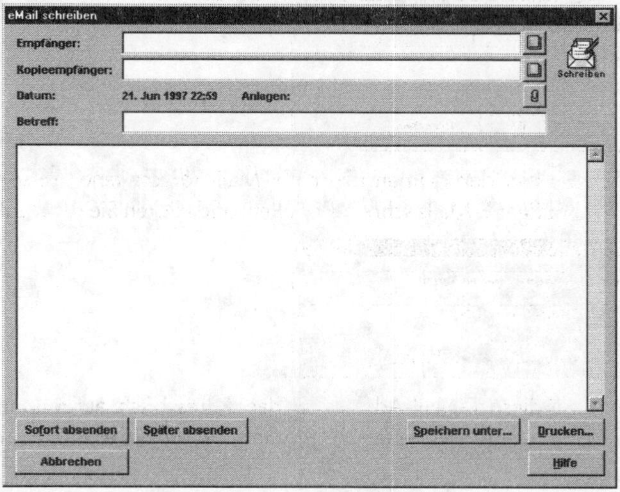

8 Wenn Sie nun eine E-Mail an eine Person schicken wollen, die im Adressbuch gespeichert ist, dann klicken Sie auf das *Adressbuch*-Symbol rechts vom Textfeld *Empfänger.* Das Adressbuch wird damit eingeblendet.

Einträge im Adressbuch suchen

Sollte die Zahl der im Adressbuch verwalteten Namen mit den zugehörigen E-Mail-Adressen mittlerweile recht groß geworden sein, dann können Sie durch Anklicken der Schaltfläche *Suchen* eine Suche nach dem Namen der gesuchten Person starten. Durch Anklicken der Schaltfläche *Bearbeiten* können Sie auch die Einträge in das Adressbuch editieren.

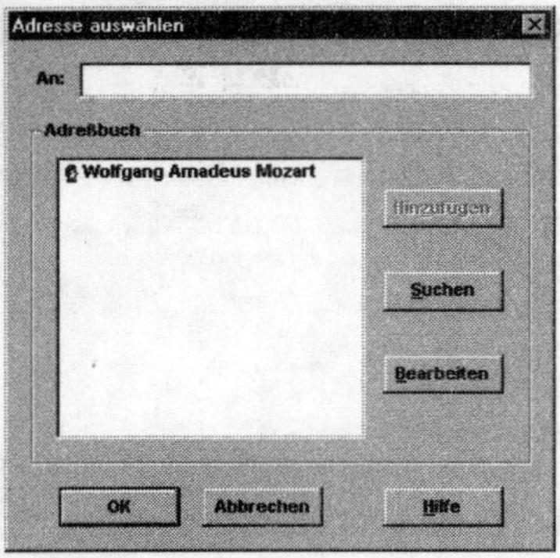

9 Klicken Sie im Adressbuch auf den Namen jener Person, an die Sie die E-Mail schicken wollen, und wählen dann *Hinzufügen.*

10 Sie erhalten damit im Textfeld *An:* des Adressbuches die E-Mail-Adresse des Teilnehmers eingeblendet und durch einen Klick auf die Schaltfläche *OK* wird diese Adresse in das E-Mail-Formular übernommen.

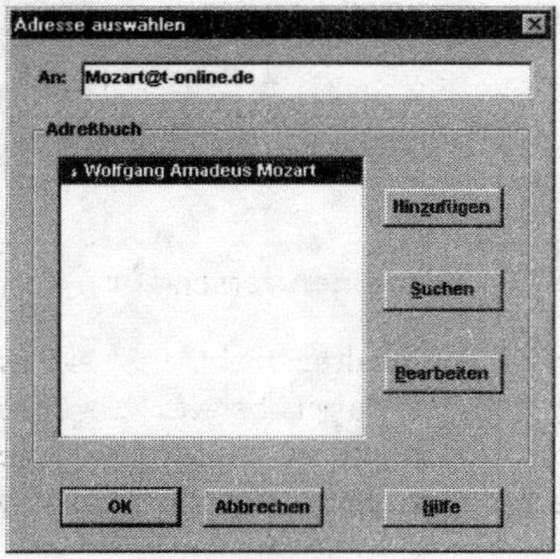

Kopieempfänger eintragen

So wie Sie eine E-Mail-Adresse aus dem Adressbuch in das Textfeld *Empfänger* übernehmen können, können Sie in gleicher Weise auch eine E-Mail-Adresse in das Textfeld *Kopieempfänger* übernehmen. Klicken Sie auf das *Adressbuch*-Symbol rechts neben dem Textfeld *Kopieempfänger* und wählen Sie die gewünschte Adresse aus.

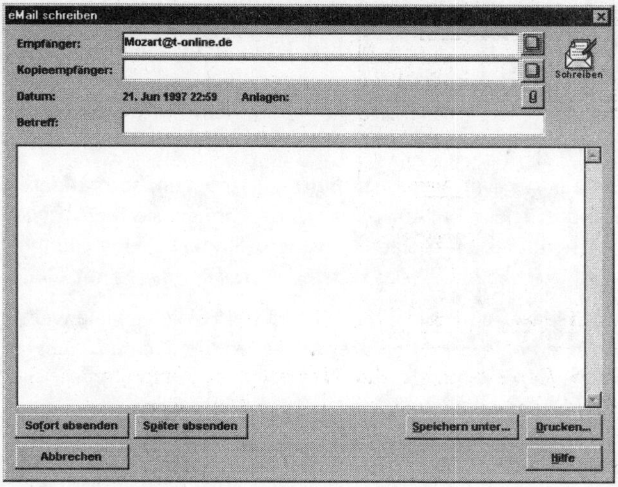

Sie können auch bei *Kopieempfänger* (wie auch bei *Empfänger*) durch wiederholtes Anklicken des *Adressbuch*-Symbols und Auswahl einer Adresse an mehrere Personen eine E-Mail gleichzeitig verschicken lassen!

Sie können nun die E-Mail – wie bereits beschrieben – fertigstellen: Füllen Sie noch den Betreff aus und geben dann den gewünschten Text der E-Mail ein.

Noch komfortabler E-Mails an mehrere Personen versenden

Das Adressbuch der E-Mail-Software verwaltet nicht nur Adressen, sondern auch Verteilerlisten. Sie können damit bereits eingegebene Adressen zu Verteilerlisten zusammenfassen und sparen sich so einiges an Arbeit, wenn Sie an bestimmte Personengruppen immer wieder E-Mails senden wollen.

So nutzen Sie diese Möglichkeit:

1. Wählen Sie im Adressbuch die Registerkarte *Verteilerliste* aus. Klicken Sie hier auf die Schaltfläche *Neu*. Sie erhalten das Fenster *Verteiler anlegen*.
2. Geben Sie unter *Name* einen beliebigen Namen ein (z. B. „Kegelklub", wenn Sie an alle Mitglieder Ihres Kegelklubs gleichzeitig eine E-Mail schicken wollen). Klicken Sie dann unter *Adressbuch* jene

Personen an, die in die Verteilerliste mit aufgenommen werden wollen (bei gedrückter [Umschalt]-Taste können Sie mehrere Personen auf einmal markieren!) und drücken <<. Damit sind die markierten Personen in die Verteilerliste aufgenommen und erscheinen in der Rubrik *Mitglieder.*

3. Wollen Sie aus der Mitgliederliste Einträge streichen, so markieren Sie diese und drücken >>. Auf diese Weise können Sie die Mitgliederliste stets aktualisieren und verwalten. Sind alle Einstellungen vorgenommen, schließen Sie das Fenster *Verteiler anlegen* mit *OK.*

4. Wenn Sie wollen, können Sie jetzt (oder später) beliebig viele weitere Verteilerlisten anlegen. Ansonsten schließen Sie auch das Fenster *Adressen bearbeiten* mit *OK.*

5. Wenn Sie nun beim Schreiben einer E-Mail das *Adressbuch*-Symbol anklicken, erhalten Sie als Auswahl auch den Namen der Verteilerliste angezeigt. Mit einem Klick auf die gewünschte Verteilerliste werden automatisch alle darin verzeichneten E-Mail-Adressen übernommen und zum Versand eingetragen. Sie müssen nur noch die E-Mail schreiben, um Sie an alle Mitglieder der Verteilerliste zu versenden.

4.4 Wie Sie einen Brief mit Anlagen versenden

Dass Sie mit E-Mail weltweit kostengünstig und ohne lange Beförderungsdauer elektronische Post verschicken können, ist an sich schon ein großer Vorteil. Aber das E-Mail-System bietet noch mehr: So wie Sie einem Brief eine Fotografie oder eine Diskette beilegen können, haben Sie auch bei E-Mails die Möglichkeit, beliebige Daten als Anlage (Attachment) beizufügen.

Welche Daten lassen sich als Attachment übertragen?

Als Attachment lassen sich im Prinzip alle Arten von Dateien übertragen: Sei es eine DOC-Datei von Word oder eine Grafikdatei, sei es ein ausführbares Computerprogramm (eine EXE-Datei), Sie können als Attachment jede Dateiart übertragen.

Diese prinzipielle Aussage muss allerdings in der Praxis etwas relativiert werden: Eine erste Einschränkung ergibt sich aus der Größe einer Attachment-Datei. Im Prinzip kann eine Attachment-Datei beliebig groß sein. In der Praxis erweist es sich aber, dass das weltweite E-Mail-System sehr große Attachments nicht immer korrekt überträgt. Für den Empfang von E-Mails mit T-Online bedeutet dies konkret, dass Sie bei T-Online einen Speicherplatz von 5 MByte für das Zwischenspeichern von E-Mails zur Verfügung haben. Ist dieser Speicherplatz durch sehr große Attachments verbraucht, werden weitere eingehende E-Mails an den Absender als unzustellbar zurückgesandt.

Hinweis: Regelmäßige Abfrage verhindert Probleme

Ursprünglich bot T-Online einen Speicherplatz von 2 MByte für Ihre E-Mails. Dies wurde mittlerweile erfreulicherweise auf 5 MByte erhöht. Sind diese 5 MByte bei T-Online belegt, werden weitere E-Mails als unzustellbar abgewiesen. In den meisten Fällen ist dies kein Problem, denn typische E-Mails sind kleiner als 5 KByte; es haben also rund 1.000 auf dem Rechner Platz. Dennoch sollten Sie, gerade auch weil Attachments möglich sind, in regelmäßigen Abständen (einmal die Woche zumindest) Ihre E-Mails abholen.

Als zweite Einschränkung gilt, dass nicht jede E-Mail-Software mit allen Dateitypen in einem Attachment klarkommt. In beiden Fällen hilft letztlich nur Probieren: Schicken Sie am besten einem Bekannten, dem Sie eine E-Mail mit Attachment zukommen lassen wollen, zunächst eine einfache E-Mail und informieren Sie ihn darüber, dass eine E-Mail mit Attachment auf dem Weg ist. So stellen Sie sicher, dass Ihr Bekannter weiß, dass eine E-Mail mit Attachment ihn erreichen soll, und er kann Ihnen dann per E-Mail mitteilen, ob die Übertragung funktioniert hat oder nicht. Erproben Sie im Bedarfsfall verschiedene MIME-Typen.

1. Rufen Sie das E-Mail-System von T-Online auf und klicken Sie dort auf *Schreiben*.

2. Sie erhalten nun das E-Mail-Formular, in dem Sie wie gewohnt die E-Mail-Adresse (und gegebenenfalls einen Eintrag unter *Kopieempfänger:*), den *Betreff* und den Text der E-Mail eingeben. Klicken Sie nun auf das *Anlage*-Symbol, und Sie erhalten das Fenster *eMail – Anlagen anfügen* eingeblendet.

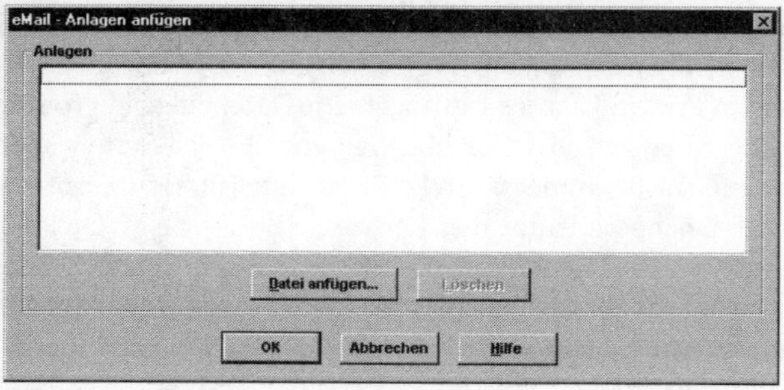

3 Klicken Sie auf *Datei anfügen.* Sie erhalten damit ein Dateiauswahlfenster, wie Sie dies auch von anderen Windows-Programmen gewohnt sind.

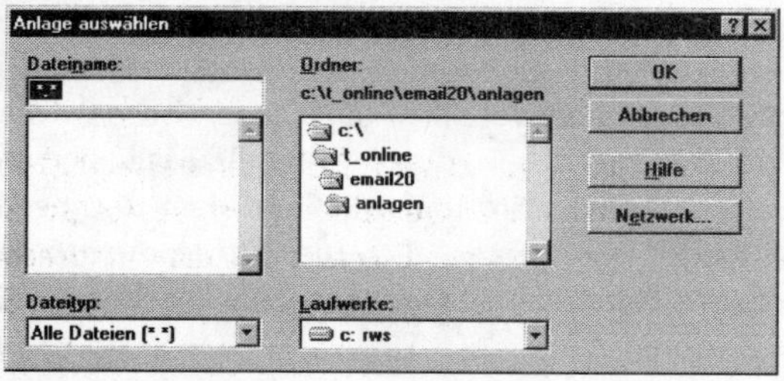

4 Wählen Sie hier das Laufwerk und das Verzeichnis aus, in dem jene Datei gespeichert ist, die Sie als Attachment schicken wollen. Klicken Sie auf den Dateinamen und dann auf die Schaltfläche *OK.*

Seltsame Dateinamen

Die E-Mail-Software von T-Online ist eine so genannte 16-Bit-Software. Dies macht sich bei der Anzeige von Datei- und Ordnernamen bemerkbar: Sind diese länger als acht Zeichen, erhalten Sie nur die Anfangsbuchstaben dargestellt, wobei teilweise am Ende noch eine Zählung zu finden ist. Es kann deshalb etwas mühsam sein, die richtige Datei aufzufinden, aber der Attachment-Versand funktioniert dennoch problemlos. Mein Tipp: Dateien, die Sie als Attachment verschicken wollen, sollten kurze Dateinamen haben, dann finden Sie sie leichter.

---

5 Damit ist die gewählte Datei als Attachment ausgewählt. Wollen Sie eine weitere Datei als Attachment hinzufügen, wählen Sie erneut *Datei anfügen.* Ansonsten klicken Sie auf *OK.*

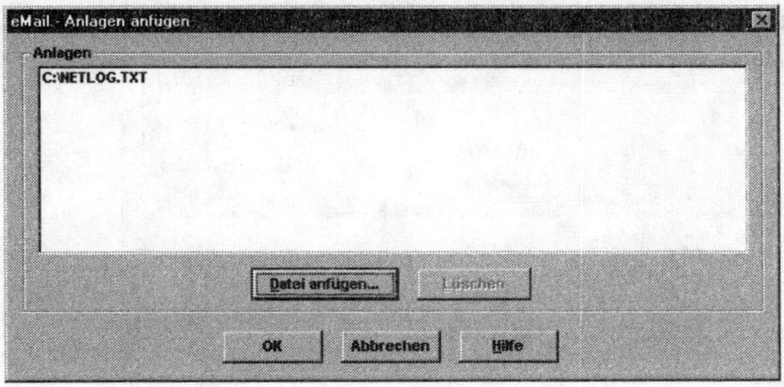

Ihrer E-Mail ist nun ein Attachment (oder mehrere) beigefügt. Diese werden automatisch beim Versand der E-Mail mit übertragen. Selbstverständlich dauert die Übertragung einer E-Mail mit großem Attachment deutlich länger als die einer normalen E-Mail ohne Attachment.

Hinweis: Attachment auswählen

Sollten Sie eine Datei auf einem Disketten- oder CD-ROM-Laufwerk als Attachment ausgewählt haben, so stellen Sie sicher, dass beim Absenden der E-Mail auch die entsprechende Diskette bzw. CD-ROM eingelegt ist. Ansonsten erhalten Sie eine Fehlermeldung. Sie können aber auch dann noch nachträglich den entsprechenden Datenträger einlegen.

Erhalten Sie eine E-Mail mit Anlagen, so ist der Vorgang ebenfalls problemlos: Zusammen mit der E-Mail erhalten Sie auch die Anlage(n) auf Ihren Rechner übertragen. Im nächsten Teilkapitel finden Sie Genaueres.

4.5 Habe ich Post bekommen?

Es kann – wie gesagt – ein klein wenig dauern, bis Ihre erste E-Mail an sich selbst auf dem E-Mail-Rechner von T-Online für Sie bereitsteht. Aber nun geht es daran zu überprüfen, ob die E-Mail auch tatsächlich angekommen ist:

So sehen Sie im Briefkasten nach

1 Nach dem Versand von E-Mails finden Sie in der E-Mail-Software die Registerkarte *Ablage* vor. Wenn Sie auf diese Registerkarte klicken, erhalten Sie alle von Ihnen versendeten E-Mails (nach Absendedatum sortiert) aufgelistet, sodass Sie jederzeit nochmals jede E-Mail mit der Schaltfläche *Bearbeiten* ansehen können. Mit der Schaltfläche *Löschen* können Sie E-Mails aus der Ablage löschen.

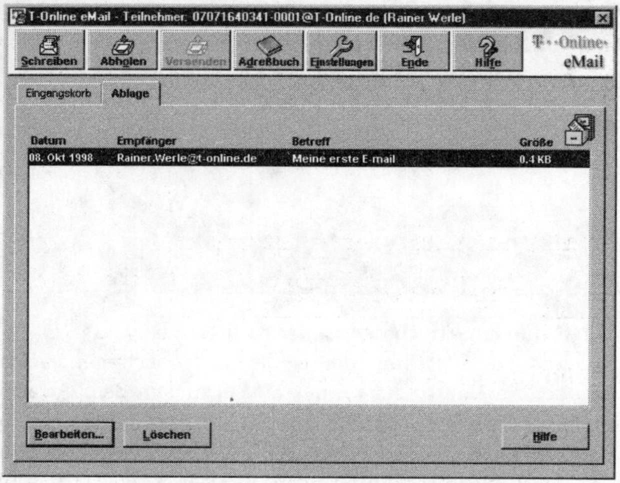

Lesen = Bearbeiten?

Die Schaltfläche *Bearbeiten* ist hier etwas irreführend. Natürlich können Sie eine E-Mail aus der Ablage damit auch bearbeiten und danach mit *Sofort absenden* bzw. *Später absenden nochmals zum Versand markieren. Aber in den meisten Fällen, wollen Sie einfach nur wissen, was Sie in einer E-Mail geschrieben haben. Öffnen Sie diese E-Mail dann auch mit Bearbeiten und schließen Sie das Fenster mit Abbrechen.*

2 Um nachzusehen, ob Sie mittlerweile Post bekommen haben, klicken Sie einfach auf die Schaltfläche *Abholen*. Wenn Sie nicht schon online sind, werden Sie automatisch zu T-Online verbunden.

3 Es öffnet sich das neue Fenster *eMail vom Server abholen*, in dem Ihnen alle mittlerweile eingegangenen E-Mails aufgelistet werden. Wollen Sie alle E-Mails auf Ihren PC übertragen, klicken Sie auf *Ausführen*.

4 Auch hier erhalten Sie nach der Übertragung die Abfrage, ob Sie offline gehen wollen. Wählen Sie *Ja*, wenn Sie T-Online aktuell nicht weiter nutzen wollen. Es entstehen dann keine weiteren Online-Kosten.

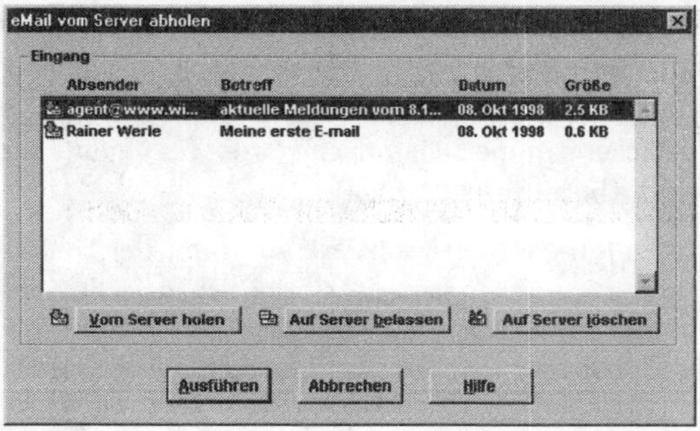

Später oder überhaupt nicht übertragen

Im Fenster *Email vom Server abholen* finden Sie für jede E-Mail einen Betreff und auch die Dateigröße angegeben. Wollen Sie zum Bespiel eine sehr große E-Mail erst später übertragen, markieren Sie die E-Mail mit einem Mausklick und klicken dann auf die Schaltfläche *Auf Server belassen*. Wollen Sie eine E-Mail überhaupt nicht übertragen und auf dem Server löschen, funktioniert dies mit *Auf Server löschen*. Dies empfiehlt sich vor allem bei Werbe-E-Mails der Sorte „Verdienen Sie 5 Millionen in 3 Tagen". Den Mist müssen Sie sich nicht antun!

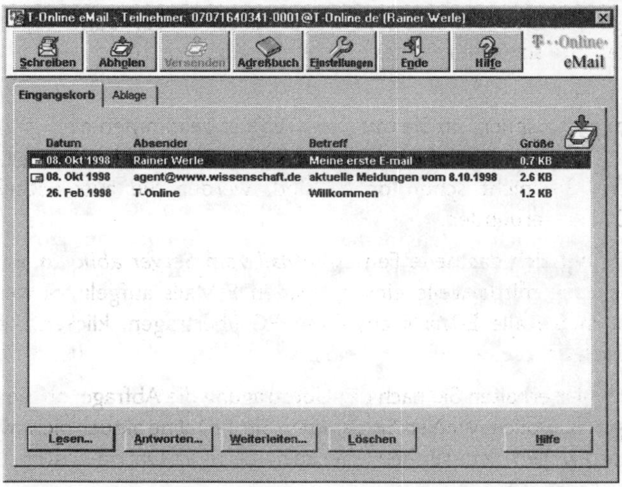

5 Ihre erste E-Mail ist damit übertragen! Unter der Registerkarte *Eingangskorb* finden Sie mit einem Mausklick nun alle eingegangenen E-Mails. Markieren Sie jene E-Mail, die Sie lesen wollen, mit einem Mausklick und klicken auf die Schaltlfläche *Lesen* (es genügt auch ein Doppelklick auf die betreffende E-Mail).

6 Sie können nun in Ruhe Ihre E-Mails lesen und mit der Schaltfläche *Drucken* sich auch ausdrucken lassen. Mit der Schaltfläche *Schließen* gelangen Sie wieder zur Ausgangsdarstellung.

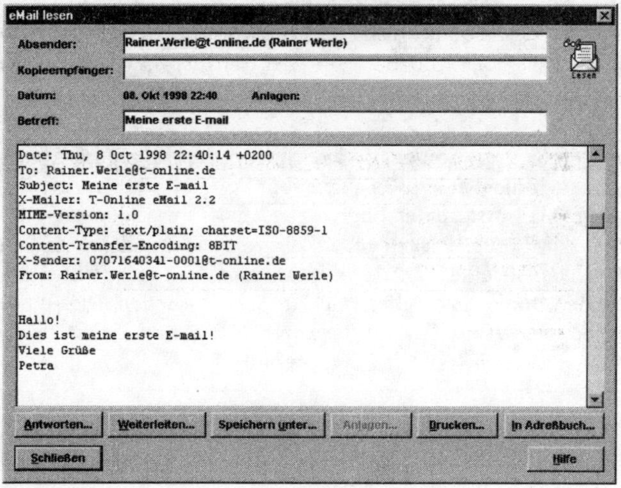

Reply: Um Antwort wird gebeten

Wenn Sie Ihre E-Mail-Adresse im Freundes- und Bekanntenkreis mitgeteilt haben, wird es nicht lange auf sich warten lassen, bis die ersten E-Mails eintrudeln. Natürlich wollen Sie dann auch eine Antwort auf jede E-Mail versenden. Auch das geht ganz einfach, denn die Software nimmt Ihnen einen Gutteil der Arbeit ab:

1 Öffnen Sie die E-Mail, auf die Sie antworten wollen, mit der Schaltfläche *Lesen*.

2 Dann klicken Sie auf die Schaltfläche *Antworten*. Sie erhalten damit ein E-Mail-Formular, in dem vieles bereits ausgefüllt ist:

Das ist bereits erledigt

Als *Empfänger* ist bei einer Antwort bereits die richtige E-Mail-Adresse eingetragen. Unter *Betreff* finden Sie den Betreff der eingegangenen E-Mail mit vorangestelltem *Re:* (dieses steht für Reply = Antwort). Im Hauptfeld des Formulars wird der Inhalt der eingegangenen E-Mail nochmals dargestellt, wobei jede Zeile mit > beginnt, als Hinweis, dass dies nicht Ihr neuer Text, sondern der Text der ursprünglichen E-Mail ist.

3 Sie müssen deshalb nur noch Ihren Antworttext zusätzlich eintippen. Empfehlenswert ist es dabei, den Text der ursprünglichen E-Mail so zu kürzen, dass nur jene Passagen stehen bleiben, auf die sich Ihre Antwort bezieht.

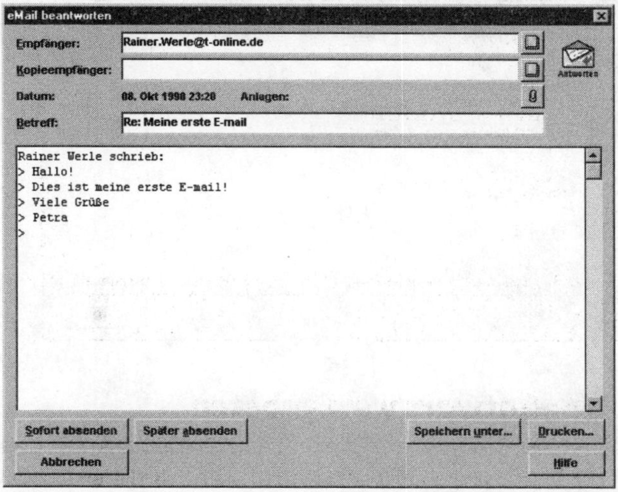

4 Was jetzt kommt, kennen Sie schon: Auch die Antwort wird wie jede E-Mail abgeschickt, wobei Sie hier wieder zwischen *Sofort absenden* und *Später absenden* wählen können.

E-Mails weiterleiten

Bei jeder E-Mail, die Sie markieren, können Sie auch auf die Schaltfläche *Weiterleiten* klicken. Sie erhalten dann ein E-Mail-Formular, in dem die E-Mail zitiert wird und Sie diese (mit Ihrem zusätzlichen Text) an einen anderen Empfänger weiterleiten können. Das funktioniert problemlos, nur sollten Sie dabei stets bedenken, dass nicht jeder, der Ihnen eine E-Mail schickt, automatisch mit der Weiterleitung eines vielleicht vertraulichen Inhalts einverstanden ist.

Attachments speichern

Wenn Sie eine E-Mail mit Anlage (Attachment) erhalten, können Sie dieses auf der Festplatte speichern und dann mit einem geeigneten Programm betrachten. Hat die Attachment-Datei zum Beispiel eine Dateiendung wie *gif, jpg* oder *bmp,* handelt es sich um eine Grafik, die Sie in einem Grafikprogramm ansehen können.

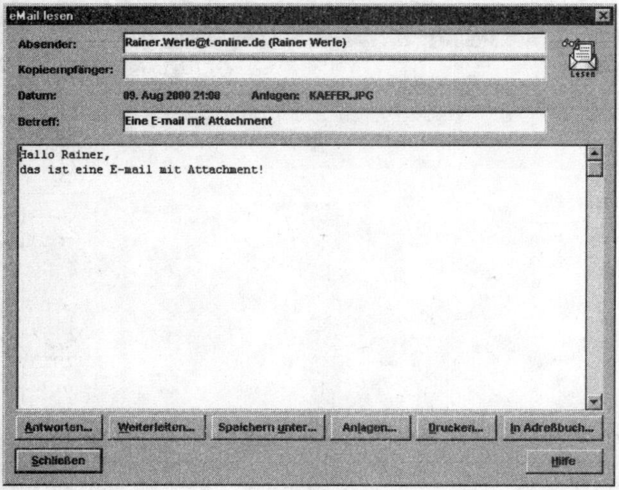

Hier habe ich gerade eine E-Mail mit Attachment erhalten. Sie können dies daran erkennen, dass im Kopfteil des Fensters neben dem Wort Anlagen ein Dateiname steht.

1 Wollen Sie die Attachments sehen oder speichern, klicken Sie auf die Schaltfläche *Anlagen.*

2 Sie erhalten nun ein Fenster, in dem alle Anlagen aufgelistet sind. Markieren Sie mit einem Mausklick jene Anlage, die Sie interessiert. (Bei einer einzigen Anlage ist das schon automatisch der Fall.)

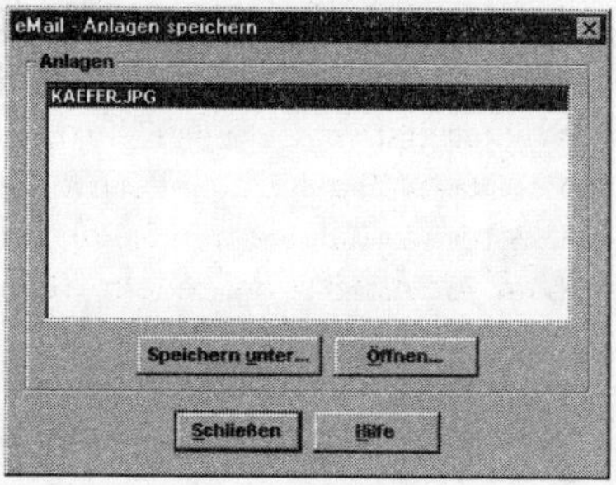

3 Sie haben nun zwei Möglichkeiten:

- Sie können das ausgewählte Attachment öffnen.
- Sie können das ausgewählte Attachment speichern.

Zwei Probleme beim Öffnen

Beim Öffnen eines Attachments müssen Sie zwei Punkte berücksichten:

- Sie können nur Dateien automatisch öffnen lassen, wenn Windows die Dateiendung bekannt ist und damit ein Programm (z. B. ein Grafikprogramm) verknüpft ist. Schlägt das Öffnen fehl, können Sie aber jederzeit die Datei zunächst abspeichern und dann mit einem geeigneten Programm von Hand öffnen.
- In verschiedenen Office-Dateien (Word, Excel u. a.) sowie in Dateien mit der Endung *htm*, können Scriptprogramme enthalten sein, die als Viren Schaden anrichten können. Bei Bild- oder Sounddateien gibt es dieses Problem nicht. Es ist bei Dateien, deren Endung Sie nicht kennen, oder die vom oben genannten Typ sind, deshalb sicherer, diese zunächst zu speichern und ein Antivirenprogramm aufzurufen.

---

4 Um eine Datei sofort zu öffnen, klicken Sie auf die Schaltfläche *Öffnen*. Sie erhalten – aus den oben genannten Gründen – zunächst eine Warnung, ob die Datei direkt geöffnet werden soll. Klicken Sie auf *Ja*, wenn Sie die Datei öffnen wollen.

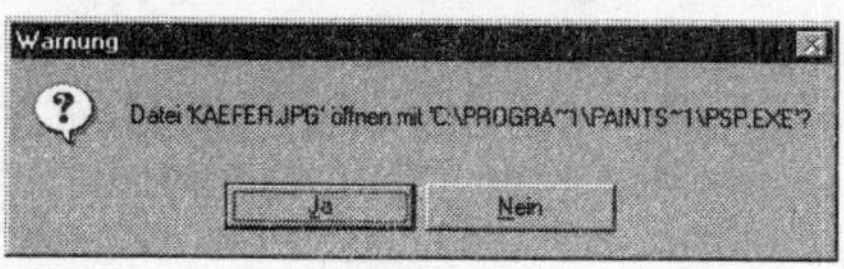

5 Damit wird das Programm gestartet, das in Windows mit dem entsprechenden Dateityp verknüpft ist (hier das Grafikprogramm Paint Shop Pro), und die Datei wird angezeigt.

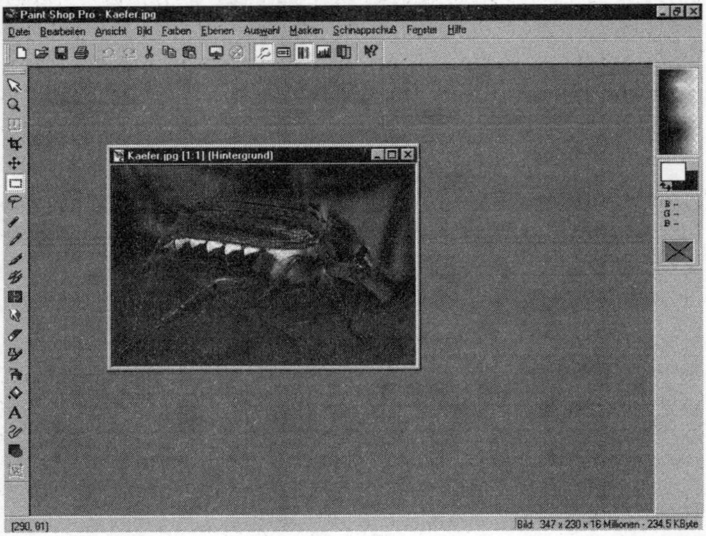

6 Soll das Attachment gespeichert werden, klicken Sie auf *Speichern unter*. Sie erhalten dann ein Dateiauswahlfenster, in dem Sie in das gewünschte Verzeichnis wechseln und dann mit *OK* die Datei abspeichern.

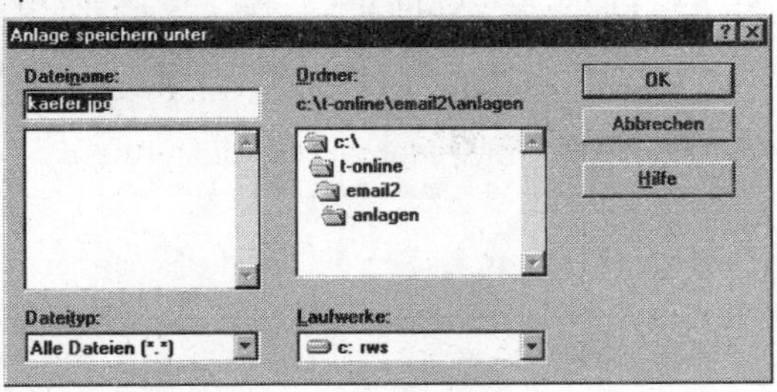

Hinweis: Wenn das Attachment sich nicht speichern lässt

In einigen Fällen kann es bei der T-Online-Software sein, dass sich ein Attachment mit der eben beschriebenen Vorgehensweise nicht speichern lässt. Das Attachment hat dann eine zu lange Dateiendung, aber auch dies lässt sich mit einem Trick beheben. Genaueres finden Sie auf Seite 202 ff.

Signaturen: So geht es komfortabel

Häufig werden Sie E-Mails erhalten, die am Ende des Textes eine Darstellung des Namens des Absenders und vielleicht auch Anschrift und Telefonnummer oder ein Lebensmotto enthalten. Das mit dem Lebensmotto ist mir selbst etwas suspekt, aber ansonsten ist das ganz nützlich, vor allem wenn Sie mit einer solchen Signatur dem Empfänger einer E-Mail auch die Möglichkeit geben wollen, brieflich oder telefonisch mit Ihnen Kontakt aufzunehmen.

Natürlich können Sie unter jeder E-Mail von Hand eine solche Signatur eingeben, aber das lässt sich auch automatisieren. Ich zeige Ihnen deshalb, wie es besonders komfortabel geht.

Kurze Signaturen

In der Anfangszeit des Internet, als Modems sich noch mit 14.400 bps (und langsamer) durch die Datenlandstraße quälten, war es verpönt, Signaturen, die länger als drei Zeilen sind, zu benutzen. Heute – mit deutlich schnelleren Verbindungen – sieht das niemand mehr so eng. Dennoch: Eine Signatur sollte kurz und präzise über Sie informieren und kein Textungeheuer sein.

---

1. Klicken Sie zunächst auf die Schaltfläche *Einstellungen* in der E-Mail-Software.
2. Wählen Sie hier die Registerkarte *Signatur*. Voreingestellt ist *keine Signatur*. Sie können nun den Eintrag *Text* markieren und dann in dem darunter liegenden Textfeld eine Signatur eintippen.

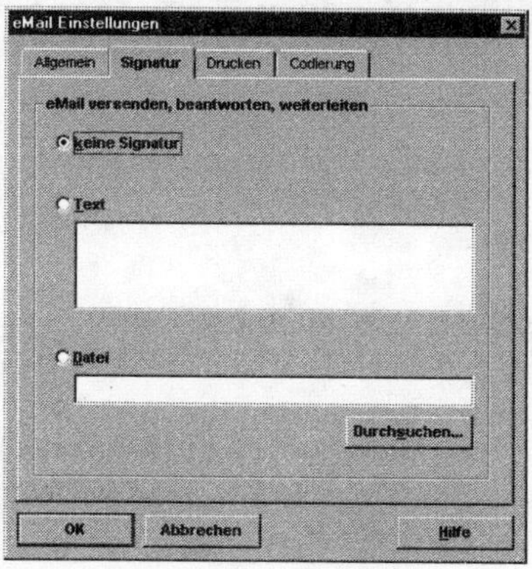

3 Wenn Sie mit *OK* das Fenster schließen, wird die gerade eingetippte Signatur ans Ende jeder von nun an von Ihnen erstellen E-Mail automatisch angefügt.

4 Es geht aber noch besser: Wenn Sie den Eintrag *Datei* markieren, können Sie über die Schaltfläche *Durchsuchen* eine Textdatei auswählen, deren Inhalt stets ans Ende Ihrer E-Mails angehängt wird.

5 Um eine solche Textdatei zu erstellen, wählen Sie *Start/Programme/Zubehör/Editor*. Sie finden dann ein leeres Editorfenster vor, in das Sie Ihre Signatur eintippen können.

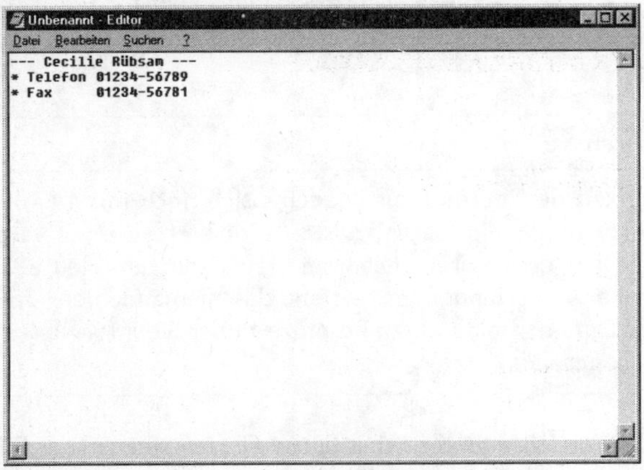

6 Ist alles fertig, speichern Sie die Darstellung im Editorfenster über *Datei/Speichern unter*. Wechseln Sie in ein Verzeichnis Ihrer Wahl. Geben Sie dann der Datei einen Namen und als Dateiendung *.txt* an, sodass Ihre Datei zum Beispiel *signatur.txt* heißt.

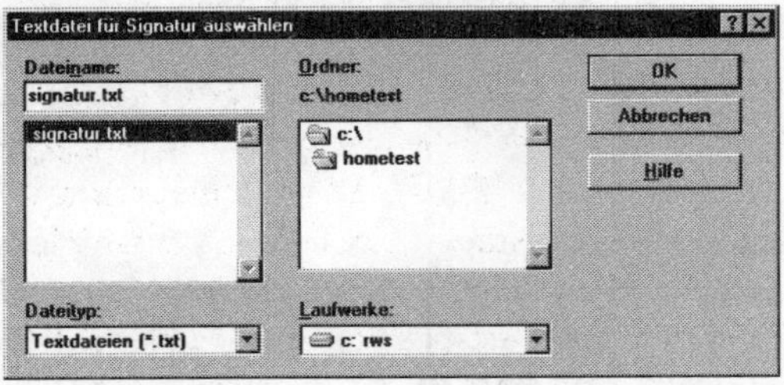

7 Wenn Sie nun in der E-Mail-Software die Schaltfläche *Durchsuchen* im Register *Signatur* anklicken, öffnet sich ein Fenster, in dem Sie die gewünschte Signaturdatei auswählen können. Schließen Sie das Fenster mit *OK*. Damit wird die Signatur ans Ende jeder neu erstellen E-Mail angehängt.

E-Mail-Absender ohne Geheimnisse

Damit eine E-Mail auf ihrem oft verschlungenen Weg durch das Internet nicht verloren geht, werden Ihr als „Briefkopf" zahlreiche Informationen beigegeben, die Sie in der Standard-Einstellung der E-Mail-Software nicht sehen können. Sichtbar werden diese Informationen mit folgender Einstellung:

1. Klicken Sie in der E-Mail-Software auf die Schaltfläche *Einstellungen*.
2. Aktivieren Sie in der Registerkarte Grundeinstellungen unter *eMail lesen* das Kontrollkästchen *Alle Kopfzeilen anzeigen* und klicken Sie dann auf *OK*.

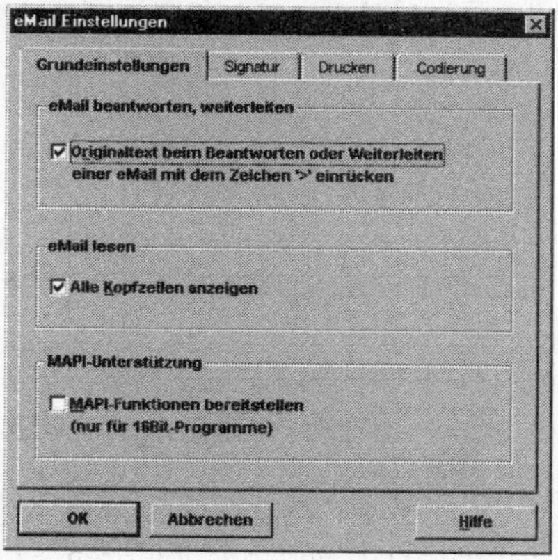

Von nun an erhalten Sie beim Lesen einer E-Mail auch die ausführlichen Informationen des Briefkopfs dargestellt. Im Anschluss daran folgt dann der eigentliche E-Mail-Text. So sieht das dann zum Beispiel aus:

Hinweis: Die Telefonnummer ist nicht für jedermann

Wie Sie sehen, enthält der X-Sender nicht den Alias-Namen, sondern die ursprüngliche E-Mail-Adresse, die sich aus Ihrer Telefonnummer plus Mitbenutzernummer zusammensetzt. Wollen Sie nicht, dass jeder E-Mail-Empfänger automatisch auch Ihre Telefonnummer erfährt, können Sie sich bei T-Online eine davon abweichende E-Mail-Adresse geben lassen.

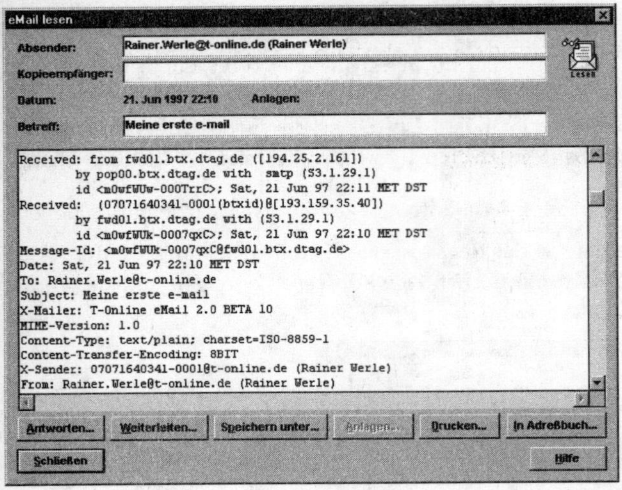

Die Angaben haben folgende Bedeutung:

Return-Path	An diese Adresse wird eine Fehlermeldung geschickt, falls die E-Mails aus irgendeinem Grund (z. B. falsche und unbekannte Adresse) nicht zugestellt werden kann.
Received	Jeder *Received*-Eintrag gibt einen Rechner an, über den die E-Mail weitergeleitet wurde. Damit können Sie den Weg nachverfolgen, den die E-Mail durch das Internet genommen hat.
Mesage-Id	Jeder E-Mail wird eine individuelle Buchstaben- und Ziffernkombination zugeordnet, mit der sie eindeutig identifizierbar ist.
Date	Enthält den Wochentag, das Datum, die Uhrzeit und die Zeitzone und gibt damit genau an, wann die E-Mail abgeschickt wurde.
To	Gibt die E-Mail-Adresse des Empängers an.
Subject	Hier wird der Betreff der E-Mail aufgeführt.
X-Mailer	Gibt den Namen der E-Mail-Software an. Bei T-Online: T-Online eMail 2.0.
MIME-Version Content-Type Content-Transfer-Encoding	Gibt an, ob die E-Mail mit der MIME-Codierung übertragen wurde und ob mit 7 oder 8 Bit codiert wurde.
X-Sender	Enthält die Absenderadresse, von der die E-Mail tatsächlich abgeschickt wurde. Bei T-Online finden Sie hier also nicht den Alias-Namen, sondern die eigentliche E-Mail-Adresse.
From	Führt noch einmal die Absenderadresse auf, der zumeist noch der Name des Absenders in Klammern beigefügt ist.

Beim Ausdrucken von E-Mails über die Schaltfläche *Drucken* wird ein Fenster eingeblendet, in dem Sie ebenfalls entscheiden können, ob der Briefkopf mit ausgedruckt werden soll. Setzen Sie dann neben *Alle Kopfzeilen ausdrucken* ein Häkchen.

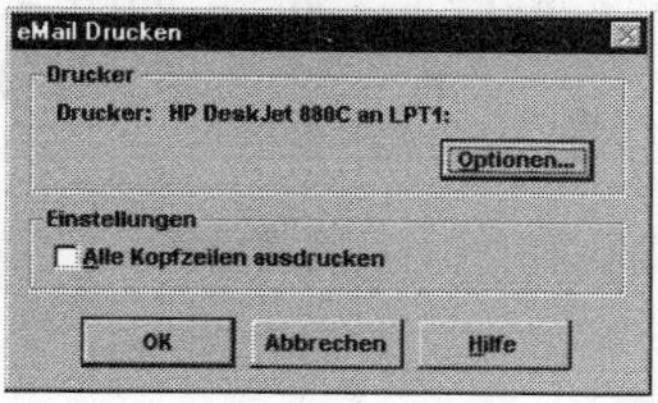

4.6 Zweite E-Mail-Adresse für die Familie

Eigentlich wäre es wünschenswert, wenn jedes Familienmitglied eine eigene E-Mail-Adresse hätte, denn nicht immer sollen alle anderen in der Familie alles mitbekommen, was da per E-Mail so besprochen wird. Auch dies ist bei T-Online möglich, aber nicht unbedingt die empfehlenswerteste Lösung. Worum geht es?

Auf Seite 92 habe ich Ihnen beschrieben, wie Sie weitere Mitbenutzer einrichten können. Jeder Mitbenutzer erhält eine eigene Mitbenutzernummer und kann unter dieser Mitbenutzernummer auch sein eigenes persönliches Kennwort (Passwort) verändern. Und jeder Mitbenutzer kann sich eine eigene E-Mail-Alias einrichten, die dann nur für Ihn mit seinem Passwort zugänglich ist. Sie können auch für jeden Mitbenutzer ein eigenes Profil anlegen. Wie das geht, finden Sie ab Seite 304.

So lautet die E-Mail-Adresse eines Mitbenutzers

Wenn Sie eine neue Mitbenutzernummer (z. B. 0012) eingerichtet haben und Ihre T-Online-Nummer lautet 09027556677, dann ergibt sich die E-Mail-Adresse des Mitbenutzers zunächst als:

T-Online-Nummer+Mitbenutzernummer@t-online.de

also zum Beispiel

09027556677-0012@t-online.de

Der kleine Haken bei der Sache ist, dass jeder eingerichtete Mitbenutzer pro Monat rund 1,50 DM kostet. Da ist es in vielen Fällen sinnvoller, einen der zahlreichen kostenlosen E-Mail-Dienste zu nutzen, um jedem Familienmitglied seine eigene E-Mail-Adresse zu ermöglichen. Schauen Sie dazu zum Beispiel einmal bei http://www.kostenlos.de/ in der Rubrik *Internet* vorbei. Dort finden Sie zahlreiche kostenlose E-Mail-Dienste, die Ihnen beliebig viele E-Mail-Adressen ohne Zusatzkosten ermöglichen.

4.7 „I love you“: Mehr Sicherheit für Ihre Mails und Sie

Wahrscheinlich war es ein Student auf den Philippinen, der mit einer E-Mail mit der Betreffzeile „I love you“ im Mai 2000 weltweit einen Millionenschaden hervorgerufen hat. Das Problem dabei war nicht die hübsche Betreffzeile, sondern ein mit der E-Mail mitgeliefertes Attachment, das ein Computerprogramm enthielt, das auf der Festplatte beim Aufruf Daten löschte und zugleich die E-Mail an zig andere E-Mail-Adressen weiterverschickte.

Veraltet ist manchmal nützlich

Die E-Mail-Software von T-Online ist (wie die gesamte T-Online-Software) unter einem Gesichtspunkt reichlich veraltet: Es handelt sich um eine so genannte 16-Bit-Software, während heutzutage Computerprogramme zumeist als 32-Bit-Software geschrieben werden. Sie funktioniert trotzdem auf Ihrem PC. Unter dem Gesichtspunkt der E-Mail-Sicherheit ist dies jedoch ein Vorteil: E-Mails, die gefährliche Programme enthalten, sind zumeist auf 32-Bit-Software (und hier vor allem auf Outlook Express s. u.) ausgerichtet. Mit der 16-Bit-E-Mail-Software von T-Online sind Sie deshalb auf der sicheren Seite: Wenn Sie nicht ganz bewusst ein mit der E-Mail mitgeliefertes Programm von Hand starten, kann mit dieser Software eigentlich nichts passieren!

Ich stelle Ihnen gleich auch die E-Mail-Programme Outlook Express (von Microsoft) und das E-Mail-Programm des Netscape Communicators vor. Beide sind sicherlich etwas komfortabler als die E-Mail-Software von T-Online. Ich arbeite trotzdem im Normalfall mit der E-Mail-Software von T-Online, denn:

Hinweis: Sicherheit vor Komfort

Wenn Sie Attachments zu einer E-Mail erst abspeichern und auf Virenfreiheit prüfen bzw. Ihnen unbekannte Programme nicht mal testhalber starten, dann kann Ihnen mit der T-Online-Software fast nichts passieren. „I love you" und Konsorten haben dann mit der E-Mail-Software von T-Online keine Chance.

4.8 E-Mail-Software von T-Online: Die Grenzen sprengen

Teilweise wird bemängelt, dass sich mit der E-Mail-Software von T-Online einige E-Mails nicht richtig öffnen und nutzen ließen. Tatsächlich geht es mit der T-Online-Software in manchen Fällen nur mit einem kleinen Trick, aber ich habe bislang noch jede E-Mail korrekt nutzen können. Man muss halt nur wissen, wie:

E-Mails im HTML-Format

Verschiedene E-Mail-Programme bieten mittlerweile die Möglichkeit, E-Mail auch im HTML-Format zu versenden. Es handelt sich dabei um das gleiche Format, in dem auch Webseiten erstellt werden. Dadurch ist es möglich, den Text einer E-Mail in Schriftgröße, Schriftfarbe etc. unterschiedlich zu gestalten. Hört sich hübsch an, hat aber auch zwei Haken:

- Zum einen wird die Größe der E-Mails dadurch aufgebläht, ohne dass sich durch diese Formatierungen der Inhalt verändern würde.
- Zum anderen können HTML-E-Mails auch JavaScripts enthalten, die ein mögliches Sicherheitsrisiko darstellen.

Die E-Mail-Software von T-Online kann mit HTML-E-Mails nicht direkt umgehen, aber Sie können sich dennoch den Inhalt einer solchen E-Mail problemlos anzeigen lassen.

Part1.htm: Die HTML-E-Mail als Attachment

Wenn Ihnen eine E-Mail zugestellt wird, die in HTML-Formatierung vorliegt, kann die T-Online-Software dies nicht direkt darstellen. Sie finden dann jedoch stets ein Attachment mit dem Namen *part1.htm* vor. Sie können dieses Attachment speichern oder gleich öffnen. Es wird dann Ihr Standardbrowser aufgerufen und zur Darstellung des Attachments benutzt.

Attachments mit langen Dateinamen

Ein weiteres Problem der E-Mail-Software von T-Online ist es, dass diese als 16-Bit-Software nicht mit langen Dateinamen (Dateinamen die länger als 8+3 Zeichen sind) umgehen kann. Bei einer E-Mail selbst ist dies kein Problem: Sie können alle E-Mails mit der T-Online-Software empfangen. Schwierigkeiten können erst auftreten, wenn eine E-Mail ein Attachment enthält, das einen langen Dateinamen hat, denn die T-Online-Software weigert sich, dieses Attachment abzuspeichern. Und ohne Abspeicherung können Sie auch kein Programm aufrufen, das Ihnen das Attachment darstellen kann.

Hier hilft das Programm WinZip weiter. So gehen Sie vor:

Mit WinZip Attachments öffnen

Wenn Sie versuchen, ein Attachment abzuspeichern, aber sich kein Dateiauswahlfenster öffnet, dann handelt es sich um ein Attachment mit langem Dateinamen.

1. Schließen Sie nun zunächst das Fenster *eMail – Anlagen speichern* mit der Schaltfläche *Schließen.*

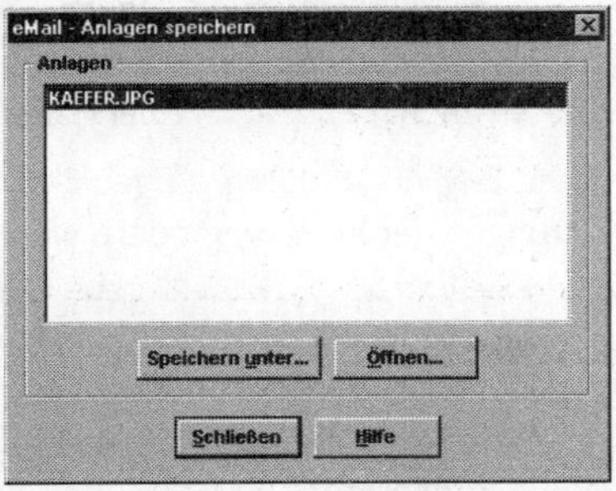

2. Sie sind wieder im Fenster *eMail lesen.* Hier klicken Sie auf *Speichern unter.*
3. Es öffnet sich das Fenster *eMail speichern.* Stellen Sie hier zunächst sicher, dass neben *mit Kopfzeilen und Anlagen* ein Häkchen steht.
4. Wechseln Sie dann in jenes Verzeichnis, in das die E-Mail mitsamt Attachment abgespeichert werden soll, und vergeben Sie der Datei einen Namen mit der Endung *txt* (z. B. *Test.txt*).

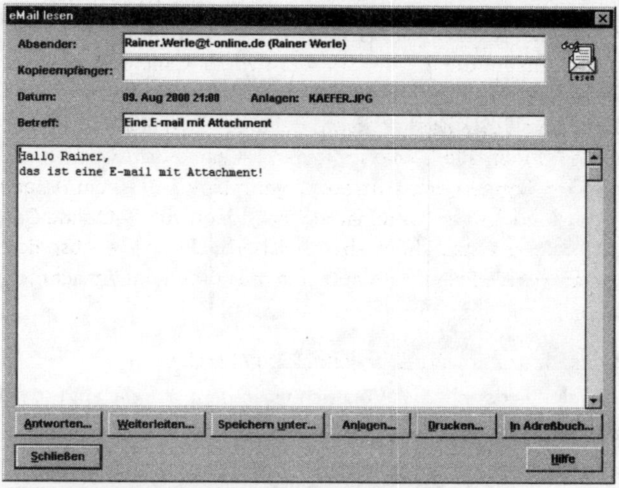

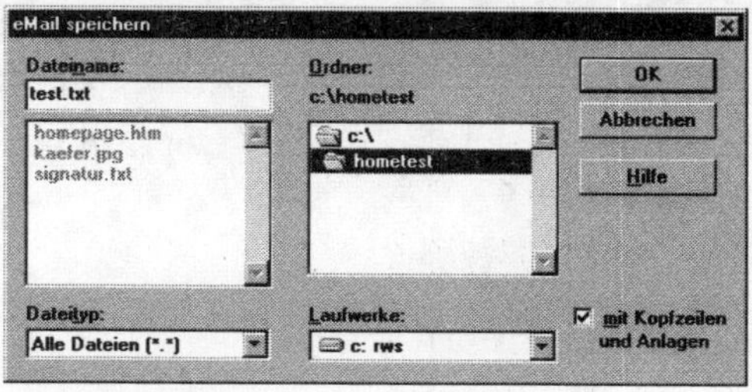

5 Abschließend klicken Sie auf *OK*.

6 Starten Sie nun WinZip. Wählen Sie danach die Schaltfläche *Open*.

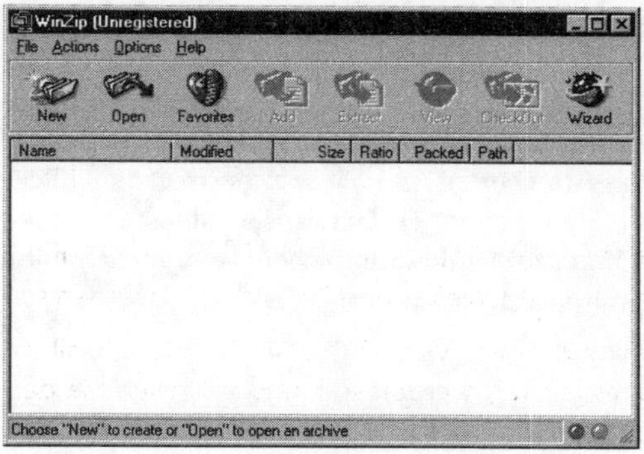

7 Sie erhalten ein Dateiauswahlfenster. Wählen Sie hier zunächst unter *Dateityp* den Eintrag *All files* aus.

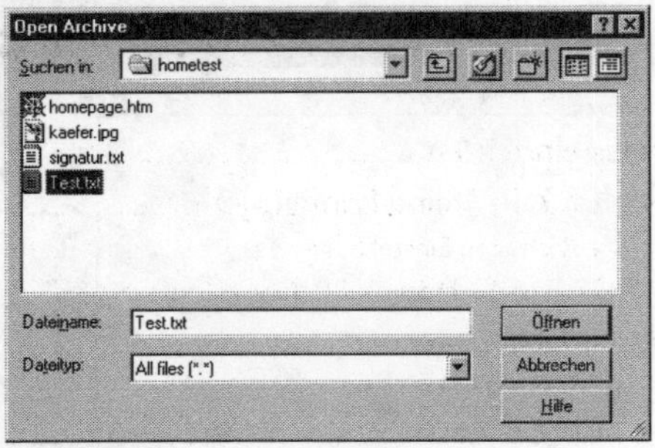

8 Wechseln Sie dann in das Verzeichnis, in dem sich die abgespeicherte E-Mail befindet, und markieren Sie deren Namen.

9 Mit einem Klick auf die Schaltfläche *Öffnen* kann es losgehen.

Sie sehen nun eine Auflistung von Dateien, in der sich zunächst die Datei *0001.txt* findet. Das ist der Text der E-Mail, den Sie ja bereits kennen. Die weiteren Dateien sind die Attachments.

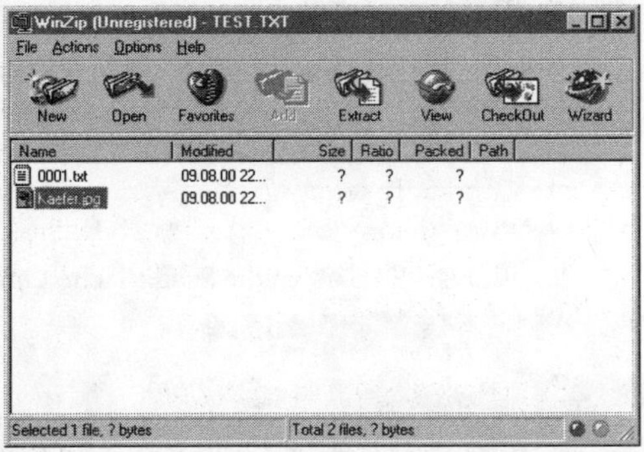

10 Markieren Sie das Attachment, das Sie speichern wollen. Klicken Sie dann auf *Extract*. Sie erhalten ein Dateiauswahlfenster und können das Attachment nun problemlos abspeichern und danach mit einem geeigneten Programm aufrufen und ansehen.

5. E-Mails flexibel versenden mit Outlook Express und Netscape

Zusammen mit dem Internet Explorer ist bei Windows 98 auch das Programm Outlook Express bereits vorinstalliert. Es ist ein exzellentes Programm für den Versand von E-Mails, aber auch für die Arbeit mit Newsgruppen. Es ist aber auch ein wenig das Sorgenkind unter den E-Mail-Programmen, denn Viren wie „I Love You" zielten bislang vor allem auf dieses Programm ab.

Hinweis: Aber bitte mit Virenscanner

Wenn Sie sich entscheiden sollten, Ihre E-Mails mit Outlook Express zu verwalten, sollten Sie besonders daran denken, ein Virenschutzprogramm zu installieren, und Sie sollten Attachments unbekannter Herkunft oder Attachments mit Dateiendungen, die Sie nicht kennen, nicht einfach mal spaßeshalber öffnen. Fragen Sie im Zweifelsfall beim Absender nach, was es mit dem Attachment auf sich hat!

5.1 Outlook Express einrichten

1 Starten Sie Outlook Express über *Start/Programme/ Outlook Express.* Oder Sie doppelklicken auf das *Outlook Express*-Symbol auf dem Desktop.

Manchmal woanders

Je nach Version und Installation von Outlook Express kann es sein, dass Sie das Programm auch an einer anderen Stelle unter *Start/Programme* finden. Häufig gibt es auch noch den Aufruf über *Start/Programme/ Internet Explorer/Outlook Express.*

2 Was nun passiert, hängt davon ab, ob Sie auf Ihrem PC Outlook Express oder den Internet Explorer bereits einmal gestartet und konfiguriert haben. Sehen Sie als Nächstes den unten abgebildeten Assistenten für den Internetzugang, führen Sie die folgenden Schritte aus. Falls nicht, können Sie die nachfolgenden Schritte überspringen.

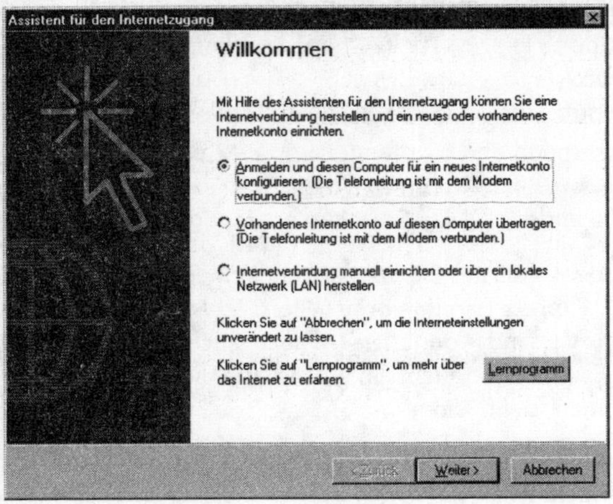

Microsoft will es Ihnen mit diesem Assistenten für den Internetzugang besonders einfach machen. Würden Sie einfach auf *Weiter* klicken, würde eine Verbindung zu einer 0180er-Nummer aufgebaut, um Ihnen einen Provider vorzuschlagen. Sie haben aber mit T-Online bereits einen Provider, und auch nachträgliche Änderungen an der Konfiguration sind für Sie leichter, wenn Sie den Assistenten umgehen.

3 Klicken Sie deshalb hier auf *Abbrechen.*

4 Im nächsten Fenster sollten Sie zunächst ein Häkchen neben *Den Assistenten für den Internetzugang nicht mehr anzeigen* setzen und dann auf *Ja* klicken. (Andernfalls startet der Assistent stets wieder neu und nervt mit seinen Fragen.)

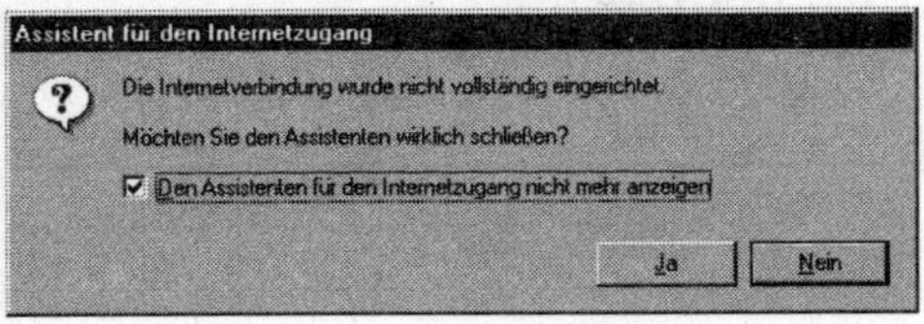

5 In vielen Fällen kommt nun der berühmte „Browserkrieg". Outlook Express möchte Standardprogramm für E-Mail werden. Klicken Sie auf *Ja,* wenn Sie in Zukunft vor allem mit Outlook Express arbeiten wollen, ansonsten auf *Nein.*

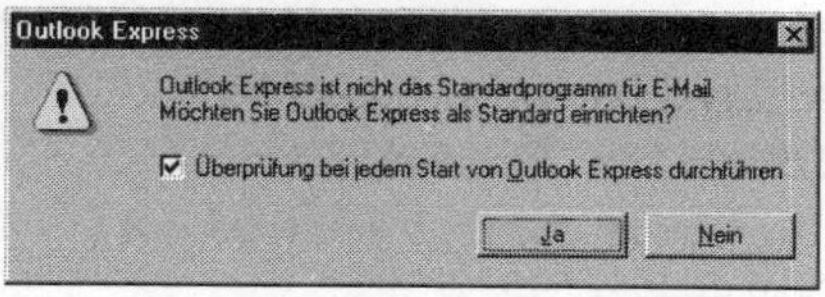

Standardprogramm: Halb so dramatisch

Gleichgültig, ob Sie auf *Ja* oder *Nein* geklickt haben, Sie können in Zukunft nach wie vor jedes E-Mail-Programm aufrufen und nutzen.

6 In den meisten Fällen meldet sich nun der *Assistent für den Internetzugang* doch nochmals zu Wort. Klicken Sie auf *Abbrechen,* damit er Ruhe gibt.

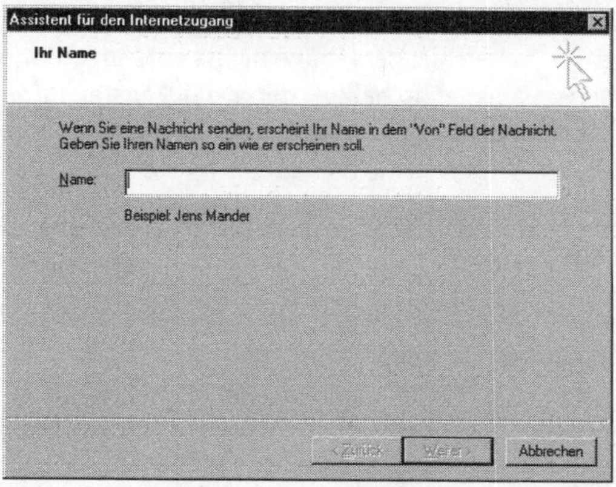

7 Klicken Sie dann hier auf *Ja,* damit der Assistent entgültig stillhält.

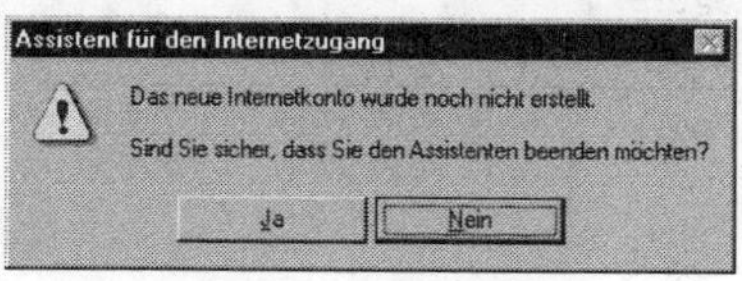

8 Falls Sie Netscape installiert haben (das ist wohl meistens der Fall), meldet Outlook Express nun noch, dass es bereit ist, Nachrichten und das Adressbuch von dort zu importieren. Falls Sie bislang vor allem mit der E-Mail-Software von T-Online gearbeitet haben, lohnt sich das nicht. Markieren Sie deshalb *Zur Zeit nicht importieren* und klicken auf *Weiter*.

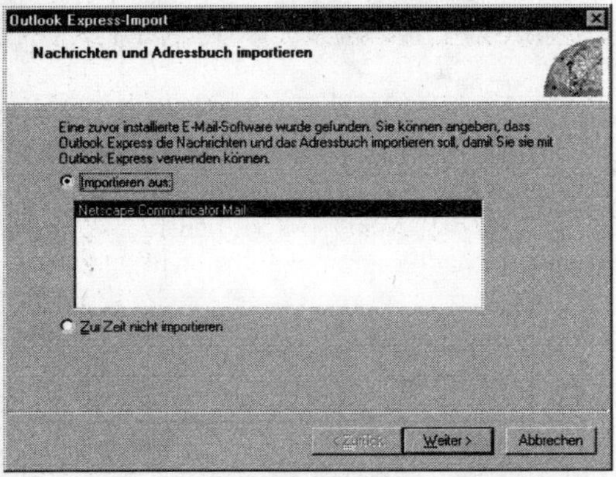

9 Im nächsten Fenster sehen Sie, dass Ihnen nichts entgangen ist, wenn Sie das Importieren abgelehnt haben, denn das Fenster informiert Sie darüber, dass Sie jederzeit das Importieren über *Datei/Importieren* nachholen können. Klicken Sie hier auf *Fertig stellen*.

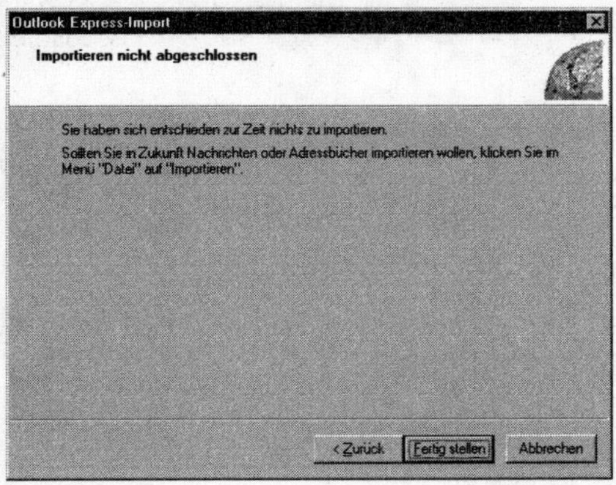

5.2 Outlook Express für T-Online konfigurieren

Der Assistent ist ausgetrickst, jetzt kann das Konfigurieren losgehen. Übrigens: Beim nächsten Start von Outlook Express nach dem Konfigurieren gibt der Assistent Ruhe und kehrt nicht wieder ...

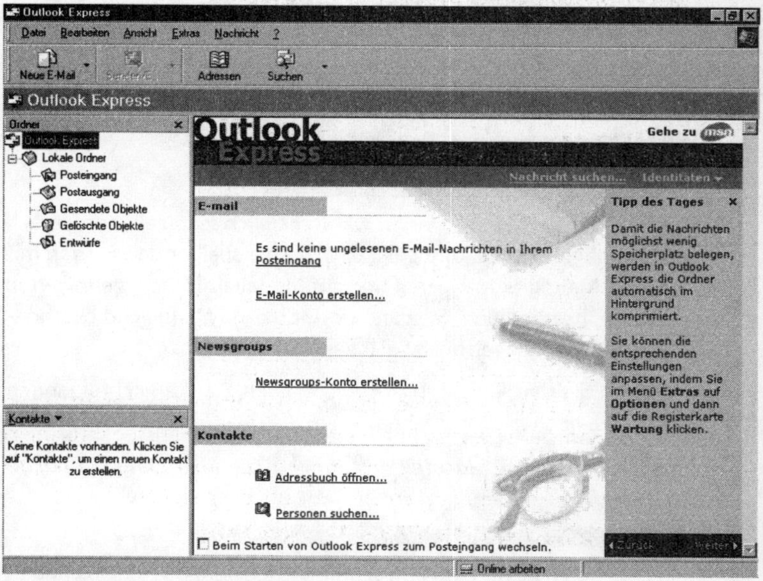

Die Startseite von Outlook Express

1 Die Konfiguration (oder auch spätere Änderungen) starten Sie über *Extras/Konten.*

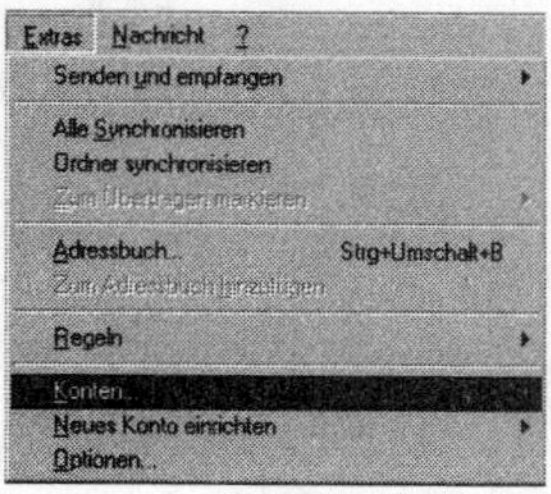

2 Damit sind Sie im Fenster *Internetkonten*. Sie finden eine Liste von Konten schon voreingestellt. Schauen Sie die Liste einmal durch, ob dabei auch der Eintrag *pop.t-online.de* bzw. *pop.btx.dtag.de* zu finden ist.

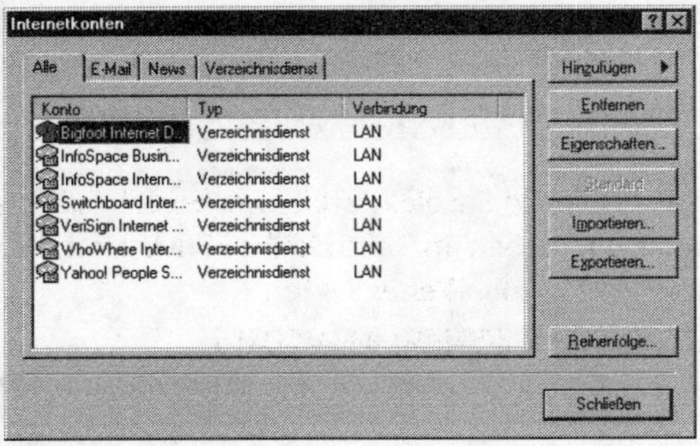

- Finden Sie den Eintrag vor, ist wahrscheinlich schon alles ordentlich vorkonfiguriert. Sie können aber sicherheitshalber den Eintrag mit einem Mausklick markieren und auf die Schaltfläche *Eigenschaften* klicken. Kontrollieren Sie dann dort, ob alle nachfolgend beschriebenen Einstellungen auch bei Ihnen vorhanden sind.
- Finden Sie den Eintrag nicht vor, müssen Sie die nachfolgenden Schritte noch nachvollziehen.

3 Wählen sie zunächst *Hinzufügen/E-Mail.*

4 Erschrecken Sie nicht, dass nun schon wieder der Assistent zu finden ist! Er ist jetzt unter Ihrer Kontrolle. Als Erstes geben Sie Ihren Namen oder Spitznamen ein.

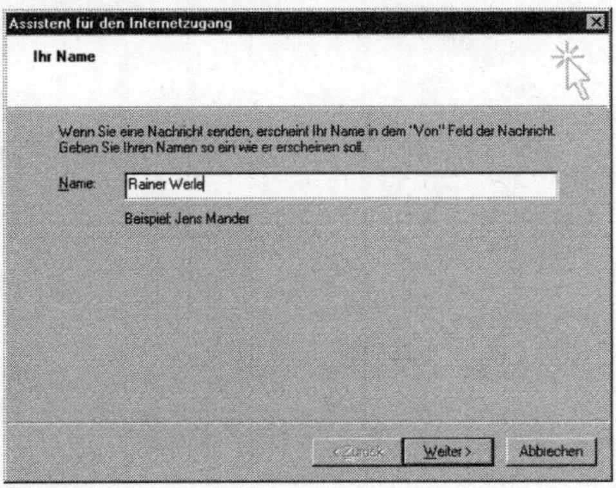

Welchen Namen?

Der Name, den Sie hier eingeben, wird später bei allen E-Mails, die Sie mit Outlook Express versenden, als Ihr Absendername angegeben. Es kann im Prinzip ein beliebiger Name sein, aber die Empfänger sollten damit schon etwas anzufangen wissen.

5 Im nächsten Fenster belassen Sie die Markierung bei *Ich habe bereits eine E-Mail-Adresse* und geben im Textfeld Ihre E-Mail-Adresse von T-Online ein. Dann geht es mit *Weiter* weiter.

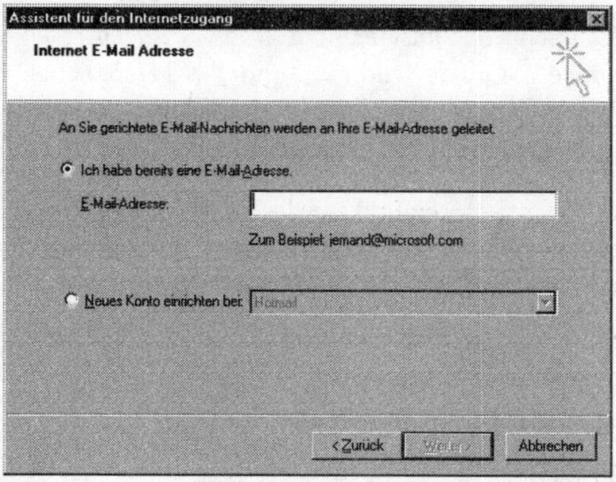

6 Im nächsten Fenster belassen Sie zunächst die Voreinstellung *POP3*.

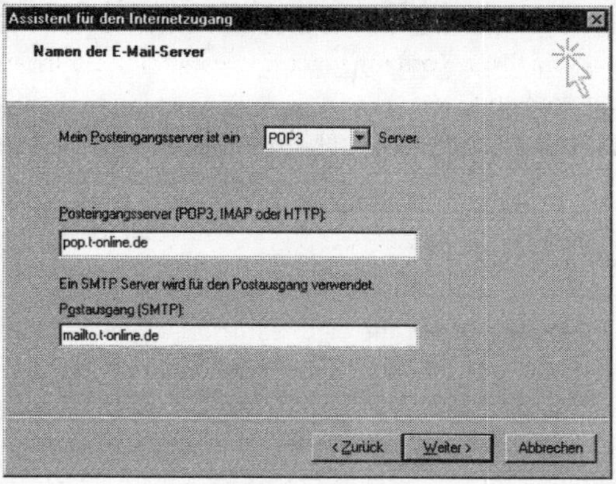

Ausfüllen müssen Sie die beiden nächsten Felder:

	Neu	Alt
Server für den Posteingang	pop.t-online.de	pop.btx.dtag.de
Server für den Postausgang	mailto.t-online.de	mailto.btx.dtag.de

7 Geben Sie hier für den Posteingangsserver *pop.t-online.de* und für den Postausgang *mailto.t-online.de* ein. Häufig finden Sie auch noch die alten Servernamen, die nach wie vor funktionieren.

8 Natürlich geht es dann mit *Weiter* weiter.

Nun werden Sie nach *Kontoname* und *Kennwort* gefragt. Sie können hier natürlich Ihre T-Online-Nummer und Ihr persönliches Kennwort eingeben, aber besser geht es so:

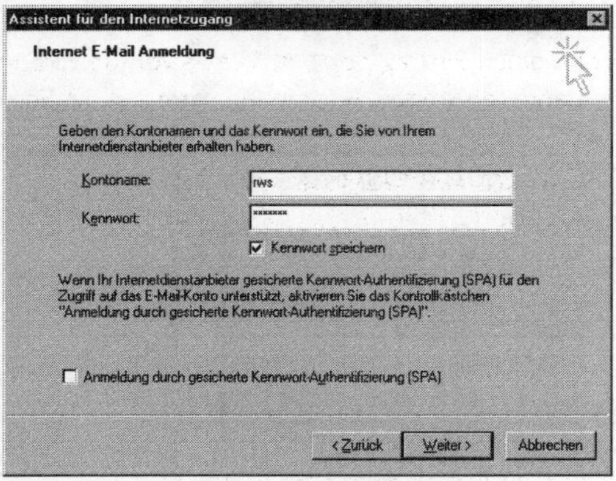

9 Geben Sie in beiden Feldern irgendetwas (nicht aber das echte persönliche Kennwort) ein, markieren *Kennwort speichern* und klicken dann auf *Weiter*.

Was soll denn das?

Bei der Einwahl zu T-Online gibt es eine eigene Instanz, die Ihre T-Online-Nummer und Ihr Passwort kontrolliert. Diese ist unabhängig von den Eingaben die Sie in diesem Fenster machen. Es ist also sicherer, wenn Sie hier Unsinn angeben und das unsinnige Passwort speichern lassen. Denn dann müssen Sie beim Einloggen mit Outlook Express nicht jedes Mal das unsinnige Passwort eingeben.

---

10 Jetzt fehlt im nächsten Fenster noch ein Klick auf *Fertig stellen* und Sie gelangen zurück ins Fenster *Internetkonten*.

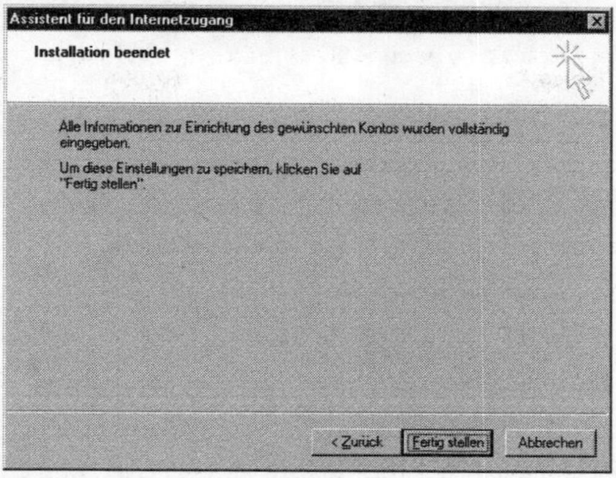

11 Sie finden hier nun einen Eintrag *pop.t-online.de* vor, den Sie mit einem Mausklick markieren sollten. Klicken Sie dann auf die Schaltfläche *Eigenschaften*.

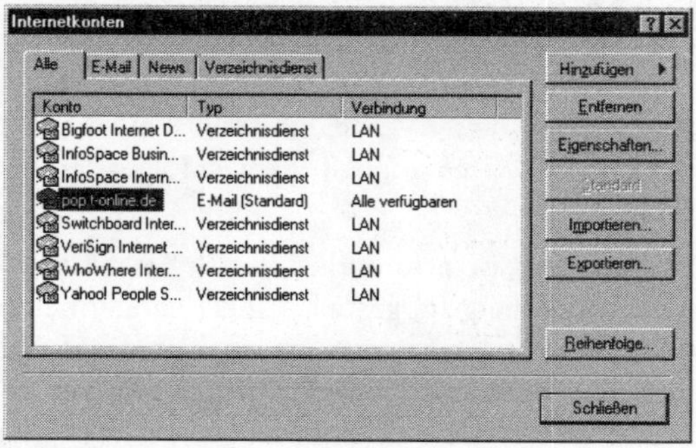

Immer erst T-Online

Wenn Sie über den Eintrag *TOSW-internal Settings* arbeiten, funktioniert Outlook Express einwandfrei, wenn Sie stets zuerst die T-Online-Software starten und dann erst Outlook Express. Wollen Sie mit Outlook Express eigenständig arbeiten (ohne T-Online-Software) müssen Sie zuvor eine DFÜ-Verbindung für T-Online konfigurieren.

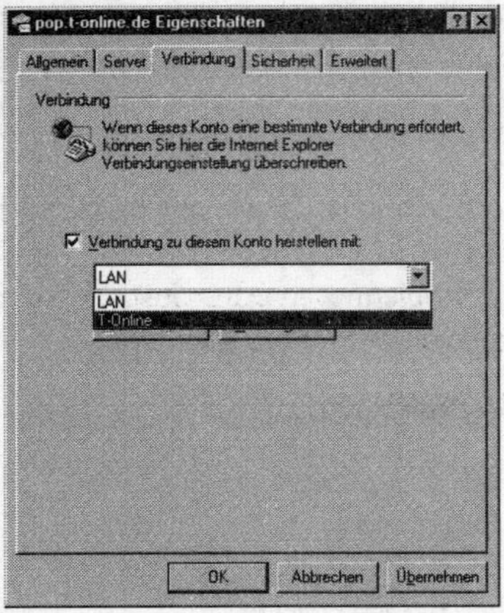

12 Klicken Sie hier zunächst auf die Registerkarte *Verbindung*. Wenn noch kein Häkchen neben *Verbindung zu diesem Konto herstellen mit* steht, setzen Sie eines mit einem Mausklick.

13 Nun gibt es mal wieder zwei Möglichkeiten:

- Wenn Sie bereits eine eigene DFÜ-Netzwerkverbindung zu T-Online hergestellt haben, finden Sie neben dem Eintrag *LAN* auch noch den Namen dieser Verbindung vor. Markieren Sie diesen und klicken auf *OK*. Sie können die nachfolgenden Schritte überspringen.
- Etwas mehr Aufwand ist erforderlich, wenn Sie bislang keine DFÜ-Netzwerkverbindung hergestellt haben, sondern stets mit der T-Online-Software ins Internet gehen. Die nachfolgenden Schritte müssen Sie dann ausführen.

Der Trick mit T-Online

1 Belassen Sie die Fenster von Outlook Express zunächst, wie sie sind, und öffnen zusätzlich die T-Online-Software.

2 Ist diese gestartet, drücken Sie auf die Taste F4. Sie werden damit ins Internet verbunden, ohne dass der Browser startet, den Sie hier auch nicht benötigen.

3 Steht die Verbindung ins Internet, schalten Sie über die Task-Leiste wieder auf Outlook Express um und schließen das Fenster *pop.t-online.de Eigenschaften*, um es danach gleich wieder im Fenster *Internetkonten* über *Eigenschaften* zu öffnen.

4 Sie finden nun neben dem Eintrag *LAN* auch den Eintrag *TOSW-internal Settings* vor, den Sie mit einem Mausklick markieren.

5 Schließen Sie dann das Fenster mit *OK*.

Sie sind nun wieder im Fenster *Internetkonten*, das Sie mit der Schaltfläche *Schließen* beenden. Von jetzt an können Sie Outlook Express im Prinzip für E-Mails nutzen. Allerdings sollten für problemlosen Datenaustausch und Ihre Sicherheit noch ein paar Einstellungen vorgenommen werden:

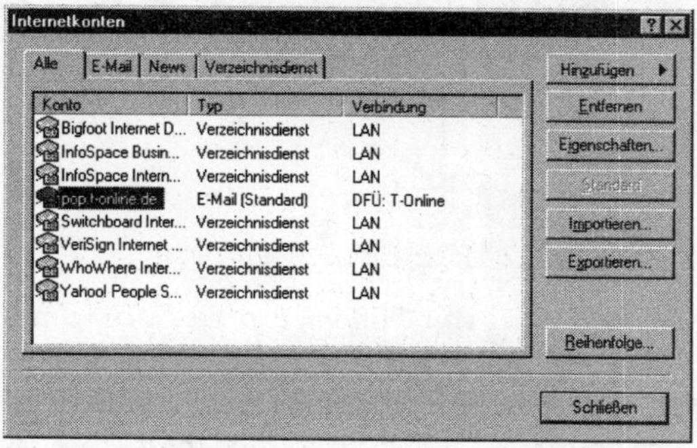

Outlook Express: Die wichtigen Einstellungen

1 Wählen Sie nun noch in Outlook Express *Extras/Optionen*.

2 Sie befinden sich nun im Fenster *Optionen* und zunächst in der Registerkarte *Allgemein*. Hier sollten Sie zunächst das Häkchen neben *Nachrichteneingang alle ... Minuten prüfen* demarkieren, da sonst Outlook Express alle paar Minuten versucht, sich bei T-Online einzuwählen. Dies muss schon allein des Geldbeutels wegen nicht sein.

E-Mails mit HTML: Da freut sich die Telekom

Die Alternative zu *Nur Text* ist *HTML*, und wenn Sie diese Option auswählen, wird Ihre E-Mail nicht nur als normaler Text versandt, sondern auch noch im HTML-Format, das sich in Webbrowsern oder auch in Outlook Express darstellen lässt. Die E-Mail wird dadurch mehr als doppelt so lang, ohne deshalb informativer zu werden.

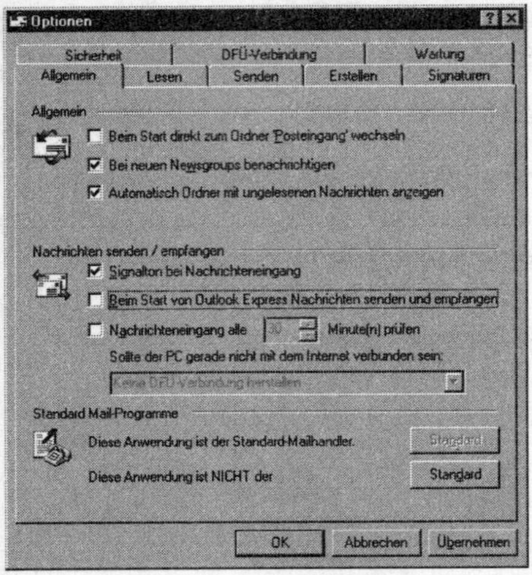

3 Ich empfehle, auch bei *Beim Start von Outlook Express Nachrichten senden und empfangen* zu demarkieren, denn häufig wollen Sie nur mal noch eine bereits eingegangene E-Mail nachlesen, ohne dass gleich eine Verbindung ins Internet aufgebaut werden soll.

4 Als Nächstes wechseln Sie zur Registerkarte *Senden*. Hier empfehle ich, bei *Nachricht Senden Format* (übrigens auch bei *News Senden Format*) den Eintrag *Nur Text* zu markieren.

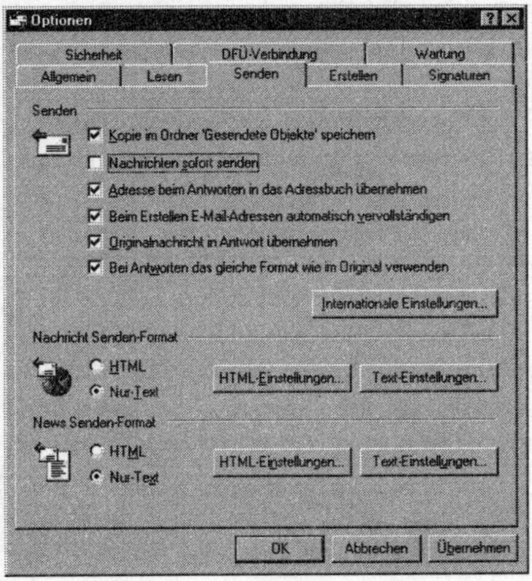

5 Klicken Sie dann noch auf die Schaltfläche *Text-Einstellungen* unter *Nachricht Senden-Format.*

6 Ein neues Fenster geht auf, in dem Sie kontrollieren sollten, ob der Eintrag *MIME* markiert und *Keine* Textcodierung eingestellt ist. Wahrscheinlich müssen Sie nichts korrigieren. Schließen Sie das Fenster wieder mit *OK.*

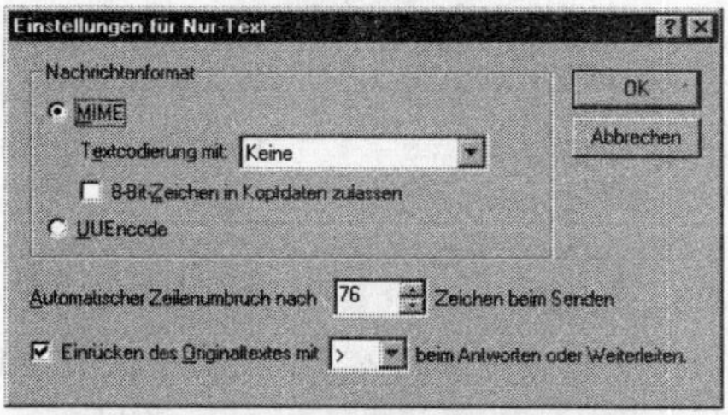

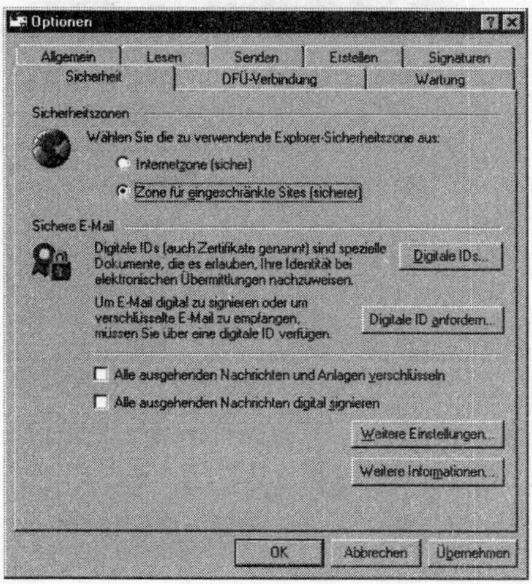

7 Wechseln Sie nun noch im Fenster *Optionen* in die Registerkarte *Sicherheit.* Um die Sicherheit vor E-Mail-Viren zu erhöhen, sollten Sie hier unter *Sicherheitszonen* auf *Zone für eingeschränkte Sites* umstellen.

8 Nun können Sie das Fenster mit *OK* schließen und alles ist startklar.

5.3 So nutzt die T-Online-Software Outlook Express

Wie Sie von nun an Outlook Express nutzen, hängt davon ab, ob Sie bei der Konfiguration eine DFÜ-Verbindung angegeben oder durch den Start der T-Online-Software und F4 den Eintrag *TOSW-internal Settings* erzeugt haben.

1. Haben Sie eine DFÜ-Verbindung angegeben, dann müssen Sie nur Outlook Express starten und können die T-Online-Software ignorieren. Sobald Sie E-Mails abrufen oder versenden (wie das geht, wird gleich beschrieben), stellt Outlook Express über das DFÜ-Netzwerk eine Verbindung her.
2. Haben Sie den Eintrag *TOSW-internal Settings* erzeugt, dann müssen Sie zunächst die T-Online-Software starten und online gehen. Danach rufen Sie Outlook Express auf. Ich zeige Ihnen gleich, wie das geht.

Nur mal schnell was nachlesen

Wollen Sie nur mal schnell in einer schon empfangenen E-Mail etwas nachlesen, können Sie natürlich auch nur Outlook Express starten. Mit den oben beschriebenen Einstellungen geht das problemlos. Falls Sie sich für andere Einstellungen entschieden haben, kann es sein, dass mit dem Solo-Start von Outlook Express auch ein Fenster zum Verbindungsaufbau erscheint. Klicken Sie dann dort auf *Offline*. Falls noch eine Fehlermeldung erscheint, klicken Sie sie weg: Sie ist harmlos!

5.4 Versenden und Empfangen von E-Mails

Nun können Sie gleich das Zusammenspiel von T-Online-Software und Outlook Express erproben. Ich zeige Ihnen nachfolgend, wie es zusammen mit der T-Online-Software funktioniert. Aber bei einer DFÜ-Verbindung ist die Bedienung die gleiche.

1. Starten Sie die T-Online-Software und lassen sich über *Funktionen/ Anwahl* mit T-Online verbinden. Sie können auch ganz einfach bei gestarteter T-Online-Software auf die Taste *F4* der Tastatur drücken.

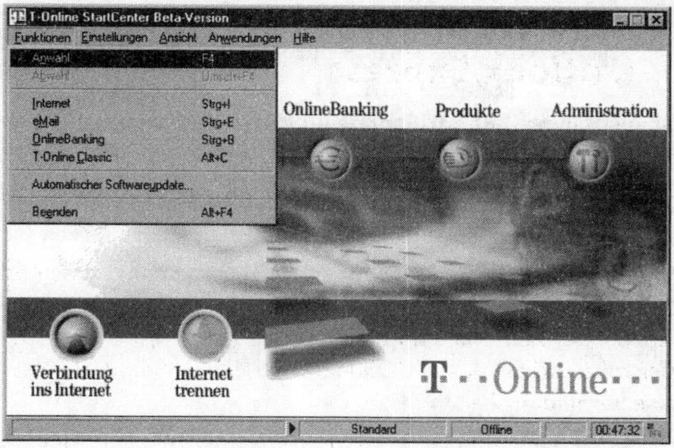

2 Steht die Verbindung zu T-Online, rufen Sie über *Start/Programme/Outlook Express* auch Outlook Express auf. Sie können nun mit Outlook Express so lange E-Mails senden und empfangen, wie Sie über die T-Online-Software online sind.

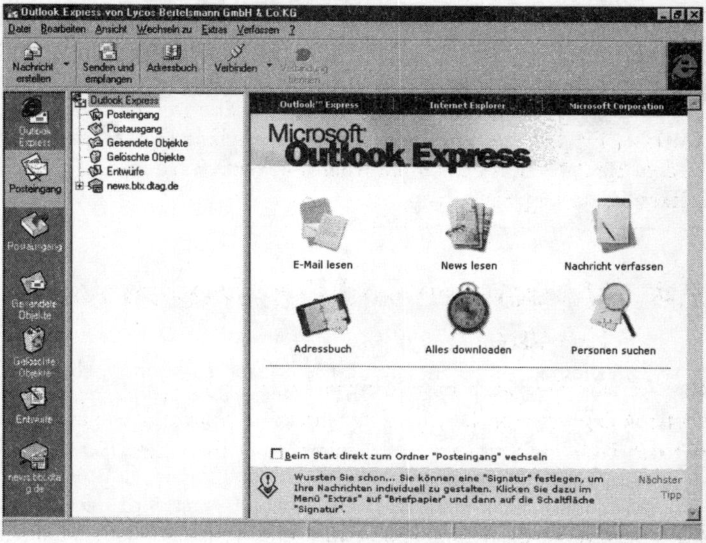

3 Um zu überprüfen, ob neue E-Mails für Sie eingegangen sind, klicken Sie auf die Schaltfläche *Senden und Empfangen.*

Warum nicht gleich auf Verbindung ins Internet klicken?

Wenn Sie auf die Schaltfläche *Verbindung ins Internet* der T-Online-Software klicken, wird nicht nur eine Verbindung ins Internet hergestellt, sondern auch automatisch der Browser aufgerufen. Das wollen Sie hier wahrscheinlich nicht, denn es soll ja Outlook Express gestartet werden. Mit *Funktionen/Anwahl* bzw. mit [F4] wird auch eine Verbindung ins Internet gestartet, aber es wird kein Browser gestartet, und Sie können dann direkt die Software Ihrer Wahl – z. B. Outlook Express – aufrufen.

4 Während Outlook Express Ihre E-Mails abholt, sehen Sie das Übertragunsfenster, in dem Sie den Fortgang der Übertragung verfolgen können. Ist die Übertragung abgeschlossen, schließt sich dieses Fenster automatisch.

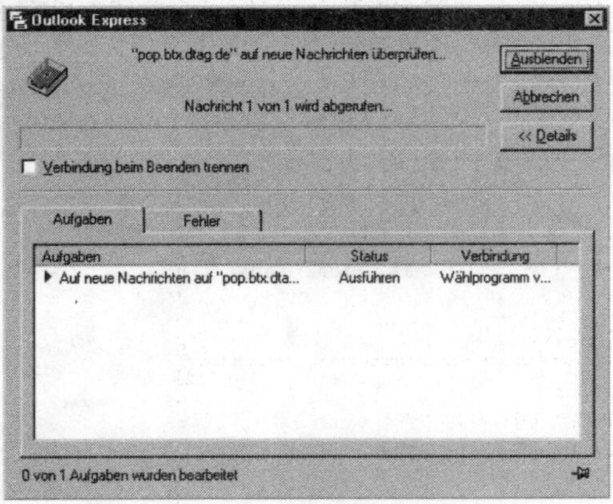

5 Um die neu eingegangenen E-Mails lesen zu können, klicken Sie auf die Schaltfläche *Posteingang* oder den Eintrag *Posteingang* im linken Teilfenster.

6 Sie finden nun alle E-Mails im oberen rechten Teilfenster aufgelistet. Mit einem Klick auf den Betreff einer E-Mail wird deren Inhalt im unteren rechten Teilfenster dargestellt.

7 Wollen Sie eine E-Mail schreiben und versenden, dann klicken Sie auf die Schaltfläche *Nachricht erstellen.*

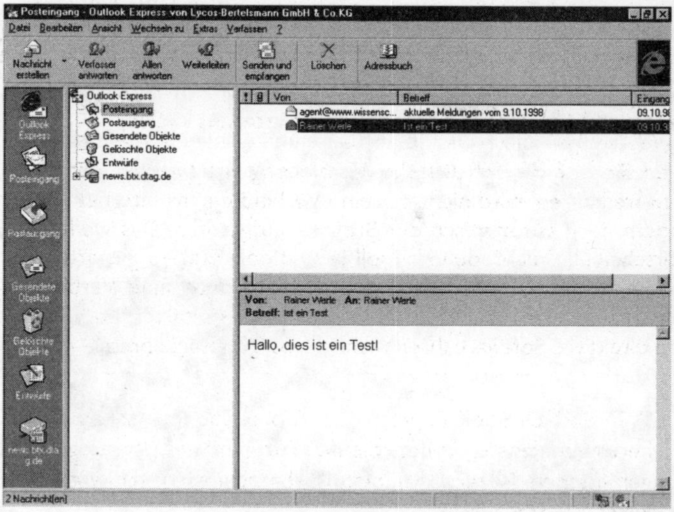

8 Sie erhalten ein Fenster eingeblendet, wie Sie dies auch vom E-Mail-Programm von T-Online her kennen. Füllen Sie auch hier den Empfänger (hier die Rubrik *An*), den *Betreff* und den eigentlichen Text aus und klicken auf die Schaltfläche *Senden*. Damit ist Ihre E-Mail abgeschickt.

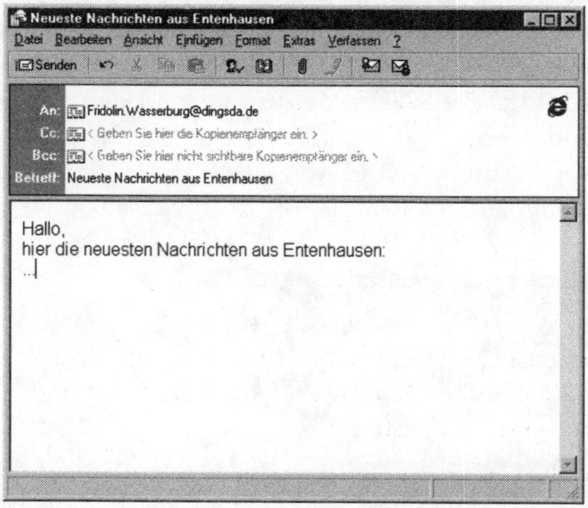

Outlook Express als Standard-E-Mail-Programm

Gefällt Ihnen Outlook Express besser als die E-Mail-Software von T-Online? Oder haben Sie ein anderes E-Mail-Programm, das Ihnen besonders zusagt? Sie können jedes E-Mail-Programm so in die T-Online-Software einbinden, dass es von nun an Ihre Post erledigt, wenn Sie in der T-Online-Software auf die Schaltfläche *eMail* klicken.

1 Starten Sie die T-Online-Software und wählen *Einstellungen/eMail*.

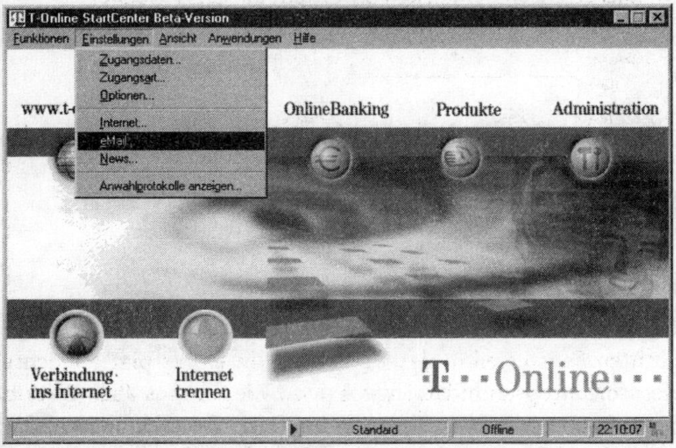

2 Sie finden drei Optionsfelder vor, wobei das erste markiert ist. Wollen Sie die in den Netscape Browser eingebaute E-Mail-Software als Standard für die T-Online einstellen, dann markieren Sie das zweite Optionsfeld *eMail-Client eines WWW-Browsers* und wählen im Dropdown-Menü daneben *Netscape* aus (meist ist dies schon voreingestellt). In diesem Fall können Sie bereits mit *OK* das Fenster schließen. Beim nächsten Aufruf von E-Mails mit der T-Online-Software wird nun automatisch die E-Mail-Software von Netscape gestartet.

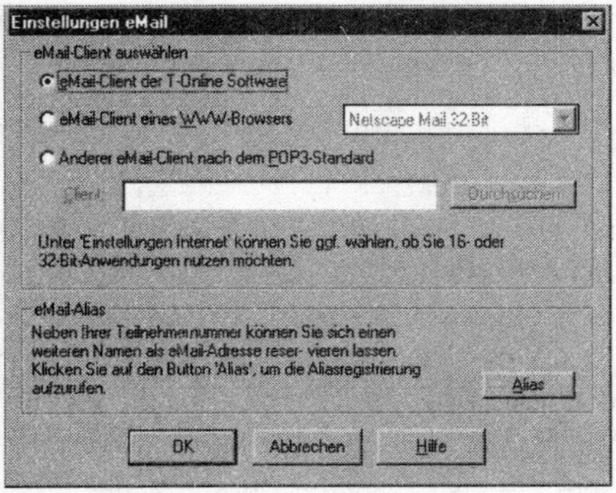

3 Wollen Sie Outlook Express (oder ein anderes E-Mail-Programm) als Standard für die T-Online-Software, dann markieren Sie das dritte Optionsfeld (*Anderer eMail-Client nach dem POP3-Standard*). Klicken Sie dann auf die Schaltfläche *Durchsuchen*.

4 Im nächsten Fenster klicken Sie erneut auf *Durchsuchen*.

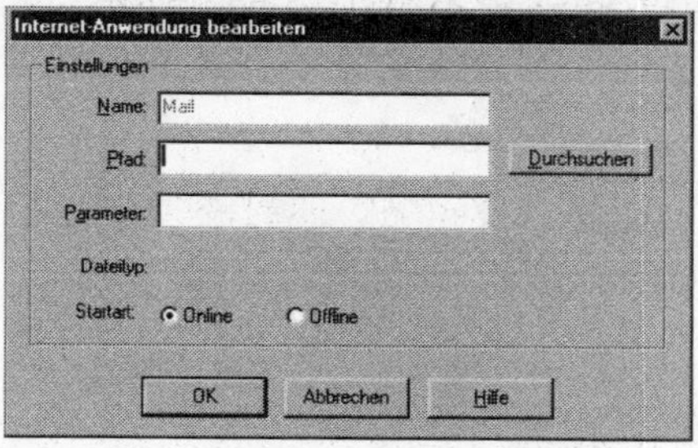

5 Sie erhalten das Fenster *Anwendung auswählen*. Hier müssen Sie im rechten Fensterteil in das Verzeichnis Ihrer Festplatte wechseln, in dem die Programmdatei des E-Mail-Programms (bei Outlook Express heißt sie *msimn.exe*) sich befindet. Zumeist ist dies das Verzeichnis *C:\Programme\Outlook Express*.

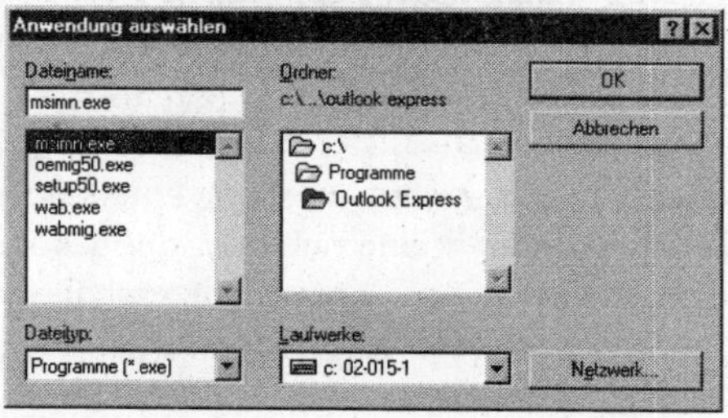

6 Markieren Sie dann im linken Fensterteil die Programmdatei des E-Mail-Programms (z. B. *msimn.exe*) und klicken auf *OK*.

Wo laufen Sie denn?

Falls Sie die Programmdatei *msimn.exe* nicht auf Anhieb finden (sie ist nicht auf allen PCs im gleichen Verzeichnis), wählen Sie auf Ihrem PC *Start/Suchen/Dateien/Ordner* und starten dort eine Suche nach dem Dateinamen. Sie erhalten dann das Verzeichnis aufgelistet, in dem die Datei steht, und können diese Angabe für die Konfiguration der T-Online-Software nutzen.

---

7 Sie sind damit wieder im Fenster *Internet-Anwendungen bearbeiten.* Hier können Sie unter *Startart* noch auswählen, ob die T-Online-Software beim Aufruf des neu konfigurierten E-Mail-Programms gleich online gehen soll (Option *Online*) oder Sie erst später online gehen wollen (Option *Offline*). Im Normalfall werden Sie die voreingestellte Option *Online* belassen, damit Sie bei jedem Start der E-Mail-Software auch gleich über neue E-Mails informiert werden.

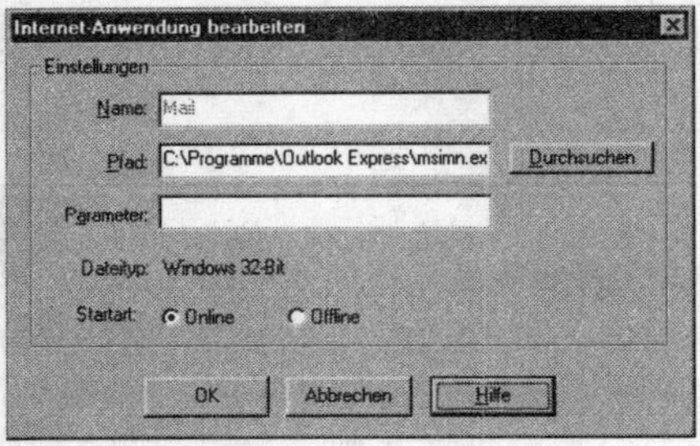

8 Klicken Sie abschließend auf *OK* und auch im Fenster *Einstellungen eMail* auf *OK*. Damit ist die von Ihnen ausgewählte E-Mail-Software die Standard-E-Mail-Software für T-Online. Beim nächsten Abruf von E-Mails wird automatisch diese Software gestartet.

Änderung jederzeit möglich

Selbstverständlich können Sie jederzeit dieses Einstellung erneut aufrufen und die bisherige E-Mail-Software durch eine neue Angabe verändern. Wollen Sie wieder die E-Mail-Software von T-Online nutzen, müssen Sie nur die Option *eMail-Client der T-Online Software* auswählen.

5.5 Eine andere E-Mail-Software nutzen: Netscape

So wie Sie nach dem Start der T-Online-Software Outlook Express aufrufen können oder dieses auch in die T-Online-Software als Standard-Email-Software einbinden können, können Sie auch jede andere E-Mail-Software zusammen mit T-Online nutzen.

Wie wäre es zum Beispiel mit der E-Mail-Software, die der Netscape Communicator bereits mitbringt? Probieren Sie es rasch einmal aus:

1 Starten Sie die T-Online-Software.

- Wenn Netscape der Standard-Browser der T-Online-Software ist, also beim Klick auf *Verbindung ins Internet* sofort startet, wählen Sie *Verbindung ins Internet.*
- Ansonsten drücken Sie auf der Tastatur die Taste [F4]. Sie werden dann ins Internet verbunden und können danach Netscape von Hand starten.

2 Sie sind nun online und haben Netscape gestartet.

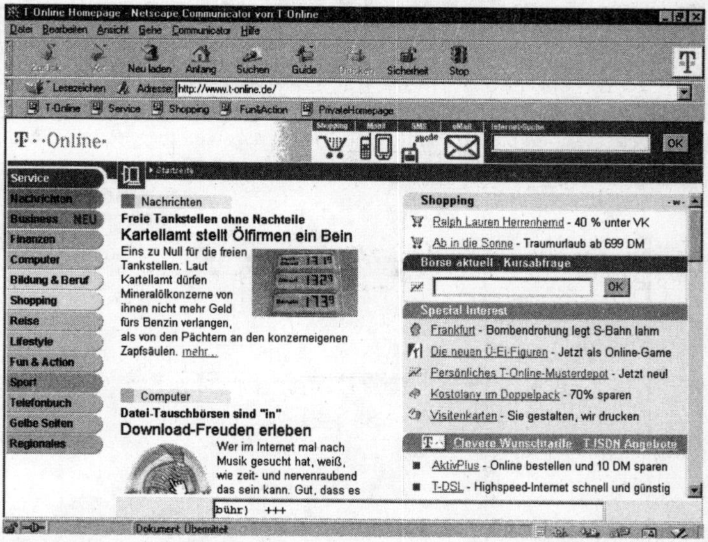

3 Klicken Sie rechts unten auf die Schaltfläche *Posteingang* (die zweite von links).

4 Netscape will nun von Ihnen noch ein Kennwort für Ihren E-Mail-Zugang. Da Sie sich bereits bei der Einwahl zu T-Online korrekt angemeldet haben, ist es gleichgültig, was Sie hier eintippen. Zwei, drei Buchstaben genügen. Dann geht es mit *OK* weiter.

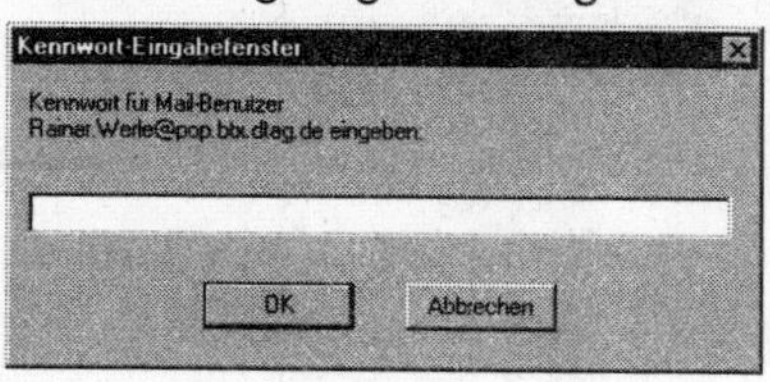

5 Netscape holt damit bereits Ihre neuen E-Mails bei T-Online ab. Aber bevor Sie diese sehen können, kann es sein, dass der „Browserkrieg“ noch seinen Tribut fordert:

6 Wenn Sie dieses Fenster sehen, will diesmal Netscape Ihr Standard-E-Mail-Programm werden. Sie wissen schon, es ist eigentlich egal. Klicken Sie auf *Ja* oder *Nein.*

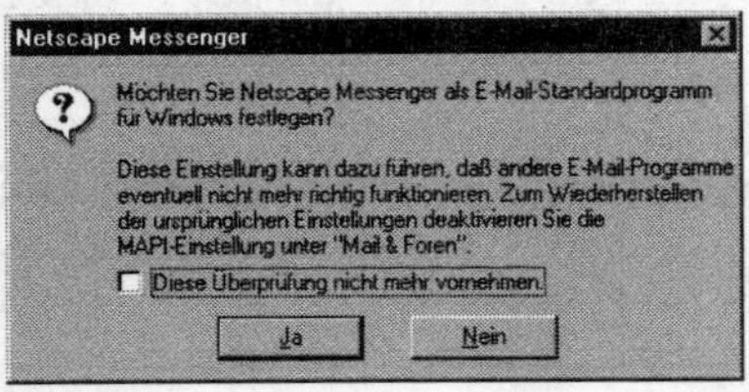

7 Schon sehen Sie im rechten oberen Fensterteil Ihre neuen E-Mails.

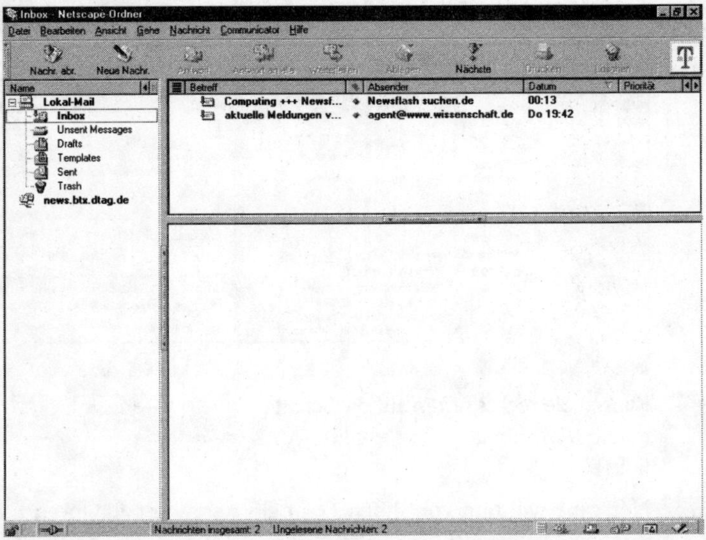

8 Mit den Schaltflächen für *Nachrichten abrufen* und *Neue Nachricht* können Sie nachsehen, ob neue E-Mails eingegangen sind, bzw. eine neue E-Mail erstellen und abschicken.

6. Diskutieren in Newsgroups

Sie haben ein sehr ausgefallenes Hobby und bislang noch wenig Gleichgesinnte gefunden? Bei sechs Milliarden Erdenbürgern müsste es doch einige geben, die Ihre Interessen teilen, und genau dazu gibt es das System der Newsgruppen: Weltweite Diskussionsforen zu über 30.000 Themen.

Unterschiedliche Bezeichnungen

Lassen Sie sich von den verschiedenen Namen für das Newsgruppen-System nicht durcheinander bringen: Auf Englisch spricht man von Newsgroups, im Deutschen zumeist von Newsgruppen, aber auch von Diskussionsforen. Und dann wird das gesamte System auch noch Usenet genannt, aber gemeint ist damit stets das Gleiche.

So funktioniert das Newsgruppen-System

Wenn Millionen Menschen in über 30.000 Newsgruppen diskutieren, muss das irgendwie verwaltet werden. Damit das Ganze zusammenpasst, gibt es sog. Newsserver, die ständig gegenseitig Daten austauschen.

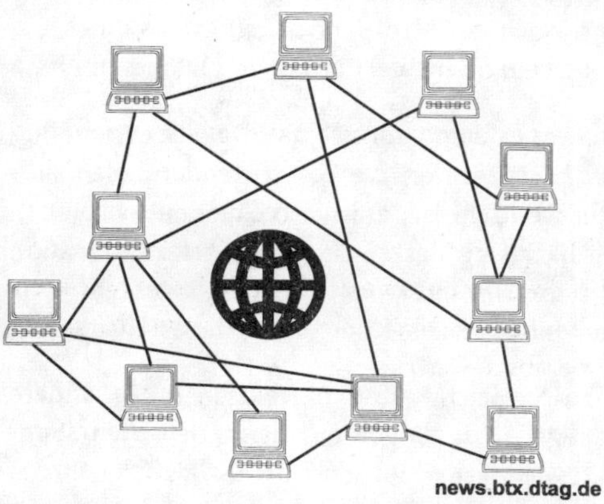

Weltweit tauschen tausende Newsrechner Diskussionsbeiträge untereinander aus. Der Newsrechner von T-Online heisst news.btx.dtag.de

Kommt ein Diskussionsbeitrag bei einem Newsserver an, schickt er diesen Beitrag weltweit an alle anderen Newsserver, auf denen die betreffende Newsgruppe ebenfalls geführt wird. Deshalb können Sie in allen Newsgruppen weltweit mitdiskutieren, die T-Online auf seinem Newsserver vorrätig hält. Die Antworten auf Ihre Beiträge können durchaus aus Australien oder Japan kommen!

Nicht alle Newsgruppen vorrätig

T-Online betreibt einen eigenen Newsserver, der den Rechnernamen news.btx.dtag.de trägt. Über diesen gelangen Sie ins weltweite Newsgruppen-System. Während ich dies schreibe, gibt es auf dem Newsrechner von T-Online 14.310 Newsgruppen, also keineswegs alle, die es weltweit gibt. Das ist auch einleuchtend, denn zahlreiche Diskussionsforen behandeln Lokalthemen zum Beispiel in Singapur oder San Francisco. Falls T-Online Ihre Lieblingsnewsgruppe nicht vorrätig hat, zeige ich Ihnen am Schluss des Kapitels, wie Sie trotzdem an diese Newsgruppe kommen können.

6.1 Newsgroups – Heiße Diskussionen zu interessanten Themen

Damit die Tausenden von Newsgruppen nicht hoffnungslos im Chaos versinken, gibt es ein einheitliches System, wie Newsgruppen benannt werden. Die Namen aller Newsgruppen sind nach dem gleichen Schema aufgebaut: ein Name, ein Punkt, noch ein Name, noch ein Punkt, noch ein Name und manchmal auch noch ein oder zwei Punkte und Namen mehr.

Ein Beispiel zeigt Ihnen gleich, was es damit auf sich hat: Da gibt es zum Beispiel die Newsgruppe *de.rec.kunst.theater*, die Sie folgendermaßen aufschlüsseln können: *de* steht für Deutschland, es ist also eine deutschsprachige Newsgruppe. *rec* ist die Abkürzung des englischen Wortes Recreation (= Freizeit/Erholung); es geht also um ein Freizeitthema. *kunst* steht – na klar – für Kunst und es geht um eine spezielle Kunst: nämlich das Theater.

Nach diesem Schema können Sie leicht erraten, welchen Inhalt andere Newsgruppen haben. Weil einige Abkürzungen aus dem Englischen stammen, führe ich Ihnen hier die wichtigsten auf, die zumeist als Oberthema (oder bei deutschen Newsgruppen gleich nach dem *de*) auftauchen:

de	Deutschsprachige Newsgruppe. Die deutschsprachigen Beiträge können aber durchaus auch von einem Deutsch sprechenden Japaner stammen.
comp	Alles rund um den Computer.
sci	Steht für science (= Wissenschaft). Wissenschaftliche Diskussionen zu den verschiedenen Fachgebieten.
rec	Steht für recreation (= Freizeit/Erholung). Es gibt kaum ein Hobby, das dort nicht vertreten ist.
soc	Gesellschafts- und Sozialthemen sind hier versammelt. Häufig gibt es turbulente Diskussionen, weil unterschiedliche Standpunkte aufeinander prallen.
misc	Steht für miscellenous (= Verschiedenes). Der Gemischtwarenladen unter den Diskussionsforen.
org	Hier finden Sie Diskussionen zu verschiedenen Organisationen (z. B. Amnesty International).
fr	Hier wird Französisch gesprochen.
schule	Deutschsprachige Newsgruppen für Schüler und Schulthemen.
talk	Gespräche zu Philosophie, Religion und manchem mehr.
alt	Der alternative Bereich der Newsgroups. Meistens ziemlich chaotisch. Das deutsche Gegenstück finden Sie unter *de.alt*.
test	Newsgruppen, die einzig zum Austesten des Usenets dienen. Hier können Sie probieren, ob alles funktioniert, ohne dass dies jemand als Belästigung empfindet.

Bleibt – bevor es gleich losgeht – noch die Frage, welche Software Sie benötigen. Ganz einfach: Beim Internet Explorer ist Outlook Express ein exzellenter Newsreader und auch der Netscape Communicator liefert einen Newsreader gleich eingebaut mit. Natürlich gibt es auch noch eigenständige Newsreader-Software (zum Beispiel bei Tucows, siehe Seite 165), aber die mitgelieferten Newsreader beim Internet Explorer und bei Netscape funktionieren sehr gut.

6.2 Der Newsreader ist in Netscape bereits eingebaut

Um den Newsreader von Netscape zu nutzen, müssen Sie nur auf diesen umschalten, denn er ist in der Netscape-Software bereits eingebaut.

1 Starten Sie mit T-Online und Netscape ins Internet:

2 Rechts unten in Netscape finden Sie fünf Schaltflächen. Mit einem Klick auf die mittlere startet der Newsreader.

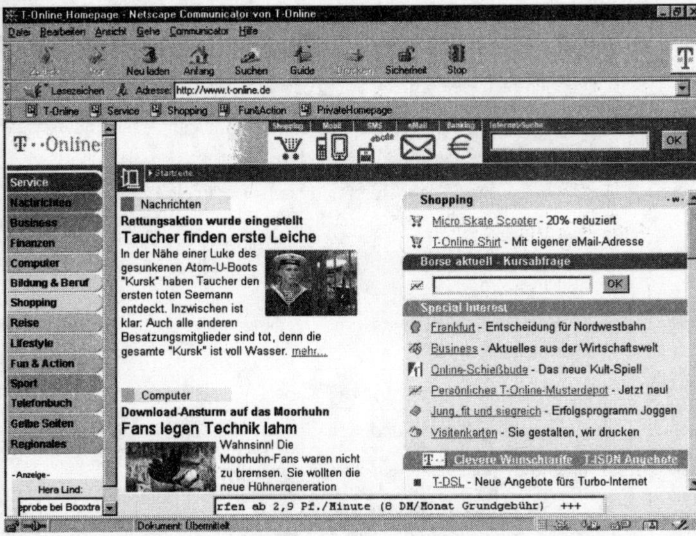

3 Beim ersten Start finden Sie hier noch gähnende Leere vor, aber das wird sich gleich ändern.

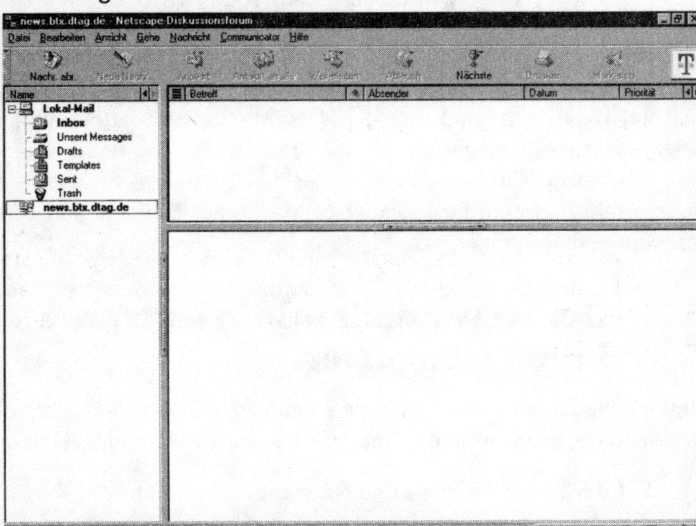

4 Klicken Sie mit der rechten(!) Maustaste auf den Eintrag *news.btx.dtag.de* und wählen dann den Eintrag *Diskussionsforen abonnieren* aus.

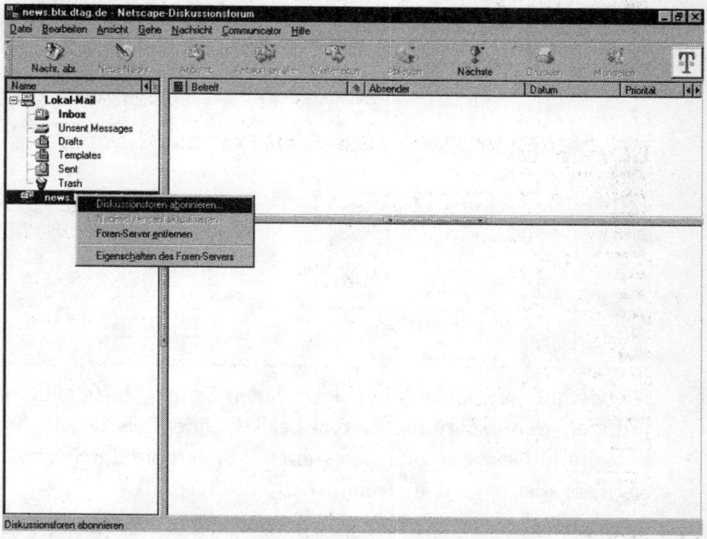

Wenn der Eintrag fehlt

Falls Sie Netscape noch nicht komplett konfiguriert haben, kann es sein, dass Sie diesen Eintrag nicht vorfinden. Sehen Sie dann im Kapitel über die Browserkonfiguration nach, was Sie einstellen müssen, um den Eintrag vorzufinden.

5 Sie finden nun das Fenster *Diskussionsforen abonnieren* vor und Netscape beginnt automatisch mit dem Herunterladen der Liste aller Diskussionsforen, die es bei T-Online gibt. Beim ersten Mal kann das einige Minuten dauern, später geht es dann viel flotter. Also bitte etwas Geduld ...

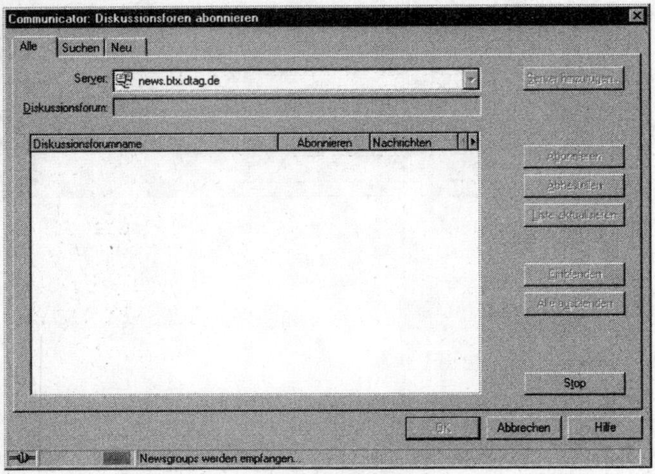

6 Die Geduld hat sich gelohnt: Jetzt sehen Sie eine Liste aller Hauptgruppen im Newsgruppensystem bei T-Online. Falls Sie sich für eine bestimmte Newsgruppe interessieren, können Sie durch diese Liste scrollen, aber es geht auch einfacher:

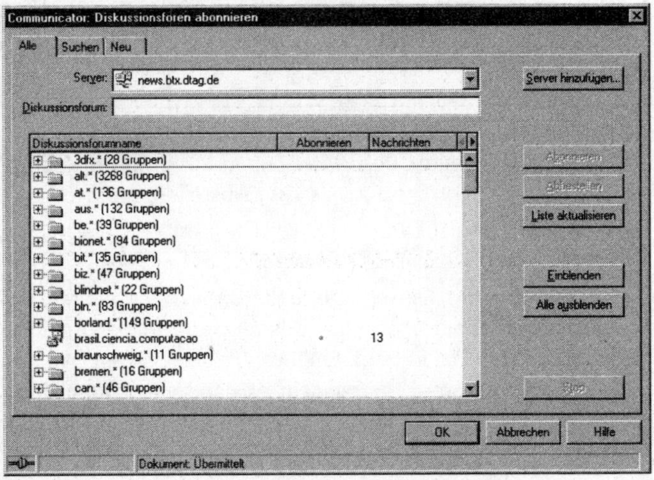

7 Geben Sie unter *Diskussionsforum* einen Begriff oder den Anfang eines Newsgruppen-Namens ein (z. B. *de.markt*). Sie erhalten dann sofort den entsprechenden Eintrag angezeigt, sofern er vorhanden ist.

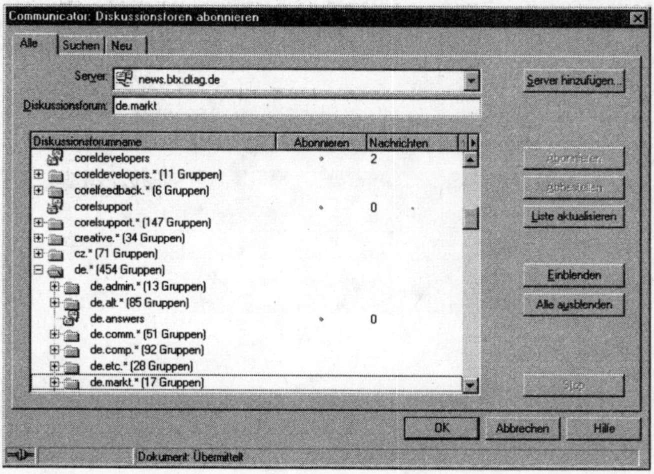

8 Mit einem Klick auf das +-Zeichen links neben dem gewünschten Eintrag klappen auch alle Untergruppen zu diesem Thema auf. Für jede einzelne damit dargestellte Newsgruppe erhalten Sie rechts neben dem Namen auch angezeigt, wie viele Diskussionsbeiträge aktuell verfügbar sind.

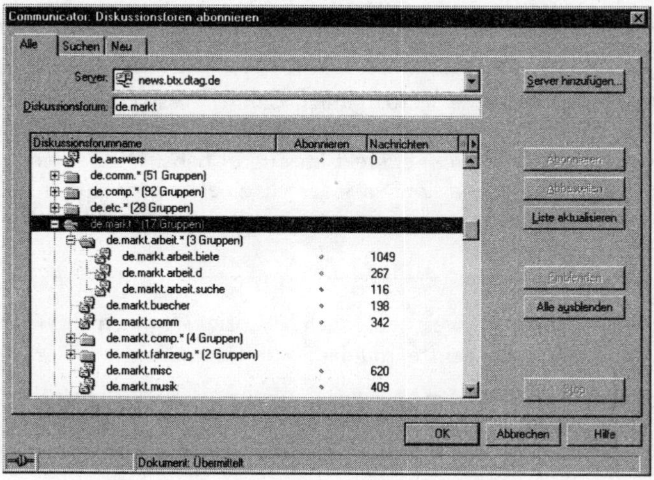

9 Sie haben eine Newsgruppe gefunden, die Sie interessiert? Dann markieren Sie diese mit einem Mausklick und klicken auf die Schaltfläche *Abonnieren*. Nun sitzt neben dem Newsgruppen-Namen in der Rubrik *Abonnieren* ein Häkchen. Wenn Sie wollen, abonnieren Sie gleich weitere Newsgruppen.

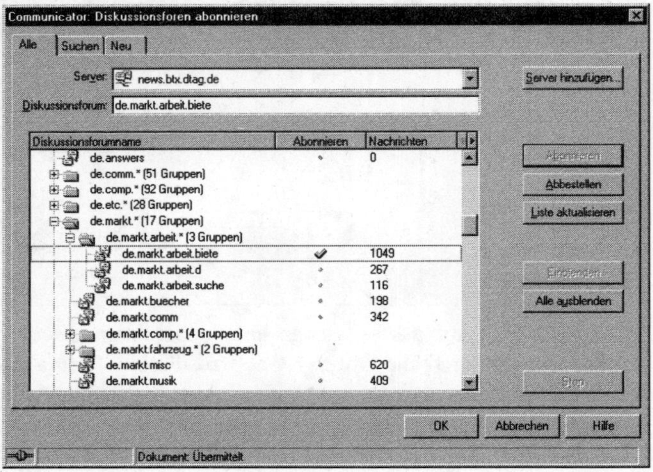

Abonnieren kostet nichts

Abonnieren klingt so, als würden Ihnen dadurch Kosten entstehen. Aber bei Newsgruppen ist dies anders: Abonnieren bedeutet hier nur, dass Sie von nun an die Newsgruppe direkt im Zugriff haben. Kosten entstehen dadurch keine. Und Sie können jederzeit eine Newsgruppe in diesem Fenster erneut anklicken und mit der Schaltfläche *Abbestellen* das Abonnement beenden.

10 Haben Sie ein, zwei oder auch zwanzig Abonnements getätigt, schließen Sie das Fenster mit der Schaltfläche *OK*.

11 Sie sind jetzt wieder im Fenster *Netscape-Diskussionsforum*. Hier finden Sie unter *news.btx.dtag.de* Ihre abonnierten Newsgruppen aufgelistet.

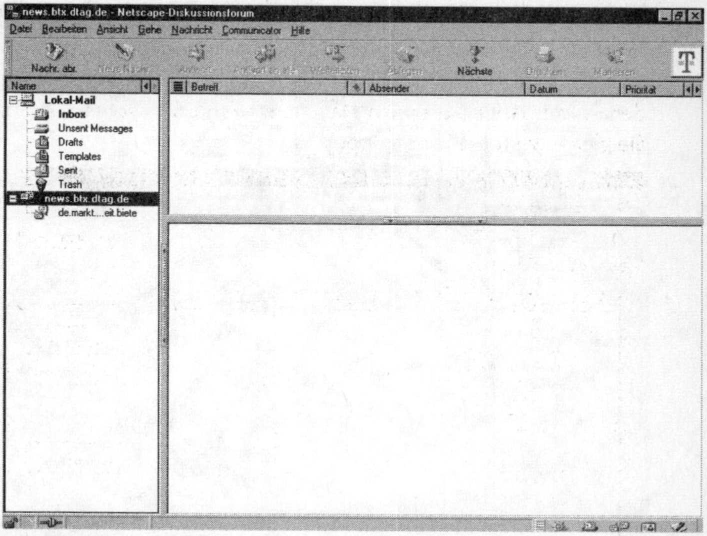

12 Klicken Sie nun mit der Maus auf eine der abonnierten Newsgruppen.

13 Wenn in dieser Newsgruppe sehr viele Beiträge existieren, erhalten Sie noch das Fenster *Kopfzeilen herunterladen.* Hier können Sie wählen, ob alle Kopfzeilen der Beiträge heruntergeladen werden sollen oder nur eine bestimmte Anzahl. Wählen Sie aus, was geschehen soll, und klicken auf *Herunterladen.*

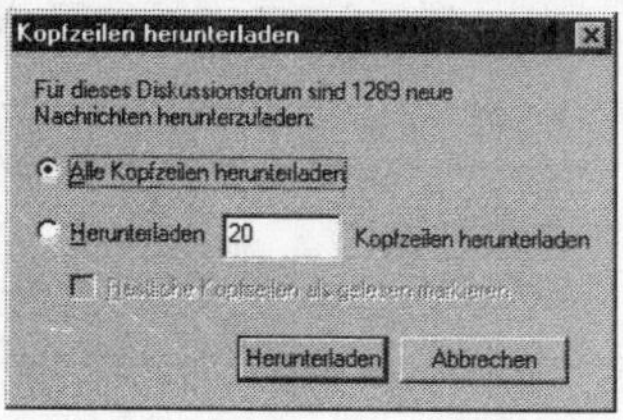

14 Nun werden rechts oben alle heruntergeladenen Kopfzeilen dargestellt. Wenn Sie auf eine dieser Kopfzeilen klicken, erhalten Sie den entsprechenden Newsbeitrag rechtn unter angezeigt:

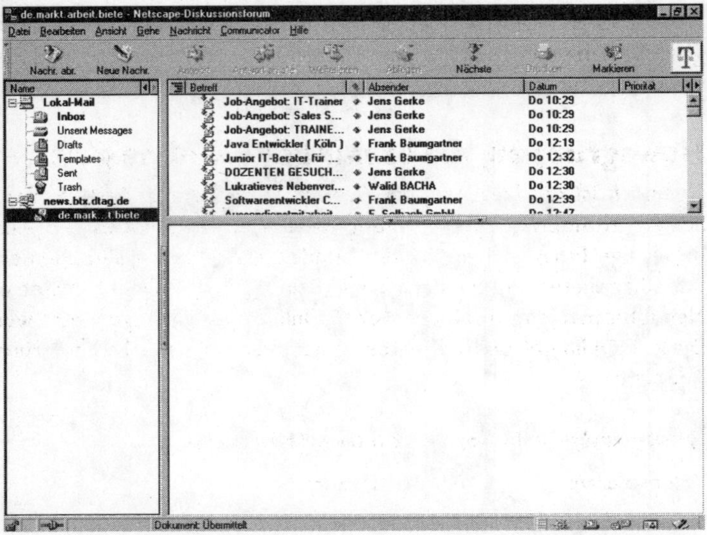

15 Über die Schaltflächen *Antwort* und *Antwort an alle* können Sie nur dem Absender eines markierten Newsbeitrags eine Antwort schicken oder an die Newsgruppe insgesamt eine Nachricht versenden. Um eine ganz neue Nachricht zu erstellen, benutzen Sie die Schaltfläche *Neue Nachricht*.

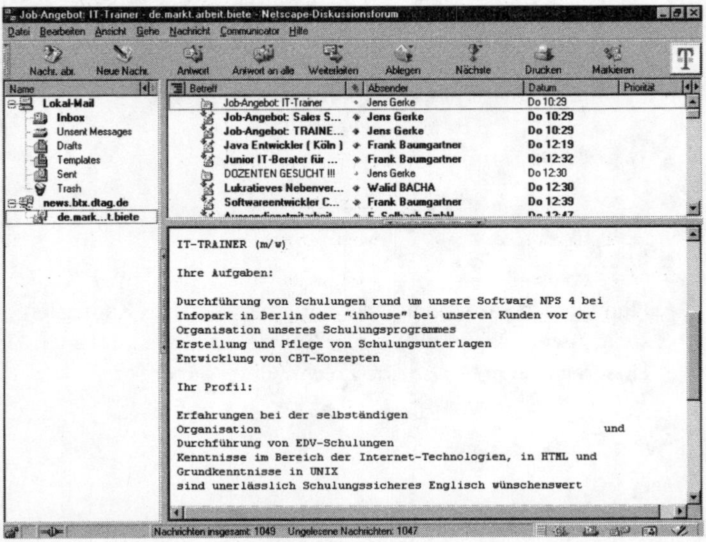

Genaueres zur Teilnahme an Newsgruppen-Diskussionen zeige ich Ihnen gleich anhand von Outlook Express, aber so wissen Sie auch für Netscape, wie es dort funktioniert.

Newsgruppen, die es nur bei T-Online gibt

Eigentlich ist das Newsgruppen-System ein weltweites System, das allen Surfern im Internet zur Verfügung steht. Allerdings gibt es eine Ausnahme: Einige Provider bieten Ihren Kunden spezielle Newsgruppen an, die nur über diesen Provider zugänglich sind. Auch T-Online bietet einige Newsgruppen, die für Nutzer von T-Online speziell eingerichtet wurden. Diese T-Online-Newsgruppen behandeln verschiedene Themen rund um T-Online.

Newsgroups in der lokalen t-online.* Hierarchie	
Informationen: t-online.info.aktuell (moderiert) t-online.info.tips+tricks (moderiert)	Diverses: t-online.neubenutzer.fragen t-online.test t-online.sonstiges
Private Homepage: t-online.homepage.gestaltung t-online.homepage.sonstiges t-online.homepage.technik	Programme: t-online.programme.banking t-online.programme.email t-online.programme.newsreader t-online.programme.sonstige t-online.programme.t-online.software t-online.programme.webbrowser
Talk: t-online.talk.allgemein t-online.talk.internet t-online.talk.usenet	Zugang: t-online.zugang.adsl t-online.zugang.isdn t-online.zugang.modem t-online.zugang.sonstiges

7. Chatten im Internet

Nicht nur in Newsgruppen lässt sich diskutieren. Es geht auch völlig live: Was Sie auf der Tastatur eintippen, können andere Gesprächsteilnehmer Sekundenbruchteile später weltweit auf ihren Monitoren sehen. Chatten und ICQ sind hierzu die Schlagwörter.

Eine erste Möglichkeit ist das Chatten: Die normale Surferausrüstung reicht für erste Schritte aus. Wollen Sie häufiger chatten, empfiehlt sich allerdings der Einsatz einer speziellen (kostenlosen) Chat-Software. Davon gleich noch mehr.

7.1 Chatten im WWW

Sicher sind Ihnen beim Surfen schon Formulare begegnet, die nach dem Abschicken eine Webseite aufbauen, auf der Sie nochmals persönlich angesprochen werden. Es ist also möglich, Webseiten dynamisch zu erstellen und durch Benutzerangaben zu verändern. Auf dieser Idee basiert das Chatten im WWW: Sie können eine spezielle Webseite besuchen, auf der Sie und andere Teilnehmer in ein Formularfeld Text eingeben, und der Inhalt aller Texteingaben wird für alle sichtbar dargestellt. Das Ganze nennt sich dann Chatroom, und damit es nicht zu chaotisch zugeht, gibt sich jeder Teilnehmer einen Spitznamen.

Sie können es gleich selbst ausprobieren. Bleibt nur noch die Frage, über welches Thema Sie denn gerne diskutieren wollen. Bei mir soll es gerade „Star Wars“ sein.

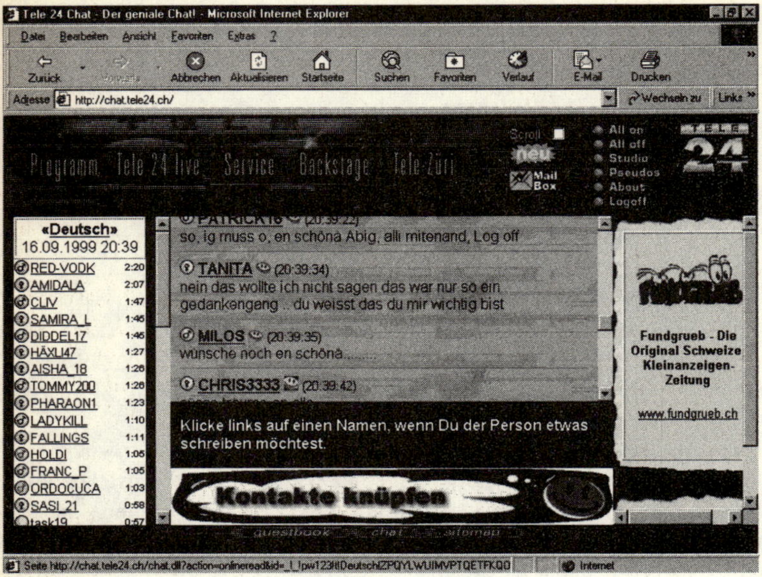

Webchat bei http://chat.tele24.ch/

1 Eine gute Übersicht über Webchats finden Sie bei http://www.webchat.de/.

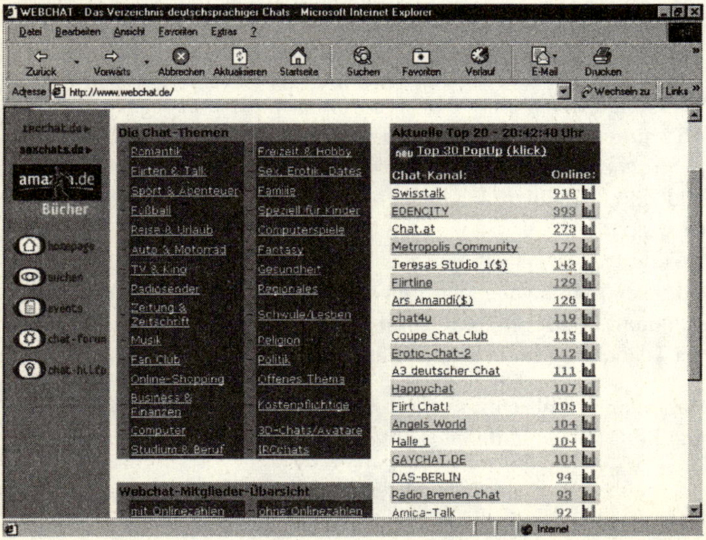

Ein Klick auf den Hyperlink *TV & Kino* führt zu einer Liste mit Webchats zu Kino- und Fernsehthemen.

Einstellungen und Spitznamen

In der rechten Spalte finden Sie auch Hinweise, ob ein Webchat bestimmte Einstellungen erfordert. So gibt es Chats, die nur bei eingeschaltetem JavaScript funktionieren. Einige funktionieren über Java-Aplets. Der Star-Wars-Chat funktioniert einfach so!

Bei manchen Webchats ist es auch erforderlich, sich beim ersten Mal mit einem Spitznamen und einem Passwort anzumelden, das dann für Sie reserviert bleibt. Verwenden Sie ausgefallene Spitznamen: „Horst" und „Susi" heißen so viele Leute, dass die Namen bestimmt schon vergeben sind!

2 Hier finden Sie nicht nur den *Star-Wars-Chat,* sondern hinter jedem Eintrag auch angegeben, wie viele Chat-Teilnehmer gerade online sind.

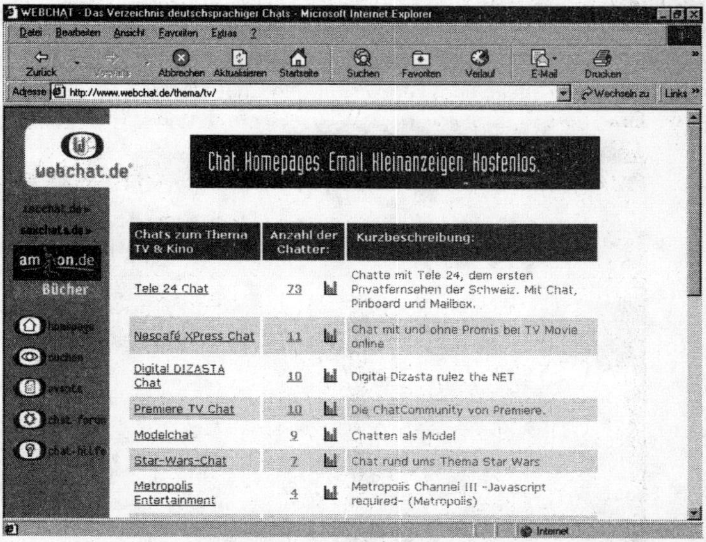

3 Mit einem Klick auf den Hyperlink Star-Wars-Chat geht es los. Sie erhalten eine Seite, auf der Sie zunächst einen Spitznamen eingeben. Und weil der Star-Wars-Chat liebevoll gemacht ist, dürfen Sie sich auch noch eine Lieblingsfarbe und eine Figur aus dem Sternenkrieg aussuchen, die Ihnen besonders gefällt.

4 Dann klicken Sie auf die Schaltlfäche *Los gehts!*

5 Sie werden zu einer neuen Seite verbunden und kurze Zeit später geht auch ein eigenes Fenster für den Chat auf.

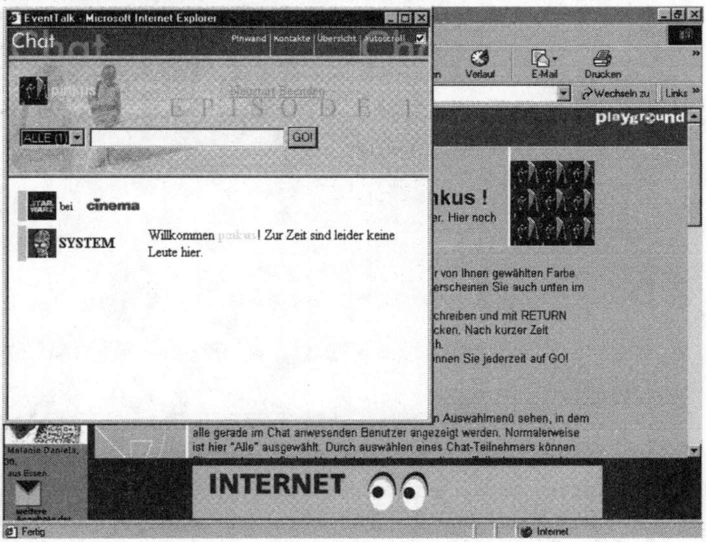

Im Normalfall finden Sie hier bereits die aktuelle Diskussion dargestellt, aber in meinem Fall war gerade „Ebbe" im Chat: Der einzige Teilnehmer war ich. Hat aber auch einen Vorteil: Dann kann ich Ihnen das Prinzip zeigen, ohne andere Teilnehmer zu belästigen:

6 Tippen Sie in das Textfeld im oberen Fensterteil eine kurze Mitteilung ein. Mit der Schaltfläche *GO!* wird diese abgeschickt, und kurze Zeit später finden nicht nur Sie, sondern alle Teilnehmer Ihren Text neben Ihrem Spitznamen im unteren Fensterteil vor.

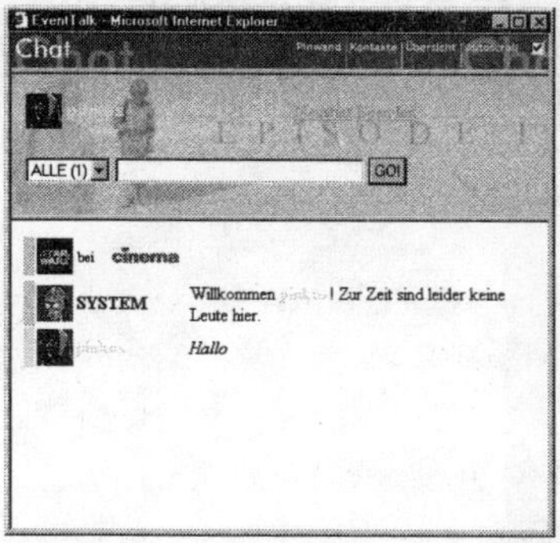

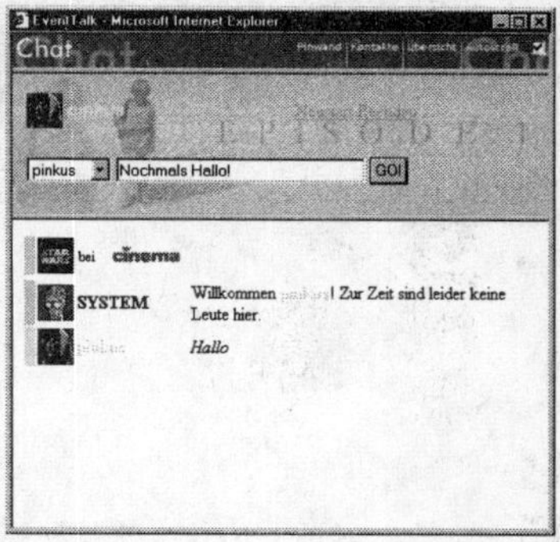

7 Wollen Sie nur an einen Teilnehmer einen Text schicken, dann wählen Sie den Teilnehmernamen in dem Pulldown-Menü im oberen Fensterteil aus. Wenn Sie nun Text eingeben und abschicken, bekommen ihn nur der Teilnehmer und Sie zu sehen.

8 Oh, da ist ja doch noch jemand als neuer Teilnehmer hinzugekommen. Dann kann das Geplauder ja losgehen.

9 ... nach vielen Stunden in den Weiten des Universums ... Zum guten Schluss klicken Sie auf den Hyperlink *Beenden*, wenn Sie an der Diskussion nicht mehr teilnehmen wollen.

Webchats finden

Es gibt einige Hundert solcher Webchats und fast täglich kommen neue hinzu. Wenn Sie sich stets die interessantesten Chats aussuchen wollen, gibt es einige gute Startadressen für die Suche:

http://www.webchat.de/

WebChat haben Sie gerade schon kennen gelernt und es ist eine wirklich gute Übersicht, die sauber nach Rubriken sortiert ist.

Gute Chatter, schlechte Chatter

Wie eine Diskussion im Chat abläuft, das bestimmen die Teilnehmer selbst. Leider gibt es immer wieder auch Chatter, die mit dummen Sprüchen oder gar Beleidigungen nerven. In vielen Fällen hilft es schon, solche Zeitgenossen einfach zu ignorieren. Da Sie Texte auch nur an einzelne Teilnehmer schicken können, ist es ebenso möglich, sich in einem anderen Chatraum zu verabreden. In besonders üblen Fällen sollten Sie sich jedoch auch an den Betreiber des Chats wenden, damit solche Belästigungen unterbleiben!

---

http://www.yahoo.de/Computer_und_Internet/Internet/Chat/Web_Chat/

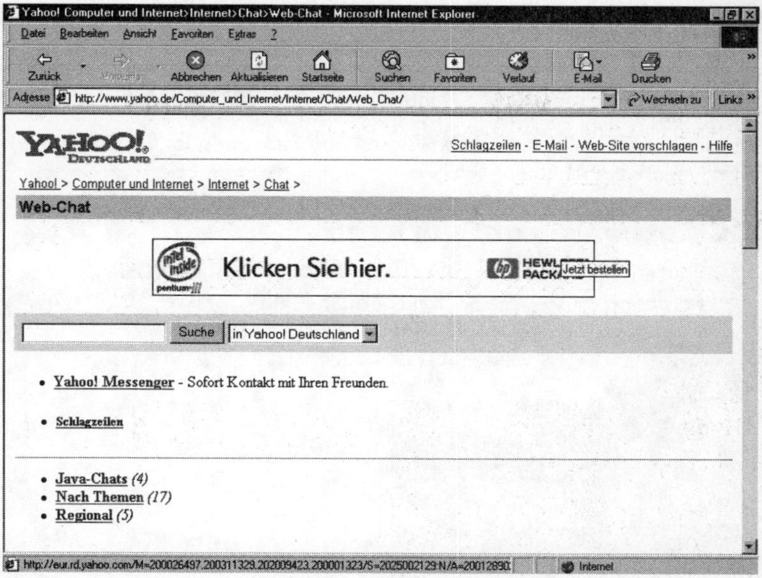

Yahoo.de verzeichnet auch einige regionale Chats. Und auf der Startseite von Yahoo (http://www.yahoo.de/) finden Sie ganz unten am Seitenende auch Links zu Yahoos in anderen Ländern, die länderspezifische Chats verzeichnen. Wenn Sie die entsprechende Sprache beherrschen, können Sie natürlich auch in Spanien oder Italien mitchatten. Im WWW gibt's keine Grenzen!

7.2 Chatten mit IRC-Software

Neben den Chats im WWW gibt es noch ein eigenes Chat-System im Internet. Es nennt sich IRC (Internet Relay Chat), das über eigene IRC-Server betrieben wird. Aber auch diese Server sind Bestandteil des Internet, also für Sie jederzeit nutzbar, wenn Sie sich die dafür notwendige Software besorgen. Und die gibt's natürlich wieder gratis im Internet.

Eines der besten IRC-Programme heißt mIRC. Sie finden es zum Beispiel bei Tucows (http://www.tucows.de/) unter *Win 95/98/Communications/Chat-IRC*.

Bevor es dann mit mIRC losgehen kann, müssen Sie noch ein kurze Konfiguration vornehmen.

Download von mIRC

Das Herunterladen und die Installation dieses Programms sind problemlos: einfach die Datei *mirc541t.exe* aufrufen und durch die Fenster klicken. Im Zweifelsfall sehen Sie im Kapitel *Software aus dem Internet* nach.

IRC-Software konfigurieren

1 Starten Sie mIRC über *Start/Programme/mIRC/mIRC32*. Zur Konfiguration müssen Sie noch nicht online sein.

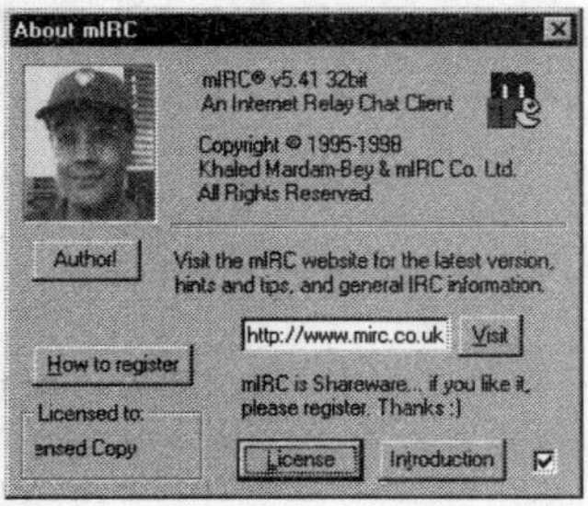

2 Sie erhalten das Begrüßungsfenster *About mIRC*, das Sie mit einem Klick auf die X-Schaltfläche rechts oben schließen.

3 Sie finden nun das Fenster *mIRC Setup* vor. Hier tragen Sie als Erstes Ihren Namen und Ihre E-Mail-Adresse ein. Unter *Nickname* geben Sie den Spitznamen ein, unter dem Sie an Diskussionen teilnehmen wollen. Wenn Sie unter *Alternative* einen zweiten Spitznamen eingeben, wird dieser verwendet, falls der erste Spitzname bereits vergeben ist.

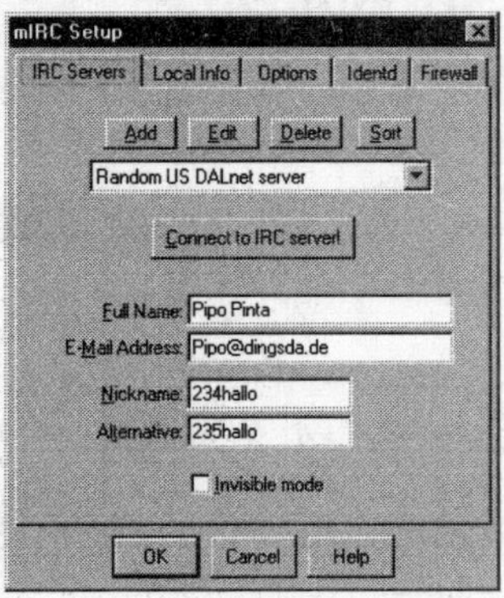

4 Nun müssen Sie einen IRC-Server auswählen. Am besten ist ein Server in Ihrer Nähe. Klicken Sie dazu auf die Pulldown-Schaltfläche im oberen Fensterteil. Sie erhalten eine lange Liste, in der zumeist auch ein Server in Ihrer Nähe (während ich dies schreibe, werden Göttingen und Regensburg angeboten) zu finden ist.

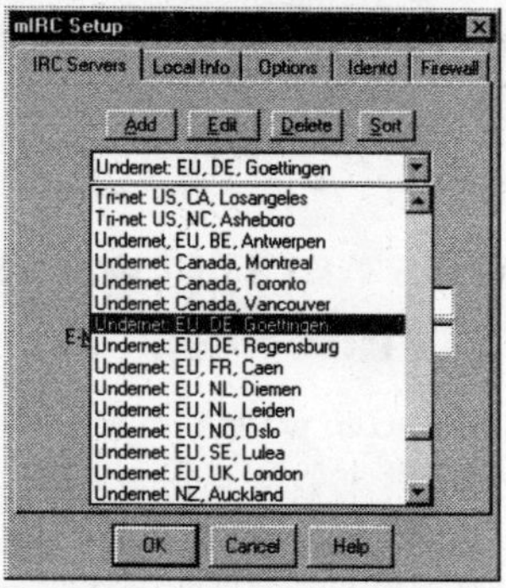

5 Klicken Sie auf einen Servernamen. Diesen finden Sie nun eingetragen.

Sie haben keinen Server in Ihrer Nähe gefunden? Kein Problem, denn es gibt mehr IRC-Server, als in der Liste von mIRC aufgelistet sind. Hier eine Übersicht:

IRC-Server-Adressen		
irc.fu-berlin.de	irc.leo.org	irc.netsurf.de
irc.uni-erlangen.de	irc.uni-stuttgart.de	irc.rz.uni-karlsruhe.de
irc.tu-ilmenau.de	irc.gmd.de	irc.uni-paderborn.de

Eine aktuelle Liste von IRC-Servern finden Sie bei:

http://irc.fu-berlin.de/ircops.html

6 Um einen IRC-Server aus der Liste auszuwählen, klicken Sie im Fenster *mIRC Setup* auf die Schaltfläche *Add*.

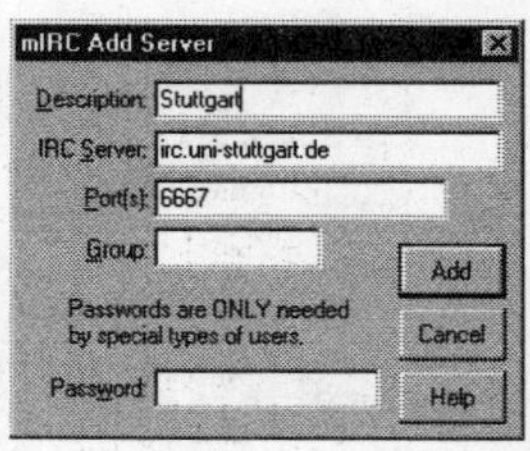

7 Sie erhalten ein weiteres Fenster, in dem Sie unter *Description* einen beliebigen Namen für den neuen Server eingeben. Unter *IRC Server* geben Sie die Adresse des IRC-Servers ein. (Die Voreinstellung *6667* bei *Port(s)* müssen Sie nicht verändern.)

8 Klicken Sie auf die Schaltfläche *Add.* Damit sind Sie wieder im *Setup*-Fenster und der neue Server ist eingetragen.

9 Im Fenster *mIRC Setup* wird die Konfiguration mit der Schaltfläche *OK* abgeschlossen.

Sie können nun sofort online gehen oder erst mal mIRC schließen. Die gerade gewählte Server-Einstellung wird beibehalten. Sie können sie aber auch jederzeit noch verändern.

7.3 So benutzen Sie Internetsoftware, die T-Online nicht kennt

Wenn Sie eine Internetsoftware wie mIRC nutzen wollen, müssen Sie natürlich online sein. Sie können dies, falls Sie mit dem DFÜ-Netzwerk arbeiten, dadurch erreichen, dass Sie zunächst die DFÜ-Verbindung starten und dann die Internetsoftware aufrufen, die selbsttätig erkennt, dass Sie online sind. Mit der T-Online-Software geht es auch ganz einfach, wenn Sie einen kleinen Trick beachten:

1 Starten Sie die T-Online-Software und lassen sich über *Funktionen/Anwahl* mit T-Online verbinden. Sie können auch ganz einfach bei gestarteter T-Online-Software auf die Taste [F4] der Tastatur drücken.

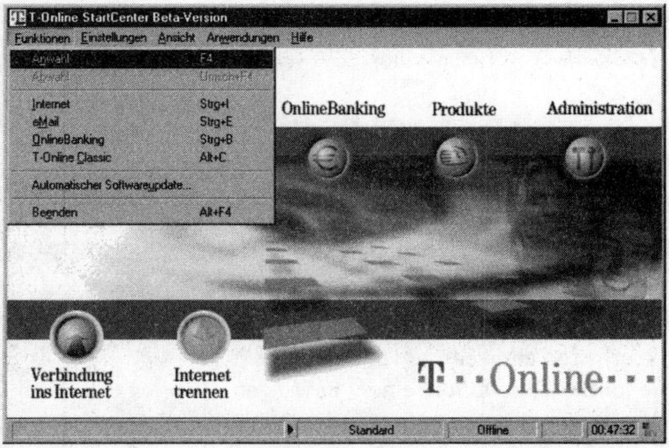

Warum nicht gleich auf Verbindung ins Internet klicken?

Wenn Sie auf die Schaltfläche *Verbindung ins Internet* der T-Online-Software klicken, wird nicht nur eine Verbindung ins Internet hergestellt, sondern auch automatisch der Browser aufgerufen. Das wollen Sie hier wahrscheinlich nicht, denn es soll ja ein anderes Internetprogramm gestartet werden. Mit *Funktionen/Anwahl* bzw. mit [F4] wird auch eine Verbindung ins Internet gestartet, aber es wird kein Browser gestartet, und Sie können dann direkt die Software Ihrer Wahl – z. B. mIRC – aufrufen.

2 Steht die Verbindung ins Internet, können Sie jede Internetsoftware starten und nutzen!

So lautet Ihre IP-Adresse

Im Normalfall müssen Sie nicht wissen, unter welcher so genannten IP-Adresse (IP = Internet Protocol) Ihr PC erreichbar ist, wenn Sie online sind. Aber in einigen Fällen (Multiplayer Games und Remote Access) muss diese Adresse bekannt sein. Mit der neuen T-Online-Software ist es ganz einfach, diese zu ermitteln:

1 Starten Sie die T-Online-Software und gehen Sie online.

2 Doppelklicken Sie nun in das linke Feld der Statuszeile am unterern Rand der T-Online-Software. Schon wird Ihre IP-Adresse angezeigt.

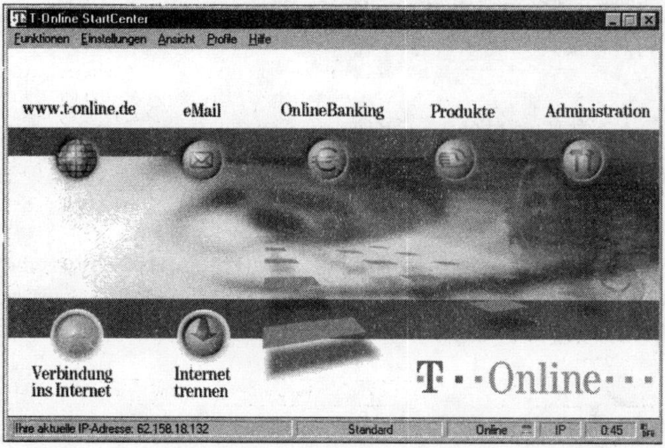

Jedes Mal anders

Bei T-Online existiert ein großer Pool von IP-Adressen. Jedes Mal, wenn Sie online gehen, erhalten Sie die nächste freie IP-Adresse. Das heißt: Jedes Mal, wenn Sie online sind, haben Sie eine andere IP-Adresse. Es macht also wenig Sinn, sich zunächst die IP-Adresse zu notieren, offline zu gehen und einem Bekannten anzurufen, um diese mitzuteilen, denn beim nächsten Online-Gehen lautet sie anders. Mein Tipp: Wenn ein Bekannter Ihre aktuelle IP-Adresse erfahren soll, rufen Sie zunächst an und kündigen eine E-Mail mit der Adresse an. Dann gehen Sie online und versenden eine E-Mail mit der nun aktuellen IP-Adresse. (Einfacher geht's natürlich mit ISDN, da haben Sie ja zwei Kanäle: Einen um online zu gehen und einen um zu telefonieren.)

7.4 Eumel grüßt Blümchen

1. Gehen Sie zunächst online und starten Sie dann mIRC. Das Begrüßungsfenster klicken Sie weg. Sie sind nun wieder im Fenster *mIRC Setup*.

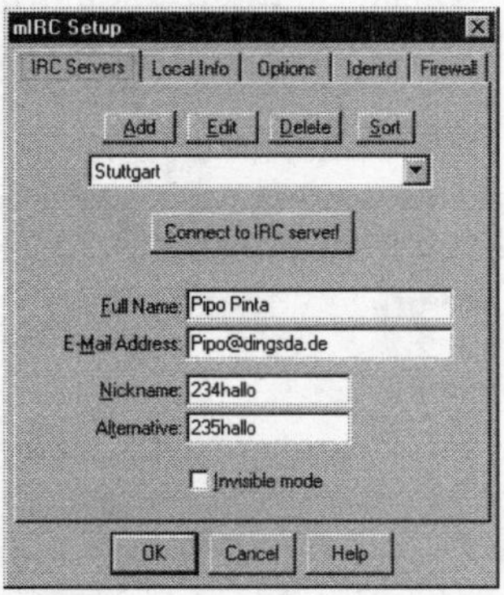

2. Wählen Sie hier *Connect to IRC server*.

3. Sie können nun verfolgen, wie mIRC Sie mit dem Server verbindet. In vielen Fällen erhalten Sie zunächst noch die Meldung *Erroneous Nickname*. Dies bedeutet, dass Ihr Spitzname bereits vergeben ist.

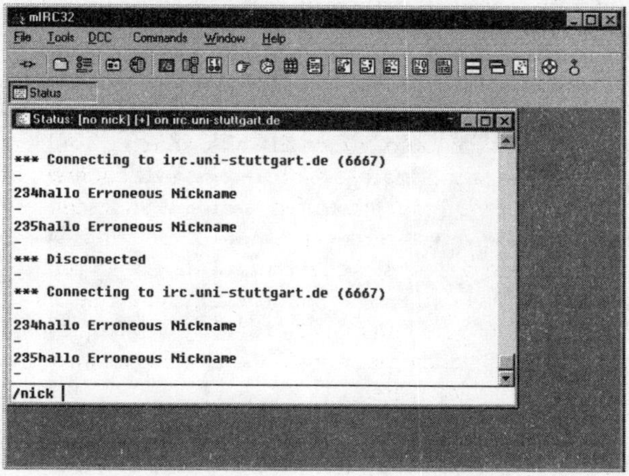

4 Tippen Sie einfach nach */nick* einen neuen Spitznamen ein und drücken Sie [Enter], bis das nachfolgende Fenster sich öffnet:

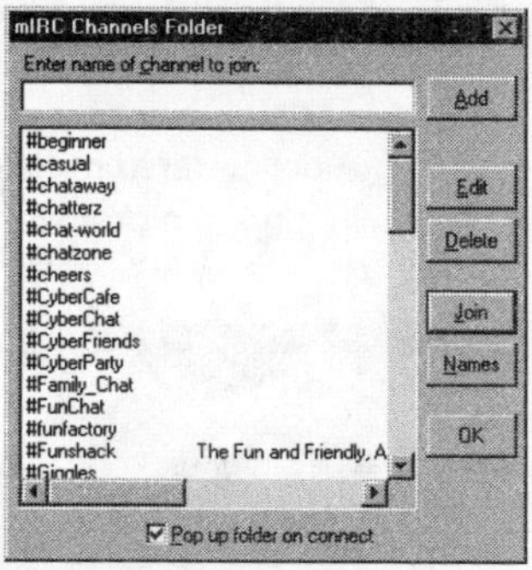

5 Da ist schon Ihre Auswahlliste an Kanälen. Klicken Sie auf einen doppelt.

Geplauder auf vielen Kanälen

Da sind Sie in einem Kanal mit mehreren Teilnehmern und trotzdem rührt sich nichts auf Ihre Beiträge? Der Grund ist einfach: Jeder Teilnehmer kann sich gleichzeitig bei mehreren Kanälen anmelden und leidenschaftliche Chatter nutzen dies auch fleißig. Da kann es schon mal sein, dass die anderen Teilnehmer gerade im Kanal nebenan turnen. Machen Sie einfach noch einen Kanal auf: Wenn Sie das aktuelle Kanalfenster offen lassen und gleichzeitig aus der Channel-Liste einen weiteren Kanal doppelklicken, dann sind es schon zwei ...

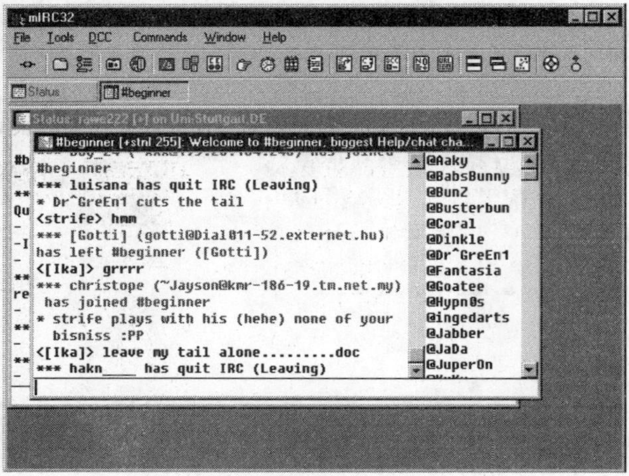

Schon ist dieser Kanal für Sie geöffnet. In einem neuen Fenster finden Sie links die aktuell ablaufende Diskussion und rechts eine Liste der Spitznamen der momentanen Diskussionsteilnehmer.

6 Wollen Sie selbst etwas sagen, geben Sie in der untersten Zeile des Diskussionsfensters einfach einen Text ein und schicken ihn mit Enter ab.

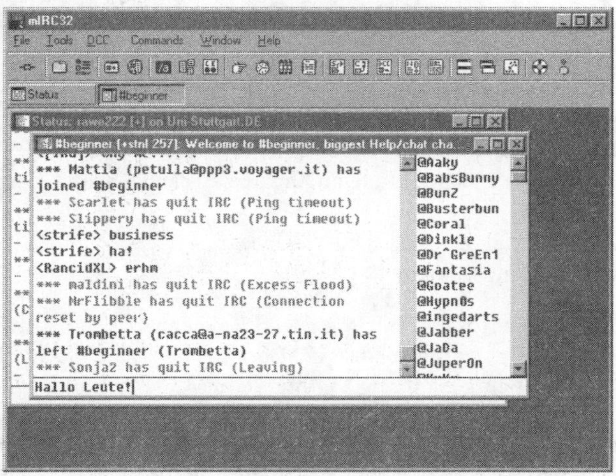

7 Mit dem Schließen-Symbol rechts oben im Diskussionsfenster können Sie den Kanal jederzeit verlassen.

8 Nun sollten Sie sich die anderen Kanäle noch ansehen, die es gibt, denn in dem ersten Kanalfenster war nur eine winzige Auswahl zu sehen.

9 Klicken Sie dazu auf die Schaltfläche *List channels*. (Wenn Sie mit der Maus über die Schaltflächen von mIRC fahren, erhalten Sie jeweils eine Kurzbeschreibung angezeigt. So finden Sie die Schaltfläche rasch.)

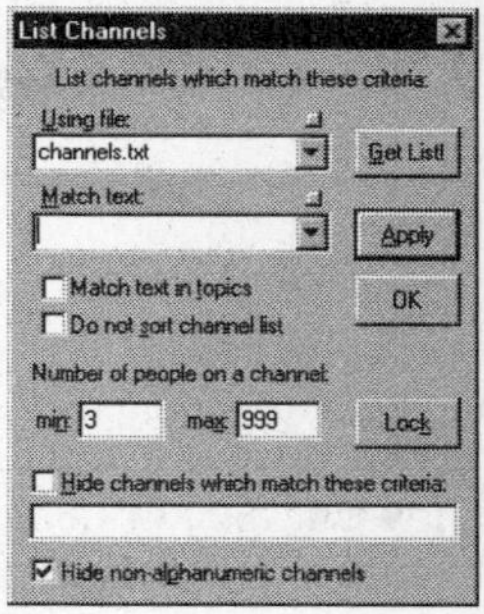

10 Sie erhalten ein neues Fenster, in dem Sie auf *Get List!* klicken.

11 Es geht ein weiteres Fenster auf, das alle Kanäle lädt. Das kann einige Minuten dauern, so viele sind es mittlerweile. Jeden der Kanäle können Sie mit einem Doppelklick starten und an der Diskussion teilnehmen.

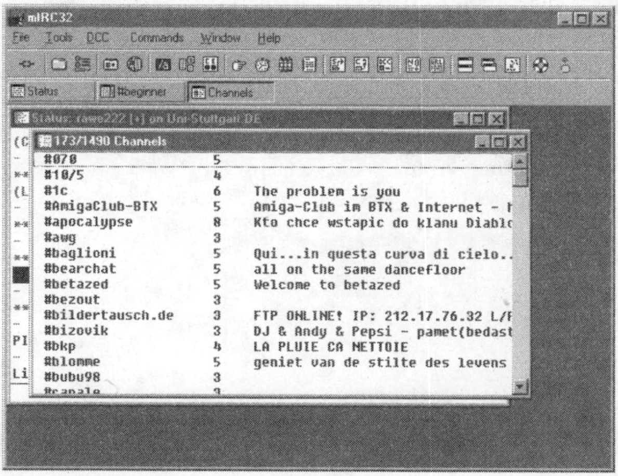

Bleibt die Frage, wie Sie den Kanal Ihres Geschmacks unter den hunderten finden? Jeder angezeigte Kanal hat einen Namen, der zumeist nicht viel sagt. Schon interessanter ist die Zahl rechts daneben. Sie besagt nämlich, wie viele Leute gerade in dem Kanal chatten. Wenn da nur zwei oder drei steht, ist aktuell nicht viel los. Schließlich finden Sie noch eine „Inhaltsangabe" zu jedem Kanal. Da es aber den Teilnehmern freisteht, über was Sie plaudern wollen, ist das nur ein ziemlich unbrauchbarer Hinweis.

Bleibt die alte Chatter-Weisheit: Erst mal rumschnuppern, bis ein brauchbarer Kanal gefunden ist, dann dorthin immer wiederkehren. So ergeben sich am ehesten interessante Gespräche mit Leuten, die man (zumindest mit Spitznamen) kennt.

7.5 ICQ: Wer ist noch da?

Der Name des Programms ICQ ist ein so genanntes Akronym, denn diese Buchstabenfolge spricht sich im Englischen so aus wie „I seek You", also „Ich suche Dich". Und so ist das Programm auch gedacht: Sie können beim Surfen feststellen, wer ebenfalls online ist, und mit jeder dieser Personen einen Chat anfangen.

Hinweis: Sie können sich ICQ bei folgender Webadresse kostenlos herunterladen:

http://www.icq.com

Es ist allerdings ein Download von rund 5 MByte. Sie finden dann auf der Festplatte die Datei *icq99b.exe*, die Sie aufrufen, um ICQ zu installieren. (Das grundsätzliche Vorgehen ist im Kapitel *Software aus dem Internet* beschrieben.) Durch die einzelnen Installationsfenster können Sie sich getrost durchklicken, danach müssen Sie sich bei ICQ registrieren lassen, damit Sie auch weltweit gefunden werden können: Die Registrierung wird automatisch eingeleitet, wenn Sie das erste Mal mit ICQ online gehen.

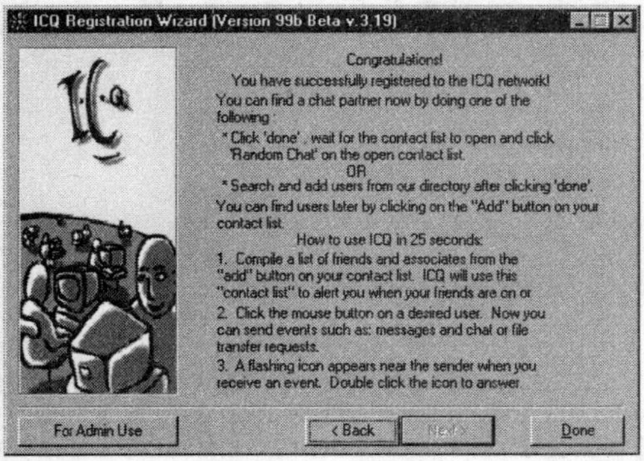

So reden Sie mit

Nach der Registrierung können Sie mit ICQ Freunde und Bekannte, die online sind, aufspüren und diesen Mitteilungen zukommen lassen. Solange jemand online ist und ICQ gestartet hat, bekommt er automatisch ein Fenster eingeblendet, wenn eine neue Nachricht eingeht!

1 Beim Start von ICQ erhalten Sie nach einigen Begrüßungsfenstern das nebensstehende Fenster eingeblendet:

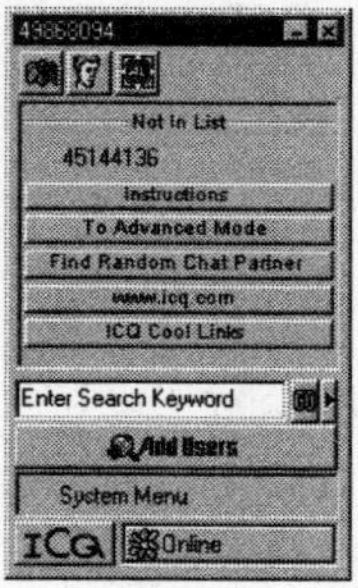

2 Um einen Bekannten in Ihre ICQ-Liste aufzunehmen, wählen Sie *Add Users*.

3 Sie können nun nach jemandem per E-Mail-Adresse, Namen oder ICQ-Nummer suchen. Geben Sie die gesuchten Daten ein und klicken Sie daneben auf die Schaltfläche *Search*.

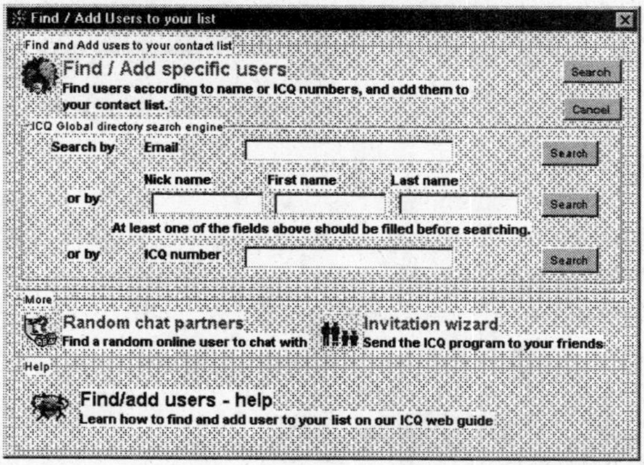

4 Nach kurzer Zeit erhalten Sie eine Liste der Personen, auf die Ihr Suchkriterium zutrifft.

Markieren Sie einen der angezeigten Einträge und klicken Sie mit der rechten (!) Maustaste auf den Eintrag. Im aufklappenden Kontextmenü können Sie sich zunächst mit *User's Details* ansehen, ob es wirklich die gesuchte Person ist.

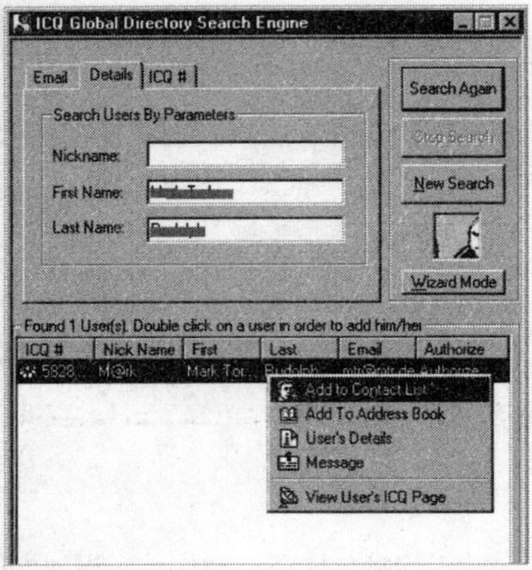

5 Wenn ja, klicken Sie nochmals mit der rechten (!) Maustaste auf den Eintrag und wählen *Add to Contact List*. Was nun geschieht, hängt davon ab, ob die betreffende Person alle Anfragen oder nur nach Rückfrage Anfragen entgegennimmt.

6 Falls erst eine Rückfrage erfolgen muss, finden Sie dieses Fenster vor. Notieren Sie hier kurz, warum Sie die Person kontaktieren wollen, und klicken Sie dann auf *Request*.

7 Sofern die Person online ist, erhalten Sie umgehend eine Mitteilung, ob eine Kontaktaufnahme erwünscht ist. Im anderen Fall kann es länger dauern. Sehen Sie dann am nächsten Tag nochmals nach. Ist die Kontaktaufnahme möglich; können Sie jederzeit mit der betreffenden Person Informationen austauschen:

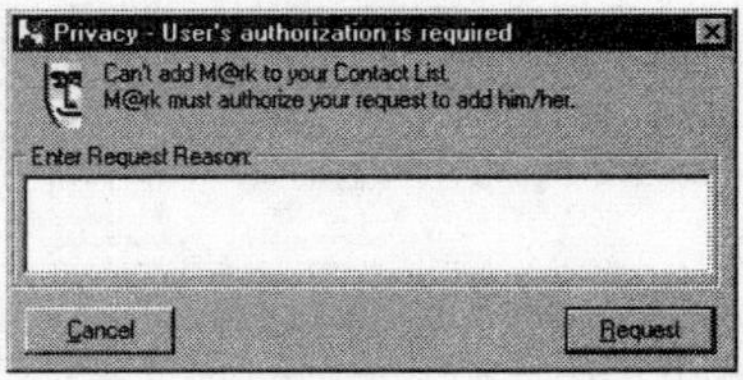

8 Schreiben Sie einen kurzen Text und klicken Sie auf *Send*.

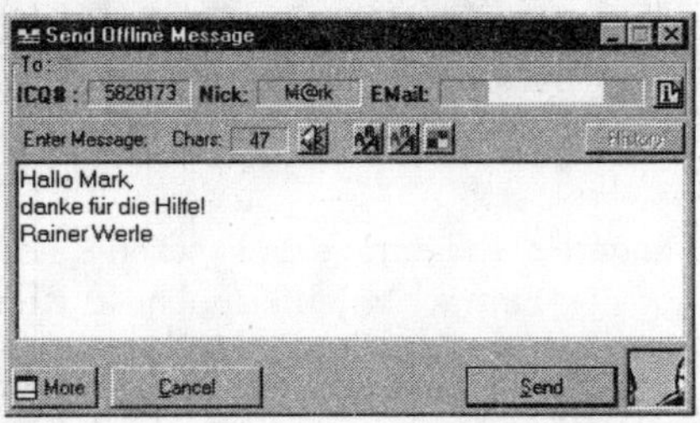

8. Homebanking am PC – Kontoführung von zu Hause aus

Fast alle Banken und Sparkassen bieten mittlerweile die Kontoführung über T-Online am heimischen PC an. Kontostand abfragen oder Überweisungen tätigen geht damit rund um die Uhr, ohne Rücksicht auf die Öffnungszeiten der Bank. Nur wenn Sie diese schönen blauen Scheinchen haben wollen, müssen Sie noch direkt zur Bank.

Die T-Online-Software bringt eine komfortable Homebankingsoftware gleich mit. Wahrscheinlich haben Sie diese bereits installiert. Falls nicht, können Sie jederzeit nochmals die Installations-CD von T-Online starten und dann nur die Homebanking-Software auswählen. Dann wird diese nachinstalliert.

8.1 Ist das überhaupt sicher?

Natürlich ist dabei die Frage der Sicherheit ganz besonders wichtig. Dafür gibt es ein System von sog. PINs und TANs, die gewissermaßen eine elektronische Unterschrift darstellen. Dazu gleich mehr. Mit diesem System wird eine hoher Sicherheitsstandard gewährleistet. Wollen Sie noch ein Übriges zur

Sicherheit tun, dann empfiehlt es sich, die TANs nicht auf dem PC abzuspeichern, sondern bei jeder Überweisung von Hand einzugeben. Damit ist sichergestellt, dass niemand unbefugt auf Ihr Konto zugreifen kann.

Und T-Online hat zur Erhöhung der Sicherheit noch mehr getan. Mit der neuen Software wird für Homebanking ein besonders sicherer 128-Bit-Schlüssel erzeugt, mit dem Ihre Datenübertragung verschlüsselt wird.

PIN/TAN, HCBI und Internetbanking

Ein entscheidender Punkt für die Sicherheit von Homebanking ist das System von PIN und TANs:

PIN und TANs

PIN steht für **P**ersönliche **I**dentifikations-**N**ummer. Diese PIN ist nur Ihnen und dem Bankcomputer bekannt. Geben Sie diese PIN an niemanden weiter (auch in die Hände von Bankangestellten gehören sie nicht!). Sie können die PIN jederzeit verändern, falls Sie Sorge haben, dass jemand diese doch in Erfahrung gebracht hat.

TAN steht für **T**rans**a**ktions-**N**ummer. Jede TAN ist gewissermaßen eine elektronische Unterschrift. Sie erhalten eine Liste mit TANs. Für jede Überweisung benötigen Sie eine TAN, wobei jede TAN nur einmal gültig ist. Geht Ihre TAN-Liste zu Ende, erhalten Sie von der Bank automatisch eine neue Liste. Geben Sie auch die TAN-Liste an niemanden weiter und bewahren sie sorgfältig auf.

Ganz neu: HBCI, der neue Standard

Neben dem bisherigen System mit PIN und TANs gehen einige Banken dazu über, Homebanking mit T-Online mit dem neuen Standard HBCI (**H**ome**b**anking **C**omputer **I**nterface) anzubieten. Statt der etwas umständlichen Arbeit mit PIN und TANs erhalten Sie hier eine Chipkarte und Ihr PC benötigt einen Chipkartenleser. Der Zugang zum Konto ist dann nur mit Ihrer Chipkarte möglich, die garantiert, dass kein Missbrauch mit Ihrem Konto möglich ist.

Erkundigen Sie sich bei Ihrer Bank, ob diese bereits den neuen Standard unterstützt. Ihre Bank wird Ihnen dann auch sagen, welchen Chipkartenleser Sie benötigen und wie dieser zu installieren ist. T-Online ist auf diese Entwicklung bereits vorbereitet:

1 Die Einrichtung des Chipkartenlesers für T-Online starten Sie über *Start/Programme/T-Online 3.0/Kartenleser einrichten.*

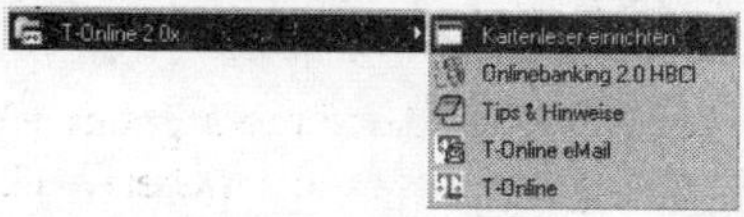

2 Ein Konfigurationsassistent unterstützt Sie bei der Einrichtung des Kartenlesers für T-Online. Wählen Sie zunächst den auf Ihrem PC installierten Kartenleser aus.

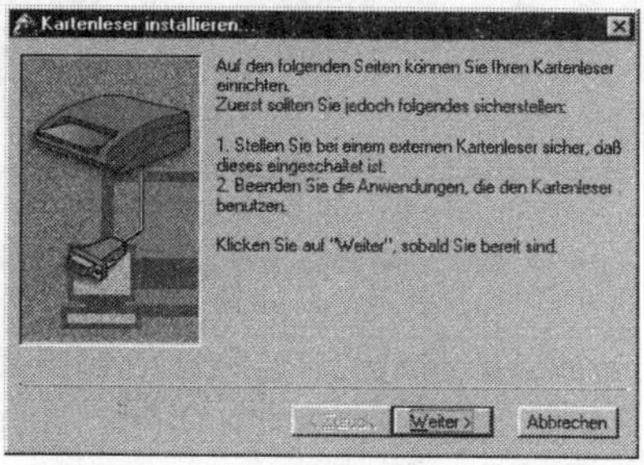

3 Beim Aufruf der Homebankingsoftware erhalten Sie dann als Zugangsart neben PIN/TAN, das nach wie vor funktioniert, auch HBCI angeboten.

Internetbanking

Während Sie beim Homebanking mit T-Online auf einen PC angewiesen sind, der die T-Online-Software enthält, und ein Zugang nur über T-Online möglich ist, gibt es mittlerweile auch so genanntes Internetbanking. Hier können Sie über jeden Internetzugang Homebanking betreiben. Nicht alle Banken unterstützen das bereits. Mir ist allerdings Homebanking mit T-Online angenehmer, weil dies sicherer ist als Internetbanking.

8.2 Die Homebankingsoftware von T-Online

Mit der Homebankingsoftware von T-Online können Sie beliebig viele Konten (auch bei verschiedenen Banken!) verwalten und jeweils Kontostand und Umsätze abfragen sowie Überweisungen tätigen. Einige Banken bieten darüber hinaus noch weitere Möglichkeiten wie zum Beispiel die Verwaltung von Aktien-Depots.

Zweimal müssen Sie noch zur Bank gehen

Noch weiß Ihre Bank nicht, dass Ihr Konto für Homebanking eingerichtet werden soll. Bevor Sie rund um die Uhr Bankgeschäfte erledigen können, müssen Sie deshalb noch zweimal zur Bank gehen:

1. Beim ersten Mal beantragen Sie für Ihr Konto (auch mehrere Konten sind möglich) die Freischaltung für Homebanking. Nehmen Sie sicherheitshalber einen Personalausweis oder Reisepass mit, damit Sie sich als Kontoinhaber identifizieren können. Neben den Daten zu Ihrer Person und dem Konto will die Bank in der Regel auch noch eine Obergrenze angegeben haben, die pro Überweisung bzw. pro Tag maximal mit Homebanking überwiesen werden darf.
2. Einige Tage nach dem Antrag erhalten Sie mit der Post eine so genannte TAN-Liste und die Mitteilung, dass Sie Ihre PIN bei der Bank abholen können. Haben Sie die PIN abgeholt, ist alles startklar fürs Homebanking.

Einmal Update bitte

Bevor Sie die Homebankingsoftware starten, sollten Sie zumindest einmal die T-Online-Software starten und online gehen. Falls für die Homebankingsoftware ein Update vorhanden ist, wird dieses dann auf Ihren PC geladen. Genaueres dazu finden Sie auf den Seiten 55ff.

Die Homebankingsoftware einrichten

Haben Sie Ihr Konto für Homebanking freischalten lassen und besitzen Ihre PIN und die TAN-Liste, dann steht einem ersten Online-Besuch bei Ihrer Bank nichts mehr im Wege.

1. Starten Sie die Homebankingsoftware über *Start/Programme/T-Online 3.0/Onlinebanking.*

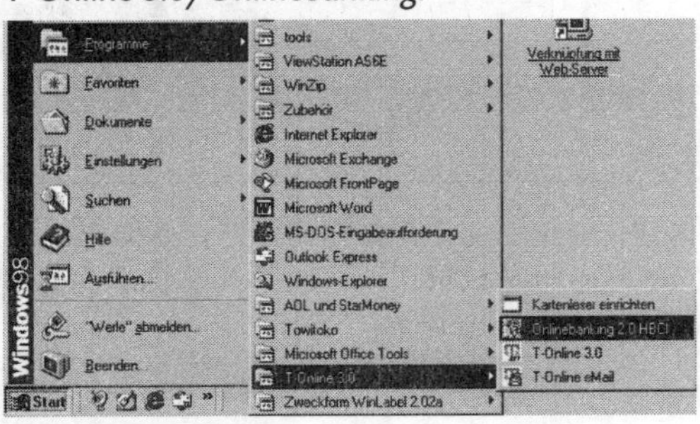

2 Sie werden als Erstes aufgefordert, ein Passwort einzugeben. Geben Sie hier ein Passwort Ihrer Wahl ein. Falls Sie zur Wiederholung der Eingabe aufgefordert werden, geben Sie das Passwort erneut ein.

Achtung, Programmpasswort!

Falls Sie bereits eine ältere Version von T-Online installiert und dort ein Passwort vergeben haben, müssen Sie dieses Passwort eingeben! Wenn Sie ein neues Passwort eingeben müssen, sollten Sie Folgendes beachten:

- Das Passwort muss mindestens acht Zeichen lang sein. Wählen Sie nicht den Vornamen von Ehegatten oder Kindern, sondern eine frei erfundene Zeichenfolge, die Außenstehende nicht erraten können.
- Bei der Eingabe des Passwortes sehen Sie nur eine Abfolge von Sternchen. Dies dient Ihrer Sicherheit (falls Ihnen jemand über die Schulter schaut). Wenn Sie sich vertippt haben, ist es am besten, Sie löschen die bisherige Eingabe komplett und fangen von vorne an.
- Wenn Sie überhaupt nichts als Passwort eingeben, wird Ihre Homebankingsoftware nicht über ein Passwort geschützt. Sie müssen dann in Zukunft ebenfalls nichts eingeben.
- Das Passwort, das Sie hier eingeben, kennen nur Ihr Computer und Sie. Bewahren Sie deshalb das Passwort besonders sorgfältig auf, denn wenn Sie das Passwort nicht mehr wissen, ist die Homebankingsoftware nicht mehr nutzbar!

Etwas Geduld nach einem Update

Wenn Sie in letzter Zeit ein Update von T-Online auf Ihren PC geladen haben, werden die neuen Daten beim Start der Homebankingsoftware eingelesen. Sie finden dann folgendes Fenster vor:

1 Klicken Sie hier auf die Schaltfläche *OK*. Damit startet das Einlesen der neuen Daten.

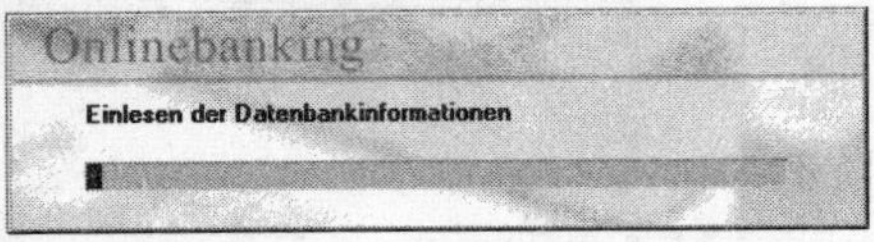

2 Ist das Einlesen beendet, meldet sich erneut ein Fenster. Auch hier geht es mit *OK* weiter.

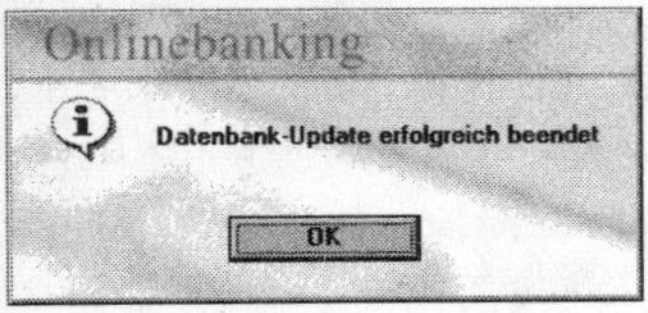

So richten Sie ein Konto ein

Nach der Passwortabfrage und gegebenenfalls nach der Aktualisierung der Daten finden Sie zum ersten Mal die Oberfläche der Homebankingsoftware vor. Sie können hier beliebig viele Konten einrichten (die natürlich auch jeweils bei der Bank für Homebanking eingerichtet sein müssen). So richten Sie ein neues Konto ein.

Sicherheitsverfahren

In dieses Feld müssen Sie im Normalfall nichts eingeben. Nur wenn Sie statt PIN und TANs mit HBCI arbeiten wollen und ein Kartenleser bereits eingerichtet ist, können Sie hier HBCI auswählen.

---

1 Klicken Sie zunächst auf die Schaltfläche *Neu*.

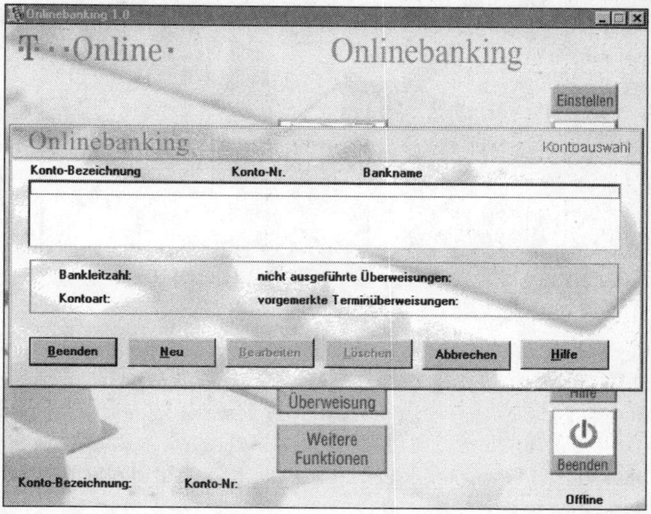

2 Sie erhalten ein Fenster, in dem Sie zunächst die Bankleitzahl Ihrer Bank angeben müssen.

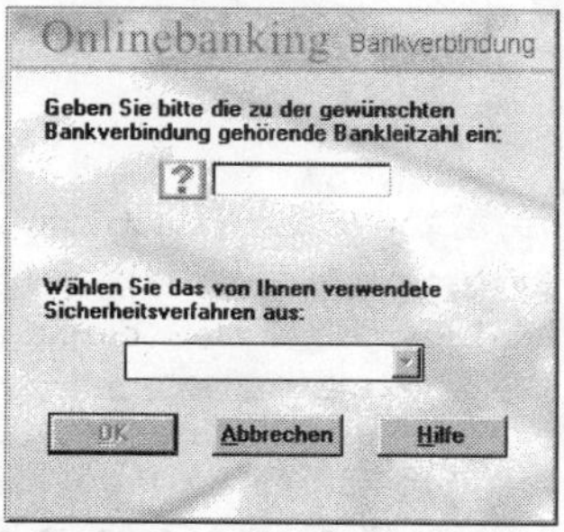

3 Die Bankleitzahl müssen Sie nicht von Hand eintippen. Viel einfacher geht es so: Klicken Sie zunächst auf das Fragezeichen neben *Bankleitzahl.*

4 Sie erhalten ein neues Fenster, in dem Sie unter *Name des Ortes* jenen Ort eintippen, an dem Ihre Bankfiliale ihren Sitz hat.

Umlaute: völlig aufgelöst

Wenn im Ortsnamen Umlaute vorkommen, werden diese von der Software automatisch aufgelöst. Aus München wird also Muenchen.

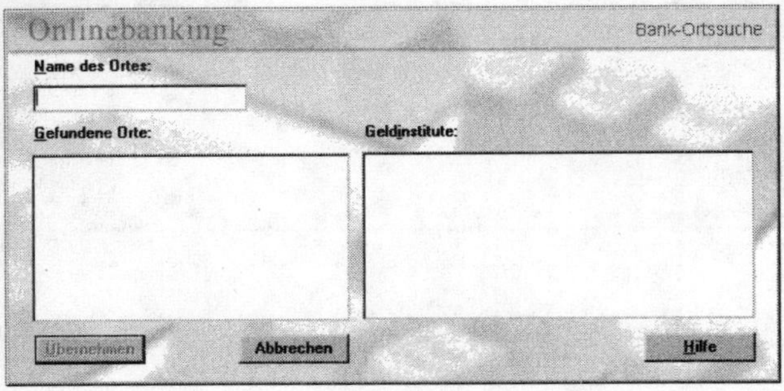

5 Sie finden nun eine Liste der Orte vor, die Ihrer Eingabe entsprechen. Wenn mehrere Orte angezeigt werden, markieren Sie mit einem Mausklick den richtigen. Auf der rechten Seite des Fensters finden Sie dann eine Liste aller Banken in diesem Ort. Wählen Sie Ihre Bank durch Anklicken aus und klicken dann auf die Schaltfläche *Übernehmen.*

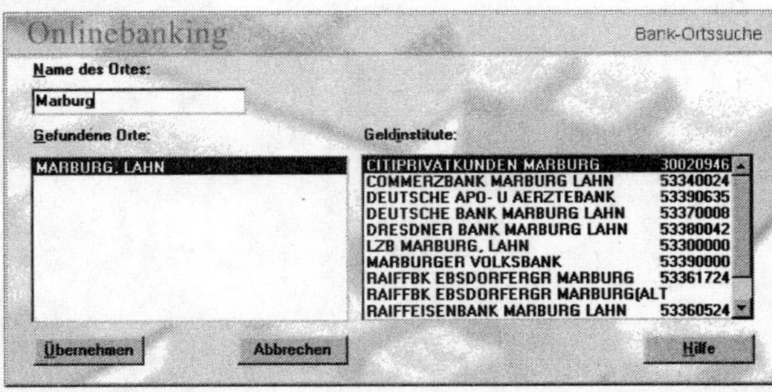

6 Die korrekte Bankleitzahl ist nun automatisch eingetragen. Die Einstelltung *PIN/TAN (T-Online)* müssen Sie nur ändern, falls Ihre Bank den neuen Standard HBCI unterstützt und Sie damit arbeiten wollen. Klicken Sie auf die Schaltfläche *OK.*

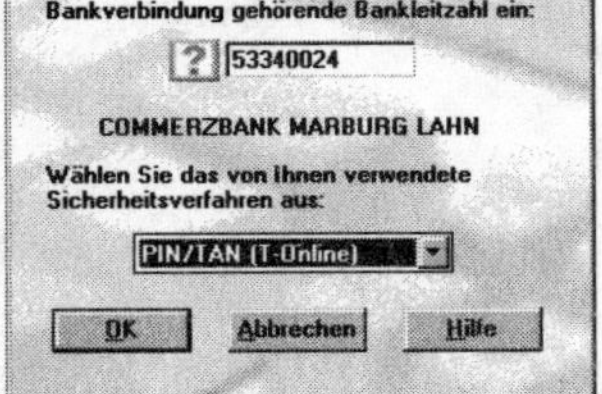

7 Im nächsten Fenster müssen Sie einen Namen für Ihr Konto eingeben (er ist frei wählbar), Ihren Namen eintragen und vor allem: Unter *Konto-Nr.* Ihre Kontonummer eingeben.

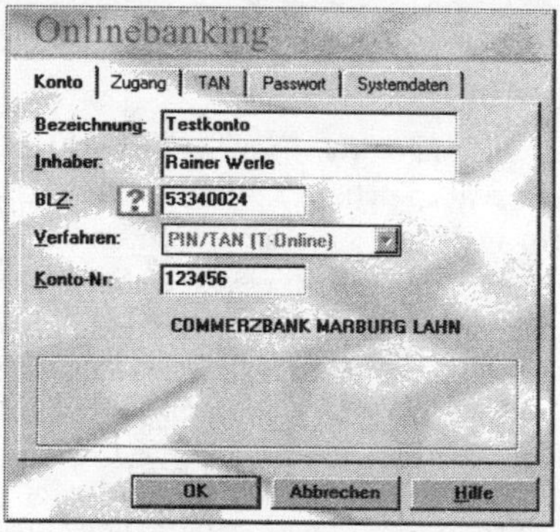

8 Klicken Sie nun auf die Registerkarte *Passwort*. Hier können Sie Ihr Konto durch ein Passwort schützen. Geben Sie dazu ein Passwort Ihrer Wahl ein und wiederholen Sie es in der nächsten Zeile. Wie immer bei Passwörtern sehen Sie Ihre Eingabe nicht, sondern nur eine Reihe von Sternchen.

Welches Passwort für was?

Schon beim Start des Programms wurden Sie nach einem Passwort gefragt. Dieses Programmpasswort schützt Ihre Homebankingsoftware vor fremden Zugriffen. Nun können Sie auch noch jedes Konto durch ein eigenes Passwort schützen. Achten Sie auch bei diesem Passwort darauf, dass es nicht leicht zu erraten ist und mindestens acht Zeichen umfasst.

Auch dieses Passwort kennen nur Sie und Ihr Computer. Ohne das Passwort können Sie das Konto nicht mehr öffnen. Bewahren Sie es deshalb sorgfältig auf.

PIN und TANs abspeichern

Mit den nachfolgenden Schritten zeige ich Ihnen, wie Sie Ihre PIN und die TANs in der Homebankingsoftware abspeichern können. Aber Achtung! Damit ist Missbrauch Tür und Tor geöffnet, falls jemand Ihren PC ausspioniert. Meine Empfehlung: Verzichten Sie auf das Abspeichern von PIN und TANs. Sie müssen dann zwar bei jeder Nutzung von Homebanking diese Daten von Hand eingeben, aber Sie sind auch auf der sicheren Seite. Und beim eigenen (und sauer verdienten) Geld sollte Sicherheit vor Bequemlichkeit gehen.

1. Um Ihre PIN zu speichern, klicken Sie zunächst auf die Registerkarte *Zugangsparameter*. Auch T-Online warnt Sie mit einem Hinweisfenster, dass die Eingabe der PIN ein Sicherheitsrisiko darstellt. Beenden Sie dieses Fenster mit der Schaltfläche *Schließen*.

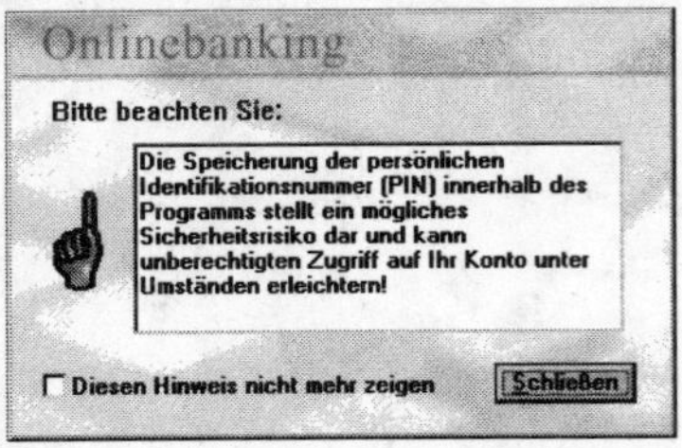

2. Nun können Sie Ihre PIN eingeben.

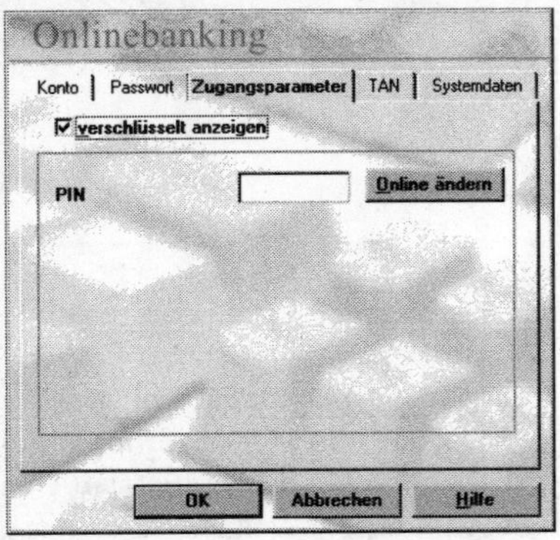

PIN geändert

Falls Sie später Ihre PIN verändern, müssen Sie dieses Fenster erneut aufrufen und dort die geänderte PIN eintragen, damit die Software mit der neuen PIN arbeitet.

3 Wollen Sie auch die TANs aus Ihrer TAN-Liste in der Software speichern, klicken Sie nun auf die Registerkarte *TAN*. Auch hier informiert Sie T-Online nochmals, dass dies ein Sicherheitsrisiko darstellt. Beenden Sie diesen Hinweis mit der Schaltfäche *Schließen*.

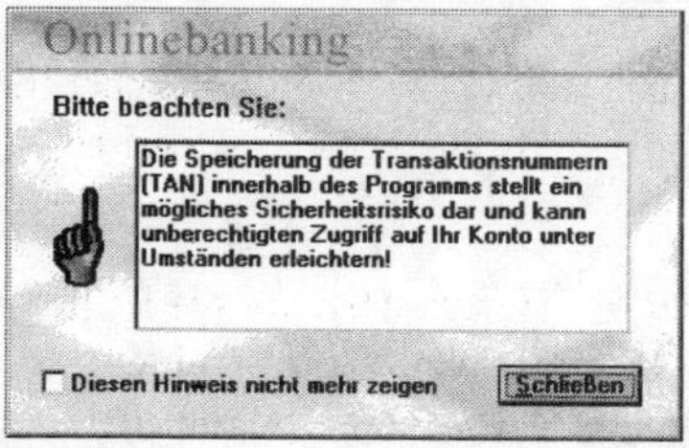

4 Geben Sie nun unter *Eingabe* eine erste TAN ein und klicken dann auf *Hinzufügen*. Mit allen weiteren TANs verfahren Sie genauso.

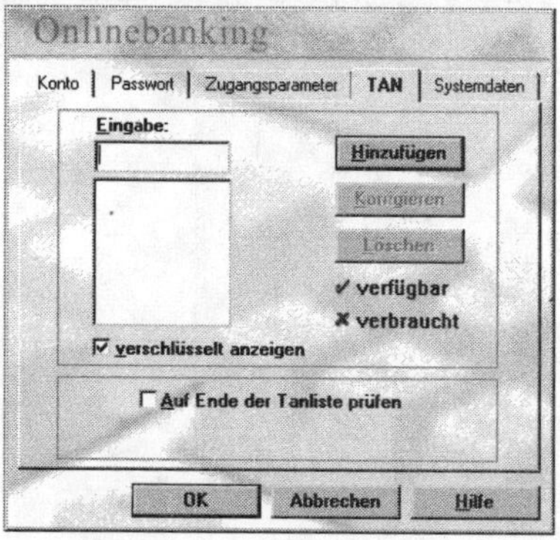

Ein Dutzend ist genug

Sie müssen nicht alle TANs aus der TAN-Liste auf einmal hier eintragen. Mit einem Vorrat von einem Dutzend eingetragener TANs haben Sie meist genügend TANs für einige Wochen. Nur eines ist wichtig: Markieren Sie alle eingetragenen TANs auf der TAN-Liste als vergeben, damit Sie nicht aus Versehen eine TAN zweimal nutzen.

Die Eröffnungs-PIN ändern

Sie haben nun alle notwendigen Kontodaten eingetragen. Was jetzt kommt, hängt davon ab, ob Sie Ihr Konto das allererste Mal online nutzen oder nicht.

1. Klicken Sie im Fenster mit Ihren Kontodaten auf die Schaltfläche *OK*. Sie erhalten ein Fenster *Hinweis zur Konto-Neuanlage*.

2. Wenn Sie bereits mit einer älteren Version von T-Online oder per Telefonbanking Ihr Konto genutzt haben, klicken Sie hier auf *OK*. Lesen Sie bitte trotzdem den folgenden Abschnitt *Das ist neu bei T-Online* durch!

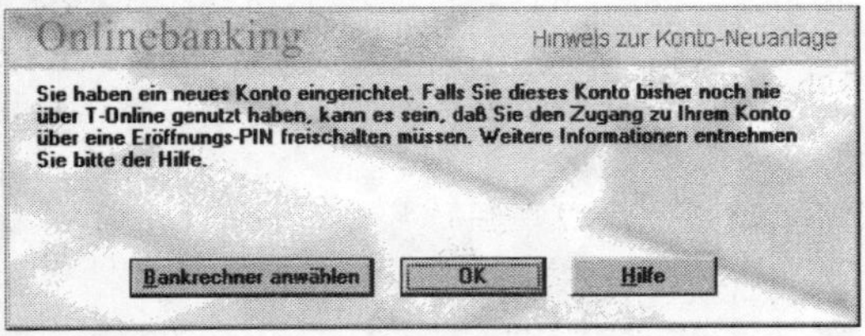

3. Ist dies Ihr erster Online-Zugriff auf Ihr Konto, klicken Sie auf *Bankrechner anwählen*.

Damit wird die T-Online-Software gestartet und wählt sich zum Rechner Ihrer Bank ein.

Das ist neu bei T-Online

Hier wie auch später bei der Nutzung Ihres Kontos taucht während der Anwahl eine neue Funktion von T-Online auf, die der Sicherheit des Homebankings dient.

4 Sie erhalten nun ein Fenster, das auf den ersten Blick eigenwillig wirkt, aber eine wichtige Sicherheitsfunktion enthält. Denn in diesem Fenster müssen Sie so lange die Maus bewegen (oder irgendwas auf der Tastatur eintippen) bis der Prozentbalken 100 % erreicht hat. Damit wird eine Zufallszahl erzeugt, die vor allem beim Homebanking eine erhöhte Verschlüsselungssicherheit gewährleistet.

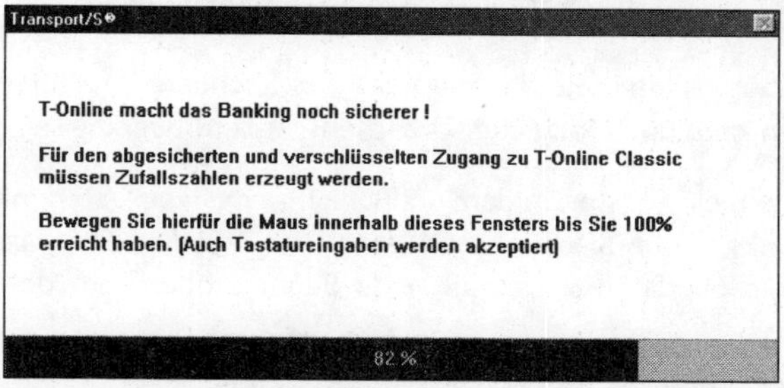

5 Haben Sie lange genug mit der Maus gewackelt, schließt sich das Fenster automatisch.

Was nun passiert, hängt davon ab, ob Sie zum ersten Mal mit der Homebankingsoftware online gehen:

6 Bei der ersten Nutzung des Classic Gateways (Zugang zu T-Online Classic oder zum Homebanking) erhalten Sie nebenstehendes Fenster. Hier können Sie wählen, ob in Zukunft bei jedem Aufruf des Classic Gateways eine neue Zufallszahl erzeugt werden soll oder nicht.

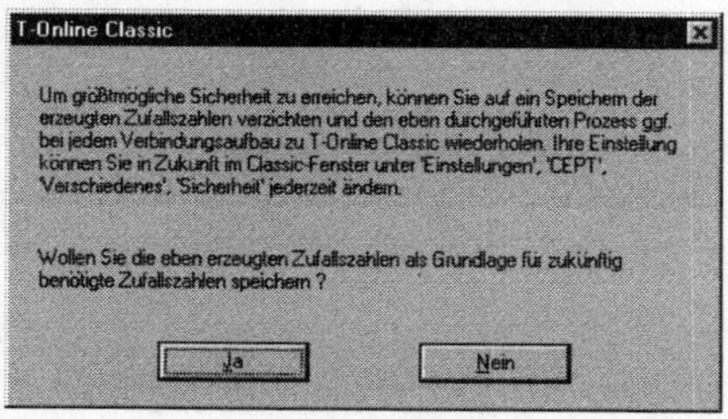

- Wählen Sie *Ja*, wenn die eben erzeugte Zufallszahl gespeichert werden soll. Dies vermindert allerdings die Sicherheit beim Homebanking!
- Besser ist es, Sie wählen *Nein*. Dann wird jedes Mal eine neue Zufallszahl erzeugt. Das ist die sicherere Variante.

Nachträglich ändern: Kein Problem

Sie können die Sicherheitseinstellung jederzeit nachträglich ändern. Wie das geht, erfahren Sie auf Seite 82.

7 Nun beginnt die Einwahl zu T-Online Classic, wenn Sie nicht ohnehin schon online sind.

Nach kurzer Zeit erhalten Sie die Startseite des Rechners Ihrer Bank. Bei einigen Banken kann noch folgender Zwischenschritt notwendig sein:

8 Sie erhalten ein Fenster, in dem die Bank Ihnen einige Daten mitteilt. Unten links finden Sie die Schaltfläche *Zur T-Online-Software*, auf die Sie klicken, damit Sie entgültig zur Benutzeroberfläche der Bank gelangen.

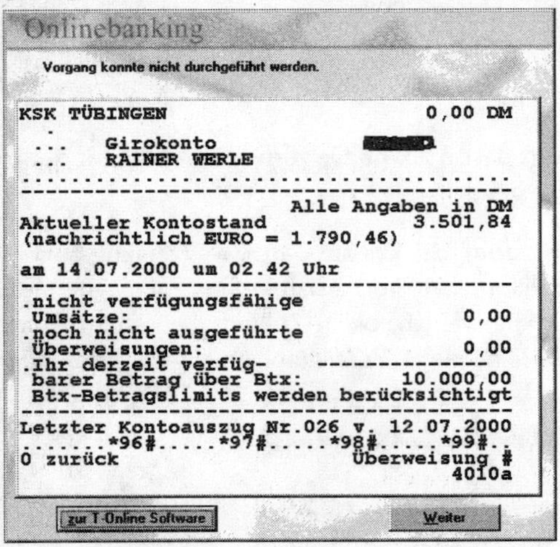

Jede Bank etwas anders

Jede Bank hat Ihr Angebot etwas anders gestaltet. Wundern Sie sich also nicht, wenn es bei Ihrer Bank etwas anders aussieht. Das prinzipielle Vorgehen ist jedoch bei allen Banken das gleiche. Übrigens: Die nachfolgenden vier Bildschirmdarstellungen sind noch mit der alten T-Online-Software 2.0 entstanden: Ich kann ja nicht für jedes T-Online-Buch ein neues Konto einrichten ... Aber mit der neuen Software funktioniert es genauso.

1 Geben Sie zunächst Ihre Kontonummer und die Eröffnungs-PIN, die Ihnen die Bank übergeben hat, ein.

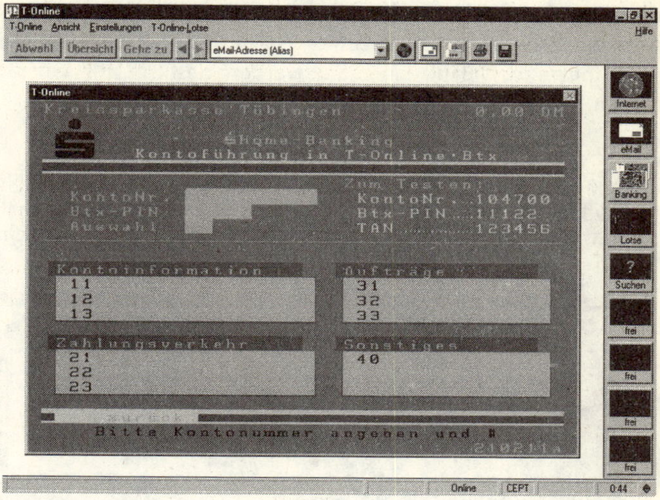

2 Danach geben Sie unter *Auswahl* die Kennziffer eines der angebotenen Dienste ein (z. B. *Kontostand abfragen*).

3 Je nach Bank werden Sie noch darauf hingewiesen, dass Sie nun die Eröffnungs-PIN ändern müssen. Im Normalfall gelangen Sie dann mit der Eingabe von # zur nächsten Seite.

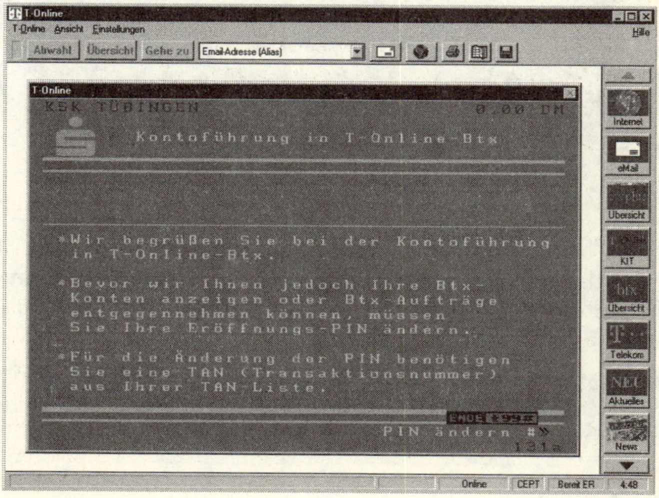

Ein schlauer Bankrechner

Gleichgültig, welche Kennziffer Sie eingegeben haben, erkennt der Rechner der Bank anhand der Eröffnungs-PIN, dass Sie das erste Mal auf dem Computer der Bank sind. Sie werden deshalb mit einer Seite verbunden, auf der Sie die Eröffnungs-PIN ändern können.

4 Geben SIe hier eine neue PIN Ihrer Wahl ein und in der folgenden Zeile eine TAN aus der TAN-Liste. (Denken Sie daran, die TAN auf der Liste als gebraucht zu markieren!) Falls damit die Seite nicht von selbst abgeschickt wird, drücken Sie einmal [Enter].

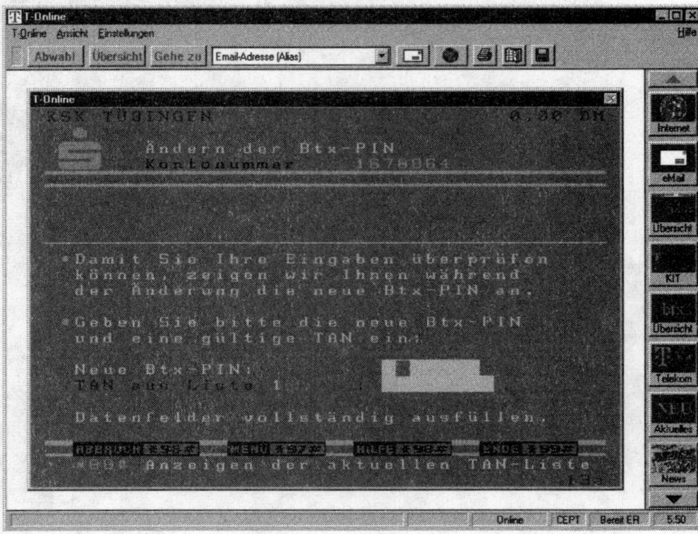

PIN und TAN

Sehen Sie bei der Eingabe der neuen PIN in den Unterlagen Ihrer Bank nach, welche Regeln es für das Bilden einer korrekten PIN gibt. Im Normalfall sollte Ihre neue PIN genauso lang sein wie die Eröffnungs-PIN und keine Umlaute oder Sonderzeichen enthalten.

Da jede TAN nur einmal genutzt werden kann, ist die gerade eingegebene TAN damit ungültig. Streichen Sie sie deshalb aus der TAN-Liste, damit Sie nicht aus Versehen nochmals benutzt wird.

5 Sie erhalten noch eine Bestätigungsseite, dass Ihre PIN verändert wurde. Sie können nun mit der Schaltfläche *Abwahl* die Verbindung zu T-Online beenden und die T-Online-Software schließen.

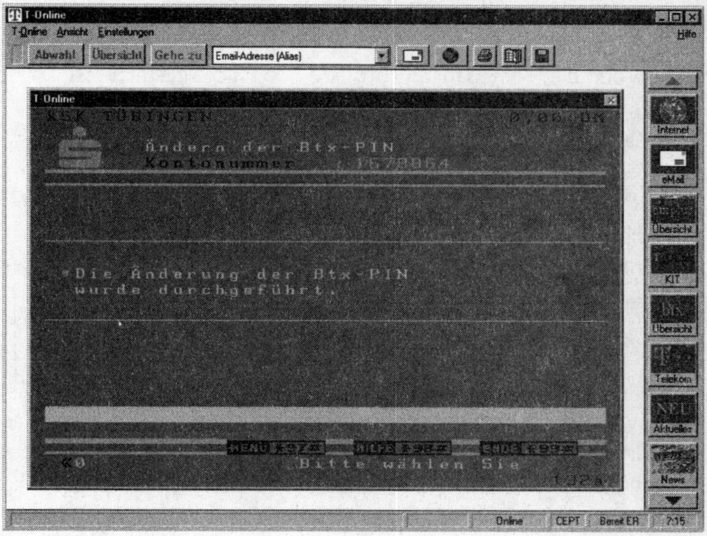

PIN gespeichert?

Falls Sie die PIN in der Homebankingsoftware gespeichert haben, denken Sie daran, diese dort auch zu ändern, damit die neue PIN von nun an zur Geltung kommt.

8.3 Die Grundfunktionen der Homebankingsoftware

Bei allen Banken, die Homebanking anbieten, ist es möglich, den Kontostand und die Kontobewegungen abzufragen und Überweisungen zu tätigen. Viele Banken bieten darüber hinaus auch die Möglichkeit, Daueraufträge online zu ändern oder online ein Aktiendepot zu verwalten. Erkundigen Sie sich bei Ihrer Bank, welche Möglichkeiten Ihnen geboten werden.

Den Kontostand abfragen

Nun sind alle Vorbereitungen abgeschlossen und Sie können das erste Mal Ihr Bankkonto online nutzen. Als Erstes interessiert Sie sicherlich der Kontostand.

1 Wenn die Homebankingsoftware noch nicht gestartet ist, starten Sie diese.

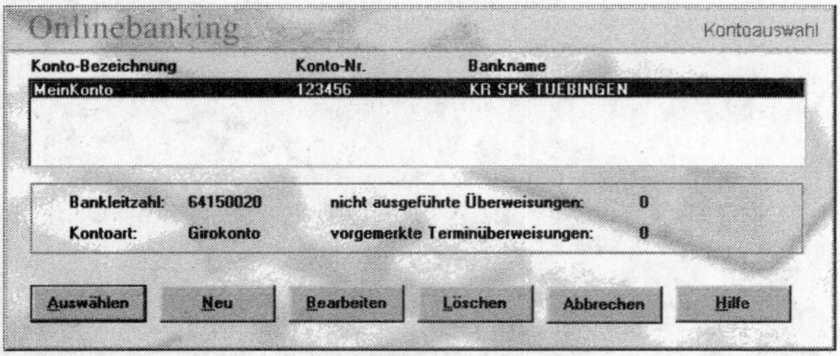

2 Wenn Sie nur ein Konto eingerichtet haben, klicken Sie einfach auf die Schaltfläche *Auswählen*. Haben Sie mehrere Konten eingerichtet, markieren Sie zunächst das gewünschte mit einem Mausklick. Auch dann geht es mit *Auswählen* weiter.

3 Im nächsten Fenster geben Sie Ihr Kontopasswort ein und klicken auf *OK*. Haben Sie kein Kontopasswort vergeben, klicken Sie ohne Eingabe auf *OK*.

4 Sie erhalten das Hauptfenster der Homebankingsoftware. Klicken Sie hier auf die Schaltfläche *Kontostand*.

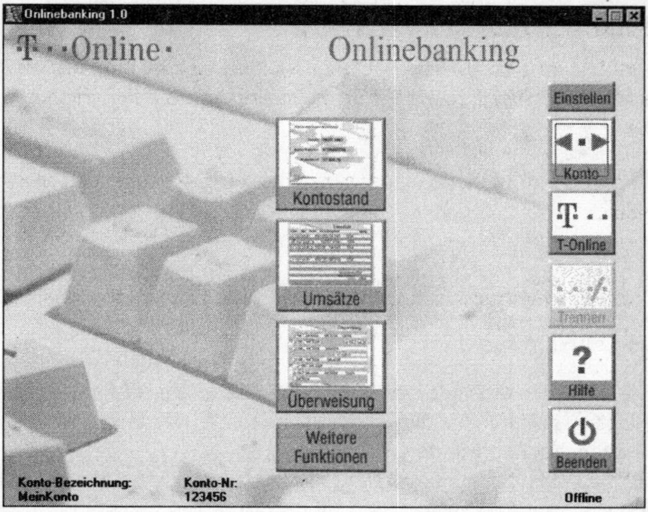

5 Beim ersten Aufruf des Kontostands kann die Software natürlich Ihren Kontostand nicht wissen. Aber das wird sich gleich ändern: Klicken Sie dazu auf die Schaltfläche neben *Aktualisieren*.

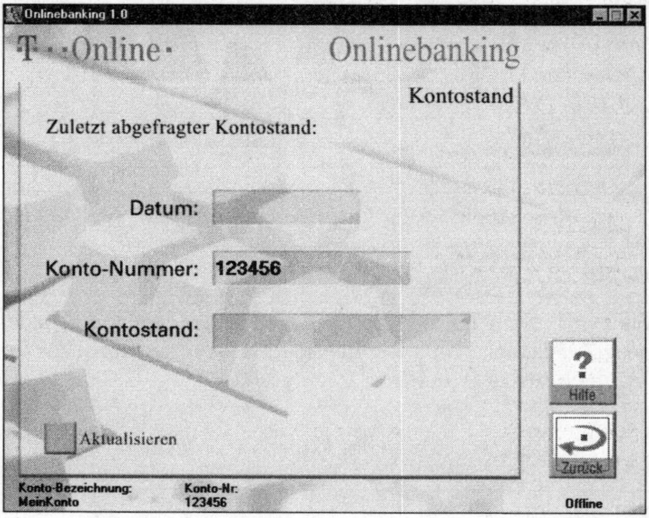

6 In einem neuen Fenster werden Sie nach der PIN für dieses Konto gefragt. Geben Sie die PIN ein und bestätigen mit *OK*.

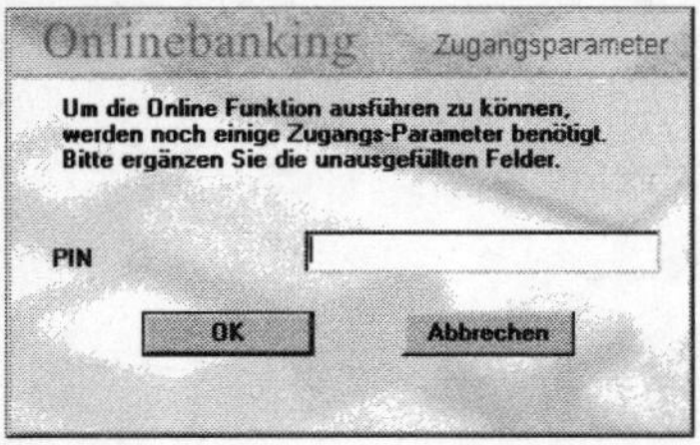

PIN und TANs gespeichert

Falls Sie sich doch entschlossen haben, die PIN und die TANs auf dem PC zu speichern, erhalten Sie diese Abfrage nicht. Sie werden dann direkt mit dem Bankrechner verbunden.

7 Damit wählt sich die Homebankingsoftware zunächst bei T-Online und dann beim Rechner Ihrer Bank ein. Sie können den Fortgang in einem eigenen Fenster verfolgen, das auf der rechten Seiten (sehr verkleinert) die automatische Einwahl darstellt.

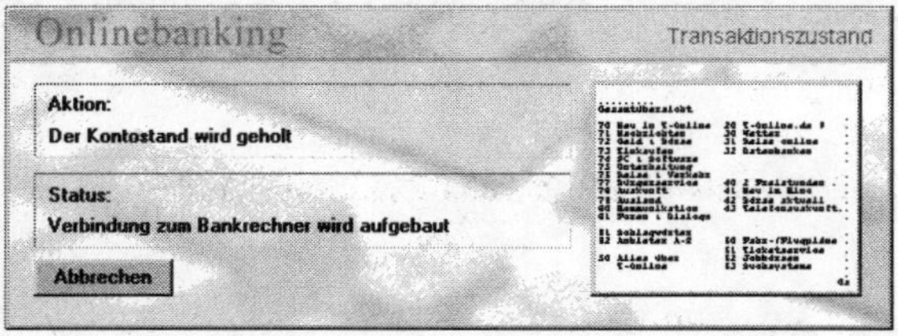

Zufallszahl

Falls Sie beim ersten Zugang zur Bank angegeben haben, dass jedes Mal eine neue Zufallszahl erzeugt werden soll, erscheint nun noch das Fenster, um die Zufallszahl zu erzeugen.

8 Kurze Zeit später erscheint Ihr aktueller Kontostand.

Soll und Haben

Finden Sie hinter dem Kontostand ein großes H, so steht dies für Haben. Wurde das Konto überzogen, finden Sie ein S für Soll.

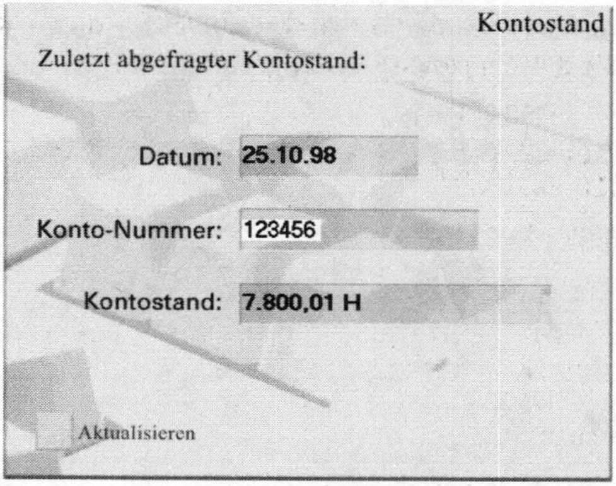

9 Mit der Schaltfläche *Zurück* gelangen Sie wieder zum Hauptfenster der Homebankingsoftware. Noch sind Sie dabei online. Wollen Sie gleich noch die Umsätze abfragen, dann ist das natürlich erwünscht. Wollen Sie aber vorerst keine weiteren Online-Anfragen mehr, dann genügt ein Klick auf die Schaltfläche *Trennen* und Sie sind offline.

Umsätze abfragen

1 Auch die Kontoumsätze der letzten Zeit fragen Sie vom Hauptfenster der Homebankingsoftware aus ab. Klicken Sie dazu auf die Schaltfläche *Umsätze*.

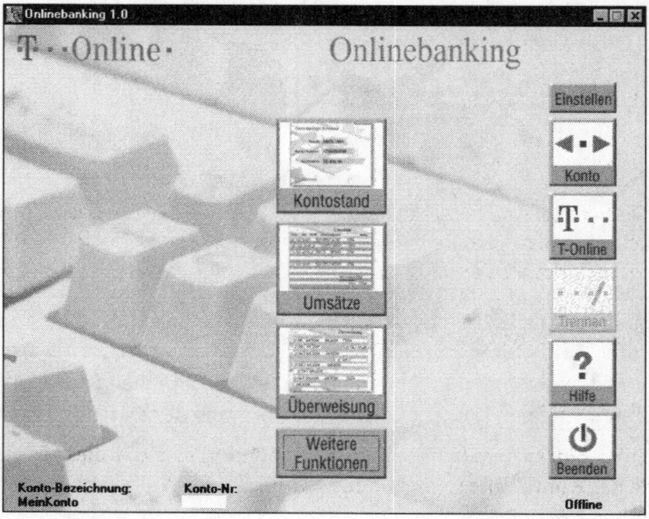

2 Beim ersten Aufruf der Umsatzdarstellung finden Sie eine leere Darstellung, denn noch kennt die Software Ihre Umsätze nicht. Aber auch das wird sich gleich ändern.

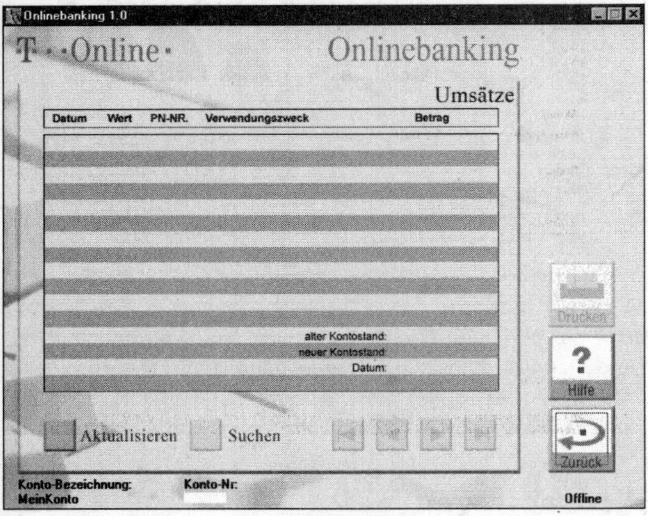

3 Klicken Sie dazu auf die Schaltfläche neben *Aktualisieren.*

4 Auch hier werden Sie wieder nach der PIN für das Konto gefragt (es sei denn, Sie haben Sie auf dem PC gespeichert). Geben Sie die PIN ein und bestätigen mit *OK.*

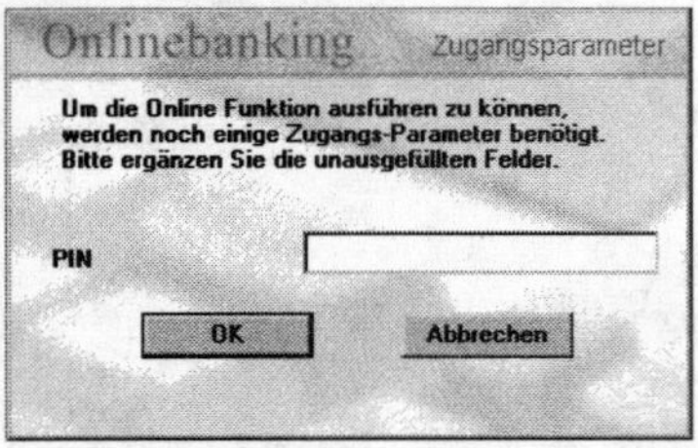

5 Die Homebankingsoftware erkennt selbstätig, ob Sie noch online sind oder nicht. Im ersten Fall werden sofort die Umsatzdaten abgerufen, im zweiten Fall wählt die Software sich zunächst bei T-Online und dann beim Bankrechner ein. Auf jeden Fall sehen Sie nach kurzer Zeit im kleinen Kontrollfenster den Fortgang der Datenübertragung.

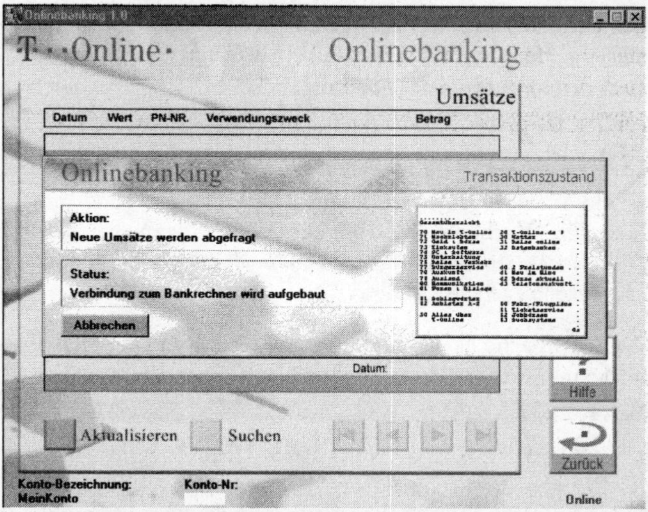

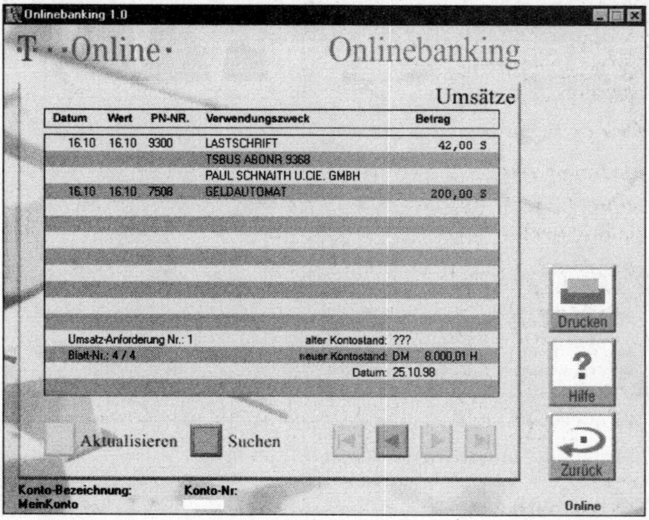

6 Dann ist es so weit, Sie erhalten die Umsätze Ihres Kontos angezeigt. Die Anzeige ist ganz ähnlich wie bei einem gedruckten Kontoauszug. Rechts unten finden Sie vier Schaltflächen zum Vor- und Zurückblättern in Ihren Umsatzdaten und die Schaltfläche *Suchen*, um nach einer bestimmten Überweisung oder Abbuchung zu suchen.

7 Mit der Schaltfläche *Zurück* gelangen Sie wieder zum Hauptfenster der Homebankingsoftware. Wollen Sie offline gehen, klicken Sie zusätzlich im Hauptfenster noch auf die Schaltfläche *Trennen*.

Eine Überweisung tätigen

Mit der Homebankingsoftware können Sie nicht nur rund um die Uhr (und auch am Wochenende) Überweisungen tätigen, bei den meisten Banken sind auch die Gebühren für Online-Überweisungen deutlich billiger als für normale Überweisungen.

1 Die Schaltfläche *Überweisung* auf der Hauptseite der Homebankingsoftware führt Sie direkt zu einem Überweisungsformular.

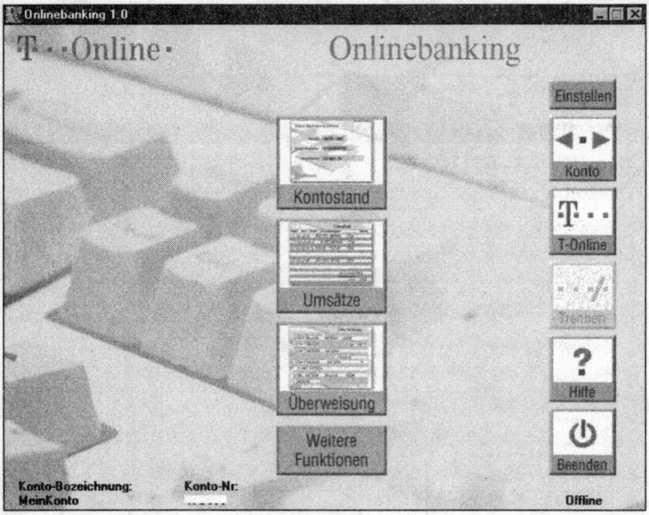

2 Tragen Sie im Überweisungsformular zunächst den Namen des Empfängers und dessen Kontonummer ein.

Den Namen merk ich mir ...

Die Homebankingsoftware merkt sich die Namen und die Kontonummern von Personen, an die Sie schon einmal eine Überweisung geschickt haben. Wollen Sie an eine solche Person erneut eine Überweisung schicken, dann klicken Sie auf die Schaltfläche mit dem Fragezeichen neben dem Eintrag *Empfänger*. Sie erhalten dann eine Liste aller gemerkten Namen und Kontonummern und müssen die gewünschte nur noch anklicken.

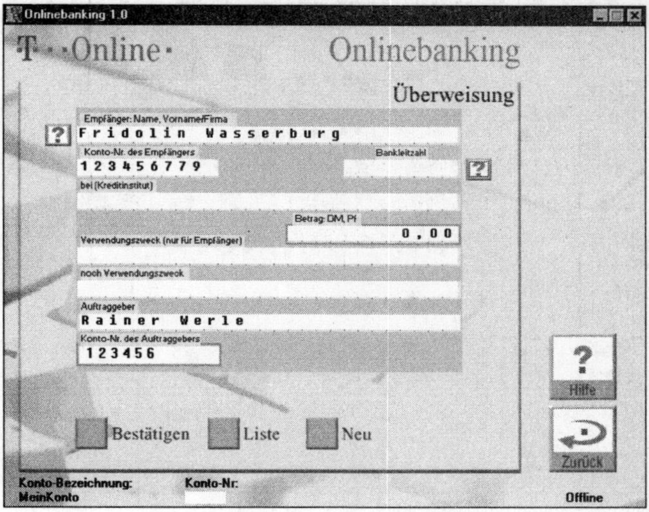

3 Den Namen der Bank und die Bankleitzahl müssen Sie nicht von Hand eingeben. Klicken Sie stattdessen auf die Schaltfläche mit dem Fragezeichen neben *Bankleitzahl*. Sie erhalten ein Fenster, in dem Sie den Ort der Bank eintippen, und können dann die gewünschte Bank auswählen. Die Software trägt Banknamen und Bankleitzahl automatisch in das Überweisungsformular ein, wenn Sie die Schaltfläche *Übernehmen* anklicken.

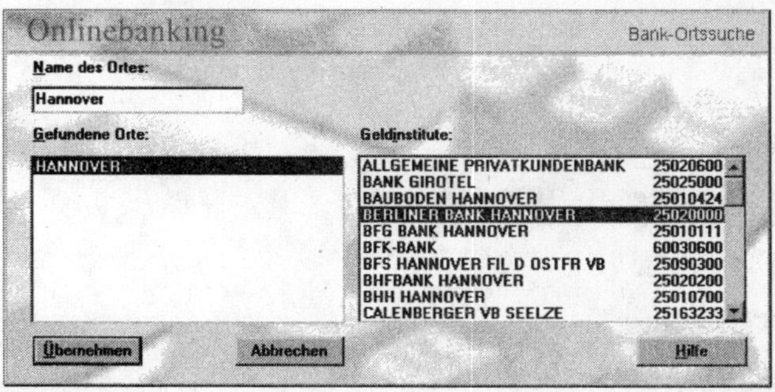

4 Tippen Sie nun noch den Überweisungsbetrag und einen Verwendungszweck ein. Ihr Name und Ihre Kontonummer sind bereits eingetragen.

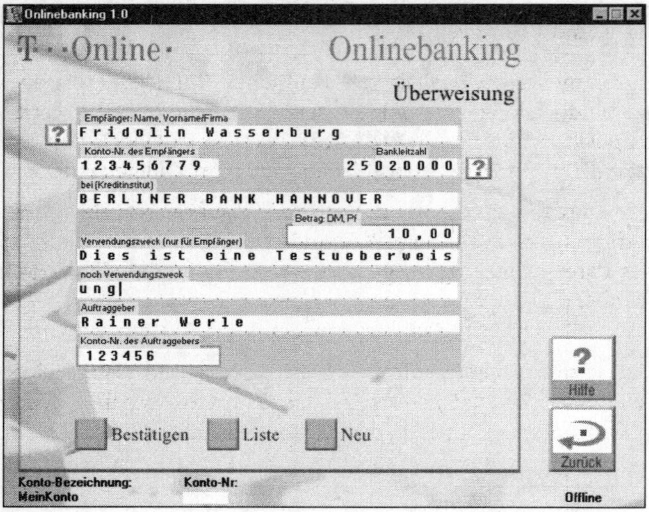

5 Um den Versand der Überweisung vorzubereiten, fehlt nun noch ein Klick auf die Schaltfläche neben *Bestätigen.*

6 Sie erhalten nun nochmals alle Daten aufgeführt. Mit *Korrektur* können Sie noch Änderungen anbringen. Ist alles in Ordnung, klicken Sie auf die Schaltfläche neben *Ausführen.*

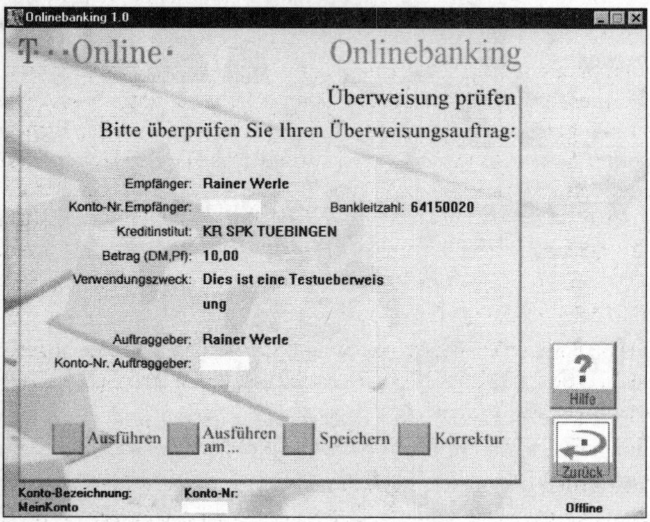

Speichern und Ausführen am ...

Wollen Sie mehrere Überweisungen auf einen Rutsch übertragen, dann können Sie die aktuell ausgefüllte Überweisung zunächst mit der Schaltfläche *Speichern* zurückstellen, bis auch die übrigen Überweisungen ausgefüllt sind. Das funktioniert problemlos und spart Onlinekosten.

Weniger empfehlenswert ist die Variante *Ausführen am*, denn hier wird die Ausführung zwar auf dem PC zum Versand vorgemerkt, aber natürlich nur dann rechtzeitig ausgeführt, wenn Sie am Ausführungsdatum auch den PC einschalten.

7 Sie erhalten nun die Abfrage, ob die Überweisung als *Einzelüberweisung* oder *Sammelüberweisung* ausgeführt werden soll. Wählen Sie eine der beiden Optionen aus und klicken auf *Ja*.

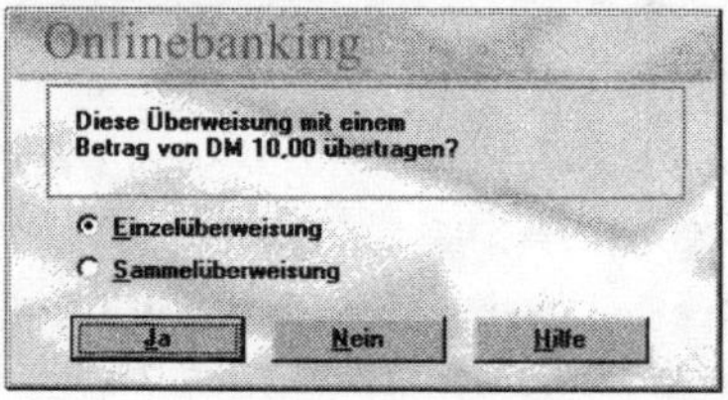

Einzel- und Sammelüberweisungen

Wenn mehr als eine Überweisung auf einmal abgeschickt werden soll, dann können Sie mit *Einzelüberweisung* erreichen, dass diese Überweisungen alle getrennt abgeschickt und abgerechnet werden. Wählen Sie stattdessen *Sammelüberweisung*, dann werden bei den Kontoumsätzen alle Überweisungsbeträge zusammengezählt und nur als ein Posten aufgelistet. Mir ist es viel lieber, ich sehe bei den Umsätzen wirklich alle Beträge aufgelistet, deshalb arbeite ich mit Einzelüberweisungen. Aber es kann einen Grund geben, selbst eine einzelne Überweisung mit Sammelüberweisung abzuschicken:

Bei einigen Banken kann es vorkommen, dass Einzelüberweisungen nicht korrekt funktionieren. Schicken Sie dann alle Überweisungen als Sammelüberweisungen ab!

8 Sie werden nun wieder nach der PIN gefragt (wenn Sie diese nicht auf dem PC gespeichert haben). Geben Sie sie ein und ab geht's mit *OK*.

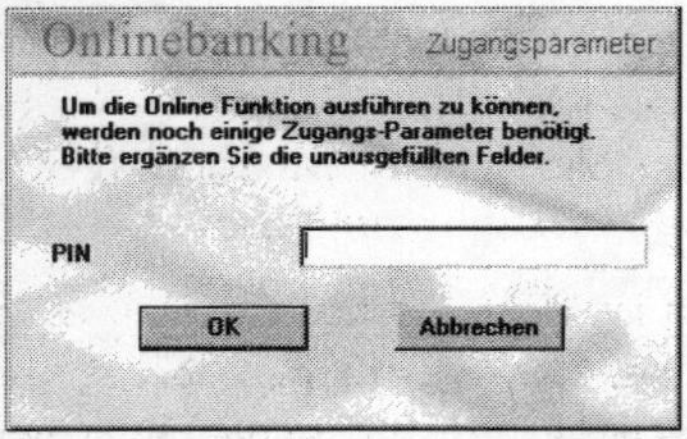

9 Um eine Überweisung auszuführen, benötigen Sie nun noch eine der TANs aus der TAN-Liste. Wenn Sie keine TANs auf dem PC gespeichert haben, erhalten Sie dieses Fenster, in dem Sie eine TAN eingeben und mit *OK* abschicken. Denken Sie daran, die TAN auf der TAN-Liste auszustreichen, denn alle TANs sind nur einmal gültig!

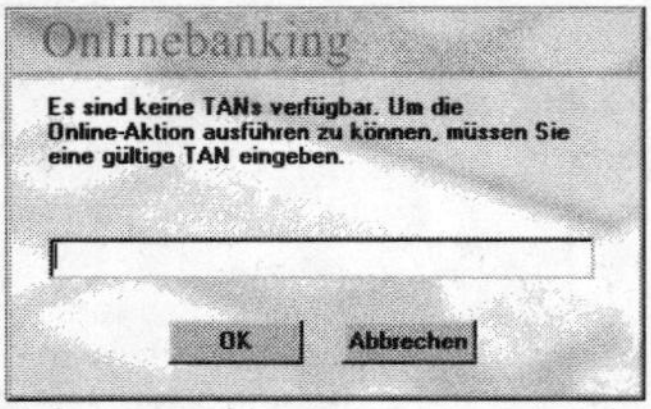

10 Wenn Sie nicht bereits online sind, wählt die Homebankingsoftware sich bei T-Online ein. Dann wird eine Verbindung zum Bankrechner aufgebaut und die Überweisung übermittelt. Ist alles abgeschlossen, sehen Sie nochmals das Übeweisungsformular mit dem Eintrag *ausgeführt am ...*

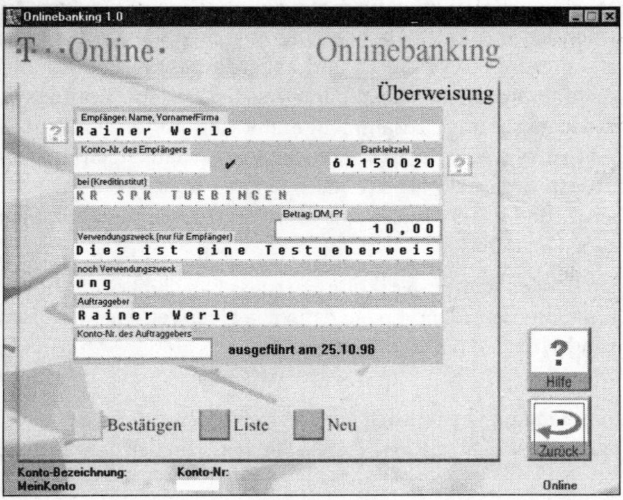

11 Die Überweisung wurde damit erfolgreich abgeschickt. Mit der Schaltfläche *Zurück* gelangen Sie wieder zur Hauptseite der Homebankingsoftware. Dort können Sie mit der Schaltfläche *Trennen* offlilne gehen.

12 Mit der Schaltfläche *Beenden* im Hauptfenster der Homebankingsoftware wird das Programm beendet. Sie erhalten noch ein kleines Fenster, in dem Sie gefragt werden, ob die Anwendung beendet werden soll. Klicken Sie auf *Ja* und die Homebankingsoftware wird geschlossen.

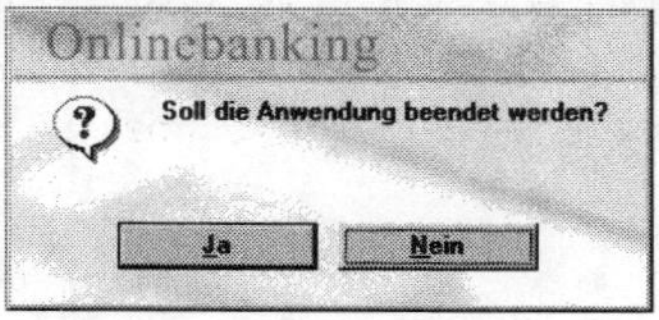

PIN ändern und TAN-Liste aktivieren

Sie kennen nun die Grundfunktionen der Homebankingsoftware, aber zwei Punkte müssen Sie zusätzlich noch wissen, wenn Sie erfolgreich und sicher Onlinebanking betreiben wollen.

Die PIN ändern

Zu Ihrer Sicherheit können Sie jederzeit die PIN Ihres Kontos ändern. Sie sollten dies alle paar Wochen machen, vor allem aber dann, wenn Sie Sorge haben, jemand könnte Ihre PIN in Erfahrung gebracht haben.

1 Starten Sie die Homebankingsoftware und wählen das gewünschte Konto aus.

2 Klicken Sie nun auf die Schaltfläche *Weitere Funktionen*.

3 Sie finden zunächst ein Fenster vor, in dem Sie auf *Direkt zur Bank* klicken.

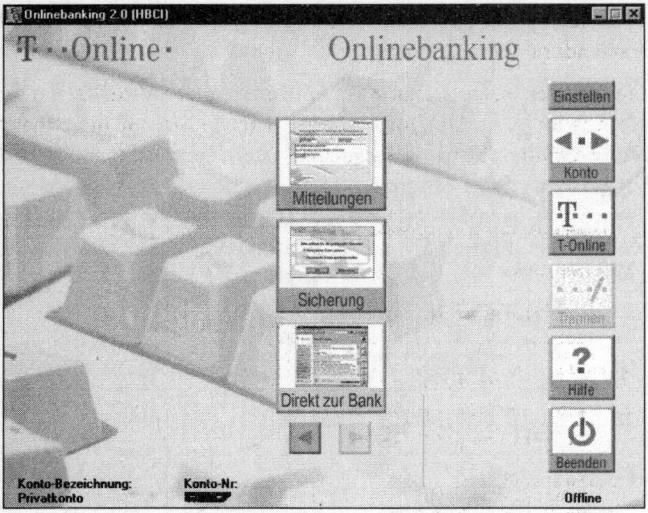

4 Sie erhalten dann ein Fenster, das Sie darüber informiert, dass Sie damit direkt zur Übersichtsseite der Bank verbunden werden. Mit einem Klick auf *Ja* geht es weiter.

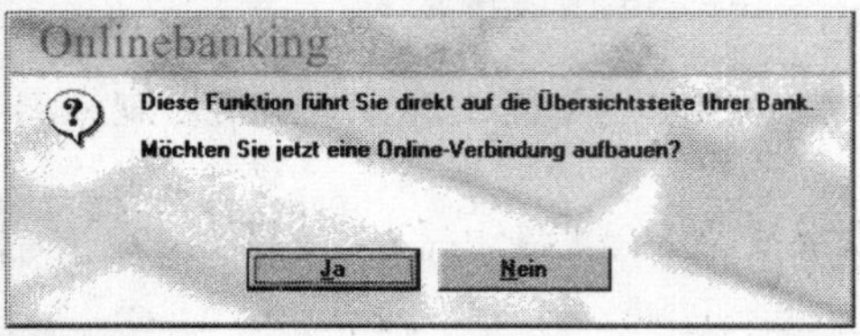

5 Falls Sie Ihre PIN nicht auf dem PC gespeichert haben, wird diese nun abgefragt. Geben Sie Ihre aktuelle PIN hier ein und klicken dann auf *OK*.

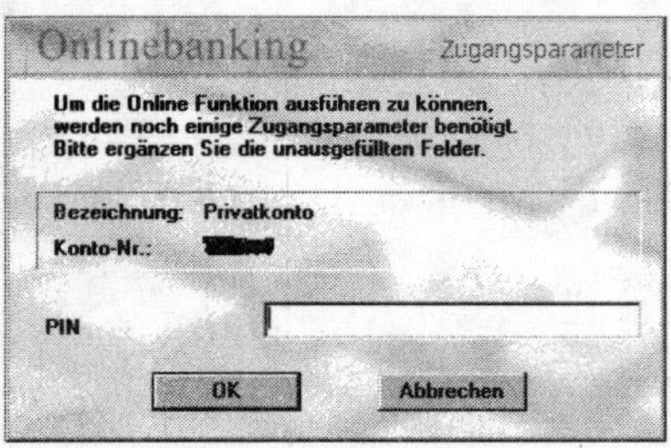

6 Nunmehr wählt sich die Software bei T-Online ein und startet eine Verbindung zum Bankrechner.

7 Sie erhalten nach der Einwahl ein Fenster, das aktuelle Daten Ihres Kontos auflistet. Um fortzufahren, klicken Sie auf die Schaltfläche *Zur T-Online-Software*. Sie gelangen damit zur Startseite Ihrer Bank.

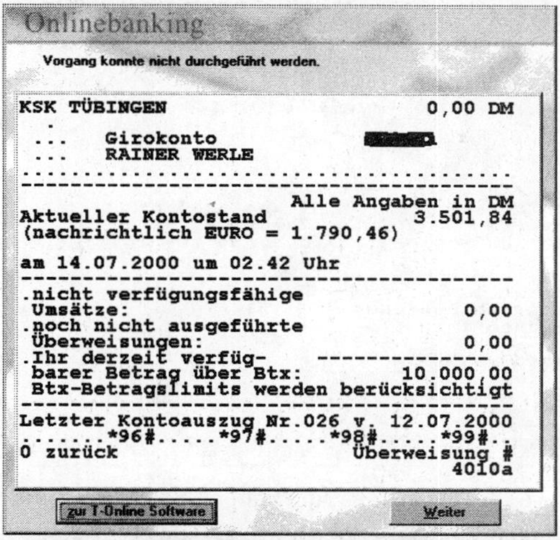

8 Tippen Sie hier die Zeichenfolge für *Menü* (in meinem Beispiel **97#*) auf der Tastatur ein.

9 Eine neue Seite erscheint, auf der Sie auch einen Auswahlpunkt finden, der zumeist *BTX-Verwaltung* heißt. Tippen Sie die Kennziffer dieses Auswahlpunkts ein und drücken [Enter].

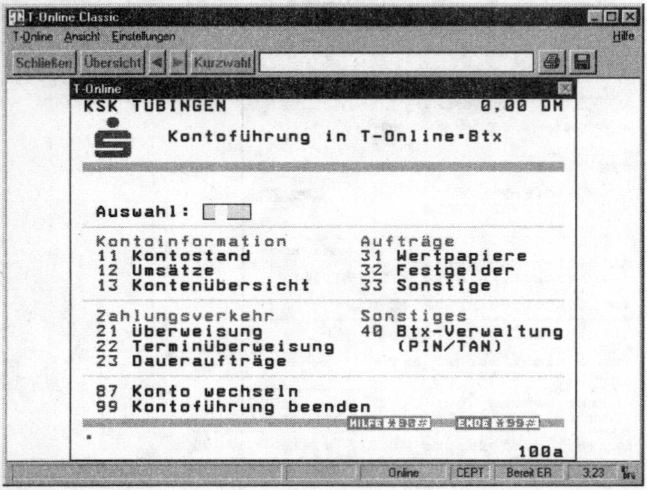

10 Sie sind damit bei der BTX-Verwaltung Ihrer Bank. Hier finden Sie einen Auswahlpunkt *Änderung der BTX-PIN*, dessen Kennziffer Sie eintippen und mit [Enter] bestätigen.

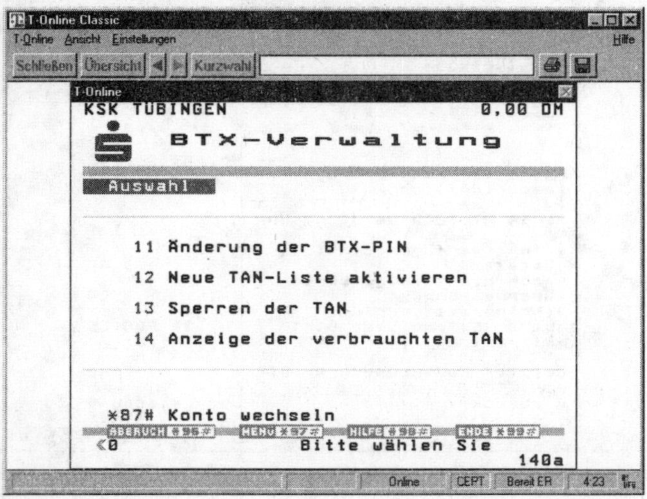

11 Das nächste Fenster bietet Ihnen die Möglichkeit, eine neue PIN festzulegen. Damit diese Änderung wirksam wird, müssen Sie zusätzlich eine TAN aus der TAN-Liste eingeben. Drücken Sie dann [Enter], um die neue Einstellung abzuschicken.

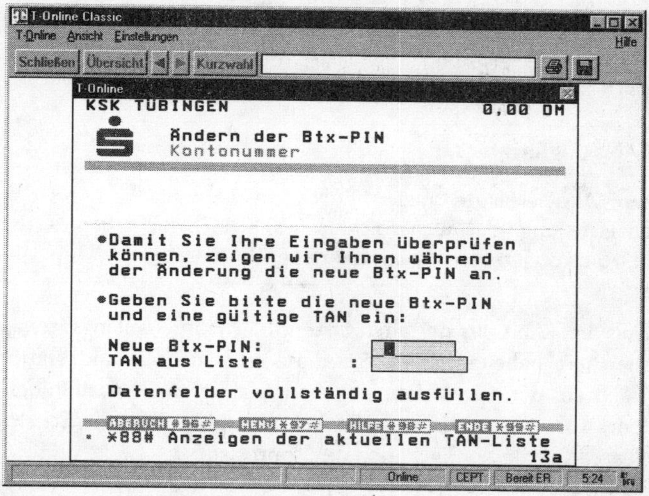

Damit ist Ihre PIN geändert. Haben Sie diese in der Homebankingsoftware abgespeichert, müssen Sie sie dort noch ändern.

12 Markieren Sie dazu in der Kontoauswahl das betreffende Konto und rufen über die Schaltfläche *Bearbeiten* die Konfiguration des Kontos auf.

Eine neue TAN-Liste aktivieren

Für jede Überweisung benötigen Sie eine TAN. Wenn nach einiger Zeit die TAN-Liste immer kürzer wird, erhalten Sie automatisch von der Bank eine neue TAN-Liste zugesandt, aber diese muss erst noch aktiviert werden, um zu funktionieren.

Immer eine TAN in Reserve

Um die neue TAN-Liste aktivieren zu können, benötigen Sie eine TAN aus der alten TAN-Liste. Sie sollten deshalb stets eine TAN in jeder Liste nicht für Überweisungen benutzen, sondern aufsparen für das Freischalten der neuen TAN-Liste!

---

1 Gehen Sie auch hier über die Schaltfläche *Weitere Funktionen* direkt auf die Startseite Ihrer Bank in der T-Online-Software. Rufen Sie die BTX-Verwaltung auf und wählen den Auswahlpunkt *Neue TAN-Liste aktivieren*.

2 Sie müssen nun eine TAN aus der bislang gültigen TAN-Liste eingeben und eine aus der neuen TAN-Liste. Damit ist die neue TAN-Liste aktiviert.

Alte TANs ungültig

Mit dem Aktivieren der neuen TAN-Liste werden alle TANs der bisherigen Liste ungültig, auch solche, die Sie noch nicht benutzt haben! Arbeiten Sie von jetzt an nur mit der neuen TAN-Liste.

---

3 Falls Sie TANs aus der alten Liste in der Homebankingsoftware gespeichert haben, müssen Sie diese nun löschen und stattdessen TANs aus der neuen Liste eingeben. Markieren Sie dazu in der Kontoauswahl das betreffende Konto und rufen über die Schaltfläche *Bearbeiten* die Konfiguration des Kontos auf.

8.4 Internetbanking – Der Konkurrenzkampf hat begonnen

Internetbanking bedeutet, dass Sie über einen beliebigen Provider zu Ihrer Bank eine Verbindung aufbauen; Sie sind also nicht mehr auf T-Online-Software angewiesen. Damit dies dennoch möglichst sicher vonstatten geht, wird eine Verschlüsselung mit einem 128-Bit-Schlüssel eingesetzt, die meist innerhalb eines Java-Applets integriert ist. Bevor Sie Homebanking über das WWW betreiben können, muss selbstverständlich auch hier zuerst Ihre Bank Ihr Konto für Homebanking freischalten. Ihre Bank nennt Ihnen auch die Webadresse, unter der Sie im Internet Homebanking machen können. Aber Sie sollten noch einige weitere Vorbereitungen treffen:

Erkundigen Sie sich bei Ihrer Bank, welche Einstellungen im Browser für Homebanking notwendig sind:

- Die meisten Banken arbeiten über ein Java-Applet. Damit dies funktioniert, muss während des Homebankings im Browser Java aktiviert sein.
- Einige Banken erwarten darüber hinaus noch, dass auch JavaScript in Ihrem Browser eingeschaltet ist.

Sicher ist sicher

Denken Sie daran, diese Einstellungen nach dem Homebanking wieder zurückzusetzen. Zumindest Java-Applets sollten beim freien Surfen sicherheitshalber ausgeschaltet sein.

- Da Java-Applets (vor allem bei einigen Netscape-Versionen) auf die Veränderung der Fenstergröße des Browsers mit Fehlermeldungen reagieren, sollten Sie vor dem Homebanking die Fenstergröße des Browsers auf die gewünschte Größe setzen, aber während des Homebankings daran nichts mehr ändern.
- Weiterhin sollten Sie während des Homebankings zur Steuerung nur die Schaltflächen, die Ihnen Ihre Bank im Browserfenster anbietet, benutzen. Verwenden Sie nicht die Schaltflächen des Browsers selbst (*Vor*, *Zurück* etc.).

Die nachfolgende Darstellung ist am Beispiel der Kreissparkasse in Tübingen entstanden. Bei jeder Bank sieht das Internetbanking etwas anders aus, aber das Grundprinzip ist das gleiche. Im Zweifelsfall fragen Sie nochmals bei Ihrer Bank nach.

1. Aktivieren Sie im Browser Java-Applets (und gegebenenfalls JavaScript) und surfen Sie zur Startseite Ihrer Bank.
2. Wählen Sie den Eintrag *Internet-Banking* und klicken Sie sich bis zum Hyperlink für den Direktzugriff auf Ihr Konto durch.
3. Dass es nun auch um Datensicherheit geht, erkennen Sie an dem Meldungsfenster, das besagt, dass nunmehr eine sichere Verbindung aufgebaut wird. Klicken Sie auf *OK*, um die sichere Verbindung zu starten.

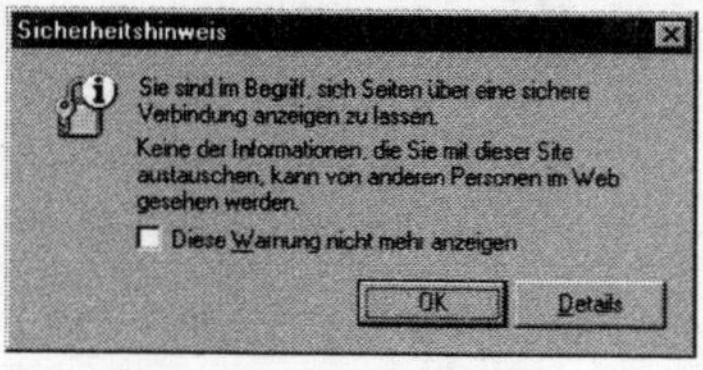

Während des Homebankings über das Internet zeigt Ihnen das gelbe Sicherheitsschloss, dass die Verbindung nach wie vor sicher ist. Sollte dieses Symbol einmal fehlen, brechen Sie das Homebanking ab!

4 Nun folgt eine erneute Sicherheitsmaßnahme. Sie werden aufgefordert, die Maus etwas zu bewegen, bis die dargestellte Meldung verschwindet.

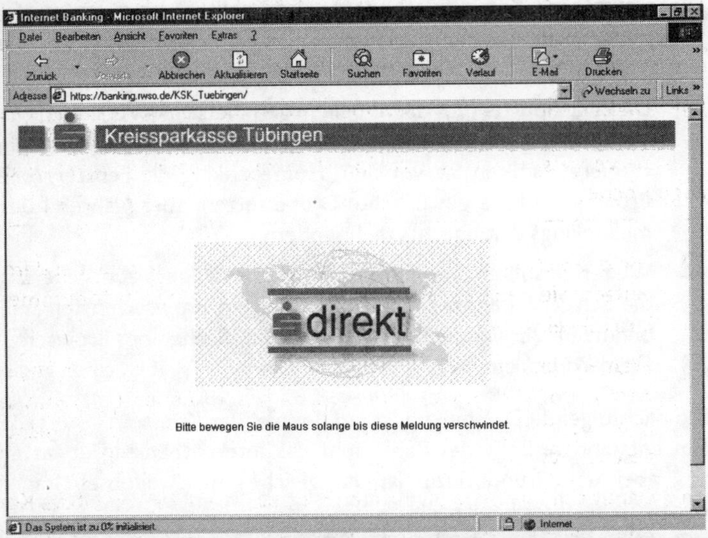

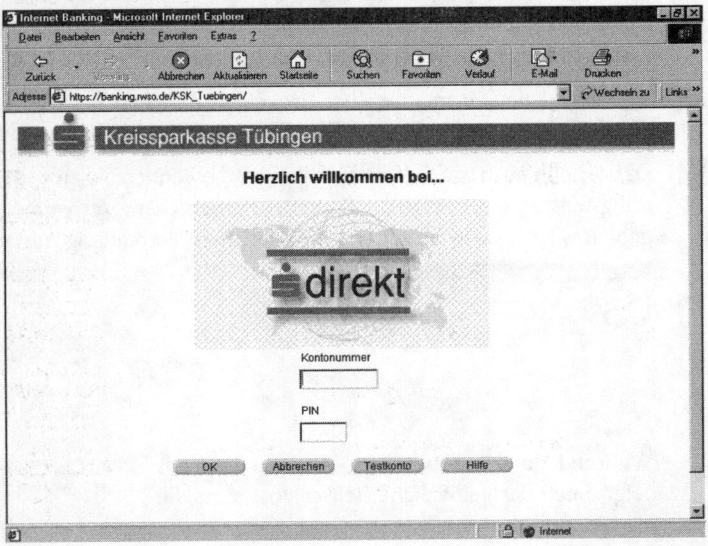

Zufallszahl für Sicherheit

Aus der Mausbewegung wird eine Zufallszahl generiert, die nur für diese Homebanking-Sitzung gültig ist. Damit ist sichergestellt, dass selbst dann, wenn jemand Ihre Sitzung belauscht, er nicht erneut diese Verbindung aufbauen kann, da die Zufallszahl jedes Mal anders lautet.

Eine weitere Sicherheitsmaßnahme besteht darin, dass die Verbindung bei Untätigkeit automatisch nach rund acht Minuten unterbrochen wird. Falls Sie vergessen sollten, das Homebanking zu beenden, wird es damit abgebrochen.

5 Für die Sicherheit ist damit gesorgt, der Rest ist sehr bequem und einfach. Sie finden ein Fenster vor, in dem Sie die Kontonummer und Ihre PIN eingeben.

6 Wählen Sie dann *OK*. (Bei vielen Banken gibt es auch einen Hyperlink *Testkonto*. Mit diesem können Sie schon mal ausprobieren, wie das Internetbanking funktioniert, auch wenn Ihr Konto noch nicht freigeschaltet ist.)

7 Damit sind Sie beim Hauptmenü für das Homebanking Ihres Kontos. Jeder der angebotenen Punkte kann sofort ausgeführt werden. Klicken Sie zum Beispiel auf *Kontostand*.

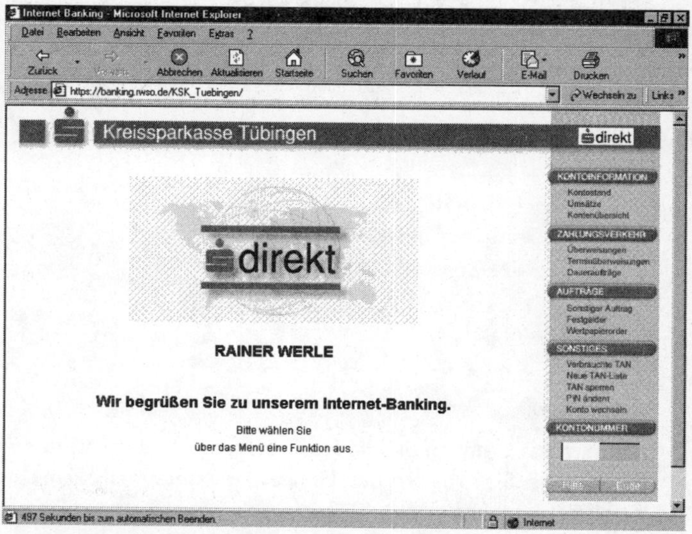

Schon erhalten Sie den aktuellen Kontostand angezeigt.

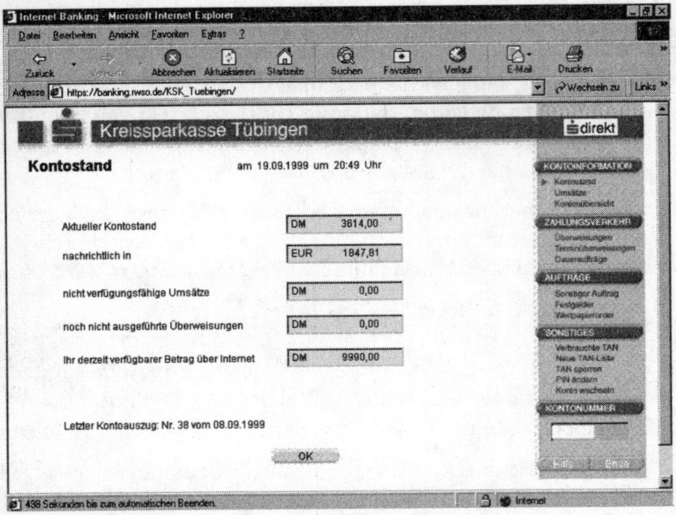

8 Genauso problemlos geht eine Überweisung. Zum Abschicken müssen Sie auch hier eine TAN eingeben. Das war's dann schon.

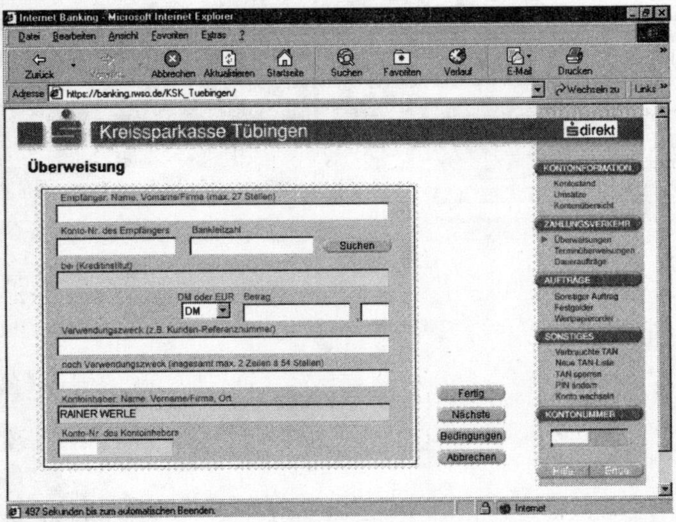

9 Zum Schluss beenden Sie die Homebanking-Sitzung mit der Schaltfläche *Ende*. Sie erhalten den Hinweis, dass nunmehr keine sichere Verbindung mehr besteht. Klicken Sie auf *Ja* und setzen Sie gegebenenfalls Java und JavaScript wieder zurück.

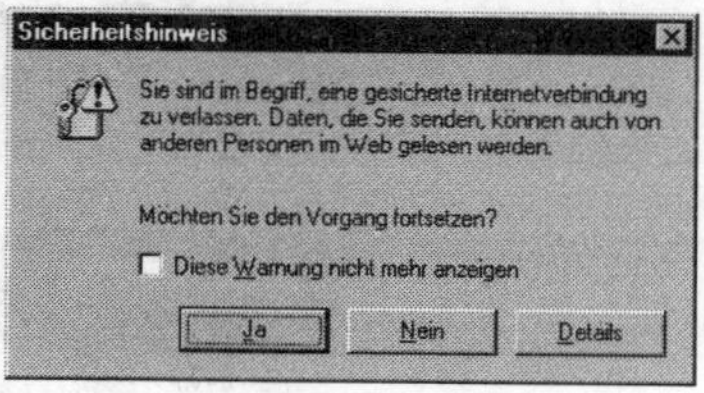

8.5 Onlinebanking von unterwegs: WebBanking mit T-Online

T-Online bietet neuerdings drei verschiedene Dienste an, mit denen Sie unabhängig von der T-Online-Software Ihre Kontodaten abrufen können:

- *WebBanking:* Hier können Sie weltweit von jedem Internetzugang durch Angabe eines Namens und Kennwortes auf Ihr Bankkonto zugreifen.
- *SMSBanking:* Sofern Sie ein D1-Handy besitzen, können Sie sich Kontostand und Umsätze per SMS auf das Handy überspielen lassen.
- *WapBanking:* Mit einem Wap-fähigen Handy können Sie Ihre Bankdaten jederzeit abrufen.

Noch nicht überall

Diese neuen Dienste von T-Online funktionieren natürlich nur, wenn auch Ihre Bank darauf eingerichtet ist. Nicht alle Banken bieten bislang diesen Service, weshalb es sein kann, dass diese Dienste mit Ihrem Konto noch nicht funktionieren.

Außerdem ist die Voraussetzung für diese Dienste selbstverständlich, dass Ihr Konto für Homebanking freigeschaltet ist.

Sie müssen sich für diese drei Dienste kostenlos registrieren lassen, dann können Sie jeden der Dienste aktivieren und im Bedarfsfall auch wieder deaktivieren. Und so geht es:

1. Gehen Sie mit T-Online ins Internet und rufen die Startseite von T-Online in Ihrem Browser auf. Achtung: Die Registrierung für die drei Banking-Dienste ist nur möglich, wenn Sie sich über T-Online einwählen! Sind Sie registriert, können Sie über jeden Provider weltweit Bankgeschäfte betreiben.

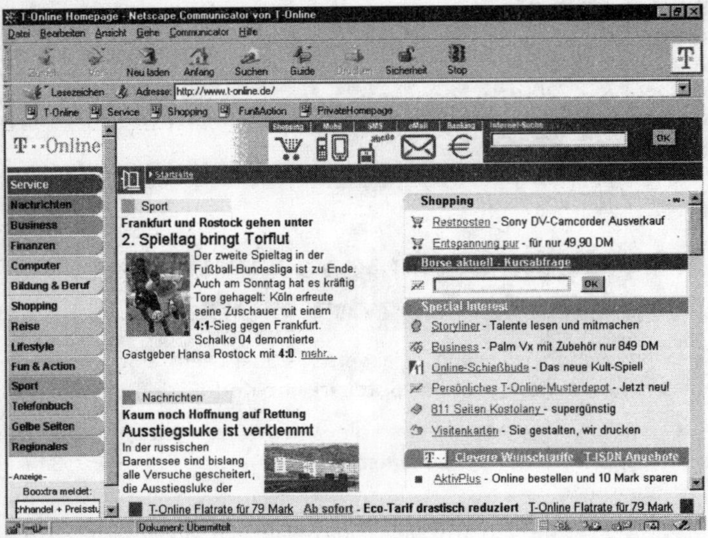

2 Klicken Sie auf die Schaltfläche *Banking*. Ein neues Fenster geht auf.

3 Falls Sie nicht bereits früher einmal das Häkchen neben *Warnung später anzeigen* entfernt haben, erscheint das Fenster *Sicherheitsmitteilung*. Klicken Sie auf *Weiter*.

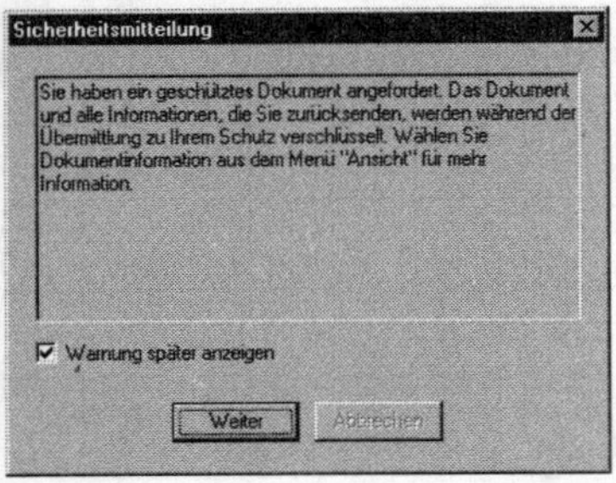

Sichere Verbindung

Das Fenster *Sicherheitsmitteilung* erscheint bei fast jedem Weiterklicken im Registrierungsvorgang, da es sich um eine Sicherheitsverbindung handelt. Klicken Sie jeweils auf *Weiter*, auch wenn ich im Folgenden nicht mehr darauf hinweise, dass das Fenster erscheint.

4 Sie sind nun auf der Startseite für WebBanking. Da Sie noch nicht angemeldet sind, klicken Sie zunächst auf den Hyperlink *Anmeldung & Einstellung*.

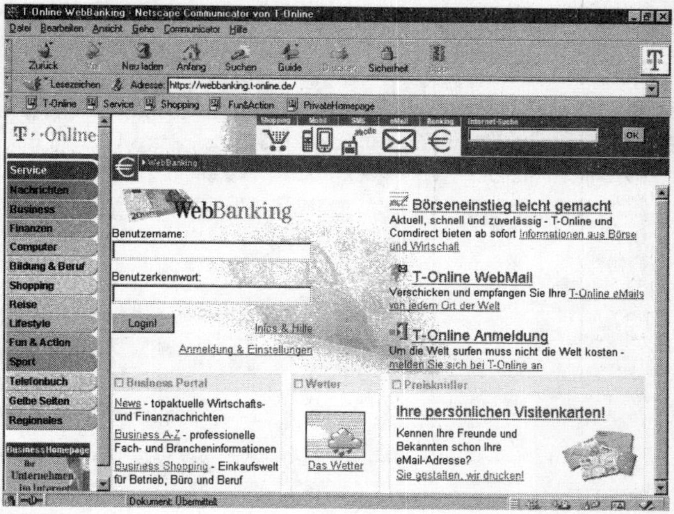

5 Auf der nächsten Seite müssen Sie nochmals auf den Hyperlink *Anmeldung & Einstellung* klicken.

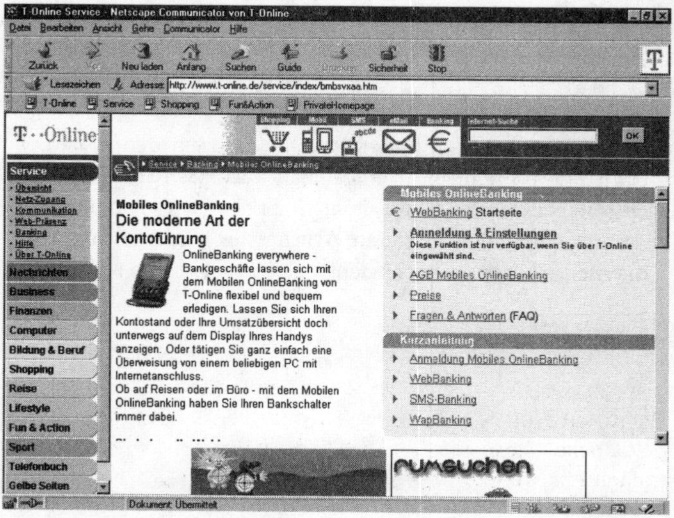

So geht es später

Nach der Registrierung können Sie jederzeit diese Seite erneut aufrufen, geben Ihren Benutzernamen und Ihr Kennwort ein, klicken auf *Login* und können Ihre Bankgeschäfte weltweit betreiben.

6 Das nächste Fenster zeigt Ihnen die ziemlich ausführlichen Allgemeinen Geschäftsbedingungen. Scrollen Sie bis ganz ans Ende der Seite durch, um auf den Hyperlink *anmelden* zu klicken.

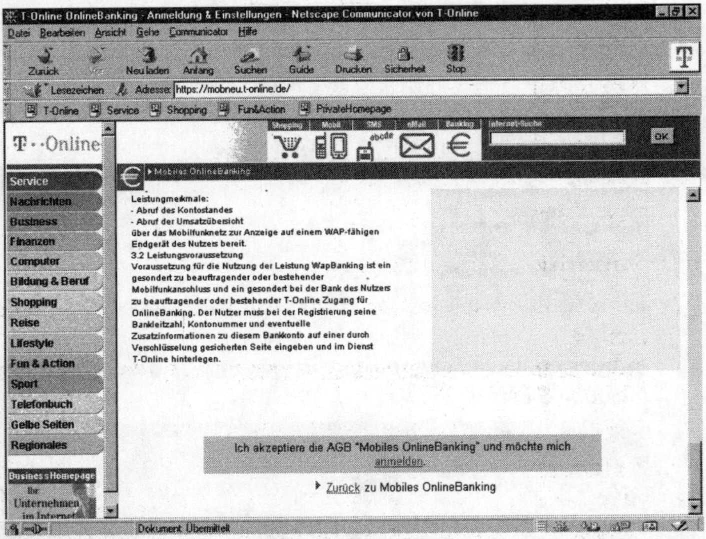

7 Geben Sie nun einen Benutzernamen und ein Kennwort (zweimal) ein. Beide Namen sind frei wählbar, aber das Kennwort muss mindestens sechs und darf maximal 15 Zeichen lang sein und muss mindestens eine Ziffer enthalten. Achtung: Es wird zwischen Groß- und Kleinschreibung unterschieden!

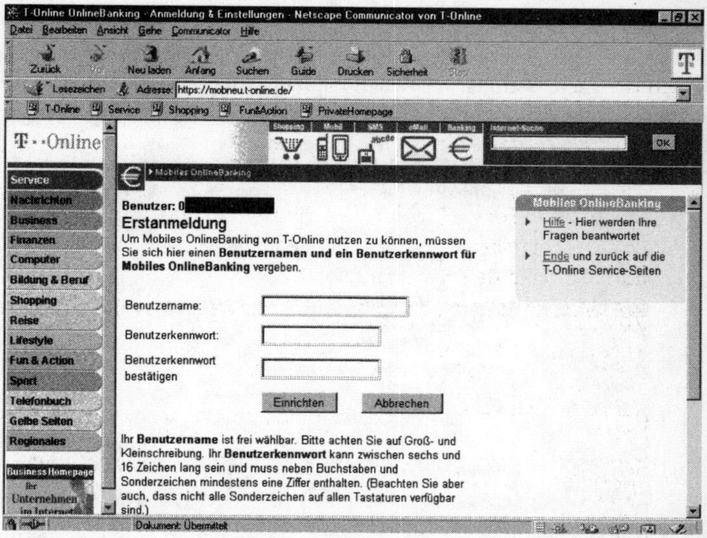

8 Danach klicken Sie auf *Einrichten.*

9 Im nächsten Fenster wählen Sie den Hyperlink *Neues Bankkonto einrichten.*

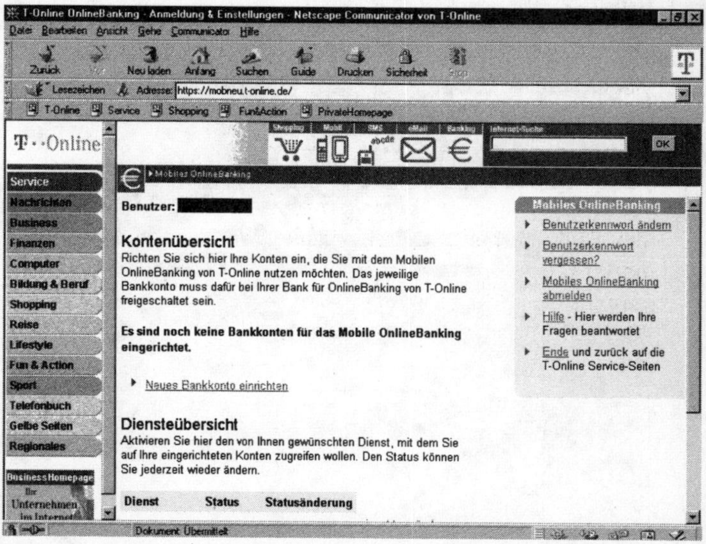

10 Geben Sie zunächst einen beliebigen Namen für Ihr Konto ein.

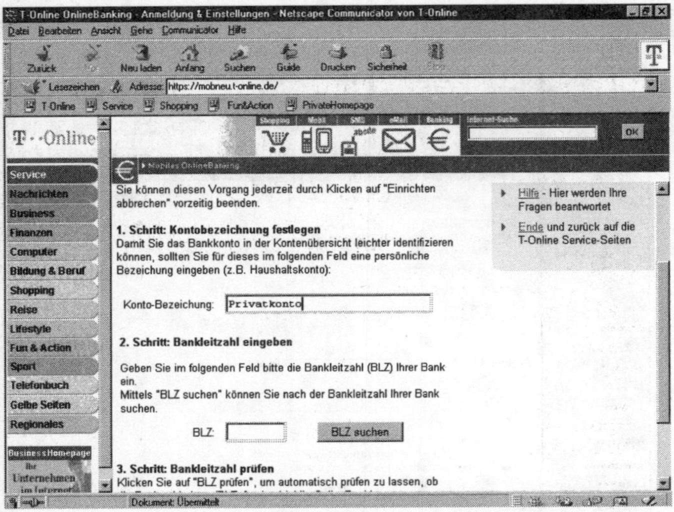

11 Danach können Sie die Bankleitzahl eingeben. Aber es geht auch einfacher, und es wird dann auch gleich geprüft, ob Ihre Bank Web-Banking unterstützt: Klicken Sie deshalb auf *BLZ suchen*.

12 In diesem Fenster ist es am einfachsten, wenn Sie nur den Ortsnamen, an dem Ihre Bank ihren Sitz hat, eingeben. Klicken Sie dann auf *BLZ suchen*.

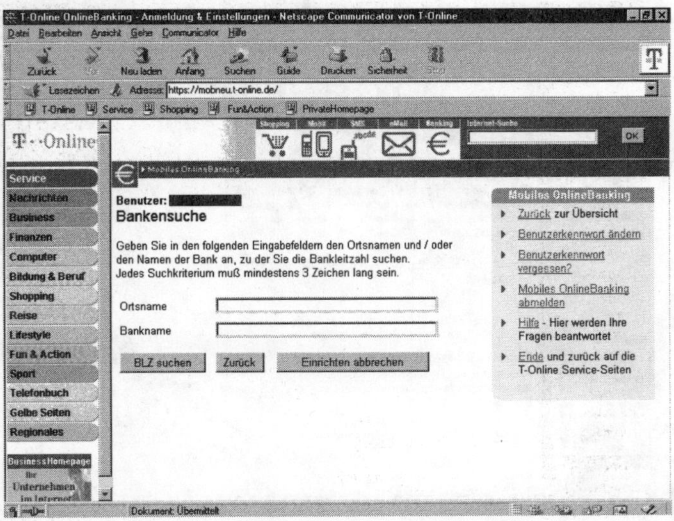

13 Sie erhalten eine Liste aller Banken am betreffenden Ort, die bereits WebBanking unterstützen. Klicken Sie auf die Bank Ihrer Wahl.

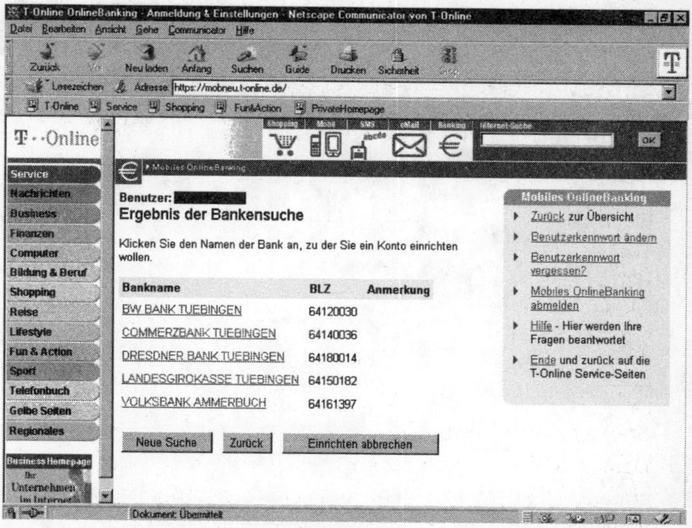

14 Sie müssen danach noch die Kontonummer eingeben.

15 Zum Schluss können Sie in der Diensteübersicht für jeden der drei Dienste auf *aktivieren* klicken, um diesen von nun an freizuschalten.

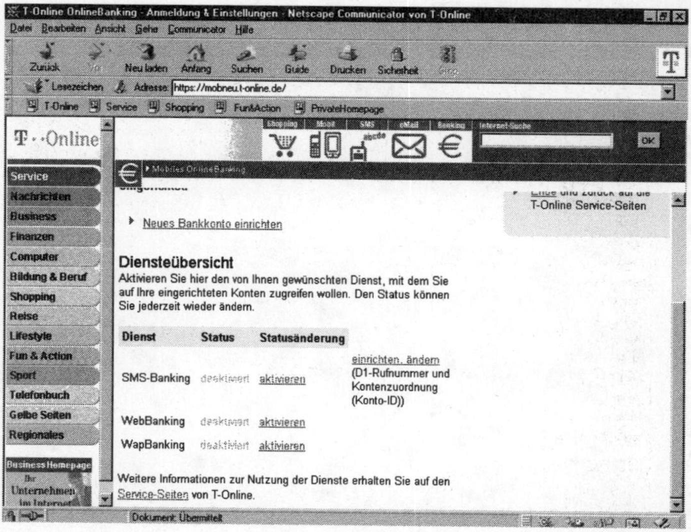

9. Mit T-Online unterwegs

9.1 T-Online bundesweit zum Spartarif

Gleichgültig ob Sie den Eco-, by-Call- oder Flatrate-Tarif von T-Online nutzen, wenn Sie sich von zu Hause aus bei T-Online einwählen, wird Ihnen stets der richtige Tarif berechnet und Sie finden den Rechnungsbetrag auf Ihrer Telefonrechnung vor. Was aber ist, wenn Sie irgendwo sonst in der Bundesrepublik eine Verbindung zu T-Online aufbauen?

Die Antwort ist einfach: Überall in der BRD, wo Sie sich zu T-Online mit Ihrer Anschlusskennung, T-Online-Nummer und Ihrem Passwort einwählen, erkennt der Rechner von T-Online, wer Sie sind, sorgt dafür, dass der normale Gebührenimpuls abgeschaltet wird und Sie zu Ihrem Tarif (und mit Abrechnung über Ihre Telefonrechnung) surfen können. „Aber da könnte ich ja ..." Genau! Mit T-Online können Sie bei Freunden und Bekannten oder selbst im Hotel billig surfen, wenn Sie einige Kniffe kennen.

T-Online bei Freunden und Bekannten

Mit über 5 Millionen Teilnehmern bei T-Online ist die Wahrscheinlichkeit recht groß, dass auch Freunde und Bekannte von Ihnen über T-Online ins Internet gehen. Wenn Sie dort zu Besuch sind, können Sie sich vorübergehend die T-Online-Software für Ihre Zwecke umkonfigurieren, um zum Beispiel Ihre neuesten E-Mails abzuholen. Die anfallenden Kosten finden Sie dann auf Ihrer Telefonrechnung und liegen den Freunden und Bekannten nicht auf der Tasche.

So richten Sie sich einen vorübergehenden Zugang mit Ihren Teilnehmerdaten ein:

Ein neues Profil einrichten

1. Starten Sie die T-Online-Software bei Freunden oder Bekannten.
2. Wählen Sie *Einstellungen/Zugangsdaten*.

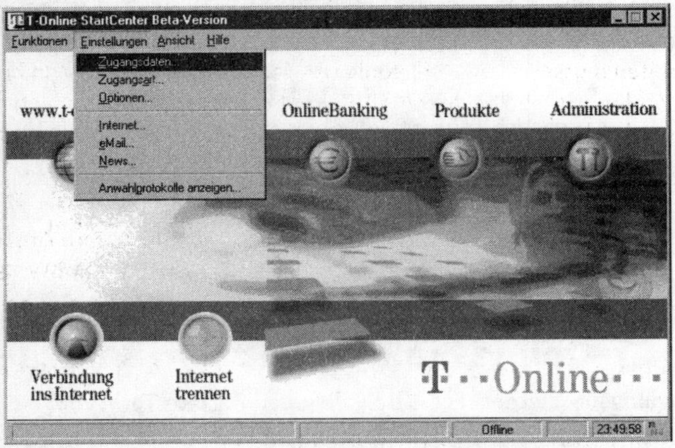

3. Mit einem Klick auf die Schaltfläche *Neues Profil* legen Sie ein neues Profil für Ihre Zugangsdaten an.

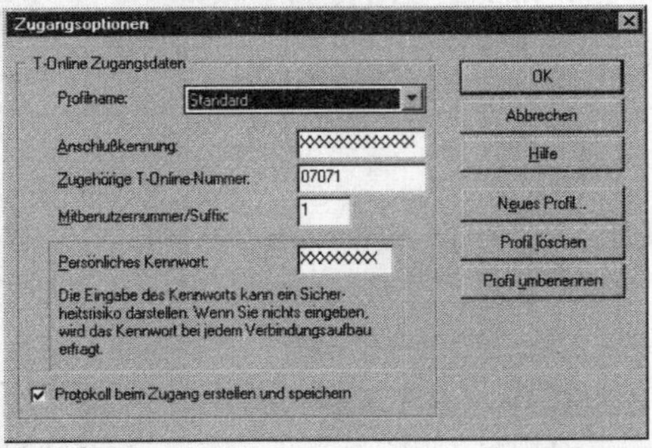

4. Als Erstes erscheint ein Fenster, in dem Sie für das Profil einen beliebigen Namen eingeben. Mit *OK* geht es weiter.

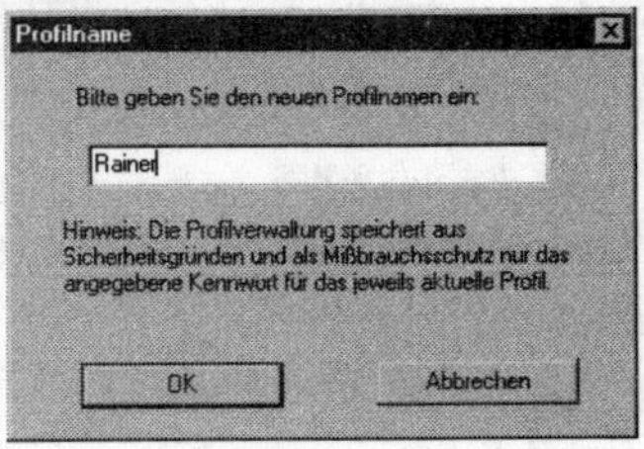

Ein kleiner Haken ist dabei

Die T-Online-Software speichert aus Sicherheitsgründen jeweils nur das Passwort des aktuellen Profils. Das bedeutet, dass das Passwort des Standard-Profils gelöscht und bei einem erneuten Zugang über das Standard-Profil erneut eingegeben werden muss. Ihre Freunde oder Bekannten müssen also Ihr persönliches Kennwort beim nächsten Zugang zu T-Online erneut eingeben! Aber eigentlich sollten ja ohnehin das Passwort nicht in der T-Online-Software gespeichert werden, wenn der Zugang sicher sein soll.

5 Im folgenden Fenster müssen Sie für das neue Profil Ihre Anschlusskennung, T-Online-Nummer und die Mitbenutzernummer eingeben. Auf einem fremden Rechner das Persönliche Kennwort (Passwort) einzugeben empfiehlt sich sicher nicht. Sie werden beim Onlinegehen deshalb danach gefragt, ohne dass das Passwort gespeichert würde.

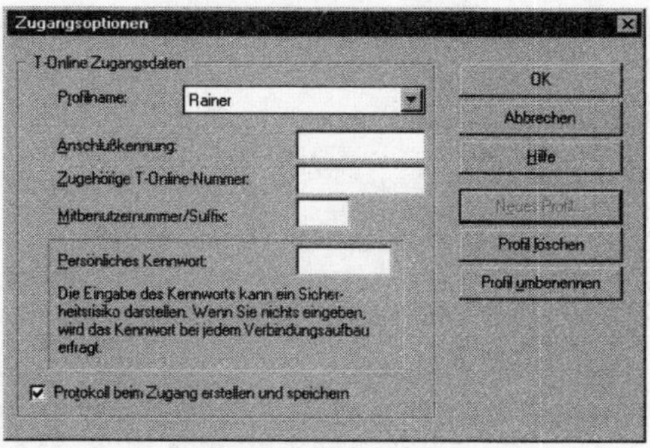

6 Schließen Sie das Fenster mit *OK*.

7 Sie befinden sich nun wieder im Startfenster von T-Online. In der Statuszeile am unteren Rand finden Sie den Namen des gerade angelegten Profils vor.

8 Zugleich finden Sie im Kopfteil der Startkonsole eine neue Rubrik *Profile* vor. Immer wenn Sie nun mit Ihrem Profil (und damit Ihren Teilnehmerdaten) online gehen wollen, können Sie Ihr Profil auswählen.

9 Wird Ihr Profil angezeigt, können Sie alle Funktionen der T-Online-Software mit Ihren Teilnehmerdaten nutzen. Insbesondere können Sie damit auch Ihre E-Mails abrufen. Wenn Sie auf die Schaltfläche *eMail* klicken, ist beim ersten Aufruf im Fenster *T-Online eMail* Ihr *Name* noch nicht eingetragen. Tragen Sie diesen ein, dann kann es losgehen:

10 Da Sie als vorsichtiger Mensch Ihr Passwort auf einem fremden PC nicht eingegeben haben, werden Sie nun noch nach dem *Persönlichen Kennwort* gefragt. Tippen Sie es ein und wählen dann *Anwahl*. Sie können nun ganz normal Ihre E-Mails abrufen, neue E-Mails schreiben und auch das Internet nutzen.

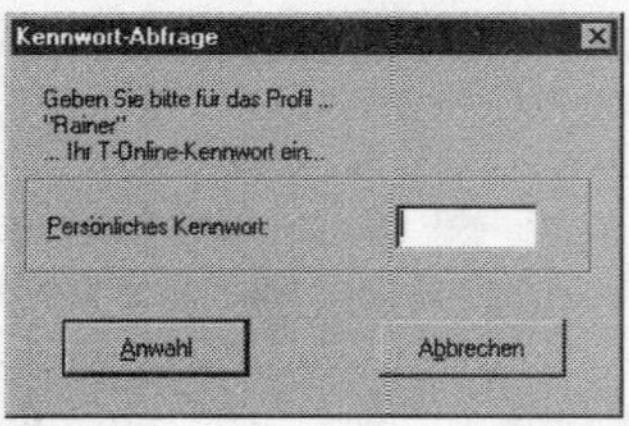

11 Bevor Sie wieder von den Freunden oder Bekannten abreisen, sollten Sie sicherheitshalber noch Ihr Profil löschen, um Missbrauch zu verhindern. Wählen Sie dazu *Einstellungen/Zugangsdaten* und klicken auf *Profil löschen*.

12 Sie erhalten noch die Sicherheitsabfrage, ob Sie das Profil unwiderruflich löschen wollen. Bestätigen Sie hier mit *Ja*, dann ist Ihr Profil gelöscht und niemand kann mehr mit Ihren Teilnehmerdaten Zugang zu T-Online erhalten.

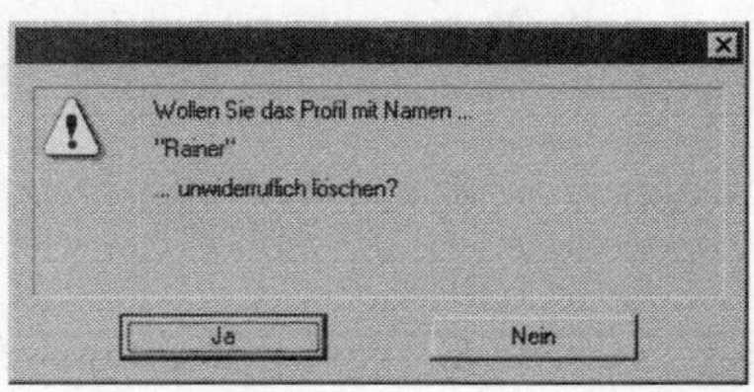

Dem Hotel ein Schnippchen schlagen

Während die gerade beschriebene Vorgehensweise Ihnen die Möglichkeit gibt, auf einem fremden PC mit T-Online-Software mit Ihren Teilnehmerdaten sich zu T-Online einzuloggen, geht es nun darum, wie Sie mit Ihrem Laptop mit eingebautem Modem an jeder Telefonsteckdose mit Ihren Teilnehmerdaten und zu den günstigen Preisen von T-Online ins Internet gelangen.

Da ich häufig mit Laptop auf Reisen bin und in Hotels übernachte, kenne ich die erschreckende Information im Hotelzimmer zur Genüge: Da kostet eine Gebühreneinheit 40, 50 oder gar 70 Pfennig. Ein vergnügtes Surfen am Abend ist bei solchen Preisen kaum möglich. Aber es gibt ja T-Online und das setzt den Gebührenzähler des Hotels schachmatt! Sie zahlen auch hier nur die gewohnten Online-Gebühren, die über Ihre Telefonrechnung abgerechnet werden. Der Gebührenzähler des Hotels hat keine Chance.

Um vom Hotel aus zu T-Online zu gelangen, müssen Sie zunächst wissen, unter welcher Telefonnummer Sie T-Online vom Hotel aus erreichen können:

Ein erster Test:

Für einen ersten Test, wie Sie zu T-Online in einem Hotel (oder auch bei Freunden und Bekannten) gelangen, genügt zunächst das Telefon. Die Amtsholziffer(n) finden Sie zumeist am Telefon direkt angegeben, ansonsten erfragen Sie sie bei der Rezeption. Schwieriger wird es bei der Frage, welche Telefongesellschaft das Hotel benutzt. Meine Erfahrung ist hier, dass in der Regel keine brauchbare Auskunft zu erhalten ist. Also müssen Sie das selbst testen. Gehen Sie dabei nach dem folgenden Schema vor:

Amtsholziffer(n)	Telekom Call-by-Call	T-Online-Einwählnummer
X(X)	01033	0191011
zumeist 0 oder 80	nur wenn das Hotel nicht über die Telekom im Telefonnetz eingebunden ist	

1. Wählen Sie am Telefon zunächst die Amtsholfziffer(n). Sie hören dann den Amtston (gleich bleibender Dauerton).
2. Wenn Sie bereits wissen, dass nicht die Telekom, sondern eine andere Telefongesellschaft vom Hotel genutzt wird, fahren Sie bei Schritt

3 fort. Ansonsten wählen Sie nun die 0191011. Hören Sie nun am anderen Ende ein Gefiepse und Gepiepse, dann haben Sie den Einwahlknoten zu T-Online erreicht und Sie können den Hörer wieder auflegen.

3 Ist damit der Einwahlknoten zu T-Online nicht erreichbar, legen Sie auf und wählen nun erst die Amsholziffer(n), dann die 01033 für die Einwahl ins Telekomnetz und dann die 0191011. Nun müsste auch in diesem Fall das Gefiepse und Gepiepse von T-Online zu hören sein, und Sie können auch hier auflegen.

Sie wissen nun, mit welcher Kombination aus Amtsholziffer(n), Call-by-Call-Vorwahl und 0191011 Sie T-Online erreichen können. Nun muss nur noch Ihr Laptop damit vertraut gemacht werden.

Eine DFÜ-Verbindung konfigurieren

Am besten, Sie erstellen sich bereits vor der Abreise eine DFÜ-Verbindung mit neuem Namen zu T-Online (ich mache mir immer zwei, drei DFÜ-Verbindungen auf Vorrat). Wie das am schnellsten geht, finden Sie auf Seite 59.

1 Klicken Sie dann mit der rechten Maustaste auf die neue DFÜ-Verbindung und wählen *Eigenschaften*.

2 Sie müssen nun nur noch statt der bisherigen Rufnummer die neu ermittelte *Rufnummer* eintragen. Schließen Sie das Fenster mit *OK*.

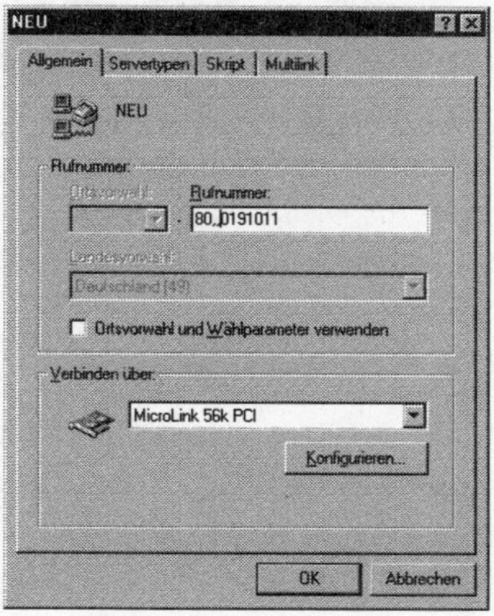

3 Mit einem Doppelklick auf die neu konfigurierte DFÜ-Verbindung starten Sie die Anwahl (natürlich können Sie sich auch eine Verknüpfung auf dem Desktop anlegen).

Hinweis: Wenn es nicht auf Anhieb klappt

Falls die Verbindung nicht auf Anhieb zustande kommt, kann dies daran liegen, dass die TK-Anlage im Hotel einen Augenblick benötigt, um nach der Amtsholziffer die Amtsleitung freizugeben. Erproben Sie dann ein oder zwei Kommata nach der Amtsholziffer (z. B. *80,,0191011*). Jedes Komma steht dabei für eine Wählpause von einer Sekunde.

Die T-Online-Software auf das DFÜ-Netzwerk aufsetzen

Die bisher beschriebenen Tricks, um eine DFÜ-Verbindung zu T-Online zum Beispiel in einem Hotel aufzubauen, werfen allerdings auch die Frage auf, wie Sie statt des so frei konfigurierten DFÜ-Netzwerks die T-Online-Software (zum Beispiel um E-Mails abzurufen oder Onlinebanking zu betreiben) mit den gleichen Einwahleinstellungen nutzen können. Falls Sie nun erwarten, dass ich Ihnen ausführlich schildere, wie Sie die T-Online-Software umkonfigurieren, muss ich Sie enttäuschen. Das finden Sie hier zunächst nicht (aber weiter unten kommt es dann), denn es geht mit der neuen T-Online-Software 3.0 viel einfacher:

Da die T-Online-Software selbst, wenn Sie diese starten und eine Online-Verbindung aufbauen, sich des DFÜ-Netzwerks bedient, gilt umgekehrt auch: Wenn eine DFÜ-Verbindung bereits existiert, wenn Sie die T-Online-Software aufrufen, erkennt die T-Online-Software diese und kann darauf aufsetzen.

Hört sich kompliziert an? Ist es nicht! Probieren Sie es doch schnell einmal aus:

1. Als Erstes bauen Sie mit einem Doppelklick auf das Symbol der DFÜ-Verbindung auf dem Desktop eine Verbindung zu T-Online auf. Steht diese Verbindung, kann es losgehen.

2. Starten Sie die T-Online-Software. Sie können nun E-Mail, Homebanking, aber auch jede andere Schaltfläche der T-Online-Software anklicken. Klicken Sie beispielsweise auf *eMail*.

3. Die E-Mail-Software startet. Sobald Sie nun über die Schaltflächen *Abholen* oder *Versenden* eine Verbindung zum E-Mail-Rechner aufbauen wollen, erscheint das nebenstehende Fenster. Wählen Sie hier *Verbindung übernehmen* und schon nutzt die T-Online-Software die bestehende DFÜ-Verbindung.

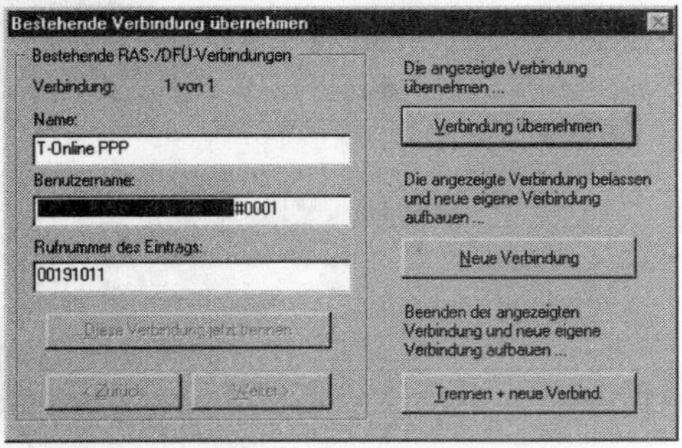

Mit Modem reichlich sinnlos ...

Über weitere Schaltflächen können Sie entweder wählen, dass eine neue Verbindung zusätzlich aufgebaut wird, was bei einer Verbindung mit Modem ziemlich sinnlos ist, da jeweils nur eine Verbindung über das Modem laufen kann, oder Sie können wählen, dass die aktuelle DFÜ-Verbindung beendet und eine neue Verbindung aufgebaut wird. Das bringt Ihnen gar nichts (außer für Leute, die gerne die Hose mit der Beißzange anziehen).

4 Sind alle E-Mails versandt bzw. empfangen, erscheint das vertraute Fenster mit der Abfrage, ob Sie mit der T-Online-Software offline gehen wollen. Wollen Sie mit der T-Online-Software noch weitere Dienste (zum Beispiel Homebanking) nutzen, klicken Sie hier auf *Nein*, ansonsten auf *Ja*.

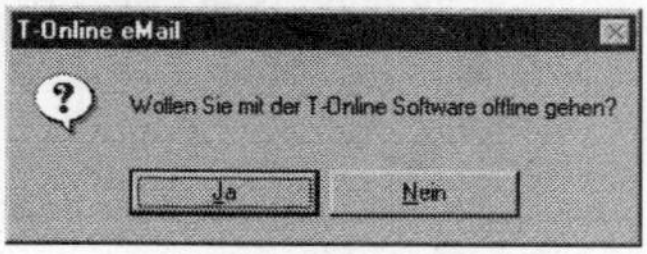

Achtung! Verbindung steht noch!

Die gerade beschriebene Abfrage entscheidet darüber, ob die T-Online-Software weiterhin auf die DFÜ-Verbindung aufsetzt, nicht darüber, ob Sie mit der DFÜ-Verbindung weiterhin online sind. Die DFÜ-Verbindung besteht weiter und kann für andere Programme genutzt werden, wenn Sie *Nein* klicken.

5 Wenn Sie die T-Online-Software schließen, erhalten Sie die Abfrage, ob die DFÜ-Verbindung jetzt beendet werden soll. Klicken Sie hier auf *Nein*, wenn Sie die DFÜ-Verbindung noch mit anderer Software nutzen wollen, ansonsten auf *Ja*. Haben Sie *Ja* angeklickt, ist damit die DFÜ-Verbindung beendet.

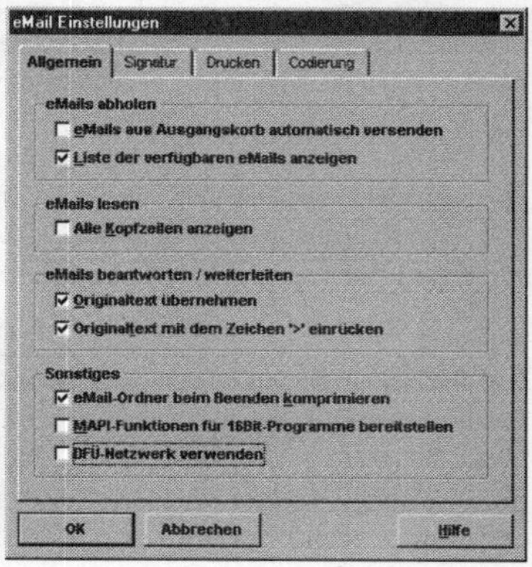

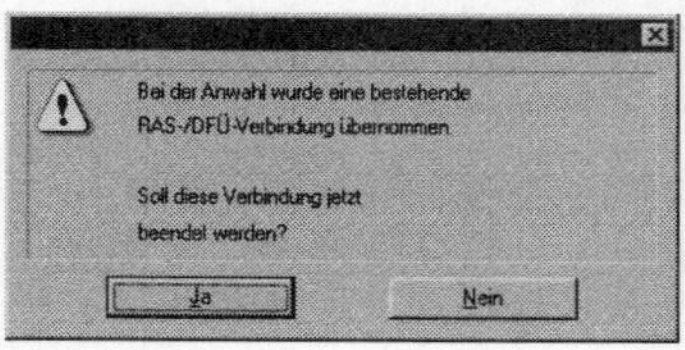

Mit und ohne Häkchen

Übrigens: Wenn Sie in der E-Mail-Software von T-Online auf die Schaltfläche *Einstellungen* klicken, erhalten Sie im Register *Allgemein* den Eintrag *DFÜ-Netzwerk verwenden.* Das ist noch aus den Tagen der Version 2.x der T-Online-Software übrig geblieben. Ob Sie dort ein Häkchen setzen oder nicht, spielt keine Rolle.

9.2 Zugangsprofile für T-Online

Neben der bisher beschriebenen Möglichkeit, für jeden gewünschten Zugang eine DFÜ-Verbindung anzulegen, bietet die T-Online-Software auch die Möglichkeit, eigene Zugangsprofile anzulegen. Falls Ihnen das Arbeiten mit DFÜ-Verbindungen zu kompliziert erscheint, können Sie einzelne Zugangsprofile auch ohne DFÜ-Verbindung so erstellen:

1. Rufen Sie dazu die T-Online-Software auf (Sie müssen nicht online gehen) und wählen dann *Einstellungen/Zugangsart.*

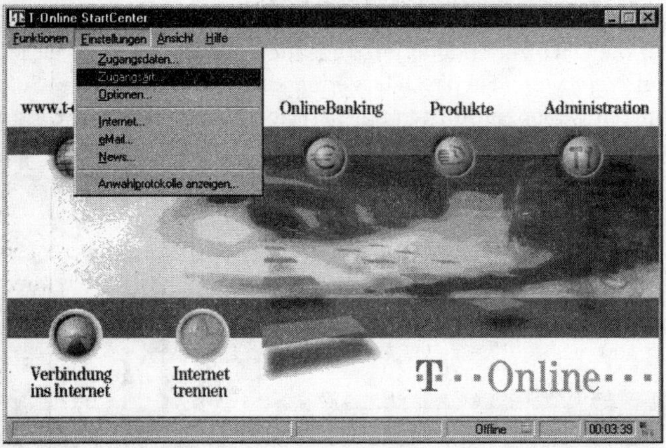

Etwas langsam

Vor allem bei nicht ganz so schnellen Rechnern dauert es nach dem Aufruf der Zugangsart einige Sekunden, bis das entsprechende Fenster eingeblendet wird. Warten Sie einfach ab.

2 Sie erhalten nun das Standard-Zugangsprofil angezeigt, an dem Sie nichts ändern sollten. Klicken Sie auf die Schaltfläche *Neu*.

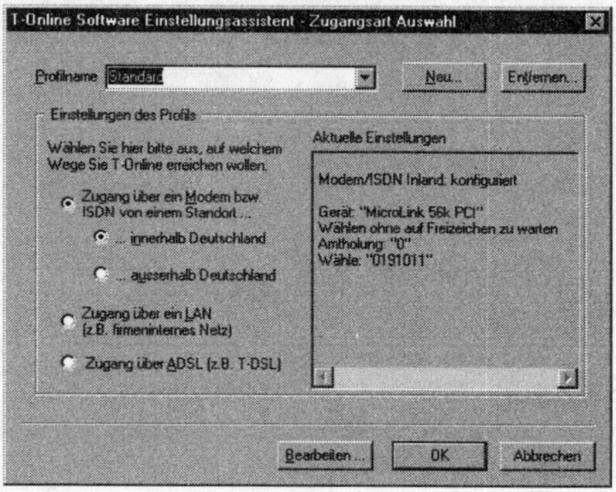

3 Sie erhalten nun den Hinweis, dass die Einstellungen des Profils „Standard" kopiert wurden und für das neue Zugangsprofil bearbeitet werden können. Ein Klick auf *OK* führt weiter.

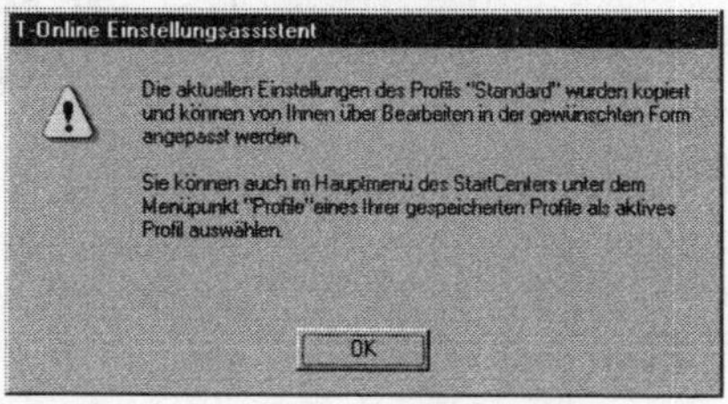

4 Das neue Zugangsprofil hat zunächst den Namen *Kopie von Standard*. Geben Sie hier einen Namen ein, der das Profil sinnvoll beschreibt.

Mehrere Modems

Bei Laptops kann es durchaus sein, dass Sie zum Beispiel ein Modem für einen normalen Telefonanschluss eingebaut haben und zusätzlich noch mit dem Handy online gehen wollen. Ist die entsprechende Software installiert, erhalten Sie hier mehrere Modems zur Auswahl. Wählen Sie dann jenes, das Sie mit diesem Zugangsprofil nutzen wollen.

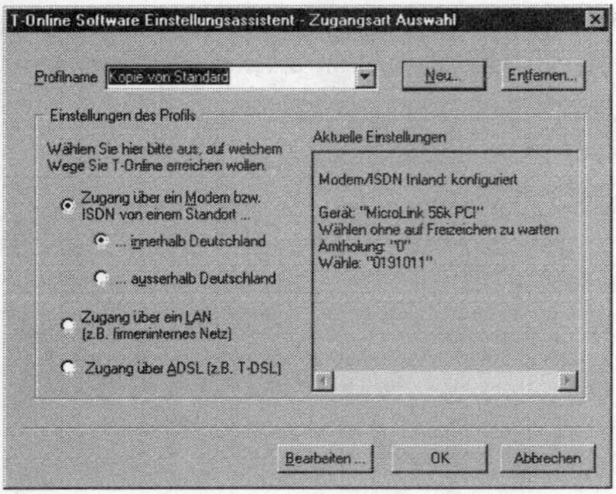

5 Im Normalfall ist die Einstellung *Zugang über ein Modem bzw. ISDN von einem Standort innerhalb Deutschland* korrekt. Sie können im Bedarfsfall aber eine andere auswählen.

6 Mit *OK* geht es weiter.

7 Wenn Sie nicht gerade mehrere Modems in Ihrem PC/Laptop eingebaut haben, ist in diesem Fenster die Einstellung korrekt. Ein Klick auf *Weiter* führt weiter.

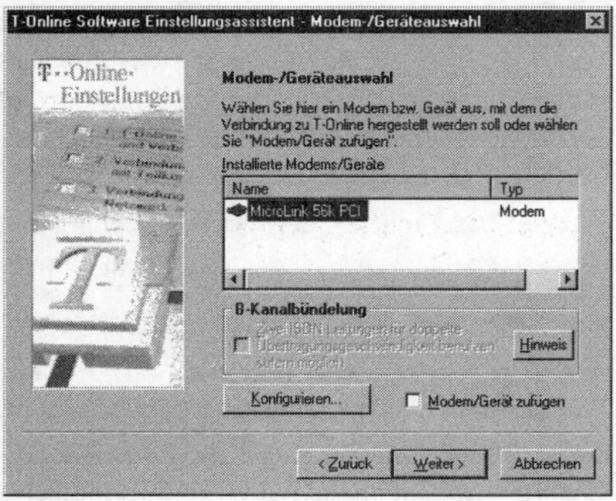

8 Im nächsten Fenster wählen Sie, ob ein normaler Telefonanschluss vorliegt (auch ein Handy ist in diesem Sinne ein normaler Telefonanschluss!) oder ob eine Amtsholziffer an einer Nebenstellenanlage erforderlich ist.

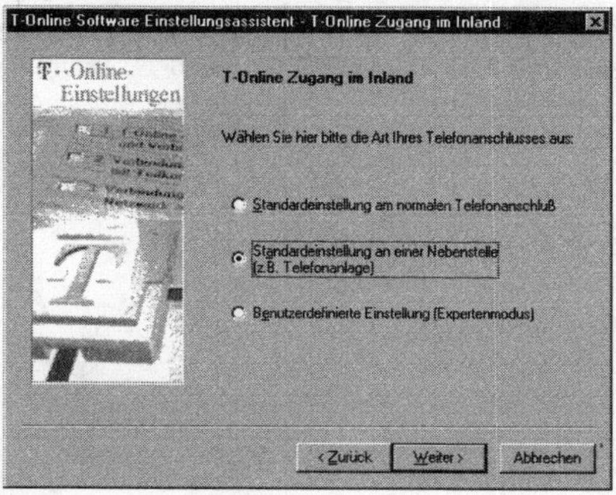

Benutzerdefinierte Einstellungen

Wie Sie die benutzerdefinierten Einstellungen bei besonderen Problemen nutzen können, zeige ich Ihnen im Anhang dieses Buches. Im Normalfall benötigen Sie diese Einstellung nicht.

---

9 Falls Sie eine Nebenstellenanlage ausgewählt haben, müssen Sie im nächsten Fenster die Amtsholziffer (meistens die 0) eingeben. In den meisten Fällen ist es sinnvoll, kein Häkchen neben *Vor dem Wählen auf Freizeichen warten* zu setzen. Geben Sie außerdem an, ob als Wählverfahren Ton- oder Impulswahl erfolgen soll (fast immer ist Tonwahl korrekt).

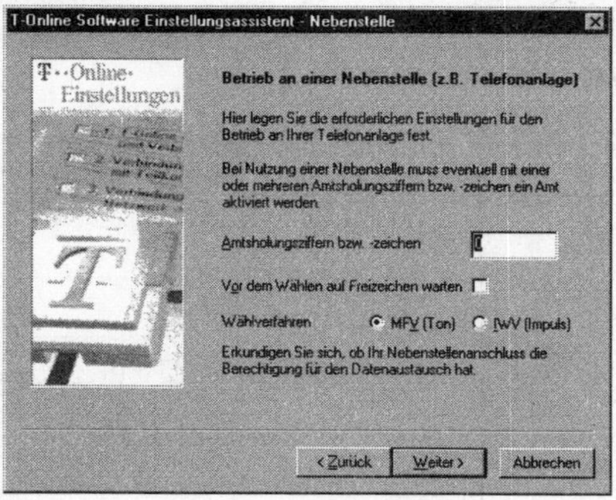

10 Natürlich geht es mit *Weiter* weiter.

11 Sie finden nun die von der Software eingestellte Anwahlnummer vor. Falls Sie über ein Handy oder über eine andere Telefongesellschaft die Verbindung zu T-Online aufbauen wollen, müssen Sie hier noch die korrekte Anwahlnummer einstellen. (Sehen Sie dazu bitte in den entsprechenden Kapiteln nach.)

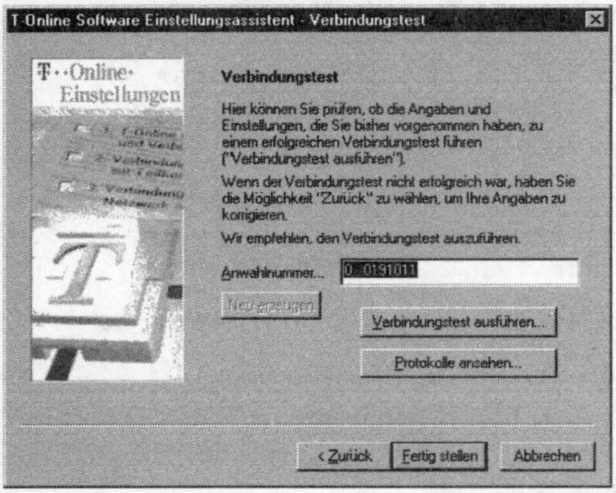

12 Damit Sie wissen, ob alles funktioniert, ist es sinnvoll, wenn Sie nun als Nächstes auf *Verbindungstest ausführen* klicken.

Hinweis: Es geht auch ohne

Falls Sie zum Beispiel zu Hause ein Zugangsart-Profil vorkonfigurieren, um es in einem Hotel zu nutzen, können Sie an dieser Stelle natürlich keinen korrekten Test ausführen. Klicken Sie dann einfach auf *Fertig stellen* und testen die Verbindung im Hotel. Sie können sie jederzeit dort nachbearbeiten, falls etwas nicht funktioniert.

13 Die T-Online-Software versucht nun, einen Verbindung zu T-Online herzustellen. Falls Sie alles korrekt eingestellt haben, finden Sie nach dem Anwahlversuch das folgende Fenster vor.

Wenn es nicht klappt

Falls der Zugang nicht funktioniert, erhalten Sie ein Fenster, das dies mitteilt. Schließen Sie dieses Fenster. Sie können dann zunächst im Fenster *Verbindungstest* die Anwahlnummer korrigieren, und falls das nicht hilft, mit der Schaltfläche *Zurück* vorhergehende Einstellungen nochmals überprüfen.

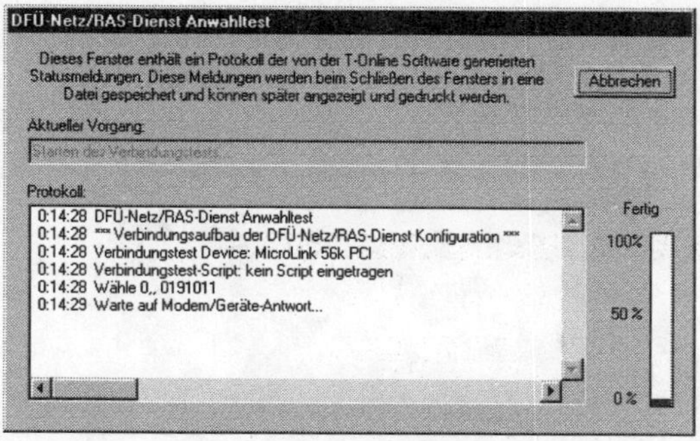

14 Schließen Sie das Fenster, das die korrekten Einwahldaten bestätigt, mit *OK*.

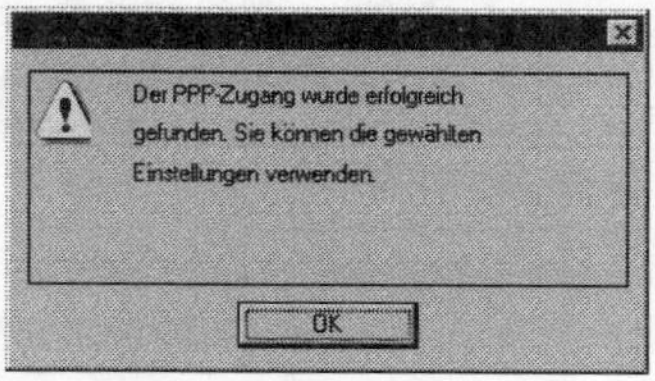

15 Mit der Schaltfläche *Fertig stellen* im Fenster *Verbindungstest* gelangen Sie zur Startseite der T-Online-Software zurück.

16 Von nun an finden Sie im Kopf der Startkonsole eine neue Rubrik *Profile*. Beim Klick auf diesen Eintrag finden Sie das Standardprofil und das neu erstelle Profil vor und Sie können fliegend zwischen beiden wechseln.

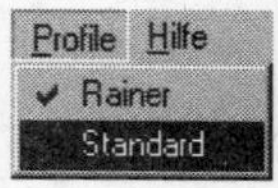

17 Falls Sie nicht nur für die Zugangsart (wie gerade geschehen) ein neues Profil (oder mehrere) erstellt haben, sondern auch für die Zugangsdaten (zum Beispiel für verschiedene Mitbenutzernummern), finden Sie beim Klick auf *Profile* beide Varianten zur Auswahl vor und können die gewünschte Kombination einstellen und damit startklar machen.

Wie viele Profile

Sie können beliebig viele Zugangsart- und Zugangsdaten-Profile erzeugen. In welcher Profilkombination Sie sich gerade befinden, wird Ihnen stets in der Statuszeile am unteren Ende der Startkonsole angezeigt.

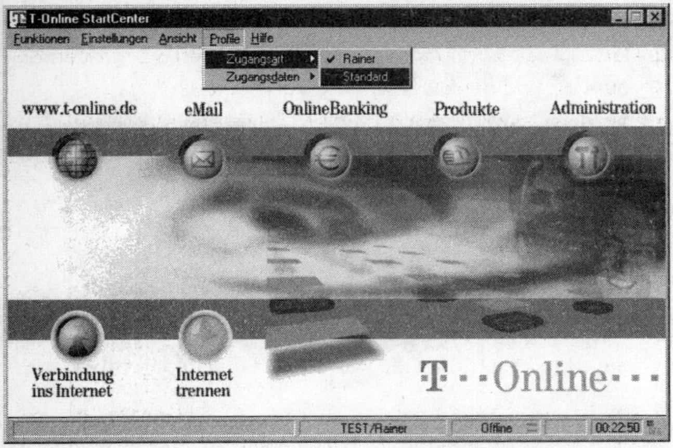

9.3 E-Mails weltweit abrufen

Während die weltweite Nutzung von T-Online – wie gerade beschrieben – doch ihre Tücken und Probleme mit sich bringt, ist der weltweite Abruf von E-Mails eine sehr bequeme Sache. Hier müssen Sie nur Ihr E-Mail-Konto bei T-Online freischalten und können dann selbst in einem Internet-Café in Japan oder Australien Ihre E-Mails abrufen, beantworten oder neue E-Mails schreiben. Das Schlagwort hierfür heißt WebMail. Sie müssen sich nur zu WebMail anmelden und schon kann es weltweit losgehen.

Kein Konflikt mit normalen E-Mails

Wenn Sie sich für WebMail anmelden, so bedeutet dies nicht, dass Ihre normale E-Mail-Software nun nicht mehr Ihre E-Mails bereitstellen würde. Es ist nur eine zusätzliche Möglichkeit, an Ihre E-Mails heranzukommen.

WebMail: So melden Sie sich an

Bevor Sie verreisen und mit WebMail von jedem Internetzugang aus Ihre E-Mails abrufen, beantworten und neue E-Mails schreiben können, müssen Sie sich zunächst zu Hause (genauer: über eine Einwahl zu T-Online) für diesen Dienst registrieren lassen. So gehen Sie vor:

1 Starten Sie die T-Online-Software und wählen dann *Produkte/WebMail.* Falls Sie noch nicht online sind, werden Sie mit dem Internet verbunden und der Browser wird aufgerufen.

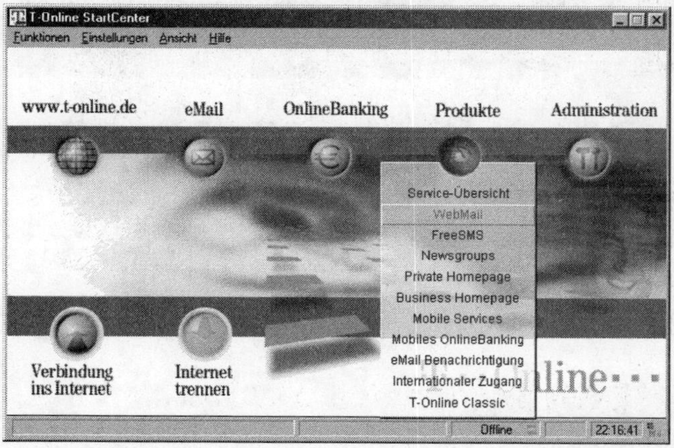

2 Falls Sie diese Warnung in Ihrem Browser nicht deaktiviert haben, erscheint Sie nun und auch in Zukunft taucht sie dann immer wieder auf. Da aber die Daten, die Sie eingeben müssen, über eine verschlüsselte Verbindung übertragen werden, können Sie getrost auf *Weiter* klicken.

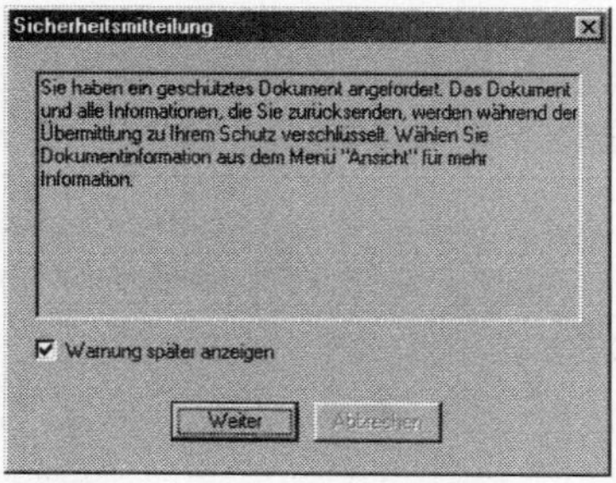

3 Sie sind nun auf der WebMail-Startseite von T-Online. Da Sie noch nicht bei WebMail angemeldet sind, wählen Sie hier den Hyperlink *Infos und Erstanmeldung*.

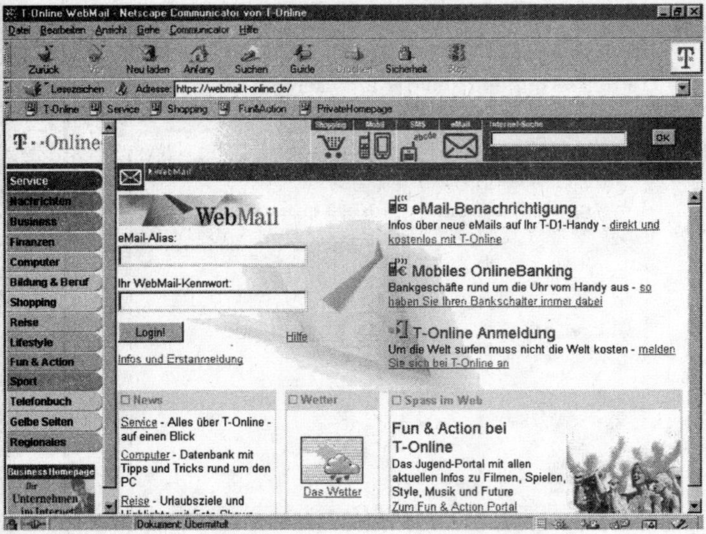

4 Im nächsten Fenster klicken Sie auf der rechten Seite auf den Hyperlink *Anmeldung*.

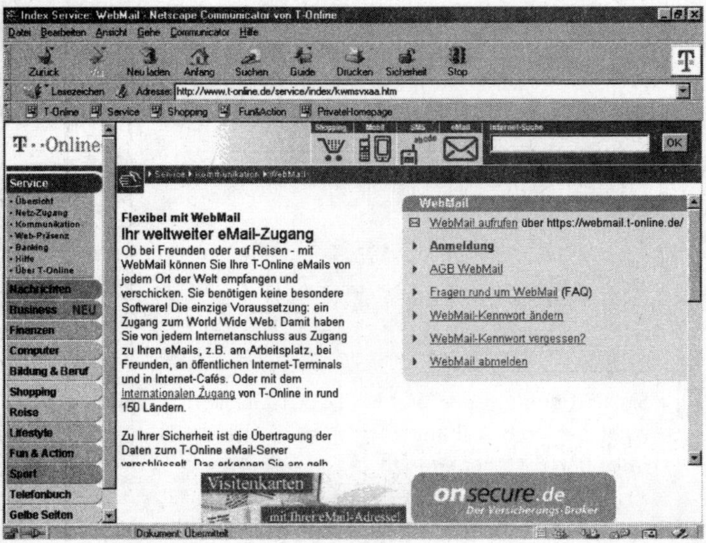

5 Es erscheint eine neue Seite mit ziemlich viel Text. Scrollen Sie hier durch, bis Sie nochmals zum Hyperlink *Anmeldung* gelangen, und klicken Sie auch auf diesen.

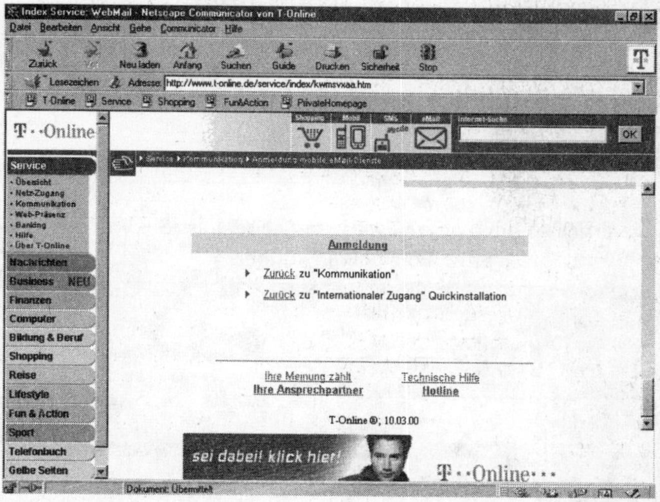

6 Nun müssen Sie ein Kennwort vergeben, über das Sie in Zukunft über WebMail Ihre E-Mails abholen können. Tippen Sie das Kennwort einmal und dann bei *Kennwort-Wiederholung* ein zweites Mal ein und klicken dann auf *Einverstanden*.

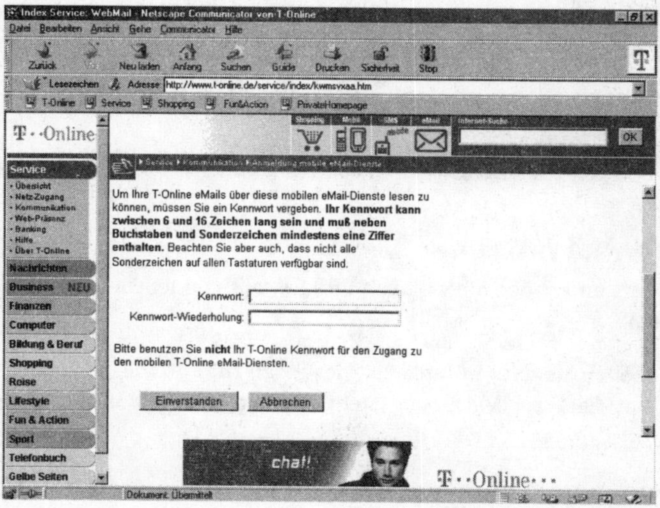

Wichtig für das Kennwort!

Verwenden Sie als Kennwort nicht Ihr T-Online-Kennwort! Außerdem muss das Kennwort mindestens sechs und darf maximal 16 Zeichen lang sein und muss neben Buchstaben und Sonderzeichen mindestens eine Ziffer enthalten. Wenn Sie WebMail auch aus dem Ausland benutzen wollen, sollten Sie jedoch besser auf Sonderzeichen, Umlaute und ß verzichten, da nicht auf allen Computertastaturen alle Sonderzeichen auch verfügbar sind.

7 Sie erhalten noch eine Bestätigungsseite, dass Sie von nun an Web-Mail mit Ihrem Kennwort nutzen können.

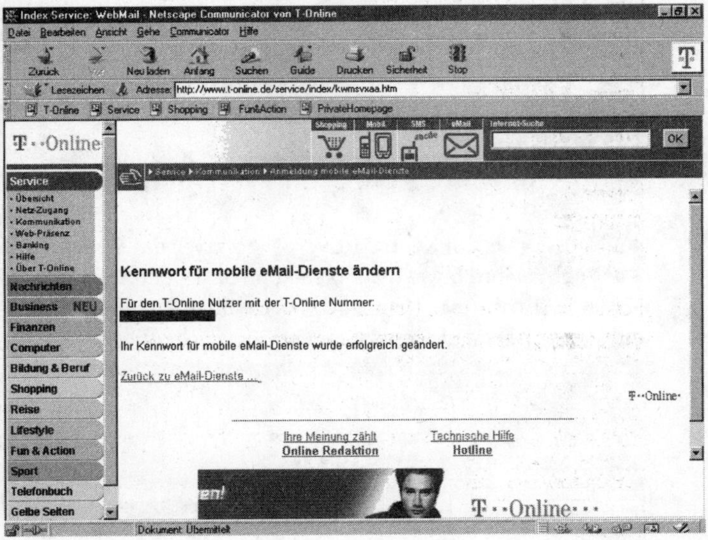

WebMail nutzen

Von jetzt an können Sie weltweit Ihre E-Mails von jedem Internetzugang abrufen.

1 Geben Sie dazu im Browser, der Ihnen zum Beispiel in einem Internet Café zur Verfügung steht, die Homepage von T-Online ein: http://www.t-online.de.

2 Ist die Seite aufgebaut, klicken Sie auf das Symbol *eMail.*

3 Sie gelangen damit zur Startseite von WebMail. Geben Sie hier Ihre E-Mail-Alias und das WebMail-Kennwort ein und klicken auf *Login.*

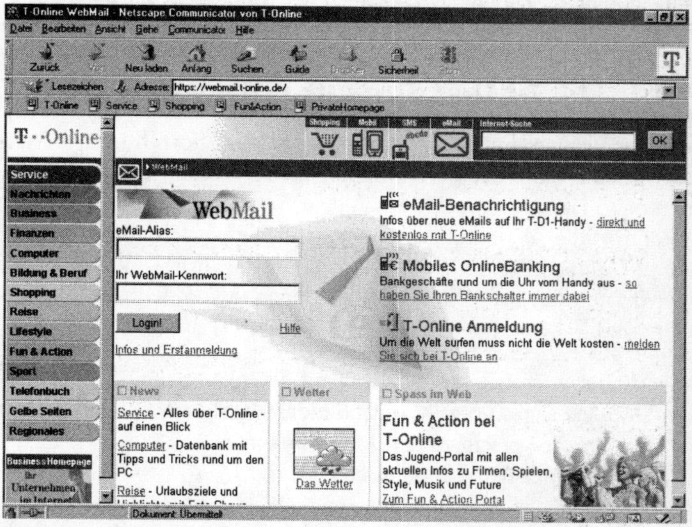

4 Schon finden Sie eine Liste aller E-Mails, die eingegangen sind.

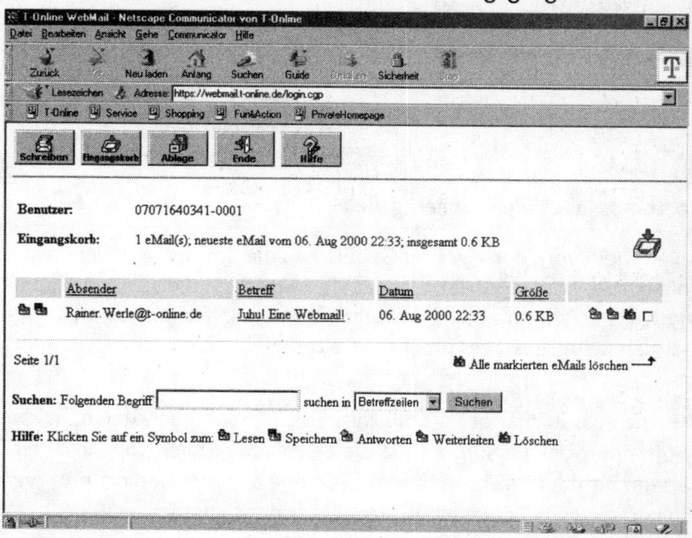

Auch das geht

Selbstverständlich können Sie mit WebMail auch E-Mails beantworten und neue E-Mails schreiben. Die entsprechenden Schaltflächen dürften Ihnen von der E-Mail-Software von T-Online vertraut sein.

9.4 SMS-Messages versenden

Von Handy zu Handy können Sie per SMS (Short Message Service = Kurzmitteilungsdienst) Kurzmitteilungen versenden, die der Empfänger auf seinem Handy angezeigt erhält. Das funktioniert, ist aber alles andere als komfortabel, denn um auf einem Handy den gewünschten Mitteilungstext einzutippen, haben Sie keine Computertastatur, sondern nur die wenigen Tasten des Handys, die bei der Eingabe von Buchstaben mehrfach belegt sind.

Es geht aber auch bequemer, denn mit T-Online haben Sie die Möglichkeit, SMS-Messages vom PC aus an jedes Handy zu versenden. Und dies nicht nur in die verschiedenen Mobilfunknetze in Deutschland, sondern auch in eine ganze Reihe anderer Länder:

Länder, in die Sie mit T-Online SMS-Mitteilungen senden können:			
Dänemark	Deutschland	Finnland	Griechenland
Großbritannien	Italien	Niederlande	Norwegen
Österreich	Schweden	Schweiz	Spanien
Türkei	USA		

Kostenlos, aber nicht beliebig viele

Abgesehen von den Online-Gebühren, die immer anfallen, wenn Sie online sind, ist der Versand von SMS-Messages über T-Onine kostenlos. Die einzige Einschränkung besteht darin, dass Sie pro Empfänger nicht mehr als zehn Messages pro Tag versenden dürfen.

Die einzige Information, die Sie zum SMS-Versand benötigen, ist die Handy-Nummer der Person, an die die Mitteilung gehen soll. Und der SMS-Versand von den Webseiten von T-Online aus funktioniert nur, wenn Sie sich auch über T-Online einwählen! Und so funktioniert es:

1 Gehen Sie online und starten Ihren Browser.

Mit JavaScript geht's besser

Eine SMS-Mitteilung darf nicht länger als 140 Zeichen sein. Wenn in Ihrem Browser JavaScript aktiviert ist, kontrolliert der Browser die Zahl der bislang eingegebenen Zeichen und warnt Sie, wenn Sie zu viele Zeichen eingeben wollen. Wenn Sie aber ohnehin nur eine Mitteilung aus wenigen Worten absenden wollen, geht es problemlos auch ohne JavaScript.

---

2 Auf der Startseite von T-Online klicken Sie oben auf den Eintrag *SMS*.

3 Sie erhalten die Startseite des SMS-Angebots von T-Online. Auf der linken Seite des rechten Frames geht es gleich mit einem Klick auf *SMS senden!* weiter. Auf der rechten Seite sehen Sie Hyperlinks zu Zusatzinformationen zu diesem Angebot, falls Sie sich vorab noch etwas informieren wollen.

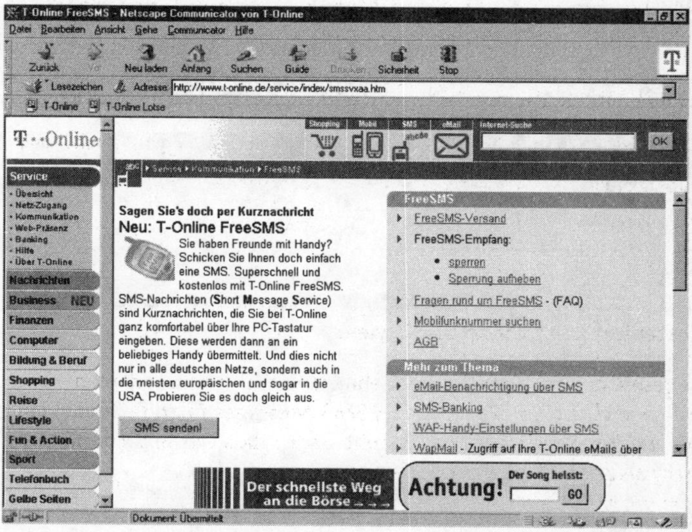

4 Die nächste Seite enthält die allgemeinen Geschäftsbedingungen für den SMS-Versand. (Kann man lesen, funktioniert aber auch ohne ...) Mit der Schaltfläche *Akzeptieren* gelangen Sie zum eigentlichen SMS-Versand.

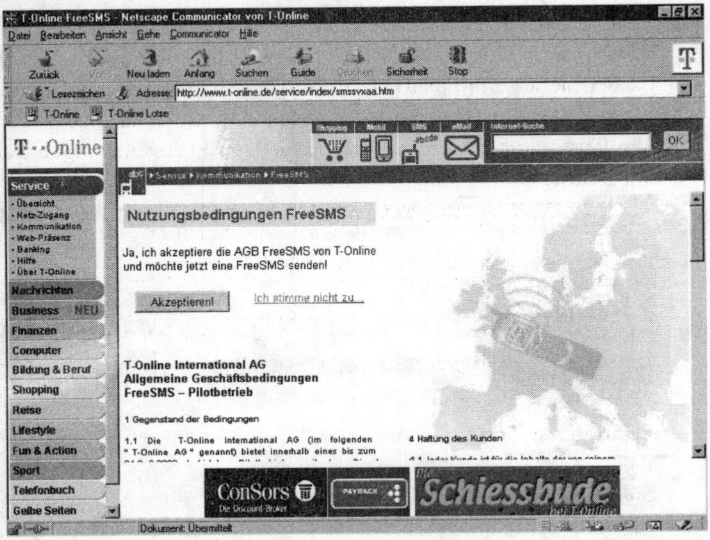

5 Sie sehen ein etwas überdimensioniertes Handy abgebildet, in das Sie alle notwendigen Daten mit der Tastatur eintippen können. Zunächst müssen Sie entscheiden, in welches Land die SMS-Botschaft gesendet werden soll. Im Normalfall wird dies innerhalb Deutschlands sein, dann müssen Sie nichts einstellen.

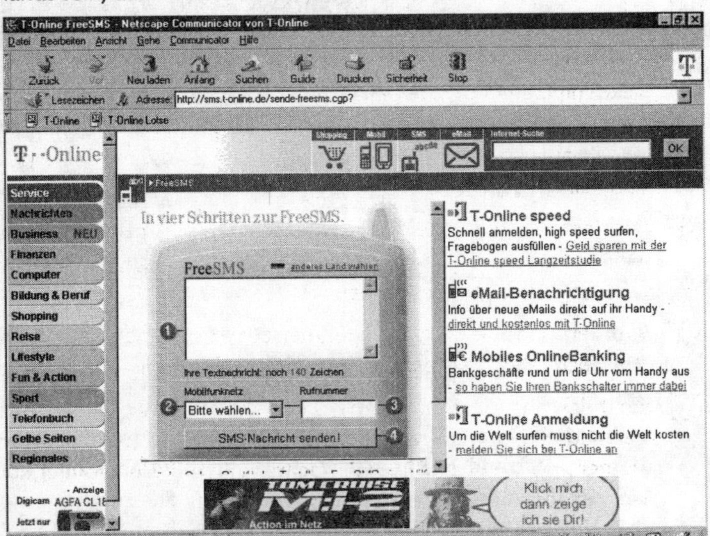

6 Soll die SMS in ein anderes Land gehen, klicken Sie zunächst auf den Hyperlink *anderes Land wählen*. Sie erhalten eine neue Darstellung, in der Sie auf die Pulldown-Schaltfläche neben *Deutschland* klicken und das gewünschte Land auswählen. Mit der Schaltfläche *OK* wird die Einstellung übernommen und Sie kehren zur bisherigen Darstellung zurück.

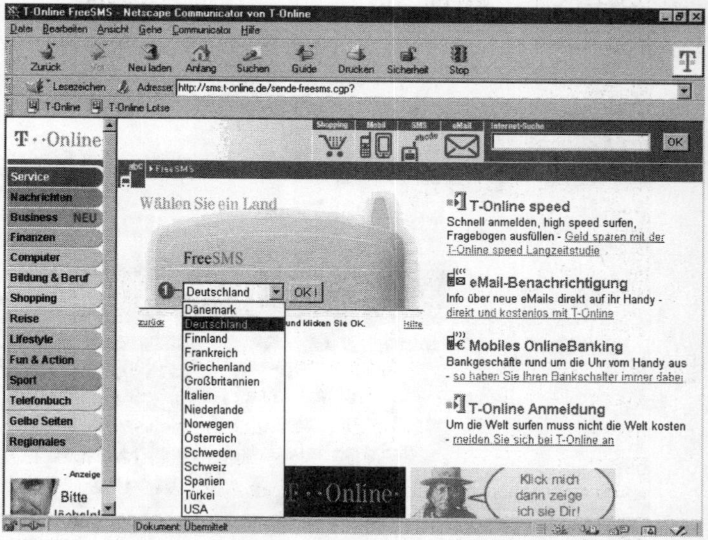

7 Jetzt geht es zunächst an den Text. Klicken Sie mit der Maus in das Texteingabefeld und tippen dann den gewünschten Text ein. Wenn Sie JavaScript aktiviert haben, sehen Sie unter dem Texteingabefeld jeweils angezeit, wie viele Buchstaben bis zur Grenze von 140 noch übrig sind.

8 Wählen Sie nun in dem mit *2* bezeichneten Dropdown-Menü das Mobilnetz und die entsprechende Vorwahl des Teilnehmers aus, dem Sie die Nachricht schicken wollen.

9 Nun fehlt noch die Handy-Nummer des Teilnehmers, die Sie im mit *3* bezeichneten Textfeld eintippen. Und schon kann es losgehen:

10 Ein Klick auf die Schaltfläche *SMS-Nachricht senden!* startet den Versand. Sie erhalten eine Bestätigungsseite, auf der Sie auswählen können, ob gleich noch eine Nachricht verschickt werden soll. Sie können aber auch einfach beliebig weitersurfen.

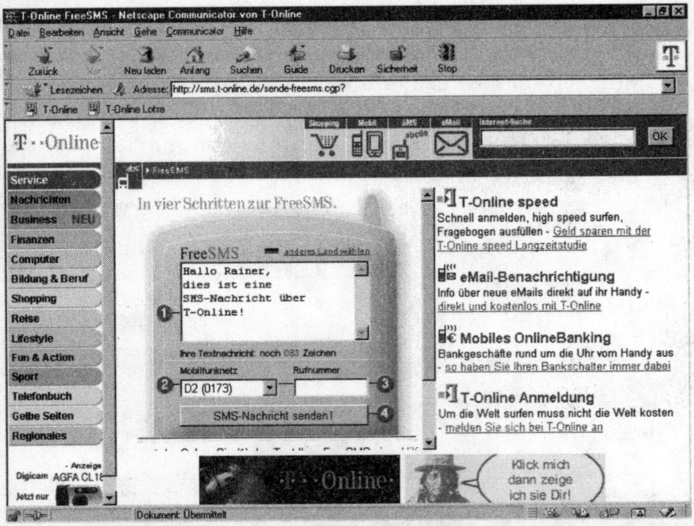

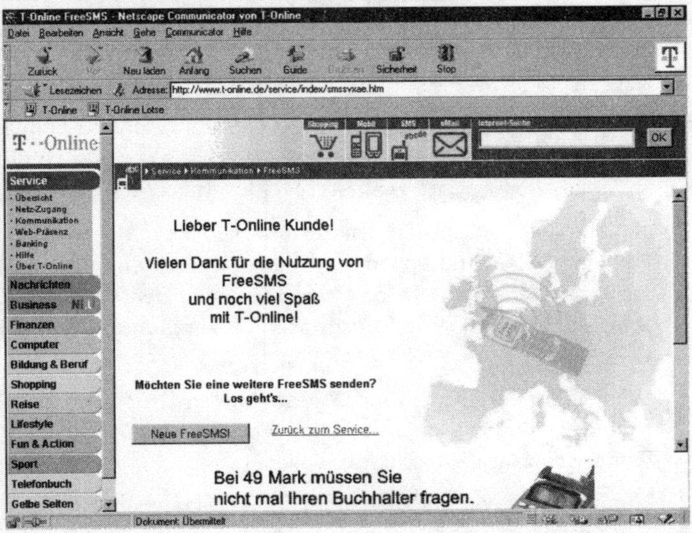

Hinweis: Wie bei Boris Becker

Wenn Sie sehen wollen, ob alles funktioniert, und Sie besitzen selbst ein Handy, dann machen Sie es doch wie Boris Becker in der Werbung (der ist allerdings bei der Konkurrenz von AOL unter Vertrag) und senden eine SMS-Nachricht an Ihr Handy.

Es dauert im Normalfall wirklich nur Sekunden, bis das Handy die SMS-Nachricht erhält und mit einem Piepser den Eingang anzeigt. Da ist meine Nachricht:

Von T-Online direkt auf das Handy ...

So schützen Sie sich vor Nervensägen

So nützlich der SMS-Versand per T-Online ist, so kann er auch ein Ärgernis werden, wenn jemand Ihr Handy mit SMS-Botschaften voll müllt. Aber auch dagegen gibt es Abhilfe:

- Die Begrenzung auf maximal zehn SMS-Botschaften pro Empfänger und Tag bietet Ihnen bereits einen gewissen Schutz gegen aufdringliche Zeitgenossen: Nach zehn Botschaften innerhalb eines Tages von einem Absender ist Schluss!
- Was aus Datenschutzgründen leider nicht möglich ist, ist die Ermittlung des Absenders einer T-Online-SMS, wenn dieser nicht selbst in der Nachricht angibt, wer er ist. Als Absender wird stets 0191011 (die T-Online-Einwahlnummer) angegeben.

Wer bin ich? Das heitere Personenraten

Aus diesem Grund sollten Sie in einer per T-Online verschickten SMS-Botschaft stets auch Ihren Namen, Spitznamen etc. nennen. Denn sonst erhält der Empfänger vielleicht eine erfreuliche Einladung zum Abendessen, weiß aber nicht, von wem die Einladung kommt, und versäumt den guten Braten mit Knödeln ... Das wäre schade!

Es gibt aber noch eine mächtigere Möglichkeit, sich gegen ein Bombardement mit SMS-Botschaften über T-Online zu wehren: Sie können den SMS-Versand für Ihre Handynummer auch sperren lassen.

Von Handy zu Handy geht's nach wir vor

Das Sperren des SMS-Versands von T-Online aus berührt nicht die Fähigkeit Ihres Handys, von anderen Handys (Pagern etc.) SMS-Nachrichten zu empfangen und dorthin zu versenden! Nur über die T-Online-Homepage sind Sie per SMS nicht mehr erreichbar.

Hinweis: Über alle Provider möglich!

Das Sperren oder Freischalten Ihres Handys für den SMS-Versand von T-Online aus funktioniert überall dort, wo Sie Zugriff auf die Webseiten von T-Online haben. Sie müssen sich dazu also nicht über T-Online ins Internet eingewählt haben!

1 Um Ihr Handy für den Empfang von T-Online-SMS-Botschaften zu sperren, suchen Sie erneut die SMS-Startseite bei T-Online auf. Außerdem müssen Sie Ihr Handy parat halten.

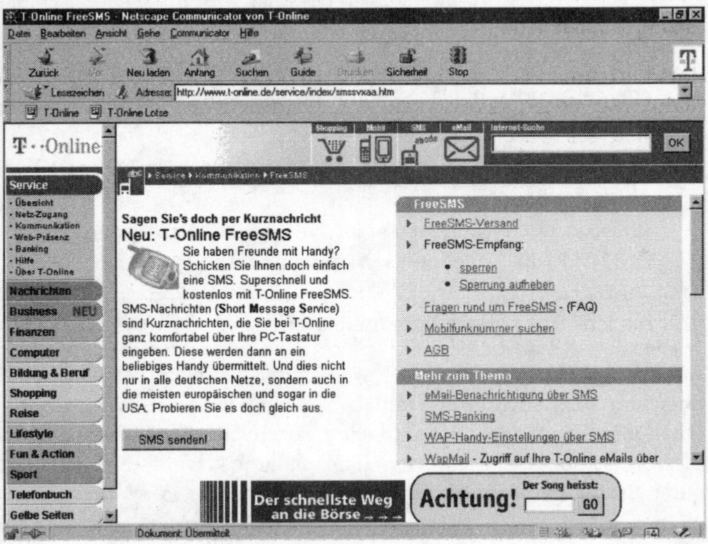

2. Klicken Sie auf den Hyperlink *sperren*. Sie erhalten eine Seite, auf der Sie zunächst Ihre Mobilnetzvorwahl und Ihre Handynummer eingeben und abschicken.

3. Auf der nächsten Seite erscheint ein Texteingabefeld, in das Sie eine Ziffernkombination eingeben müssen. Warten Sie dazu ab, bis Ihr Handy piepst und eine neue Kurzmitteilung anzeigt. Diese Kurzmitteilung enthält die Ziffernkombination, die Sie auf der Webseite eintippen und dann abschicken müssen.

4. Sie erhalten die Rückmeldung im Browser, dass Ihre Handynummer gesperrt wurde für SMS von T-Online aus. Die Kurzmitteilung auf dem Handy mit der Ziffernkombination können Sie nun getrost löschen. Sie wird nicht mehr benötigt.

5. Soll der SMS-Empfang von T-Online aus wieder freigeschaltet werden, wählen Sie auf der SMS-Startseite *Sperrung aufheben.* Auch hier müssen Sie Vorwahl und Handynummer angeben und erhalten über das Handy eine Ziffernkombination, die Sie im Browser eingeben müssen. Auch diese Ziffernkombination benötigen Sie danach nicht mehr.

Sicher ist sicher

Das Verfahren mit den Ziffernkombinationen ist zwar etwas umständlich, dafür aber sicher, denn so kann kein Dritter Ihnen den SMS-Versand von T-Online aus heimlich sperren.

Anhang

T-Online klassisch: CEPT und KIT

Bevor T-Online das Internet entdeckte, gab es T-Online unter den Namen BTX und später DATEX-J bereits als Online-Dienst. Heute ist dieses T-Online classic-Angebot nur noch sehr eingeschränkt von Interesse. Ich will Ihnen aber dennoch zeigen, wie es funktioniert und was es dort heute noch gibt.

Alles hat ein Ende (nur die Wurst hat zwei)

Mittlerweile hat T-Online bekannt gegeben, dass T-Online classic zum Ende des Jahres 2001 eingestellt wird. Wenn Sie also den Kindern und Kindeskindern erzählen wollen, Sie hätten noch mit BTX gearbeitet, müssen Sie sich etwas sputen.

Aber sehen Sie sich doch einfach mal an, was es da so gibt:

CEPT, KIT und T-Online classic

Die ersten Schritte als Online-Dienst beschritt BTX im so genannten CEPT-Standard, der außer Buchstaben (und aus Buchstaben zusammengesetzen Grafiken) nichts darstellen konnte. Dann wurde der KIT-Standard eingeführt, in dem auch Bilder dargestellt werden konnten. Beides zusammen firmiert heute unter dem Namen T-Online classic, das neuerdings über das so genannte Classic Gateway aufgerufen wird.

1 Starten Sie die T-Online-Software und wählen dann unter *Produkte* den Eintrag *T-Online Classic* aus.

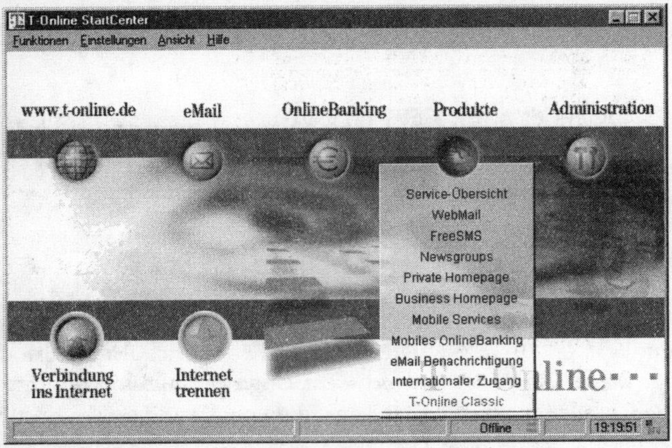

2 Wenn Sie das erste Mal T-Online classic oder Homebanking aufrufen, erhalten Sie nun ein Fenster, das auf den ersten Blick eigenwillig wirkt, aber eine wichtige Sicherheitsfunktion enthält. Denn in diesem Fenster müssen Sie so lange die Maus bewegen (oder irgendwas auf der Tastatur eintippen) bis der Prozentbalken 100 % erreicht hat. Damit wird eine Zufallszahl erzeugt, die vor allem beim Homebanking eine erhöhte Verschlüsselungssicherheit gewährleistet.

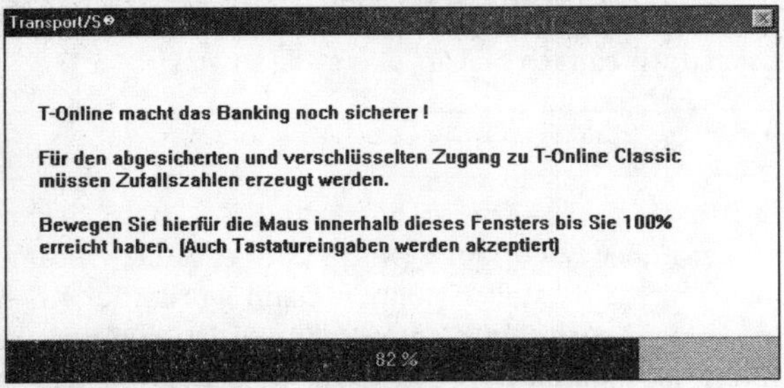

3 Haben Sie lange genug mit der Maus gewackelt, schließt sich das Fenster automatisch.

Was nun passiert, hängt davon ab, ob Sie zum ersten Mal dieses Angebot (bzw. auch zum ersten Mal Homebanking) aufrufen:

4 Bei der ersten Nutzung des Classic Gateways (Zugang zu T-Online Classic oder zum Homebanking) erhalten Sie nebenstehendes Fenster. Hier können Sie wählen, ob in Zukunft bei jedem Aufruf des Classic Gateways eine neue Zufallszahl erzeugt werden soll oder nicht.

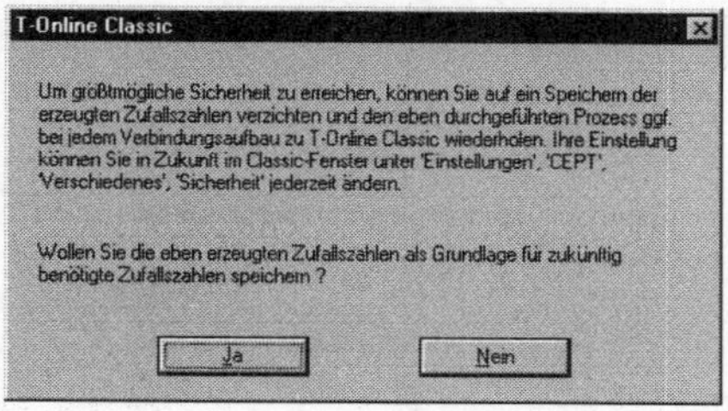

- Wählen Sie *Ja*, wenn die eben erzeugte Zufallszahl gespeichert werden soll. Dies vermindert allerdings die Sicherheit beim Homebanking!
- Besser ist es, Sie wählen *Nein*. Dann wird jedes Mal eine neue Zufallszahl erzeugt. Das ist die sicherere Variante.

5 Nun beginnt die Einwahl zu T-Online Classic, wenn Sie nicht ohnehin schon online sind.

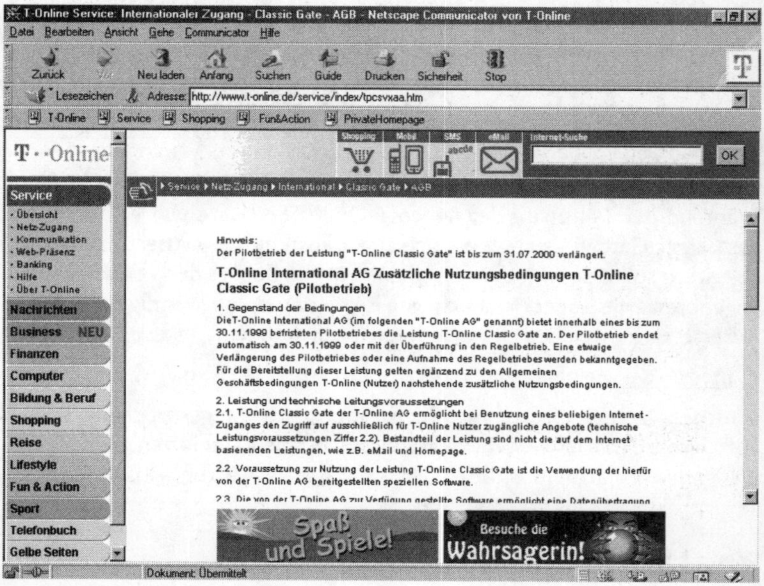

Die Registrierungsseite während der Testphase

6 Nach der Einwahl sehen Sie das nebenstehende Fenster. Sie finden verschiedene Angebote mit jeweils einer Zahl links daneben. Wollen Sie ein Angebot aufrufen, tippen Sie auf der Tastatur die Zahl vor dem Angebot ein oder klicken mit der Maus auf die gewünschte Zahl. Für einen ersten Test wählen Sie die *50* (Classic-Anbieterverzeichnis).

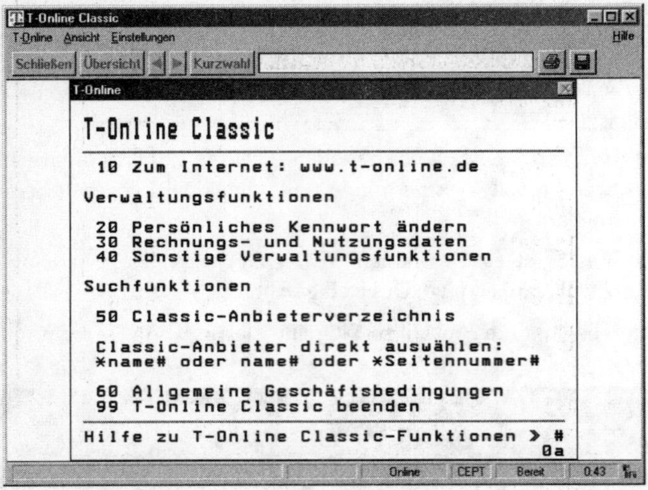

Registrierung: Wahrscheinlich nicht mehr

Während der Testphase der neuen T-Online-Software war es nötig, um das Classic Gateway zu nutzen, sich zuvor kostenlos registrieren zu lassen. Eigentlich sollte das mit dem Erscheinen dieses Buches der Vergangenheit angehören. Falls aber doch noch eine Registrierung notwendig ist, hier die Adresse, unter der Sie sich registrieren lassen können.

http://www.t-online.de/service/index/tpcsvxaa.htm

Übrigens: Weder die auf der Registrierungsseite angesprochene Extra-Software ist mittlerweile noch nötig, noch fallen Gebühren an, falls Sie sich ganz normal im Inland zu T-Online Classic einwählen.

Wenn eine Fehlermeldung erscheint

Bei einigen Computern ist es möglich, dass Sie statt der T-Online classic-Seite eine Fehlermeldung erhalten, in der ein so genannter Winsock-Fehler gemeldet wird. Wie Sie dann vorgehen, finden Sie auf Seite 83 ff. beschrieben.

7 Eine Liste von Anfangsbuchstaben erscheint. Da ich heute mal zu Quelle will, habe ich *42* für den Anfangsbuchstaben Q gewählt.

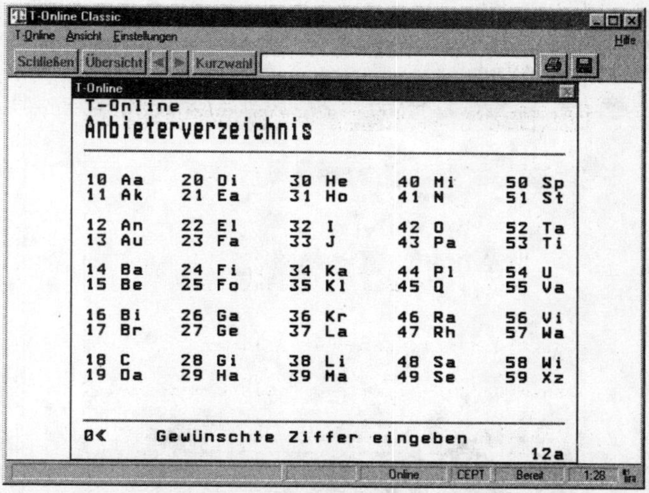

8 Sie finden nun alle Anbieter bei T-Online, die mit Q beginnen. Na ja, da gibt es nur Quelle, dessen Angebot Sie mit der Eingabe der *10* erreichen.

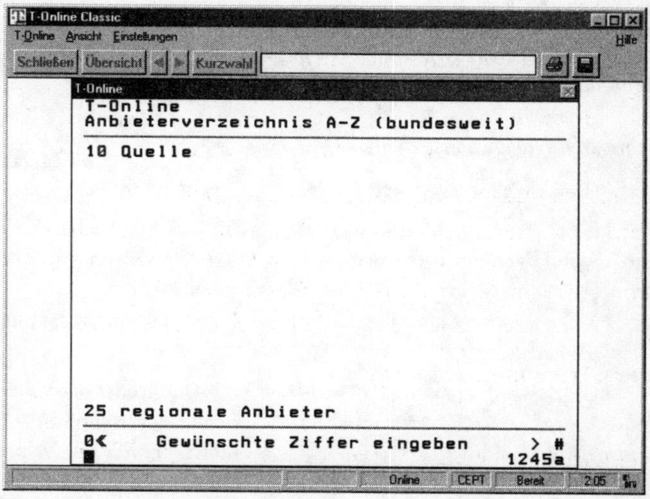

9 Hier die Startseite von Quelle. Sie können hier ebenfalls über Ziffern einzelne Angebote aufrufen. Aber Sie sehen an diesem Beispiel bereits, dass das Classic-Angebot mittlerweile ziemlich ausgedünnt ist: Auch Quelle verweist für aktuelle Angebote auf sein Angebot im World Wide Web.

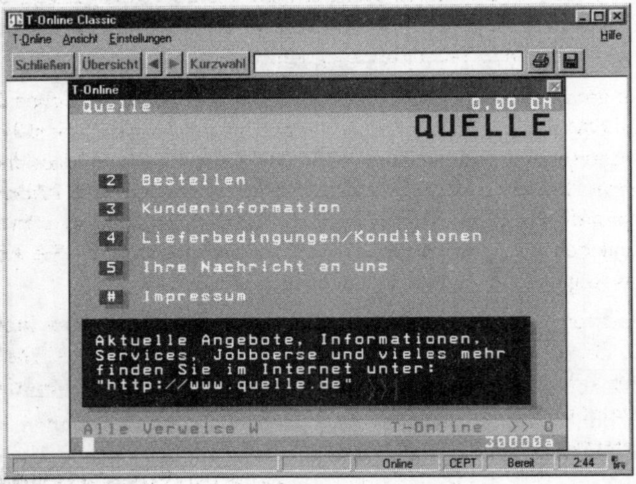

Falls Sie sich noch etwas im Classic-Angebot tummeln wollen, hier eine Liste der wichtigsten Navigationsbefehle, die Sie auf der Tastatur eingeben können.

Die wichtigsten Navigationsbefehle

*1#	Übersicht über die Grundfunktionen von T-Online	#	Zur nächsten Seite weiterblättern
*Name#	Aufruf einer Seite über ihren Namen	*#	Auf die vorherige Seite zurückspringen
*Seite#	Aufruf einer Seite über die Seitennummer	*0#	Zur Gesamtübersicht springen
**	Eingabe korrigieren	*9#	T-Online oder eine Verbindung zu einem externen Rechner beenden
←→	Cursor zurück- bzw. vorbewegen	*55#	Zum zuletzt aufgerufenen Angebot zurückspringen
*00#	Seite nochmals aufrufen	*09#	Seite aktualisieren

Gebührenpflichtige Angebote

Nicht alle Angebote bei T-Online Classic sind kostenlos. Zu den Onlinegebühren, die bei der Nutzung von T-Online stets anfallen, können noch zusätzliche Gebühren kommen. Aber keine Sorge: Sie können nicht in ein teures Angebot einfach so reinschlittern, Sie werden stets gefragt, ob Sie das Angebot zu einem bestimmten Preis nutzen wollen. Folgendes kann Ihnen beim Stöbern in T-Online begegnen:

1. Sie erhalten die Abfrage *Diese Seiten mit Ihren persönlichen Daten für DM 0.00 absenden?* Hier geht es nicht um gebührenpflichtige Seiten (es kostet schließlich 0,00 DM), sondern darum, dass der Anbieter Ihre persönlichen Daten übermittelt haben will. Klicken Sie hier auf *Nein* oder *Abbrechen,* wenn Sie nicht wollen, dass Ihre persönlichen Daten an den Anbieter übermittelt werden. Sie können das Angebot dann allerdings auch nicht nutzen.

2. Erst wenn Sie eine Meldung wie *Vergütungspflichtige Seite anzeigen für DM 0.20?* erhalten, geht es tatsächlich um Gebühren. Wenn Sie hier auf *Ja* klicken, werden diese Gebühren fällig. Die Abrechnung erfolgt über Ihre Telefonrechnung.

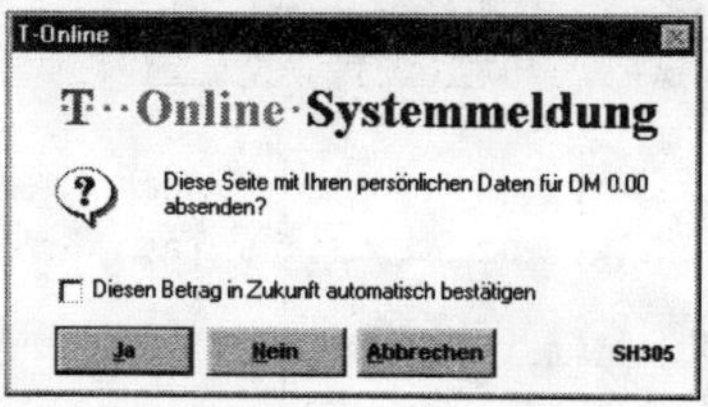

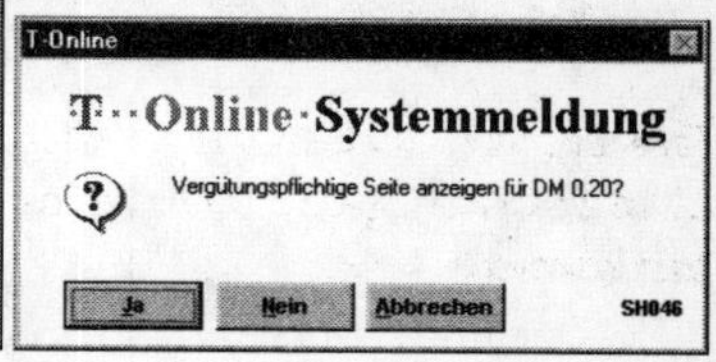

Vorsicht bei zeitabhängigen Gebühren

Neben Anbietern, die pro Seite eine Gebühr verlangen, gibt es auch solche, die die Zeit berechnen, während der Sie das Angebot nutzen. In beiden Fällen erhalten Sie eine entsprechende Abfrage, aber während Sie bei Seitengebühren einen guten Überblick haben, können zeitabhängige Gebühren rasch eine größere Summe annehmen, ohne dass Sie einen genauen Überblilck haben. Nutzen Sie deshalb zeitabhängige Angebote nur mit Bedacht und einem beständigen Blick auf die Uhr.

Welcher Tarif ist der richtige?

Auf den Seiten 23 ff. habe ich Ihnen die T-Online-Tarife benannt, die galten, als dieses Buch entstand (August 2000). Aber T-Online steht im Konkurrenzkampf mit anderen Anbietern, weshalb sich die Tarife rasch ändern können. Hier finden Sie Informationen, wo Sie die jeweils aktuellen Tarife abrufen können.

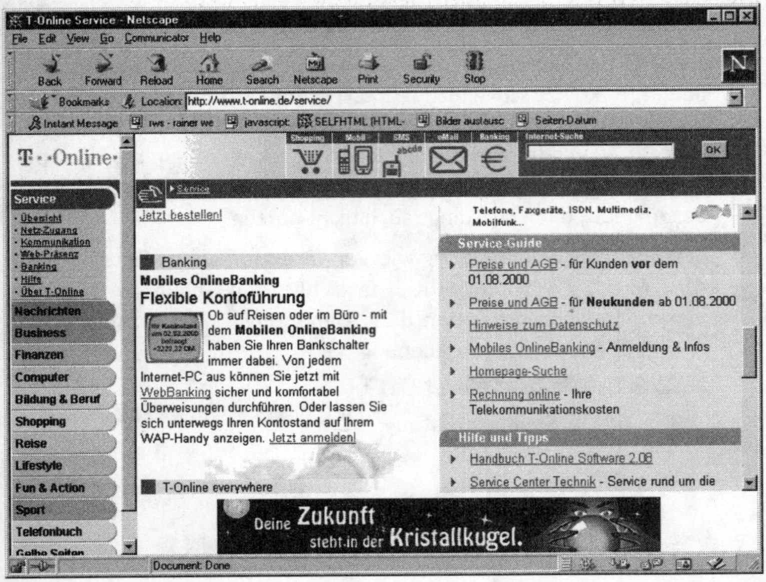

Auf der Startseite von T-Online unter der Rubrik *Service* gibt es einen *Service-Guide*. Hier finden Sie Hyperlinks zu *Preisen und AGB* (Allgemeine Geschäftsbedingungen) sowie *Preise und AGB für Neukunden* (ab 1.8.2000).

Diese Seiten sind allerdings manchmal etwas verwirrend in ihren Informationen, da bei T-Online in letzter Zeit fast ständig Änderungen erfolgen, die teilweise erst mit Verspätung auf den entsprechenden Webseiten zu finden sind. Aber Sie können sich auch:

- im T-Punkt-Laden in Ihrer Nähe beraten lassen.
- telefonisch unter 0800 33 05500 über Tarife informieren.

Falls Sie Informationen zur Installation oder zu technischen Problemen benötigen, bietet Ihnen T-Online folgende Möglichkeiten:

- Telefon: 0130 0190
- Telefax: 0731 178 45 65
- E-Mail: hotline@t-online.de

(Die genannten Telefonnummern sind für Sie kostenfrei.)

Stichwortverzeichnis

A

B

C

D

E

F

L

M

N

O

P

Q

R

S

T

U

V

W

X

Y

Z